उथल-पुथल और ध्रुवीकरण के बीच

संवाद-1

उथल-पुथल
और
ध्रुवीकरण के बीच

संवाद-1

चन्द्रशेखर

संपादन
हरिवंश

राजकमल प्रकाशन

संपादन सहयोग : अनिल अत्रि, अविनाश, रविप्रकाश, स्वर्णा, पंकज

ISBN : 978-81-267-0465-1

मूल्य : ₹795

पहला संस्करण : 2002
पहली आवृत्ति : 2022

प्रकाशक : राजकमल प्रकाशन प्रा. लि.
1-बी, नेताजी सुभाष मार्ग, दरियागंज
नई दिल्ली-110 002
शाखाएँ : अशोक राजपथ, साइंस कॉलेज के सामने, पटना-800 006
पहली मंजिल, दरबारी बिल्डिंग, महात्मा गांधी मार्ग, प्रयागराज-211 001
36-ए, शेक्सपियर सरणी, कोलकाता-700 017
वेबसाइट : www.rajkamalprakashan.com
ई-मेल : info@rajkamalprakashan.com

मुद्रक : बी.के. ऑफसेट
नवीन शाहदरा, दिल्ली-110 032

UTHAL-PUTHAL AUR DHRUVIKARAN KE BEECH
(Interviews with Chandrashekhar-1)
Edited by Harivansh

बतरस में पगे घुले

चन्द्रशेखर का बतरस में बड़ा मन लगता है। ऐसी ही एक बैठक में उनने कहा—मैं ऐसे जमाने में राजनीति में आया, जब माना जाता था कि पढ़ने-लिखने से अच्छा राजनेता बनता है। आज देखता हूँ तो लगता है कि राजनीति करनेवालों का पढ़ने-लिखने से क्या मतलब ? तब जो देखो क्रान्ति की बात करता था। क्रान्ति करने राजनीति में आता था। अब तो...। आगे की बात उनने समझनेवालों पर छोड़ दी।

लेकिन इसका यह मतलब समझना गलत होगा कि आज के राजनेताओं से उन्हें बतरस में मज़ा नहीं आता या आज की राजनीति में बने रहने के लिए चन्द्रशेखर ने पढ़ना-लिखना छोड़ दिया है। आज की राजनीति कैसी भी हो गई हो, चन्द्रशेखर का राजनीतिक पिंड ऐसे जमाने का बना हुआ है, जब देश आजादी की लड़ाई के आखिरी मोर्चे पर 'भारत छोड़ो आन्दोलन' में था और आजादी दरवाज़े पर दस्तक दे रही थी। तब जो भी राजनीति करने की इच्छा या सपने से प्रेरित था, वह क्रान्ति से समाज को आमूल-चूल बदलने और फिर नया समतावादी समाज बनाने में लग जाना चाहता था। चन्द्रशेखर उस जमाने के सपूत हैं और इसलिए राजनीति को क्रान्ति और समाज-रचना से विरत्त नहीं कर सकते। सत्ता में होने के लिए चन्द्रशेखर राजनीति में नहीं हैं। राजनीति में हैं, इसलिए सत्ता से उनकी मुठभेड़ अनिवार्य और निरन्तर है। कभी वे उस पर सवार होते हैं और अक्सर वे उससे पंजे लड़ाए भिड़े होते हैं। वे गांधी और जयप्रकाश को बहुत मानते हैं लेकिन उनकी तरह सत्ता और चुनाव राजनीति से अलग नहीं हैं। वे लोकशक्ति को अन्तिम निर्णायक सद्शक्ति मानते हैं लेकिन नहीं मानते कि लोकशक्ति और राज्यशक्ति का संघर्ष सर्वथा और अनिवार्य है। वे राज्यशक्ति की धारणा और परिवर्तनकारी शक्तियों में विश्वास करते हैं। इसलिए लोकशक्ति को साधने के लिए राजनीति छोड़कर नहीं जाते और राजनीति में ऐसे विलीन नहीं होते कि सत्ता के हत्थे पर पकड़ बनाए रखने के लिए कोई भी समझौता कर लें।

ऐसा आदमी हमेशा बाहर और हमेशा अन्दर होता है। यानी एक साथ अन्दर-बाहर होता है। ऐसे आदमी को पकड़ना और पकड़कर किसी चौखटे में फिट कर देना मुश्किल ही नहीं लगभग असंभव है। उसकी अपनी क्या नियति और सन्त्रास है, वही जानता है। लेकिन मीडिया के लिए भी वह बड़ा अजूबा और उससे बरतना बड़ी चुनौती हो सकता है। इसीलिए कोई तीस-बत्तीस साल से चन्द्रशेखर मीडिया के लिए सबसे विवादास्पद व्यक्ति बने हुए हैं। इन वर्षों में जो भी राजनीतिक, सामाजिक और आर्थिक घटनाएँ घटी हैं और जो भी विवाद छिड़े हैं और जैसे भी सवाल उठ खड़े हुए हैं, मीडिया को लगा है कि जाँच लिया जाए और बता दिया जाए कि चन्द्रशेखर की क्या राय है, वे कहाँ खड़े हैं और उनके इधर या उधर होने के क्या मानी हैं। कहा जाएगा कि वे किसी भी पार्टी या पद पर हों और उम्र के

पचहत्तरवें साल में पहुँच गए हों, वर्तमान परिस्थिति और सन्दर्भ में उनकी प्रासंगिकता हमेशा बनी रही है। सत्ता के गणित या स्वभाव में उस समय वे बिलकुल हाशिए पर भी हों तो उनकी राय या टिप्पणी का फिर भी मतलब होता है। संसद में अपने अलावा उनकी पार्टी का कोई सदस्य नहीं है। न लोकसभा में, न राज्यसभा में। फिर भी चन्द्रशेखर बोलने खड़े हो जाएँ तो भले ही प्रधानमन्त्री या विपक्ष के नेता के बोलते वक्त हल्ला या टोकाटोकी होती हो, चन्द्रशेखर को तो धयान से ही सुना जाएगा। इसका कारण संसदीय जीवन में सिर्फ उनकी हैसियत नहीं है। इसमें कई बातें शामिल हैं। देश के राजनीतिक जीवन की तीन सौ साठ डिग्रियों के जितने भी कोण हैं, उन सबसे चन्द्रशेखर का कहीं न कहीं लेना-देना है। वे अपनी राजनीति के सन्दर्भ बिन्दु हैं और प्रस्थान बिन्दु भी, फिर भी जहाँ हैं, डटे हुए हैं।

बताने की जरूरत नहीं कि ऐसे व्यक्ति की मीडिया को हमेशा जरूरत रहेगी। एक तो मीडिया का काम विवाद के बिना चल नहीं सकता, दूसरे चन्द्रशेखर को किसी एक सूली या चौखटे पर ठोककर वह निपटा या खत्म नहीं कर सकता। मीडिया से चन्द्रशेखर की प्रीति और नफरत की रिश्तेदारी लगभग पचास साल से चल रही है। मीडिया उन्हें पसन्द कर सकता है या उनके खिलाफ हो सकता है। ऐसा नहीं हो सकता कि वह अनदेखी कर दे। खुद चन्द्रशेखर के मीडिया के प्रति रवैए का भी यही हाल है। उन्हें उसमें होना उतना ही अच्छा लगता है, जितना कि उसके पीछे पड़ना। लेकिन इसका कारण यह नहीं है कि एक राजनेता के अपने समय के मीडिया के साथ ऐसे सम्बन्ध होते ही हैं। यह नहीं है कि चन्द्रशेखर को अपनी राजनीति करने के लिए मीडिया की और मीडिया को अपना काम करने के लिए चन्द्रशेखर की जरूरत पड़ती हो। चन्द्रशेखर को अपने लोगों से मुखातिब होने के और भी तरीके और माध्यम मालूम हैं। आखिर देश में कितने लोग अखबार खरीदते, टीवी देखते और रेडियो सुनते हैं। मीडिया के जरिए लोगों तक पहुँचने के अपने फायदे हैं, तो नुकसान भी हैं। कई बार मीडिया लोगों में आपको जो प्रक्षेपित करता है, वह वही नहीं होता जो आप चाहते हैं या आप जानते हैं कि आप हैं। तब आपको अपनी मीडिया से प्रक्षेपित छवि के खिलाफ खुद ही लड़ना पड़ता है। इस लड़ने में भी आपकी छवि बनती और बिगड़ती है। चन्द्रशेखर को इन सारे अनुभवों से गुजरना पड़ा है क्योंकि उनके पास अपनी जो आत्मछवि है, वह उनकी प्रक्षेपित छवि से न सिर्फ भिन्न होती है, विरुद्ध भी होती है। इस मुठभेड़ में कभी मीडियावाले चन्द्रशेखर का इस्तेमाल कर ले जाते हैं और कभी चन्द्रशेखर मीडिया का। पकड़ापाटी और लुका-छिपी का यह खेल चलता ही रहता है।

लेकिन मामला एक राजनेता के मीडिया से सम्बन्धों का ही नहीं है। ऐसा बहुत कम हुआ है कि चन्द्रशेखर ने अपनी राजनीति के लिए मीडिया का इस्तेमाल किया हो या मीडिया ने किसी नाजुक वक्त में चन्द्रशेखर का उपयोग कर लिया हो। ज्यादातर मीडिया से चन्द्रशेखर का एक निजी और गहरा सम्बन्ध रहा है। इसका चन्द्रशेखर के संपादकों, संवाददाताओं और मीडिया मालिकों से अच्छे-बुरे सम्बन्धों से भी कोई लेना-देना नहीं है। मैंने शुरू में ही कहा कि चन्द्रशेखर को बतरस में बड़ा मज़ा आता है। इस बतरसी में राजनीति और 'संचार माध्यम' का उतना मतलब नहीं है, जितना अपने को अभिव्यक्त करने के आनन्द का। मैंने उन्हें इस या उस संवाददाता से, इस या उस संपादक से घंटों बतियाते देखा है। और उनकी लिखी गई रपट या मुलाकात पढ़ने के बाद मुझे लगा है कि कितना कुछ रह गया जो पूछा

गया था और वह कहा गया जो बताया गया था। फिर भी शायद ही कभी चन्द्रशेखर ने शिकायत की हो कि उनने जो कहा था, वह तो छपा ही नहीं। वे फिर उसी तरह बतियाने के लिए तैयार हो जाते हैं। अगर कोई अपने को प्रक्षेपित और प्रस्थापित करने के लिए इन्टरव्यू देता हो तो देखेगा कि उसका फलित क्या हुआ। लेकिन जिसे प्रस्तुत प्रश्नों और प्रसंगों पर बात करने में आनन्द आता हो, उसके लिए यह बड़ी जिज्ञासा का विषय नहीं रह जाएगा कि छपा क्या या दिखाया और सुनाया क्या गया। चन्द्रशेखर को बात करने में मज़ा आता है, इसलिए वे ऐसी बातें भी बेझिझक बता जाते हैं, जिन्हें बताने की कोई जरूरत न हो या जिन्हें बताने पर नुकसान हो सकता हो। इसीलिए पूछनेवाला उनसे ऐसे सवाल भी पूछ जाता है जो वह दूसरे किसी से पूछने में डरता या हिचकता। इस कारण उनसे की गई मुलाकातें पठनीय हो सकती हैं या हो जाती हैं पर उनसे विवाद भी उठ खड़े होते हैं और कई बार ऐसे सन्देश भी चले जाते हैं जो न इच्छित थे और न वांछनीय। लेकिन उपयोग करने और बात बनाने के लिए तो चन्द्रशेखर ने बात की नहीं थी। इसलिए कई बार इंटरव्यू से अर्थ का अनर्थ भी होता है।

भूमिका में यह आलाप मैंने इसलिए लगाया कि इन तीन वृहद खंडों में जो आप पढ़नेवाले हैं, वे सब पिछले तीस साल में दिए गए चन्द्रशेखर के इंटरव्यू ही हैं। वे सभी पत्र-पत्रिकाओं में छपे भी हैं और हो सकता है कि इनमें से कुछ आपने तभी पढ़े भी हों। उनके ये तीन संकलन इसलिए प्रकाशित कर रहे हैं कि ये तीस साल की प्रमुख घटनाओं के दस्तावेज तो हैं ही, ये उस बतरस को भी आप तक पहुँचाते हैं जो उनके एक पात्र ने इंटरव्यू देकर प्राप्त किया। पहले खंड में राजनीतिक और सार्वजनिक जीवन की प्रमुख घटनाओं पर तत्काल की गई टिप्पणियाँ हैं। वे कहीं इतिहास होने का बोध देती हैं तो कहीं आँखों देखे हाल का और कहीं वर्तमान में जीने के अनुभव का। दूसरे खंड में प्रश्नों और प्रसंगों पर थोड़ी गहराई से विश्लेषण है और वे उस वैचारिक़ता की अच्छी झाँकी दिखाते हैं जिससे चन्द्रशेखर का दिल और दिमाग बना है। चन्द्रशेखर को इमर्जेंसी लगते ही जेपी के साथ ही गिरफ्तार कर लिया गया था हालाँकि तब वे कांग्रेस कार्यकारिणी के सदस्य थे और मानते थे कि जेपी और इंदिरा गांधी के बीच संघर्ष नहीं होना चाहिए। जेपी की नैतिक शक्ति और इंदिरा गांधी की राज्यशक्ति मिलकर देश को नए सिरे से बना सकती हैं—ऐसा चन्द्रशेखर मानते थे और दोनों में मेल-जोल कराने की कोशिश भी उनने की थी। तीसरे खंड में वे इंटरव्यू हैं जो चन्द्रशेखर ने देश के प्रधानमन्त्री रहते हुए दिए। मुश्किल से कुछ महीनों का ही कालखंड वह था। लेकिन जीवन का ज्यादातर समय सत्ता से बाहर और उसके खिलाफ बितानेवाले चन्द्रशेखर देश के सर्वोच्च कार्यकारी पद पर क्या सोचते और करना चाहते थे—यह इस खंड में स्पष्ट है। यह एक तरह से बाकी के दो खंडों में कहे गए की कसौटी भी है और प्रतिरूप भी। चन्द्रशेखर एक राष्ट्रीय पार्टी के अध्यक्ष रहे और एक सरकार के प्रधानमन्त्री। बाकी का जीवन उनने एक सांसद और राजनीतिक व्यक्तित्व के नाते जिया। संवाद के ये तीन खंड उनके सम्पूर्ण जीवन को आपके सामने एक किताब की तरह खोलते हैं।

इन्हें संपादित किया है हमारे मित्र हरिवंश ने जो 'प्रभात खबर' के प्रधान संपादक और प्रबन्धक भी हैं। हरिवंश उसी सिताब दियारा के बाबू साहब हैं जहाँ जेपी का पुश्तैनी घर

है और जिसे एक स्थायी स्मारक बनाने में चन्द्रशेखर लगे हुए हैं। हरिवंश के साथियों ने इन्हें इस रूप में लाने में मदद की। अमृत महोत्सव पर उनके सभी महत्त्वपूर्ण साक्षात्कारों को इस तरह संकलित करके हरिवंश और उनकी टीम ने चन्द्रशेखर के प्रति अपना ऋण चुकाया हो, हम पाठकों पर तो उनने उपकार ही किया है।

1 अप्रैल, 2002 **प्रभाष जोशी**

क्रम

जनता पार्टी के अस्थायित्व की मुख्य वजह नेताओं की निजी महत्त्वाकांक्षा

ब्रह्मानन्द की बातचीत

केंद्र में जनता पार्टी के अस्थायित्व के क्या कारण हैं ? इसके पीछे पार्टी के लोगों की निजी महत्त्वाकांक्षा, विचारों में अंतर, मध्य जाति की राजनीति या मोरारजी देसाई की निजी असफलता रही है ?

केंद्र में जनता सरकार के गिरने के कई कारण हैं। आपने ज़िन कारणों का जिक्र किया, उनमें से कई सही हैं लेकिन मुझे लगता है कि मुख्य वजह कुछ लोगों की निजी महत्त्वाकांक्षा रही है। इस बात से कोई इनकार नहीं कर सकता कि पार्टी में विचारधारा का अंतर था। जब मार्च या फरवरी, 1977 में पार्टी का गठन हुआ, तब सभी जानते थे कि जिन संघटकों ने जनता पार्टी को खड़ा किया था, उनकी विचारधाराओं नें असमानता है; लेकिन उस समय यह तय किया गया कि अतीत के अनुभवों से शिक्षा लेते हुए सभी संघटक आपस में मिलकर काम करेंगे और पार्टी में वांछनीय एकता लाने के लिए एक-दूसरे का साथ देंगे। सत्ता में आने के तुरंत बाद प्रभाव क्षेत्र बनाने तथा संगठन और प्रशासन में ऊँचा स्थान हासिल करने के लिए दबाव बनाए जाने लगे। हालाँकि जयप्रकाश और आचार्य कृपलानी की मदद से आम सहमति के आधार पर संसद में नेता का चुनाव हो सकता था, लेकिन हमारे कुछ वरिष्ठ साथी इस निर्णय से कभी सहमत नहीं हुए। इसका परिणाम यह हुआ कि जब कैबिनेट का निर्माण हुआ, उसके पहले दिन से लेकर अंतिम दिन तक मतभेद तथा असंतोष जारी रहा। इस अवधि में कई ऐसे मौके आए, जब नेतृत्व-प्राप्ति के लिए लोगों के स्वार्थों के बीच टकराव हुआ। आपसी मतभेद दूर करने के प्रयास किए गए और अस्थायी रूप से ही सही, हम इस संकट से सफलतापूर्वक उबर आए; परंतु हम इस समस्या का स्थायी हल नहीं निकाल सके। इस तरह, मेरे अनुसार, निजी महत्त्वाकांक्षा इसकी असफलता की मुख्य वजह रही। विचारधारा पर विचार करें तो हम पाएँगे कि कुछ लोग पार्टी में आर.एस.एस. की स्थिति के सवाल पर ज्यादा चिंतित थे। शुरू में हल्का प्रतिरोध हुआ और इस प्रश्न को उठाया गया। जिन लोगों ने यह मसला उठाया था, उन दिनों वे जनसंघ और आर.एस.एस. के साथ न सिर्फ अपने मतभेद दूर करने को तैयार थे बल्कि वे विभिन्न राज्यों में सत्ता को नियंत्रित करने में सक्रिय साझीदार भी थे। लेकिन सभी जानते थे कि आर.एस.एस. जिसका अपना 50 साल का इतिहास है, यूँ अचानक नहीं बदलने वाला। यहाँ सहनशीलता और सहभागिता की आवश्यकता थी। मैंने अपने उन साथियों को, जो जनसंघ से संबद्ध थे, मनाने की पूरी कोशिश की। यह अन्याय होगा यदि मैं यह स्वीकार न करूँ कि उस समय जनसंघ में शुरू से लेकर आखिर तक सभी

ने मिल-जुलकर काम किया और एक-दूसरे का साथ दिया। जब भी संगठन या प्रशासन में कोई समस्या उठ खड़ी होती, वे बहुत ही सृजनात्मक और सकारात्मक व्यवहार रखते थे। लेकिन साथ ही राज्य स्तर और जिला विभागों के स्तर पर जब वे शक्तिशाली इकाई बनने लगे, तब एक-दूसरे को असफल करने की कोशिशें करने लगे। जो लोग शुरू से आर.एस.एस. के विरोधी रहे, उनके दिमाग में इस स्थिति ने तनाव पैदा किया और शंका बढ़ाई। लेकिन मुझे सबसे ज्यादा आश्चर्य इस बात का है कि अगर स्थिति यह थी तो श्री राजनारायण के सरकार से इस्तीफा देने के बाद भी समस्याएँ बढ़ती क्यों चली गईं ? अविश्वास प्रस्ताव के बाद की घटनाओं को देखें, तो पाएँगे कि राजनारायणजी और चौधरी चरण सिंह को सरकार से इस्तीफा देने के लिए कहा गया था। इन दोनों सज्जनों के स्वभाव से तंग आकर सिर्फ मोरारजी देसाई ही नहीं बल्कि पूरे कैबिनेट ने इस बात से सहमति जताई कि उन्हें सरकार से बाहर कर दिया जाना चाहिए। मैं इस घटना के विस्तार में नहीं जाना चाहता। बेशक उस समय न तो मैं इस घटना में सहायक था और न ही मुझसे इस विषय पर संपर्क किया गया था। लेकिन अगर आप उस समय हमारे दोस्तों और सहायकों के रुख पर विचार करेंगे, तो पाएँगे कि सभी राजनारायण और चौधरी चरण सिंह पर क्रोधित थे, क्योंकि चौधरी चरण सिंह ने अपने सारे कैबिनेट सहायकों को 'असहायों की मंडली' घोषित कर दिया था। मैंने पाया कि उनमें से कुछ लोगों को प्रधानमंत्री के इस कदम पर घोर आपत्ति थी। अतः चौधरी चरण सिंह और राजनारायणजी को वापस सरकार में बुलाने का सवाल उठाया गया। काफी लंबे सलाह-मशविरे और आग्रह के बाद मोरारजी देसाई ने चौधरी चरण सिंह को सरकार में वापस बुला लिया और राजनारायण की जगह रवि राय को रख लिया। लेकिन जिस दिन चौधरी साहब को सरकार में वापस लिया गया, उसी दिन शाम को उत्तर प्रदेश के मुख्यमंत्री ने अपने चार सहायकों को हटा दिया। जो सहयोगी और साथी यह कहते थे कि अगर प्रधानमंत्री संसद भंग करने के अपने अधिकार का प्रयोग करते हैं तो इससे पार्टी की एकता को ठेस पहुँचेगी, वही बाद में यह कहते हैं कि मुख्यमंत्री को अपने सहायक चुनने की स्वतंत्रता होनी ही चाहिए। यह चौंकानेवाली बात है। यह एक अनूठी बहस है। जहाँ प्रधानमंत्री को अपने कैबिनेट के सहयोगियों को चुनने की पूरी स्वतंत्रता नहीं है, वहीं एक मुख्यमंत्री स्वतंत्र है कि वह जब चाहे, जिसे चाहे, अपने कैबिनेट में रखे या निकाल दे। इस परंपरा को चौधरी चरण सिंह और उनके सहयोगियों ने आगे बढ़ाया। इस तरह पार्टी में कोई नियम नहीं रह गया था, बल्कि सत्ता के महत्त्वपूर्ण पदों को हासिल करने के लिए यह एक प्रयोग था। एक अन्य बात भी ध्यान में रखनी होगी कि 1977 के चुनाव के बाद इस देश को एक विशेष दिशा में ले जाने की कोशिश की गई। बिहार में पिछड़े वर्गों के लिए आरक्षण से काफी तनाव उत्पन्न हुआ जो जरूरी नहीं था और उसका कोई औचित्य भी नहीं था। मैं उन लोगों में से हूँ जो आरक्षण नीति का घोर समर्थन करते हैं। पर उस समय मुझे फिर गलतफहमी हुई और मैंने समझा कि पार्टी का यह निर्णय उचित है। और यही सही नीति है जिसके द्वारा उपेक्षित जाति और वर्गों को आगे बढ़ाया जा सकता है। लेकिन इन जातियों की आर्थिक स्थिति पर विचार नहीं किया गया; बल्कि हमारे कुछ मित्रों ने आरक्षण को अपने राजनीतिक प्रभाव को बढ़ाने का शस्त्र बना लिया। मैं इन सबों से भी सहमत हो जाता लेकिन तभी केंद्र और कुछ राज्यों में पार्टी के अंदर उस आधार पर गुट बनने लगे। अतः यह इस संकट के रूप में आया पर

मैं नहीं समझता कि जनता पार्टी या देश की राजनीति पर इसका दूरगामी प्रभाव होगा। हाँ, केंद्रीय स्तर पर यह तनाव कुछ हद तक वर्तमान है। अतः इन सारी बातों पर ध्यान देना होगा। मैं श्री मोरारजी देसाई को दोषी नहीं ठहराऊँगा। लेकिन मोरारजी देसाई का अपने पार्टी के सहयोगियों के साथ अजीब व्यवहार रहा। आप इस बात से इनकार नहीं कर सकते कि वे पार्टी या सरकार में अच्छे लोगों को ही लाना चाहते थे; किंतु कभी दबाव में आकर वे दूसरे दृष्टिकोणों पर भी विचार करते थे। समस्या यह थी कि उनके सहयोगियों ने अपने असंतोष को कभी भी उनके सामने प्रकट नहीं किया बल्कि उनके पीठ पीछे कानाफूसी करते रहे। एक या दो बार मैंने मोरारजी देसाई से कहा कि उन्हें अपने कैबिनेट के लोगों से भी विचार-विमर्श कर लेना चाहिए। तब वे बड़े ही विश्वास से जवाब देते थे कि उन्होंने कभी भी बिना अपने सहयोगियों की सलाह के कुछ नहीं किया है। एक बार मैंने कुछ वरिष्ठ सहयोगियों से इस संदर्भ में मोरारजी देसाई से बात करने को कहा पर आश्चर्य कि वही दोस्त जो पीछे शिकायत करते थे, चुप रह गए। स्थिति यह थी और मोरारजी देसाई इस तरह की स्थितियों के लिए नहीं बने थे। उन्होंने भारत के स्वतंत्रता-संग्राम में सक्रिय भागीदारी की थी और जहाँ जिस क्षेत्र में उन्होंने काम किया, वहाँ अग्रणी और महत्त्वपूर्ण भूमिका निभाई। यहाँ वे सभी के साथ सामंजस्य स्थापित नहीं कर पाए और इसका परिणाम हुआ कि धीरे-धीरे वे अलग-थलग पड़ गए। एक बात और थी कि इस बुजुर्ग व्यक्ति ने कभी भी किसी के साथ अपनी कुर्सी के लिए सौदेबाजी नहीं की। उन्होंने अपने सिद्धांतों के साथ कभी समझौता नहीं किया जबकि चार या पाँच दलोंवाली टीम के नेता होने के लिए सिर्फ सिद्धांत और दृष्टिकोण ही महत्त्वपूर्ण नहीं होते बल्कि कुछ हद तक एक सीमा के भीतर समझौते भी जरूरी हो जाते हैं। लेकिन वे कहीं झुकनेवाले नहीं थे। अतः इन सब वजहों का भी योगदान रहा। दूसरी बात यह थी कि वे देश की बदलती परिस्थितियों को समझने और ग्रहण करने को तैयार नहीं थे। उन्हें लोगों की इच्छा की भी बहुत जानकारी नहीं थी। इसलिए विभिन्न अभिलाषाओंवाले लोगों को खुश करनेवाला कोई निर्णय वे नहीं ले सके। उनमें यही कुछ कमियाँ थीं, जिससे इनकार नहीं किया जा सकता। लेकिन एक बात कहनी पड़ेगी कि इस व्यक्ति ने बेहद गर्व के साथ प्रधानमंत्री का पद ग्रहण किया और बहुत ही स्वाभिमान के साथ इस पद को छोड़ा। अपनी सत्ता को बनाए रखने के लिए कभी खुद को किसी के सामने नहीं झुकाया, इस बात के लिए उन्हें कभी पछतावा नहीं हुआ क्योंकि उनके मन में भगवान के प्रति गजब की आस्था थी कि जो होता है, ईश्वर की मर्जी से ही होता है। इस आस्था की वजह से उन्हें सारी स्थितियों पर ज्यादा अफसोस नहीं हुआ। लेकिन वह व्यक्ति जो प्रधानमंत्री की कुर्सी पर है, उसे सिर्फ अपनी संतुष्टि के बारे में नहीं सोचना चाहिए, बल्कि यह भी देखना चाहिए कि इस निर्णय का देश और पार्टी पर क्या दूरगामी प्रभाव पड़ेगा। अगर मोरारजी देसाई ने अपने सिद्धांतों को देश के हित के लिए थोड़ा लचीला बनाया होता तो आज जनता पार्टी और देश को इस बड़ी विपत्ति का सामना नहीं करना पड़ता।

क्या संयुक्त राष्ट्रसंघ तथा अमेरिका का पक्ष लेनेवाले लोग ही जनता दल के इस संकट के लिए जिम्मेदार हैं ?

इन महाशक्तियों की दखलअंदाजी का कोई प्रत्यक्ष प्रमाण नहीं है लेकिन एक बात से

इनकार नहीं किया जा सकता कि ये महाशक्तियाँ विकासशील देशों की आंतरिक नीतियों में हस्तक्षेप करने की कोशिश कर रही हैं। कई अन्य देशों में भी इस बात के पर्याप्त सबूत पाए गए हैं। भारत की राजनीति पर भी इन महाशक्तियों का दबाव रहता है। हमारे देश ने अपने अंदरूनी मामलों में दखल देने की इनकी आदत का विरोध किया है। बहुत सारी अफवाहें और कानाफूसियाँ हो रही हैं। मैं बिना किसी प्रमाण के यह आरोप लगाना उचित नहीं समझता कि इन शक्तियों ने देश की राजनीति को प्रभावित किया है और यही वर्तमान संकट के लिए जिम्मेदार हैं। कुछ लोग, जो इन शक्तियों के पक्ष में हैं, वे काफी सक्रिय हो रहे हैं। लेकिन बिना पर्याप्त सबूत के सिर्फ शक के आधार पर हम किसी पर आरोप नहीं लगा सकते हैं। मैं इस तरह की अफवाहों पर ध्यान नहीं देना चाहता।

आर.एस.एस. और जनसंघ की इस संकट में क्या भूमिका थी ? क्या यह सच है कि पार्टी के आदेश पर मधु लिमये ने आर.एस.एस. से संबंधित कोई सूचना भेजी थी ? क्या राष्ट्रीय कार्यकारिणी के कई सदस्यों ने दोहरी सदस्यता को लेकर सवाल उठाए थे ?

हाँ, मैं मधु लिमये की सूचना के बारे में ठीक-ठीक नहीं जानता। मधु लिमये ने निजी तौर पर तथा पार्टी में हो रही सामूहिक बहस में आर.एस.एस. से संबंधित इस मसले को कई बार उठाया था, लेकिन वास्तविकता यह है कि श्री कृष्णकांत इस मसले को राष्ट्रीय कार्यकारिणी तक ले गए। सरकार के गठन के तुरंत बाद ही उन्होंने इस मुद्दे पर सबका ध्यान खींचा और तब हम राष्ट्रीय कार्यकारिणी की बैठक में मिले। मधु लिमये भी ऐसा किए जाने के पक्ष में थे। मगर उस समय चौधरी चरण सिंह, राजनारायण और कर्पूरी ठाकुर ने कहा कि इस समय इस विषय पर विचार करने की कोई जरूरत नहीं है क्योंकि उस समय उन लोगों का जनसंघ से करीबी रिश्ता था। अटल बिहारी उस कार्यकारिणी में शामिल नहीं हो पाए थे। जब तक हम लोग जेल से बाहर आते, उसके पहले ही वे लोग इस बात पर सहमत हो गए कि आर.एस.एस. के किसी मसले पर कोई विचार-विमर्श नहीं होगा। सुरेन्द्र मोहन ने इस बात की पुष्टि की। ओमप्रकाश त्यागी जो जनसंघ के सदस्य थे और इसका प्रतिनिधित्व भी करते थे, उन्होंने कहा कि आर.एस.एस. के विषय में कोई बात नहीं उठाई जानी चाहिए क्योंकि उस समय वह एक प्रतिबंधित संगठन था। अतः यह सच है कि यह सवाल उठाया गया और कृष्णकांत तथा मधु लिमये जैसे लोग इस मसले को संगठन में लाना चाहते थे। ज्यादातर मित्र जो इस मुद्दे से जुड़े हुए थे ! उनका सोचना था कि यह व्यर्थ का विवाद है और हमें ऐसी बातों पर अपनी ऊर्जा खर्च नहीं करनी चाहिए जो पार्टी में एकता और भाईचारा लाने की बजाय उसमें तनाव उत्पन्न करे। यह कहना उचित नहीं होगा कि वर्तमान में आर.एस.एस. की कोई भूमिका नहीं रही है। मेरे विचार से इस संकट के दो कारण हैं—पहला, कुछ लोगों का अपनी हर बात को सही ठहराना। कुछ मित्र महसूस करते हैं कि वे जो कुछ कहते हैं, वही सच है, वही सिद्धांत है, वही अंतिम फैसला है, किसी और दृष्टि से उस पर विचार करने या दूसरों की बात सुनने के लिए बिलकुल तैयार नहीं होते। दूसरा, उन दोस्तों को बर्दाश्त नहीं करना जो आर.एस.एस. के विरुद्ध प्रचार कर रहे थे। मैं यह विचार रखता हूँ कि यदि आपने जनसंघ से अपने हाथ मिलाए हैं तो चाहे यह सही हो या गलत, आपको उन्हें पूरा समय देना चाहिए ताकि वे खुद को बदल सकें। वे भारतीय राजनीति की मुख्यधारा

का अंश हैं और उन्हें जनतांत्रिक ढाँचे में ही काम करना है। आर.एस.एस. से जुड़े कार्यकर्ताओं को अपना तरीका बदलना ही होगा। मेरा अनुभव यह है कि उस समय जनसंघ के नेता प्रशासनिक और संगठनात्मक मसलों पर जब भी विवाद होता था, उसे आपस में सुलझा लेते थे। केंद्रीय स्तर पर तो ऐसा होता था, परंतु राज्य स्तर पर ऐसा नहीं कहा जा सकता क्योंकि यहाँ वे लोग खुद को स्थापित और अपने प्रभाव क्षेत्र को विस्तृत करने के प्रयास में लगे थे। लेकिन अब सिर्फ जनसंघ का ही विरोध नहीं था बल्कि कई दूसरे विरोध भी थे। सभी समूहों को मिलाने की बजाय वे एक-दूसरे पर शासन करना चाहते थे। लेकिन आर.एस.एस. के एक समूह ने, जो राज्य स्तर पर या स्थानीय स्तर पर जनता पार्टी में महत्त्वपूर्ण स्थान रखता था, समय के साथ बदलने की जरूरत महसूस नहीं की। अतः इस तरह की प्रवृत्ति ने संगठन में तनाव बढ़ाया और संगठन पर और अधिक दबाव डाला। अटल बिहारी वाजपेयी ने यह महसूस किया कि अगर आर.एस.एस. को भारतीय राजनीति में कोई उद्‌देश्य पूरा करना है तो इसे अपनी भूमिका बदलनी होगी। कुछ लोग ऐसे थे जो यह विचार रखते थे कि आर.एस.एस. को बिलकुल भी परिवर्तित नहीं होना चाहिए। उनका यह कहना था कि आर.एस.एस. ही एकमात्र ऐसा अनुशासित और देशभक्त संगठन है जो देश की सेवा कर रहा है। लेकिन हमारा इतिहास ऐसा नहीं कहता। बहुत सारे आर.एस.एस. के लोग जिन्होंने ब्रिटिश साम्राज्यवाद के खिलाफ लड़ाई लड़ी थी, आर.एस.एस. के सदस्य नहीं थे। हो सकता है कि कुछ सदस्यों ने भारतीय राष्ट्रीय आंदोलन में भाग लिया हो लेकिन उनकी संख्या बहुत कम थी। इस तरह आजादी की लड़ाई में आर.एस.एस. ने कोई खास भूमिका नहीं निभाई थी। अतः उनका यह दावा करना कि देशभक्ति में उनकी कोई मिसाल नहीं है और वे राष्ट्रीय गौरव के प्रतीक हैं, गलत है। इस तरह की बातें दूसरों को सिर्फ परेशान ही कर सकती हैं।

क्या जनसंघ में दो समूह हैं ?

दो समूह हैं या तीन, मैं नहीं कह सकता; लेकिन जनसंघ में विचारधाराएँ दो जरूर हैं। आर.एस.एस. तथा जनसंघ के भीतर विचारों के खूब मंथन होते रहे हैं। जब जनसंघ था, उस समय भी उसकी कार्यकारिणी समिति में आर.एस.एस. की भूमिका को लेकर विवाद थे क्योंकि संभवतः लोग नहीं जानते थे कि चाहे भारतीय मजदूर संघ हो या विद्यार्थी परिषद, वे कभी भी जनसंघ के नियंत्रण में नहीं रहे। जनसंघ का एक हिस्सा हमेशा सोचता था कि उन्हें यह साफ कर देना चाहिए कि ये आर.एस.एस. के युवा तथा मजदूर संगठन हैं। इस समय भी वे इस बिंदु पर असहमत थे। आनेवाले दिनों में यह विवाद और गहराता चला गया क्योंकि जनता पार्टी में कई और लोग शामिल होते गए। जो मित्र आर.एस.एस. की भूमिका के विरुद्ध थे, उन्होंने कुछ देर इंतजार किया। शायद उन्हें इस बात का एहसास हुआ होगा कि इस समय आर.एस.एस. की भूमिका पर बात करना असंगत है। आर.एस.एस. के प्रभावशाली लोग इस समय बहुत सकारात्मक तरीके से पेश नहीं आ रहे थे। अतः यह समस्या उत्पन्न हुई।

क्या आपको लगता है कि सरकार को उखाड़ फेंकने में पैसे की कोई भूमिका थी ?

कुछ पूँजीपतियों ने इस नाटक में बहुत महत्त्वपूर्ण भूमिका निभाई। दिल्ली की राजनीति जानती है कि इसमें पैसे की कुछ भूमिका जरूर थी। मैं नहीं जानता कि यह भूमिका इस

संकट के लिए किस हद तक जिम्मेदार थी। लेकिन इतना जरूर कहूँगा कि कुछ उद्योगपतियों ने जिस तरह का काम किया है, उससे संसदीय प्रजातंत्र पर कई सवाल उठ खड़े हुए हैं। अगर उद्योगपतियों की इस प्रवृत्ति पर अंकुश नहीं लगाया गया तो हमारा भविष्य संकटमय हो जाएगा।

मोहन मीकिंग के अलावा क्या सीमेंस इन सबमें लिप्त है ?

मैं नहीं कह सकता। मैं इनके बारे में नहीं जानता। इतना जानता हूँ कि जिनका नाम आप ले रहे हैं, वे राजनीति में बहुत सक्रिय रहे हैं और राजनीति में इन पर काफी चर्चाएँ हुई हैं।

पार्टी के टूटने में श्री देसाई की क्या भूमिका रही है ? क्या वे नहीं चाहते थे कि पश्चिम बंगाल में सीपीएम तथा जनता पार्टी और कश्मीर में नेशनल कांफ्रेंस तथा जनता पार्टी का चुनावी गठबंधन हो ?

वास्तविकता तो यह है कि इन दोनों मामलों में उनकी कोई प्रत्यक्ष भूमिका नहीं थी। मेरा यह विचार था कि पश्चिम बंगाल में सीपीएम के साथ तथा कश्मीर में नेशनल कांफ्रेंस के साथ हमारा चुनावी गठबंधन हो। सीपीएम के साथ इस विषय पर मेरी बातचीत भी हुई और हम कुछ प्रस्तावों पर सहमत भी हो गए थे; किंतु राज्य के नेतृत्व ने सब कुछ जानबूझकर तहस-नहस कर डाला। विशेषकर पी.सी. सेन असहयोग का रुख अपनाए हुए थे। वे सोचते थे कि जनता पार्टी अपने बलबूते पर चुनाव का रुख मोड़ देगी। उनके मित्रों तथा सलाहकारों ने भी उनके विचार से सहमति जतायी। उस समय मैंने सी.बी. गुप्ता को पश्चिम बंगाल का पर्यवेक्षक नियुक्त किया। वे भी वहाँ जाकर पी.सी. सेन से सहमत हो गए और सीपीएम के नेतृत्व को परखने का कोई प्रयास नहीं किया। यह बेहद आश्चर्यवाली बात थी कि कोई जिम्मेदार व्यक्ति इस तरह की गैर-जिम्मेदाराना हरकत करे। यह दुर्भाग्यपूर्ण था। अशोक मेहता, भानुप्रताप सिंह और नानाजी देशमुख तीनों व्यक्ति कश्मीर गए और जब वे वापस लौटे तब मैंने सोचा कि शेख अब्दुल्ला के साथ गठबंधन होगा। पुनः उनका मूल्यांकन अपने रास्ते से भटक गया, क्योंकि वहाँ हमारे कुछ साथी यह सोचते थे कि शेख बहुत चर्चित व्यक्ति नहीं हैं इसलिए वे सीट जीत नहीं पाएँगे। मैं इस मूल्यांकन से सहमत नहीं था, इसीलिए मैंने शेख अब्दुल्ला के वित्तमंत्री से दो-तीन बार बात की। वे हर तरह से हमारी मदद को तैयार थे। लेकिन इधर इन लोगों ने रिपोर्ट तैयार कर पार्टी को दे दी। यहाँ के नेतृत्व—जनता पार्टी के तीन वरिष्ठ नेता मोरारजी देसाई, जगजीवन राम और चौधरी चरण सिंह—ने भी अपने यही विचार प्रकट किए। देसाई ने दूसरों द्वारा प्रकट किए गए विचारों का समर्थन किया। उन्होंने इसकी शुरुआत नहीं की, बल्कि जब मैंने पहल की तो उन्होंने इस प्रस्ताव पर मुझे अपना समर्थन नहीं दिया। इस हद तक तो वे जरूर कसूरवार थे लेकिन वे प्रत्यक्षतः जिम्मेदार नहीं थे।

क्या आपको याद है कि बहुगुणा को किसी कमेटी का संयोजक नियुक्त किया गया था ? उन्हें कहा गया था कि वे जातीय दंगों की जाँच कर रिपोर्ट दें। क्या उन्होंने अपनी

रिपोर्ट दे दी है ?

उन्होंने कोई रिपोर्ट नहीं दी है। इसके विपरीत मैंने उन्हें इसके बारे में एक-दो बार याद भी दिलाया क्योंकि जब जातीय दंगे भड़क उठते हैं तो जनता कब क्या कर दे, कहना मुश्किल होता है। अतः मैंने एक कमेटी का गठन किया है जो इन दंगों के कारणों की जाँच करेगा और यह देखेगा कि प्रशासनिक और संगठनात्मक स्तर पर इन्हें रोकने के क्या उपाय किए जा सकते हैं। कुछ बैठकें भी हुई हैं। बहुगुणा ने मुझे एक पत्र लिखा था पर उसके आधार पर कोई रिपोर्ट नहीं दी गई।

जब राष्ट्रीय कार्यकारिणी में दोहरी सदस्यता के सवाल को उठाया गया तो एच. एन. बहुगुणा का क्या पक्ष था ?

उस समय बहुगुणा ने चुप्पी साध ली। वे बहुत उत्साहित नहीं थे क्योंकि दूसरे राज्यों में बहुगुणा जनसंघ के नेताओं के साथ मामलों को सेट करने में लगे हुए थे। बाद में राष्ट्रीय कार्यकारिणी में चार-पाँच महीने पहले यह प्रश्न फिर उठा। वे राष्ट्रीय कार्यकारिणी में ही इसका फैसला चाहते थे। मैं भी कोई फैसला चाहता था किंतु यदि वे लोग यह चाहते होते तो फैसला हो चुका होता। बहुगुणा ने इस मसले को संसदीय समिति में भेजने का सुझाव दिया। इसे संसदीय समिति में भेज दिया गया। उसने यह सुझाव दिया कि मोरारजी देसाई को इस मसले को लेकर नेताओं के साथ विचार-विमर्श कर इसके हल की जिम्मेदारी दी जानी चाहिए। मोरारजी देसाई को ऐसा हल निकालना चाहिए था जिससे सभी सहमत हों; परंतु उन्होंने न तो कोई सलाह दी, न ही कोई हल निकाला और न ही कभी संबंधित लोगों से बात की।

मधु लिमये के व्यक्तित्व का मूल्यांकन किस तरह करेंगे ?

मैं नहीं जानता, किस तरह समझाऊँ। वे लोग सबसे ज्यादा तनावग्रस्त रहनेवाले व्यक्ति हैं और अपनी समस्याओं को समझ लेने की समझदारी के प्रति बहुत ज्यादा सचेत भी। वे सोचते हैं कि उनकी मूल्यांकन और विश्लेषण की समझ सही है। वे लोग दूसरों के दृष्टिकोण से शायद ही कभी सहमत होते हैं, भले ही वे प्रभावशाली और श्रेष्ठ लोगों से घिरे रहे हों लेकिन उन्होंने कभी दूसरों की सोच को नहीं समझा और न ही स्वेच्छा से आमसहमति बनाने की कोशिश की। यह कहना उचित नहीं होगा कि सारी मुश्किलों और जनता पार्टी की गिरावट के लिए मोरारजी देसाई या जनसंघ ही उत्तरदायी था। जो लोग सरकार में थे, वह किसी दूसरे व्यक्ति की ही तरह समान रूप से उत्तरदायी थे। मधु लिमये को अगर कहें कि प्रशासन में आई गिरावट के लिए जिम्मेदार नहीं थे तो यह सही हो सकता है क्योंकि न तो उनसे कभी संपर्क किया गया और न ही उन्हें विश्वास में लिया गया। लेकिन ये तीन सज्जन अपने उत्तरदायित्व से भाग नहीं सकते; बल्कि वे मुझसे ज्यादा उत्तरदायी हैं। मैंने कभी भी नहीं कहा कि यह सारी गड़बड़ प्रधानमंत्री और उनके दोस्तों की है। इसलिए मैं कोई टिप्पणी नहीं करना चाहता, पर मैं उनके व्यवहार को समझ नहीं पाता हूँ।

अंततः वे अपने ही निजी स्वार्थ के शिकार हो गए ?

मैं इस विषय में कुछ नहीं कह सकता।

मैं जनता दल चलाता हूँ, आर.एस.एस. नहीं

भोला चटर्जी की बातचीत

एक अवधारणा जोर पकड़ने लगी है कि आप राष्ट्रीय स्वयंसेवक संघ के प्रति लचीले हो गए हैं। राष्ट्रीय स्वयंसेवक संघ की भूमिका राजनीति में बहुत विवादास्पद है और यह कहा जा रहा है कि आपने संघ को क्लीन चिट दी है। आपका इस बारे में क्या कहना है ?

इसमें कोई दो राय नहीं कि मेरे बारे में अवधारणा बनाई गई है कि मैं राष्ट्रीय स्वयंसेवक संघ के प्रति लचीला रवैया अपनाने का प्रयास कर रहा हूँ, लेकिन वास्तव में मेरी संघ के आदर्शों से कोई साठगाँठ नहीं है। मैं एक तरह की परिस्थितियों के लिए काम करता हूँ। मुझे एक राजनीतिक पार्टी चलाने की जिम्मेदारी दी गई है, जिसका जन्म जनवरी, 1977 में हुआ और जो वास्तव में मई, 1977 में अस्तित्व में आई। लेकिन पार्टी ने विचित्र परिस्थिति में आपातकाल के बाद चुनाव लड़ी, जिसमें संघ के बहुत-से दोस्तों ने भाग लिया। हम लोग वास्तविकता के प्रति सजग थे। अगर आप मुझसे संघ के आदर्श के बारे में पूछते हैं और इसी के तहत संस्था और समाज के एक वर्ग के बारे में पूछते हैं, जो मानव के सामाजिक और आर्थिक मामलों में धर्म को लाना चाहते हैं, तो मैं इसके खिलाफ हूँ। जब राष्ट्रीय स्वयंसेवक संघ जनता पार्टी का सहयोगी हुआ तो इसका अपना चरित्र वही था। मैं यह भी कह सकता हूँ कि परिस्थितिवश इसमें थोड़ा बदलाव आया। हालाँकि मैं यह भी नहीं कहता कि इसने मुख्य रूप से काम चलाने के लिए अपने को परिवर्तित कर लिया। हमारे कुछ दोस्त कहते हैं कि संघ अपने उद्देश्यों की प्राप्ति के लिए सांप्रदायिक दंगे का प्रयास करता है। मैं नहीं समझता कि वे देश में सांप्रदायिक दंगे कराना चाहेंगे। मैंने बहुत सारे दोस्तों, जो संघ के उद्देश्यों को संदिग्ध रूप से देखते थे, उनको साफ किया कि दो-तीन राज्यों में हमारे दोस्त—जो पहले संघ में थे और अब शासन चला रहे हैं—वे सांप्रदायिक तनाव के मामले में उन राज्यों में अच्छा माहौल बनाए हुए हैं। इसलिए मेरे लिए यह उचित नहीं होगा कि मैं उन सभी को दोषी करार दूँ, जो बीते दिनों में संघ में थे।

मैं साफ कहना चाहता हूँ कि संप्रदाय का मुद्दा किसी खास व्यक्ति को सरकार में रखकर या बाहर करके सुलझाया नहीं जा सकता है। इसके लिए हमारी नीति-व्यवस्था को पूरी तरह से दुरुस्त करना होगा और धार्मिक उन्माद के परिणामों और यह किस तरह से काम करती है—इसे हम लोगों को समझना होगा। मैं इस विचार का रहा हूँ और अभी भी हूँ कि मार्क्सवादी समीक्षा इस संदर्भ में पूरी तरह सही है। धर्म मनुष्य और देवता के बीच कड़ी का कार्य करता है। हरेक व्यक्ति और नागरिक को अपने सर्वशक्तिमान देवता के साथ जुड़ने का अधिकार होना चाहिए, लेकिन ज्योंही धर्म सामाजिक और आर्थिक मामलों में दखलंदाजी करता है, तो उसका असर खतरनाक होता है। यह सभी धर्मों के साथ लागू होता

है और यह बहुसंख्यक और अल्पसंख्यक सम्प्रदायों के धर्मों के संदर्भ में सत्य है।

मेरी दिक्कत यह है कि न तो मैं आर.एस.एस. चला रहा हूँ और न ही इसके खिलाफ जेहाद शुरू कर रहा हूँ। मैं जनता पार्टी चला रहा हूँ और आप जानते हैं कि अगर हम लोगों को एक विशेष लक्ष्य प्राप्त करना है, तो यह संगठित रूप से काम और एक ठोस नीति और कार्यक्रमों को लागू कर लोगों के सामाजिक और आर्थिक जीवन से धर्म की भूमिका को खत्म करके ही हो सकता है। दुर्भाग्यवश कुछ लोग नीति और कार्यक्रम को लागू करने में तत्पर नहीं हैं, लेकिन एक-दूसरे पर केवल दोष मढ़ना चाहते हैं। मैं नहीं समझता कि इसका सहभागी मैं कैसे हो सकता हूँ। अगर कोई व्यक्ति मेरे ऊपर इस तरह का दोष लगाकर संतुष्ट है, तो हमें इसकी कोई चिंता नहीं। मैं समझता हूँ कि अगर सांप्रदायिकता से लड़ना है तो अल्पसंख्यकों की समस्याओं का समाधान करना ही होगा।

दुर्भाग्यवश विभाजन के समय मुस्लिम समाज का सम्भ्रांत वर्ग पाकिस्तान चला गया और गरीब मुस्लिम यहाँ रह गए। चाहे हिंदू हो या मुसलमान, देश के विकास का फल सम्भ्रांत वर्ग को ही मिलता है। लेकिन मुस्लिम आबादी का विशाल भाग जो विभाजन के पहले शोषण का शिकार और गरीबी रेखा के नीचे था, वहाँ गरीबी अभी भी उसी स्थिति में है। आप जानते हैं कि हमारे समाज में जब रोजगार के अवसर आते हैं, तो यह अवसर मेधावी को नहीं मिलता है। इस नौकरी की अनुशंसा और पैरवी की जाती है। साधारण आदमी द्वारा नहीं बल्कि समाज के उन व्यक्तियों द्वारा जो समाज में अहमियत रखते हैं। जो शासन तंत्र चलाते हैं, उनका यह कर्त्तव्य बनता है कि विशेष प्रयास द्वारा अल्पसंख्यकों को विभिन्न सेवाओं में समायोजित किया जाए और उनको अवसर प्रदान किया जाए, जिसमें उनका आर्थिक विकास हो और वे भी राष्ट्रीय पुनर्निर्माण की यात्रा में भाग ले सकें। लेकिन दुर्भाग्यवश इन समस्याओं का समाधान तुच्छ राजनीतिक चालाकी से करने का प्रयास किया जाता है, जिसका सहभागी मैं नहीं हो सकता।

भारत निश्चित रूप से धर्मनिरपेक्ष राज्य है, लेकिन धर्मनिरपेक्ष संविधान एक अलग चीज है और इसके अनुसार काम करना पूरी तरह अलग चीज है। विभिन्न अल्पसंख्यक संप्रदायों के लोगों में यह भावना है कि वास्तविक रूप में संविधान में रोजमर्रा के परिप्रेक्ष्य में कुछ कमी है। भारत की पूरी जनसंख्या के 20 प्रतिशत अल्पसंख्यक हैं लेकिन इनके अनुरूप राष्ट्रीय जीवन के विभिन्न क्षेत्रों में इसकी झलक नहीं है, आपका क्या कहना है ?

इस तरह की स्थिति देश में बन रही है, लेकिन यह धार्मिक अल्पसंख्यकों के परिप्रेक्ष्य में सत्य नहीं है। यह समाज के सभी उत्पीड़ित व शोषित वर्गों के परिप्रेक्ष्य में सच है। पहले मुझे संविधान के बारे में पूछे गए सवालों के उत्तर देने दें। संविधान में धर्मनिरपेक्षता के बारे में बात नहीं कही गई है, इसमें लोगों की विभिन्न सुविधाओं का वादा किया गया है। आप याद करें कि संविधान में कहा गया है कि इसके प्रभावी होने के एक दशक बाद देश में कोई अशिक्षित नहीं रहेगा, कोई बच्चा शिक्षा के बिना नहीं रहेगा—यह केवल अल्पसंख्यक और उत्पीड़ित वर्गों के लिए सत्य नहीं है। समाज की ऊँची जातियों और दूसरे वर्गों के बच्चों को भी शिक्षा के अधिकार से इनकार किया गया है। बहुत सारे उच्च आदर्श संविधान में निहित हैं लेकिन उनका अभी कार्यान्वयन नहीं हुआ है। यह बहुत दुर्भाग्य की बात है।

अनुसूचित जाति और अनुसूचित जनजाति का मामला लें, तो इन लोगों के लिए समाज में निश्चित आरक्षण की बात की गई है लेकिन संवैधानिक प्रावधानों के बावजूद और जवाहरलाल नेहरू, लालबहादुर शास्त्री, इंदिरा गांधी और मोरारजी देसाई की सरकारों द्वारा इन बिंदुओं पर जोर देने के बावजूद परिस्थिति उत्साहवर्द्धक नहीं है। उन सभी नेताओं ने उत्पीड़ित और शोषित लोगों (अनुसूचित जाति और अनुसूचित जनजाति) के प्रति न्याय करने की शपथ लेकर शासन प्रारंभ किया। लेकिन सेवाओं में इनकी भर्ती के निश्चित संवैधानिक प्रावधान के बावजूद इनका कोटा आज तक नहीं भरा है।

मैं अल्पसंख्यकों की भावना का सम्मान करता हूँ। लेकिन अगर समस्याओं को सांप्रदायिक मुद्दे का रंग देकर सुलझाने की कोशिश की गई, तो इसका समाधान संभव नहीं है। यह दुर्भाग्यपूर्ण है कि धार्मिक अल्पसंख्यक जो समाज का सबसे शोषित वर्ग है—उत्पीड़ित और शोषित लोगों से जुड़ने के बदले अपने आपको अलग-थलग रखना चाहता है और यही खेल है, जो कि कुछ राजनीतिज्ञों द्वारा खेला जा रहा है। अगर समस्याओं का समाधान चाहते हैं तो जो समान सामाजिक अस्तित्व के लिए काम करते हैं, उनके साथ मिलकर प्रयास करना होगा। ऐतिहासिक कारणों से अल्पसंख्यक ज्यादा विपत्ति झेलते हैं। मैं नहीं समझता कि यह धार्मिक कारणों से है। यह आंशिक रूप से हो सकता है, लेकिन धर्म भी बहुत मामूली भूमिका अदा करता है।

इस संदर्भ में यह बात याद करनी चाहिए कि हमारे आर्थिक जीवन में कुछ जगहों पर अल्पसंख्यक वर्ग खास अहमियत रखते हैं। बहुत सारे कारीगर ग्रामीण और शहरी क्षेत्र में अल्पसंख्यक संप्रदाय से हैं। चाहे बनारस में जरी का काम हो या मुरादाबाद में पीतल का, ढाका में कपड़े का, यहाँ तक कि गाँवों के उद्योग में अल्पसंख्यक संप्रदाय के लोग बड़ी संख्या में कार्यरत हैं। अंग्रेजी शासन के दौरान इन उद्योगों को बर्बाद कर दिया गया। अंग्रेजी शासकों ने हम लोगों को न केवल राजनीतिक रूप से निर्भर होने को बाध्य किया बल्कि विकास की आधारभूत संरचना को भी बर्बाद किया। स्वतंत्रता के बाद भी हम लोगों ने उन उद्योगों को पुनर्जीवित नहीं किया। इसका नतीजा यह हुआ कि बड़ी संख्या में अल्पसंख्यक संप्रदाय के लोग जो इस व्यवसाय से जुड़े थे, बेरोजगार हो गए। 1947 तक इन सारे उद्योगों में कार्यरत लोगों ने आधुनिकता के पीछे दीवाना होकर इस पर समुचित ध्यान नहीं दिया। अब जरूरत है कि इन उद्योगों की तरफ समुचित ध्यान दिया जाए। इसलिए भी नहीं कि ये उद्योग लोगों को रोजगार प्रदान करते हैं और समाज को सम्मानजनक स्थिति प्रदान करते हैं या जीवनयापन के लिए धन की व्यवस्था करते हैं, बल्कि इसलिए भी कि यह भारतीय अर्थव्यवस्था को मजबूती प्रदान करते हैं। अगर आर्थिक आधार पर इस समस्या का समाधान किया जाता है तो इसके मद्देनजर अल्पसंख्यकों को विशेष सुविधा प्राप्त होनी चाहिए। बिना कोई कड़वापन लाए हम लोग अल्पसंख्यकों को ज्यादा अवसर प्रदान कर सकते हैं। विशेष कर उनमें पीड़ित वर्गों को जिससे कि वे राष्ट्रीय उत्पादन को बढ़ा सकें और सामाजिक प्रतिष्ठा प्रदान कर सकें।

जनता पार्टी में आपके कुछ मित्र सोशलिस्ट विचारधारा से जुड़े हुए थे। वे संघ के मुद्दे को अभी देश के लिए बड़ी समस्या समझते हैं। इसके बारे में आपका क्या कहना है ?

इसके बारे में मेरे पास कहने को कुछ नहीं है। यह समस्या के बारे में उनकी समझ

है। एक विचार उन लोगों में यह भी है कि वे कांग्रेस से जुड़कर समस्या का समाधान करने के लिए तैयार हैं। मैंने उनमें से एक भूतपूर्व कांग्रेसी नेता, जो जनता पार्टी के नेता हैं, उनसे सवाल किया कि पिछले 30 सालों में न केंद्र, न राज्य के कैबिनेट में कोई जनसंघी सदस्य था। 1967 को छोड़कर जब कुछ राज्य सरकारों में जनसंघी मन्त्री थे, तो क्या इस देश में सांप्रदायिकता खत्म हुई ? समस्या को साफ नीति और कार्यक्रम के आधार पर खत्म करना है। मैं नहीं समझता कि संघ या कोई अन्य समूह सम्मिलित रूप से बनाई गई सोच को प्रभावित कर सकेंगे। अगर संघ से असहमति रखनेवाले हमारे दोस्त रचनात्मक कार्यक्रम पेश करते हैं, तो वे इन सांप्रदायिक ताकतों से लड़ने में ज्यादा सक्षम होंगे। सांप्रदायिकता एक नारा है, जो सरकार या सरकार के बाहर चंद लोगों के खिलाफ उपयोग किया जाता है। मैं अनुभव करता हूँ कि मेरे कुछ दोस्त पार्टी में इस समस्या को राजनीतिक नारा बनाने की कोशिश कर रहे हैं। प्रायः वे भले ही सोचते हों कि ये सब करके पार्टी और समाज की सेवा कर रहे हैं, पर यह ठीक नहीं है। अगर संघ पार्टी को गलत रास्ते पर जाने के लिए प्रभाव डालती है तो मैं समझता हूँ कि इसको चिह्नित किया जाए और पूरी पार्टी का समर्थन लिया जाए।

हाल में ही रामलीला ग्राउंड में हुई अपने पार्टी मित्रों की रैली में संघ के लोगों के होने को आप किस तरह से देखते हैं ?

अगर आप मेरा व्यक्तिगत विचार जानना चाहते हैं तो यह साफ कर देना चाहता हूँ कि मैं हाफशर्ट और हाफपैंट और हाथ में लाठी लिए परेड में शामिल होनेवालों को पसंद नहीं करता। ऐसे कुछ लोग हमारी पार्टी में जिम्मेदारीवाले पदों पर हैं, इससे अच्छा संदेश नहीं जाता। अगर हजारों नागरिक इसमें शामिल होते हैं, तो वह भी हो सकते हैं। इस पर रोक नहीं लग सकती। यह दुर्भाग्य की बात है कि जो लोग मंत्री बन जाते हैं, वे अपने आपको दूसरों से अलग समझने लगते हैं। यह खतरनाक है। उदाहरण के तौर पर मैं जनता पार्टी का अध्यक्ष हूँ और आप मेरे पुराने मित्र हैं। मान लीजिए, अगर मैं आपके साथ बैठने और कहीं जाने से हिचकूँ तो आपको कैसा लगेगा ? मान लीजिए कि कुछ स्वयंसेवक सरकार में नेताओं के दोस्त हैं, अगर कोई उनको कहता है कि आप अपने दोस्तों के साथ किसी कार्यक्रम में शामिल न हों और इसके साथ कोई संबंध न रखें तो यह मानवीय मूल्यों के खिलाफ है। अगर कोई मंत्री बाबा साहब देवरस के कार्यक्रम में शामिल होता है, तो इसका विरोध होता है लेकिन बाबा साहब कुछ कहते हैं जो सरकार और जनता पार्टी के खिलाफ हो, तो उस बिंदु पर आपको अपने-आपको साफ करना होगा। वे मित्र जो इनका विरोध करते हैं, उनके लिए अच्छा यह होगा कि वे बाबा साहब देवरस द्वारा दिए गए वक्तव्य को, जो जनता पार्टी के खिलाफ जाता है, उन्हें चिह्नित करें। संसदीय लोकतंत्र में आपको सभी विचारों के लोगों के साथ बात करनी होगी।

आपके विचार से मुस्लिम लीग, उत्तर प्रदेश में जमाते-इस्लामी और दूसरे संगठनों, जो खुले रूप से सांप्रदायिक हैं, क्या हैं ?

मेरा विचार इन सभी संगठनों के लिए समान है। इनकी जाँच मेरे द्वारा व्यक्त की गई

धारणाओं के संबंध में होनी चाहिए। यह अच्छा होगा कि आप यह प्रश्न आर.एस.एस. के विरोधी लोगों से पूछें, जो इन संगठनों से जुड़ने का प्रयास करते हैं। यह दुर्भाग्य की बात है कि कुछ लोग बहुसंख्यक को हतोत्साहित और अल्पसंख्यक को प्रोत्साहित करने का काम करते हैं। यह ठीक नहीं है और यह देश में खराब माहौल का सृजन करती है। वे लोग अल्पसंख्यक के दोस्त नहीं हैं, जो उनके बीच भय की भावना को जगाते हैं। बहुसंख्यक को अवांछनीय रास्ते पर जाने के लिए उकसाते हैं। धर्मांधता अल्पसंख्यक या बहुसंख्यक में या दोनों ही रूप में खराब है। एक के पक्ष में दूसरे के प्रति भेदभाव नहीं करना चाहिए। यह सत्य है कि बहुसंख्यक धर्मधृष्ठता समाज को अधिक क्षति पहुँचाती है लेकिन सिद्धांतों और आदर्शों में यह बराबर रूप से हानिकारक है।

आप सहमत होंगे कि जनता पार्टी की आंतरिक कलह किसी की कल्पना नहीं है ? क्या आप सोचते हैं कि इसके स्रोत बाहर से हैं ?

इस पर टिप्पणी करना मेरे लिए कठिन है। इस तथ्य को दिमाग में हमेशा रखना चाहिए कि महाशक्तियाँ विकसित देशों के आंतरिक मामलों में हस्तक्षेप का प्रयास करती हैं। यह हम सब लोग जानते हैं और यह कोई नई बात नहीं है। पिछले तीन दशकों से इस तरह की परिस्थिति बनी हुई है। इस तथ्य को दिमाग में रखना चाहिए कि महाशक्तियाँ इस देश को हमेशा अस्थिर बनाने का प्रयत्न करती हैं, क्योंकि मजबूत भारत इन लोगों की आँखों की किरकिरी है। महाशक्तियाँ गुटनिरपेक्ष, स्वतंत्र, सार्वभौमिक, स्थिर और आर्थिक रूप से मजबूत भारत को प्रतिद्वंद्वी के रूप में समझती हैं। यह दुर्भाग्य की बात है, लेकिन यह इतिहास का तथ्य है। फिर भी मैं नहीं समझता कि भारतीय इन तरीकों के हस्तक्षेप को बर्दाश्त करेंगे या बर्दाश्त करने जा रहे हैं। इसलिए मैं महाशक्तियों के हस्तक्षेप की बातों को ज्यादा अहमियत नहीं देता हूँ। वे भले ही हस्तक्षेप की इच्छा रखते हों और अपनी कोई भूमिका निभाने की इच्छा रखते हों, लेकिन इस देश का भविष्य तय करने में इन तथ्यों की कोई भूमिका नहीं होने जा रही है। मैं इस तरह की बातों को ज्यादा अहमियत नहीं देता हूँ। अगर यह है तो इसका खुलासा हो जाएगा और वे लोग जो महाशक्तियों का हथियार बनने का प्रयत्न कर रहे हैं, उनको खत्म कर दिया जाएगा।

मैं कांग्रेस में फूट नहीं डालना चाहता

एम.जे. अकबर और केवल वर्मा की बातचीत

यदि कोई आदमी पाँच धाराओं को एक बड़ी नदी में मिला सकता है, तो वह पूरे भारत को अच्छी तरह चला सकता है और वह चन्द्रशेखर हैं। एक राजनीतिज्ञ के रूप में उनकी छवि अविवादित है। संसद में उनका रिकॉर्ड उनकी ईमानदारी को प्रमाणित करने में सक्षम है और वे मंत्रिपद जैसे पुरस्कारों के लिए कभी नहीं गिरे, जो इंदिरा गांधी उन्हें खुशी से दे सकती थीं। उन्होंने स्वयं को कभी भी वर्ग, जाति या संप्रदाय से नहीं जोड़ा। उनके इसी रवैए के कारण एआईसीसी के कम-से-कम तीन वक्ताओं ने खुले रूप में यह कहा कि चन्द्रशेखर जैसे आदमी को कांग्रेस पार्टी से निकाल दिया जाना चाहिए। इस बात से एआईसीसी के एक महत्त्वपूर्ण वक्ता इतने आक्रोशित हो गए कि वे मंच की पिछली पंक्ति में बैठे डी. के. बरुआ के पास गए और चिल्लाए–'आप चन्द्रशेखर को बेशक निकाल दें, लेकिन आज यह देखें कि आप कहाँ हैं और चन्द्रशेखर कहाँ हैं!'

यदि यह सब सच है तो चन्द्रशेखर पर निर्णय लेने में जनता पार्टी ने इतना समय क्यों लगाया ? उसमें भी तब, जब जयप्रकाश नारायण ने उनके पक्ष में संकेत दे दिया था और इसकी जानकारी सभी को थी, क्योंकि जनता पार्टी को छोड़कर दूसरे किसी दल में संत शामिल नहीं थे। इसके बावजूद कोई भी इस वास्तविकता को नहीं नकार सकता कि आदर्शों को लेकर पार्टी के अंदर काफी लड़ाई चल रही थी।

सीएफडी को छोड़कर बाकी चार पार्टियों ने इस बात की लॉबीगीरी करनी शुरू कर दी कि उनकी पार्टियों के सदस्यों को नॉमिनी किया जाए। यह सब एक मार्च के पहले ही होने लगा, क्योंकि उसी तारीख को नामों की घोषणा की उम्मीद थी। जब चन्द्रशेखर अध्यक्ष बनाए गए, तब तक सीएफडी औपचारिक रूप से पार्टी में शामिल नहीं हुआ था। जनसंघ के नानाजी देशमुख को लंबे समय तक 'फ्रंटरनर' माना गया। लेकिन आक्रामक तरीके से चरण सिंह भी कभी गैरजिम्मेवार नहीं रहे। वह चाहते थे कि उनके बीएलडी का कोई सदस्य उस पद को पाए। इस प्रयास में वे सफल हुए और श्री एच. एन. बहुगुणा की वजह से आगामी चुनावों के बाद उन्होंने अपने आदमी को उत्तर प्रदेश विधानसभा में भिजवा दिया। दूसरे लोहियावादी माने जानेवाले श्री कर्पूरी ठाकुर का, जिन्होंने भारतीय लोकदल ज्वायन किया था, नाम काफी स्वच्छ और बोल्ड तरीके से चर्चा में आया। चरण सिंह ने यह प्रस्ताव भी दिया कि गृहमंत्री बनाने के साथ-साथ उन्हें पार्टी अध्यक्ष भी बना देना चाहिए। लेकिन उनके इस प्रस्ताव को समर्थन नहीं मिला। तब उन्होंने राजनारायण का नाम प्रस्तावित होने पर कहा कि रायबरेली के इस हीरो को जनता पार्टी अध्यक्ष बनाया गया तो वे कैबिनेट छोड़ देंगे। एक सूत्र के मुताबिक मोरारजी देसाई इस बात से खुश नहीं थे कि चरण सिंह के किसी

आदमी को इस संवेदनशील पद का दायित्व सौंपा जाए। और उन्होंने अशोक मेहता का नाम प्रस्तावित किया। जब चर्चा चल रही थी, तब अंतिम क्षणों में गुजरात में चुनाव हार चुके पीलू मोदी नामक बीएलडी का एक आदमी बहुत कम अंतर से प्रमुखता से सामने आया।

लेकिन अचानक इस बात पर सहमति हुई कि कोई एक आदमी, जिससे यह आशा की जाए कि वह पार्टी के कुछ वर्गों के बीच बिना किसी गंभीर तनाव के काम कर सकता है, वह चन्द्रशेखर हैं। जनता पार्टी ने अपनी इच्छा के अनुसार निर्णय ले लिया था।

जनता पार्टी अध्यक्ष बनने के बाद श्री चन्द्रशेखर ने साउथ एवेन्यू के अपने अत्याधुनिक बँगले में केवल वर्मा और एम. जे. अकबर से बातचीत की।

आपने जनता आंदोलन को एक साझे राजनीतिक प्रोग्राम के तहत कैसे एक राजनीतिक दल के रूप में तब्दील करने का प्रस्ताव किया ?

यह काम आसान नहीं था। आप जानते हैं कि बहुत सारी शक्तियाँ हमारे समाज में काम कर रही हैं और जनता पार्टी भी इन्हीं शक्तियों के साझे गठबंधन का प्रतिबिंब है। सो हमारी कोशिश यह होगी कि ज्यादा-से-ज्यादा युवाओं एवं प्रगतिशील ताकतों को जनता विचार के अधीन लाया जाए। यह हमारी सफलता पर निर्भर करेगा कि हम संघर्ष के साथ इस दिशा में जनता पार्टी को सामाजिक बदलाव के औजार के रूप में इस्तेमाल कर सकें। यह जनता पार्टी की प्रगतिशील ताकत की जवाबदेही पर भी निर्भर करेगा।

आप 'प्रगतिशील ताकतों' को कैसे परिभाषित करेंगे ?

वैसे लोग जो आम आदमी और अति पिछड़े लोगों के हितों की दिशा में काम करने को तैयार हैं, वैसे लोग ही मेरी नजर में प्रगतिशील हैं। दो बातें हैं—आर्थिक मोर्चे पर वैसे लोग, जो कुछ महान कार्य करने को तैयार हैं और सामाजिक मोर्चे पर, जो पुराने अनिर्धारित लोगों से नियंत्रित नहीं होते।

क्या आप इस बात से सहमत हैं कि जनता पार्टी में कुछ वैसे लोग भी हैं, जो पुराने विचारोंवाले हैं ?

मैं इसको कैसे अस्वीकार कर दूँ ? यदि जनता पार्टी हर तरह के लोगों का साझा गठबंधन है, तो निश्चित रूप से कुछ लोग वैसे होंगे, जो पुराने विचारोंवाले हैं। मैं ऐसा नहीं मानता कि जनता पार्टी साधुओं एवं समाजवादियों का गठबंधन है (हँसते हैं)। यह दरअसल सभी तरह के लोगों का समूह है। इसलिए ऐसा हो सकता है कि...

आप उन कारणों के बारे में क्या सोचते हैं, जिनके चलते आपको जनता पार्टी का अध्यक्ष बनाया गया ? तमाम विरोधाभासों के बावजूद इस निर्णय के लिए किन राजनीतिक कारणों ने बाध्य किया ?

इसकी समीक्षा का दायित्व आपका है। क्योंकि यदि मैं कुछ कहूँगा तो यह मेरी व्यक्तिगत सोच होगी या व्यक्तिगत आकलन होगा और मैं इन दोनों में से किसी में भी पड़ना नहीं चाहता।

टिकटों के बँटवारे में आपकी व्यक्तिगत नीति क्या होगी ?

मैं यह नहीं कहता कि मेरी व्यक्तिगत सोच ज्यादा महत्त्व रखती है। लेकिन जनता पार्टी कुछ सिद्धांतों और कुछ दिशाओं के प्रति समर्पित है। मेरी जवाबदेही यह देखने की है कि जनता पार्टी उन सिद्धान्तों और उन दिशाओं में काम कर रही है या नहीं ? इसलिए यदि हम उन लाइनों पर चलते हैं तो इसके सिवाय और कोई चारा नहीं है कि हम वैसे युवाओं को प्रोत्साहित करें, जो समाज और अर्थव्यवस्था के विकास के लिए महत्त्वपूर्ण और सही विचार रखते हैं।

हर पार्टी में ऐसा निश्चित रूप से होता है कि उसके विचारों एवं धरातल पर हो रहे कामों में उल्लेखनीय अंतर हो...

आप सही हैं कि हर जगह हमेशा कुछ अंतर होता है लेकिन हमारा प्रयास होना चाहिए कि हम इस अंतर को कम करें। हमारा अनुभव है कि इन दोनों लाइनों के बीच का अंतर जितना ज्यादा होगा, पार्टी उतनी ही ज्यादा कमजोर होगी। इसलिए मैं आशा करता हूँ कि जनता पार्टी के नेता इस अंतर को कम करने का प्रयास करेंगे। मैं यह नहीं कहता कि अंतर वहाँ नहीं है, लेकिन हम निश्चित तौर पर अच्छे के लिए काम करेंगे।

आप इस अंतर को कम करने के लिए किस तरह से दबाव बनाएँगे ?

एकमात्र उपाय यह है कि इसमें जनता की भागीदारी बढ़ाई जाए, वही एकमात्र कारगर दवा होगी। केवल जनता रूपी दवा ही इस दिशा में काम कर सकती है। नहीं तो, इधर-उधर घूमने से यह संभव नहीं है। इसलिए जनता पार्टी को उन बलों पर खूब ध्यान देना होगा, जो सामाजिक परिवर्तन के लिए काम करने को तैयार हैं। मैं नहीं जानता कि हम इसमें कितने सफल हो पाएँगे, लेकिन केवल विचारों के युद्ध से कुछ नहीं होनेवाला, हमें इस त्रासदी से निकलने के लिए एक सशक्त आंदोलन करना होगा।

तो क्या उदाहरणस्वरूप छात्र संघर्ष समिति को आपके विधानसभा चुनावों के लिए बन रही उम्मीदवारों की सूची में कुछ प्रतिनिधित्व मिलेगा ?

उन्हें मिलना चाहिए। उन्हें न केवल थोड़ा बल्कि महत्त्वपूर्ण प्रतिनिधित्व मिलना चाहिए।

क्या आप ऐसा सोचते हैं कि आप इन निर्णयों को स्वयं ले सकते हैं, बाकी पार्टी को छोड़कर ?

मैं इसके लिए दबावों में क्यों आऊँ ?

क्या आप चाहते हैं कि कांग्रेस पार्टी का पतन हो ?

नहीं, मैं ऐसा नहीं चाहता कि कांग्रेस पार्टी विखंडित हो। मैं चाहता हूँ कि कांग्रेस पार्टी काम करे, लेकिन मैं उस काम में भागीदार न बनूँ। (थोड़ा हँसते हैं) लेकिन कांग्रेस पार्टी में कुछ लोग ऐसे हैं, जो पुनर्विचार कर रहे हैं। यदि वे हमारे साथ आना चाहेंगे और हमारे आंदोलनों में शामिल होंगे तो मैं उनका स्वागत करूँगा। इसका यह कतई मतलब नहीं कि मैं कांग्रेस के पतन की राह देख रहा हूँ।

यदि कुछ लोग कांग्रेस पार्टी पर नियंत्रण कर लेते हैं, तो क्या आपको ऐसा लगता है कि भविष्य में राजनीतिक दलों को फिर से सुधरने की आवश्यकता है ?

राजनीति में कुछ भी असंभव नहीं है। मैं सोचता हूँ कि आने वाले कुछ दिनों में भारतीय राजनीति में बहुत ज्यादा सुधार की आवश्यकता है। मैं नहीं जानता कि इसमें कितना समय लगेगा, यह कितने दिनों तक चलेगा और किन ताकतों को सुधरना होगा ? लेकिन इस बात से कोई इनकार नहीं कर सकता कि यहाँ सुधारों की काफी गुंजाइश है।

आपने तब कहा था कि ताजा सुधार समाप्ति का द्योतक नहीं हैं ?

नहीं, कभी नहीं। एक आदमी जो इतिहास समझता है और सामाजिक ताकतों के बीच काम करता है, वह यह कैसे कहेगा कि रास्ते यहाँ बंद हो गए ? आप भी जानते हैं और कोई भी यह नहीं कह सकता कि यह भारतीय राजनीति का अंतिम सुधार है। कभी नहीं।

जिस तरीके से विधानसभाओं को भंग किया गया है, उससे भारतीय राजनीति में विरोधी शक्तियाँ मजबूत हुई हैं। एक विकासशील देश कितने समय तक इस तरह के विरोधाभासों को बर्दाश्त कर पाएगा ?

आप मेरी सोच से वाकिफ हैं कि मैं हमेशा यही चाहता हूँ कि भारत में विरोधाभासों का वातावरण नहीं होना चाहिए, क्योंकि हमारे सामने कई तरह की समस्याएँ हैं, जिनका समाधान करना है और हम लोग ज्यादा से ज्यादा अपने आंतरिक मोर्चे पर कुछ कर सकते हैं। मैंने हमेशा राष्ट्रीय समस्याओं पर काम करना पसंद किया है। लेकिन यह एकतरफा प्रयास नहीं है। दूसरी पार्टियों एवं दूसरे संगठनों ने भी इसका समर्थन किया है। मैं ताजा घटनाक्रमों पर कोई प्रतिक्रिया व्यक्त करना नहीं चाहता लेकिन आप जानते हैं कि पिछले दो सालों से आपसी गलतफहमियों के कारण वातावरण बुरी तरह प्रभावित हुआ है और यह स्पष्ट हो चुका है कि जनता की समस्याओं और उनकी सोच को बहुत जल्दी नहीं उठाया जा सकेगा। लेकिन हमारा यह प्रयास होगा कि देश की आर्थिक समस्याओं के समाधान के लिए राष्ट्रीय चेतना और जागृति पैदा हो।

लेकिन पार्टी अध्यक्ष के रूप में आपको खुले रूप में सरकार के उस निर्णय से सहमत होना होगा, जिसमें सरकार ने राज्य विधानसभाओं को भंग करने का निर्णय लिया था।

क्या आप मुझसे ऐसी उम्मीद रखते हैं (थोड़ा हँसते हैं) कि मैं सरकार पर प्रतिक्रिया व्यक्त करूँ ? मुझे उस पर कुछ नहीं कहना है, लेकिन मैं यह सोचता हूँ कि मुझे सरकार की नीतियों से एक हद तक सहमत होना पड़ेगा। लेकिन इसका मतलब यह भी नहीं कि पार्टी अध्यक्ष और सरकार के बीच कभी दुराव होगा ही नहीं। यदि मुझे कुछ गलत लगेगा, मैं निश्चित रूप से प्रधानमंत्री और सरकार को अपनी असहमति से अवगत करा दूँगा। लेकिन मैं इसे अच्छा नहीं समझता कि पार्टी अध्यक्ष सार्वजनिक रूप से अपनी असहमति व्यक्त करें।

पार्टी का सरकार के ऊपर कितना प्रभाव पड़ता है ?

देखते हैं, यह हमारे अनुभवों से नजर आएगा। आप इसका आकलन नहीं कर सकते।

क्या आपकी पार्टी भी कांग्रेस और सरकार की तरह एक-दूसरे का पर्याय बन जाएगी ?

आप कुछ समय तक इन्तजार क्यों नहीं कर लेते और तब देखिए...!

आर.एस.एस. से लड़ने के लिए आप कैसे प्रस्ताव करेंगे...?

मैं किसी से लड़ना नहीं चाहता। मैं आर.एस.एस. का विरोध करना नहीं चाहता। अब यह आर.एस.एस. पर निर्भर करता है कि वे निर्णय करें कि वे जन-जीवन की मुख्यधारा में आना चाहते हैं, देश के राजनीतिक जीवन में प्रवेश करना चाहते हैं, ताकि उन्हें एक राजनीतिक दायित्व मिल सके। उनका कहना है कि वे राजनीति में शामिल होना नहीं चाहते, अब यह सब उनके निर्णयों पर निर्भर करता है। मैं वैसी किसी भी कार्रवाई में अपने को शामिल करना नहीं चाहता जो जनता पार्टी की नीतियों और सिद्धांतों से मेल नहीं खाती।

यदि आर.एस.एस. के कुछ कार्यालयकर्मी जनता पार्टी का टिकट चाहेंगे, तो आप क्या करेंगे ?

यदि वे जनता पार्टी में हैं और जनता पार्टी उनकी उम्मीदवारी को सही ठहराती है, तो मैं उनको उम्मीदवार बनने से नहीं रोक सकता। (हँसते हैं) लेकिन उनको यह समझना होगा कि उन्हें जनता पार्टी की नीतियों का अनुसरण करना होगा।

नक्सलियों के संबंध में आपकी क्या सोच है ?

मेरा मानना है कि वहाँ कुछ उदार होने की आवश्यकता है और उन्हें मुक्त किया जाना चाहिए। अब ऐसा भी नहीं कि मैं इन बातों को केवल आज कह रहा हूँ। यदि आपको याद हो तो तीन साल पहले मैंने इंदिरा गांधी को कहा था कि उन्हें नक्सलियों से वार्ता करनी चाहिए। मैं कोई कारण नहीं देखता कि जब आप चैम्बर ऑफ कामर्स से बातचीत (ऐसा होना चाहिए) कर सकते हैं तो नक्सलियों से आपकी वार्ता क्यों नहीं हो सकती ? इसमें क्या गलत है ? हो सकता है, हम नक्सलियों से सहमत नहीं हों, लेकिन वे भी तो आदमी हैं, जो अपने तरीके से समाज को बदलना चाहते हैं। यदि समाज में तनाव पैदा करनेवाले लोगों को समाज में सम्मानजनक स्थान मिल सकता है और वे हमारे मित्र बन सकते हैं, जैसे (यहाँ लंबी हँसी के साथ चन्द्रशेखर यह बात कहते हैं, एक सज्जन का नाम भी लेते हैं जो उनसे मिलने आए थे और उनका छोटा साक्षात्कार भी लिया था) और हम लोग उनसे वार्ता कर सकते हैं, तो हमारी बातचीत कानू सान्याल और उनके समान विचारधारावाले लोगों से क्यों नहीं हो सकती है ?

कुछ ज्यादा खुलकर बात करें, तो क्या आप सभी नक्सली कैदियों की सामूहिक रिहाई के पक्ष में हैं ?

आप जानते हैं कि मैं हमेशा उनकी रिहाई की माँग करता रहा हूँ और आज चूँकि जनता पार्टी का अध्यक्ष बनाया गया हूँ, मैं अपनी सोच में परिवर्तन नहीं कर सकता।

आपने कांग्रेस सरकारों की कार्यप्रणाली देखी है और अब आप पहली जनता सरकार को देख रहे हैं। आप इन दोनों की महत्त्वपूर्ण समानताओं और विरोधाभासों के बारे में क्या कहेंगे ?

मंत्रियों की जीवनशैली में एक बड़ा अंतर आप देख रहे हैं। कम-से-कम हम इतना तो कह ही सकते हैं कि वे कांग्रेसी मंत्रियों की तुलना में ज्यादा सामान्य रह रहे हैं। आप प्रधानमंत्री आवास या फिर किसी भी मंत्री के आवास में जाकर देख सकते हैं। एक अच्छी बात भले ही थोड़ी छोटी हो लेकिन महत्त्वपूर्ण है कि प्रधानमंत्री इंडियन एयरलाइंस की नियमित सेवा के विमान से यात्रा करना पसंद करते हैं, वह भी तब जब उनकी यात्रा महत्त्वपूर्ण हो और इसका नागरिक उड्डयन से कोई वास्ता नहीं होता। (नोट—इसी सुबह अखबारों में खबर छपी थी कि मोरारजी देसाई ने अपने पुत्र कान्तिभाई देसाई और सुश्री मनीबेन पटेल के साथ वायु सेना के विमान से अहमदाबाद की यात्रा की। यद्यपि बाद में श्री देसाई ने बंबई से दिल्ली तक की यात्रा इण्डियन एयरलाइन्स के विमान से की।) यह टीम प्रतिक्रियाओं को ज्यादा अच्छे तरीके से लेती है और ज्यादा खुली हुई है। वे तुरंत आपसे अलग इसलिए नहीं हो जाते कि आपके और उनके विचारों में अंतर है। वे इस बात को स्वीकार करते हैं कि दूसरे लोगों की भी अपनी अलग सोच है, जिसको विचारार्थ लाना चाहिए। समस्या यह थी कि 1969 के पहले श्रीमती इंदिरा गांधी ने कहा था कि वे दूसरों से संपर्क स्थापित करना चाहती हैं। लेकिन 1971 के चुनावों के बाद उन्होंने कहा कि वे कुछ भी करने की अंतिम हकदार हैं। हर मुद्दे पर वे कहतीं कि वे एकमात्र ऐसी व्यक्ति हैं, जिसके पास अपनी सोच है और उनके सामने दूसरों के मतों का कोई महत्त्व नहीं है। आज मंत्री कम-से-कम अपने को व्यक्तिगत रूप से तो प्रोजेक्ट नहीं कर रहे।

अगले साल आप जनता पार्टी के लिए क्या महत्त्वपूर्ण समस्याएँ देखते हैं ?

श्रमिकों की स्थिति जनता पार्टी के लिए सबसे महत्त्वपूर्ण समस्या होगी। हमें एक रास्ता खोजना होगा, जिसमें श्रमिकों की आवाज को देश में ज्यादा मुखर रूप में उठाया जा सके। यह एक समस्या होगी। आप जानते हैं कि जब अलग-अलग गुट पार्टी में शामिल होने का विचार करते हैं, तो उन पर कुछ दबाव और उनकी कुछ बाध्यता होती है। लेकिन यह एक विकराल समस्या नहीं है। दूसरी बात यह कि देश के विभिन्न राज्यों को मुख्यधारा में लाने के लिए आप कैसे व्यवस्थित करेंगे ? फिर से एक समस्या यह है कि आप ब्यूरोक्रेसी से काम कैसे लेंगे ? लेकिन ऐसा भी नहीं कि समस्याएँ साध्य नहीं। लेकिन निश्चित रूप से कुछ समस्याएँ हैं।

क्या आप अपने श्रमिक संगठनों के गठबंधन की गारंटी लेंगे ?

मैं बहुत हद तक यह चाहता हूँ कि सभी संगठन मिलकर एक सशक्त श्रमिक आंदोलन की पृष्ठभूमि तैयार करें। मैं यह भी चाहता हूँ कि सरकार अपनी मशीनरी को यह निर्धारित करने में भी लगाए कि श्रमिकों की बातों को जल्दी से सुना और सुलझाया जाए। इसमें कोई कारण नहीं है कि संघर्ष, हड़ताल और विरोधाभास पैदा हो।

जनता जो सबसे बड़ी समस्या झेल रही है, वह है मूल्यवृद्धि की। आप इस पर कुछ कहना चाहेंगे ?

मैं इस समस्या के समाधान का कोई आसान रास्ता नहीं जानता। मैं इसमें यकीन रखता हूँ कि यदि आप मूल्य पर नियंत्रण स्थापित करना चाहते हैं तो आपको उत्पादन की प्राथमिकताओं का निर्धारण भी करना होगा, आपको जमाखोरी पर नियंत्रण पाना ही होगा। तब जाकर आप मूल्य पर नियंत्रण स्थापित कर सकते हैं। यह तात्कालिक उपाय है। इसे लम्बे समय तक नहीं चलाया जा सकता। भारत जैसे देश में जहाँ सीमित संसाधनों और अत्यधिक आवश्यकताओं की स्थिति है, यहाँ आपको हर जगह एक बैलेंस बनाकर चलना होगा। सो, आप प्राथमिकताओं का निर्धारण करें कि हमें क्या बनाना है—विलासिता संबंधी उत्पाद बनेंगे या फिर उपभोक्ता सामग्रियों का निर्माण होगा ?

जनवितरण-प्रणाली को मजबूत करने के बारे में आपकी क्या राय है ?

मेरी स्पष्ट सोच है कि यदि आप जनवितरण-प्रणाली को मजबूत नहीं करेंगे, तो गंभीर समस्या में पड़ जाएँगे। और मैं सोचता हूँ कि यदि जनता इस लॉजिक या इसकी आवश्यकताओं को नहीं समझती है, तो उसको यह समझने के लिए बाध्य करना होगा क्योंकि आपको मालूम है कि पिछले 25-30 सालों से हम लोग इसका प्रयोग कर रहे हैं। कभी-कभी हम लोग जनवितरण-प्रणाली को मजबूत करने की बात करते हैं, तो कभी आराम करने लगते हैं। लंबे समय के लिए इसके सिवाय दूसरा कोई रास्ता नहीं है कि हम जनवितरण-प्रणाली पर ध्यान केंद्रित करें।

आपने कहा कि अनेक दलों का मिल जाना आसान है, लेकिन जब पार्टियों की युवा समितियाँ मिलीं, तो उनमें दरार देखी गई।

हमें कुछ और समय दीजिए।

दक्षिण में आपकी राजनीति का क्या होगा ?

अभी मैं कुछ नहीं कह सकता। लेकिन मैं दक्षिण के दोस्तों से मिलने में लगा हूँ। मुझे नहीं लगता कि दक्षिण के लिए किसी विशेष रणनीति की जरूरत है। पिछले चुनाव में हमने गलतियाँ की थीं। हम दक्षिण में जनता तक नहीं पहुँच सके, हम दक्षिण में अपनी बात नहीं पहुँचा सके, इसलिए हम जनता को दोषी नहीं ठहरा सकते। दोषी हम हैं जो महत्त्वपूर्ण मुद्दों पर कोई निर्णय नहीं ले सके।

मैं आशा करता हूँ कि आप इस बात से सहमत होंगे कि कांग्रेस का पैसा दक्षिण में काम कर रहा है ?

मैं इससे सहमत नहीं हूँ। आपका मतलब कहीं यह कहने का तो नहीं कि दक्षिण की जनता ही उत्तर की जनता से ज्यादा जरूरतमंद है ? इसकी कल्पना ही खंडित है। गलती हमारी थी।

संडे, 22 मई, 1977

स्वतंत्रता की रक्षा की जाएगी

एम. जे. अकबर की बातचीत

किसी राजनीतिज्ञ की किस्मत में शांति नहीं होती और यदि वह चन्द्रशेखर जैसा हो, तब तो बिलकुल भी नहीं। उनके घर तथा घर के सामने छोटे-से मैदान में सुबह से लेकर देर रात तक लोग हमेशा भरे रहते हैं। यह घर सचमुच एक खुली जगह है जहाँ कभी भी कोई उनसे मिलने आ सकता है। चन्द्रशेखर के लिए चिंतन-मनन, एकान्त, शांति तथा पढ़ाई का बहुत महत्त्व है। हाल ही में अपने घर के सामने के छोटे मैदान में उन्होंने एक छोटी-सी कुटिया बनवाई। यह कुटिया उनके पठन-पाठन के लिए है और कभी-कभी सोने के लिए भी। एक दिन सोमवार को हम उनके छोटे मगर प्यारे-से कमरे में इकट्ठे हुए। जनता पार्टी अध्यक्ष के बिस्तर से लगी अलमारी में कई महत्त्वपूर्ण और दुर्लभ किताबें रखी हुई मिलीं। इनमें गुजराल की 'यू एस ग्लोबल इन्वॉल्वमेंट', अर्ल स्टेनले गार्डनर की 'द हेजिटेन्ट होस्टेस', वाल्टर की 'माई सीक्रेट लाईफ', स्व. राष्ट्रपति डॉ. जाकिर हुसैन के लेखों की एक किताब और गांधीजी के लेखनों का संग्रह मौजूद था। एक नेता, जो पेरी मैसन के रोग हटाने वाले गुणों से परिचित था, वह बेशक इतना ईमानदार और दृढ़ निश्चयवाला व्यक्ति है जो देश को वास्तविक नेतृत्व दे सकता है। एम. जे. अकबर उनसे स्वतंत्रता के अर्थ के बारे में कुछ सवाल पूछते हैं। वे उनसे पूछते हैं कि 'दूसरी स्वतंत्रता' जीत लेने के बाद जनता पार्टी और जनता पार्टी की सरकार जनता को रोजी-रोटी देने के लिए क्या प्रयास कर रही है ?

आप स्वतंत्रता को किस तरह परिभाषित करेंगे ?

1947 के पहले हम स्वतंत्रता का जब भी जिक्र करते थे तो इसका मतलब विदेशी शासन से स्वतंत्र होना होता था। स्वतंत्रता के लिए संघर्ष करते समय हमने स्वतंत्रता को आर्थिक नजरिए से देखना शुरू किया। हमने कहा कि सच्ची स्वतंत्रता तभी हासिल होगी जब हमारे देश के लोग सभी तरह की दासता, शोषण और गरीबी से मुक्त हो जाएँगे। स्वतंत्रता, मतलब उन सारी समस्याओं से मुक्ति, जिससे मानवता पीड़ित है।

इस स्वतंत्रता की लड़ाई में मार्च के चुनाव का क्या महत्त्व था ?

30 वर्षों के बाद भारतीय राजनीतिक क्षितिज पर संकट के बादल छाए हुए थे। एक समय ऐसा आया जब हम फासिज्म के किनारे खड़े हुए थे। मार्च के चुनाव ने इन सारी निराशाओं को दूर कर दिया और एक बार फिर से संसदीय प्रजातंत्र की बहाली हो गई। हमारी स्वतंत्रता के परिप्रेक्ष्य में यह एक बड़ी उपलब्धि है। आर्थिक उत्पीड़न से मुक्ति के लिए हमें अभी भी प्रभावशाली कदम उठाने बाकी हैं। मुझे लगता है कि इन चुनावों ने एक बात पूरी

तरह स्पष्ट कर दी है कि लोगों को दबाया नहीं जा सकता। अगर उनकी उम्मीदों और इच्छाओं को नजरअंदाज किया गया तो वे इसे नहीं सहेंगे। नई सरकार के लिए यह एक सबक भी है। श्रीमती इंदिरा गांधी ने इतिहास से सीख नहीं ली इसलिए उन्हें इतना कुछ भुगतना पड़ा। मुझे लगता है कि जनता पार्टी सरकार श्रीमती गांधी के इस अनुभव से सबक लेगी और जनता की समस्याओं को दूर करने की प्रतिज्ञा को पूरी करेगी।

आपको ऐसा नहीं लगता कि हमारे प्रजातंत्र में मुट्ठी-भर नेताओं की इच्छा पर बहुत कुछ निर्भर करता है ?

हाँ, आज तक तो ऐसा ही होता आया है लेकिन मुझे लगता है कि स्थिति बदल रही है। अगर नेताओं की इच्छा न हो, तब भी इस देश का भविष्य हमारी जनता निर्धारित करेगी।

इन संभावनाओं में आपको एक प्रकार की अनियमितता नहीं दिखती ? अगर श्रीमती गांधी ने समय पर चुनाव नहीं करवाया होता तो क्या देश पर आज भी निरंकुश शासन नहीं होता ?

मुझे ऐसा नहीं लगता। अगर श्रीमती गांधी ने चुनाव नहीं करवाया होता तब देश में विद्रोह हो गया होता। श्रीमती गांधी अचानक इतनी उदार नहीं हो गई थीं। उन्हें इस बात की आशंका थी कि बिना चुनाव के उनका सत्ता में रहना संभव नहीं है।

आपको लगता है कि इस आजादी को बनाए रखा जा सकता है–चाहे वर्तमान सरकार सफल हो या असफल ?

आजादी की रक्षा जरूर होगी। जनता में खुद को स्थापित करने की क्षमता है। ऐसा मैं सिर्फ आज ही नहीं कह रहा हूँ। मैंने हमेशा श्रीमती गांधी को चेतावनी दी कि चाहे उनके पास कितनी भी मजबूत शासकीय क्षमता हो, जब तक जनता का समर्थन उनके पास नहीं होगा, उनके लिए देश पर शासन करना संभव नहीं होगा। सरकार से परे जनता का अपना अलग अस्तित्व है। सरकार चाहे असफल हो जाए, इस देश की जनता असफल नहीं हो सकती। मैं इस देश के भविष्य के प्रति बहुत आशावान हूँ।

15 अगस्त, 1976 को आपने क्या किया ?

(हँसते हुए) पिछले साल स्वतंत्रता के दिन मैं जेल में था। बिलकुल अकेला। निर्जन एकांतवास में। मेरे पास कोई ऐसा नहीं था जिससे मैं बातें कर सकता था। एक ही काम मैंने किया और वह यह कि मैं रोज जेल में डायरी लिखा करता था। इसलिए मैंने उस दिन के बारे में भी डायरी में लिखा। (हँसते हुए) शायद मैंने ऐसा कुछ लिख दिया था जिसे प्रकाशित या सार्वजनिक नहीं होना चाहिए। उस साल के पहले हर साल मैं इस अवसर पर लालकिले जाया करता था लेकिन उस साल वह दिन मेरे लिए अन्य दिनों की तरह ही साधारण था। हर दिन की तरह उस दिन भी मैं सुबह छह बजे उठा। एक कप चाय पी, फिर मैदान में कुछ देर टहला। उसके बाद कुछ व्यायाम, नाश्ता और फिर पढ़ाई की। एक या दो घंटे के बाद बागवानी की। एक बजे दोपहर में खाना खाकर सो गया। फिर तीन बजे उठा। पाँच बजे तक पढ़ता रहा। उसके बाद एक घंटे के लिए बैडमिंटन खेला और फिर पढ़ाई

की। नौ से दस बजे तक समाचार सुने क्योंकि बीबीसी और ऑल इंडिया रेडियो से समाचार का प्रसारण इसी समय होता था। 9 बजे के बाद मैं पढ़ने बैठा, फिर सो गया।

क्या जेल के अधिकारियों ने उस दिन किसी विशेष कार्यक्रम की व्यवस्था नहीं की थी ?

शायद नहीं। अगर कुछ व्यवस्था की भी गई होगी तो मुझे उसकी जानकारी नहीं दी गई क्योंकि मैं जेल के जीवन से अलग-थलग ही रहता था।

आज जबकि हमें स्वतंत्रता हासिल हो गई है, आप लोगों की रोजी-रोटी के लिए क्या कर रहे हैं ?

सरकार ने इस समस्या के बारे में सोचना आरंभ कर दिया है। हमने अपनी चुनाव-सूची में अपनी स्थिति और वायदों को रखा है। कल (जुलाई 17) कैबिनेट की मीटिंग थी और मुझे उम्मीद है कि अगले 15 दिनों में वे कुछ निर्णय जरूर ले लेंगे जिससे हमें पता चल जाएगा कि वे इस संबंध में क्या योजना बना रहे हैं।

आपको नहीं लगता कि सरकार सिर्फ दक्षिणपंथी छवि पाने में ही सफल हुई है ?

मैं नहीं जानता कि सरकार की यह छवि कैसे बन गई। लेकिन वास्तव में सरकार ने कोई ऐसा कदम नहीं उठाया है, जिसे दक्षिणपंथी कदम माना जाए।

क्या सरकार ने कोई कोशिश की है ?

यह आरोप आप सरकार पर लगा सकते हैं, पर हमें यह क्यों कह रहे हैं कि सरकार अपनी छवि दक्षिणपंथी की बना रही है ?

उदाहरण के लिए श्री बृजलाल वर्मा एकाधिकृत घरानों को फिर से परिभाषित करने की सोच रहे हैं ?

बृजलाल वर्मा का कहना है कि उनका यह मकसद नहीं है। यह तो सिर्फ प्रेस का स्कैंडल था और इसमें बिलकुल भी सच्चाई नहीं थी।

कल्पना कीजिए कि जनता पार्टी गरीबी को कम नहीं कर सकी और यह लोगों का ध्यान इस मुद्दे पर से हटा देती है, तब अगली क्रांति कैसी होगी ? क्या हिंसक विस्फोट होगा या कुछ और ?

कोई जरूरी नहीं है। यह हिंसक नहीं भी हो सकता है। और कुछ के लिए नहीं तो कम से कम अपने को जीवित रखने के लिए जनता पार्टी को गरीबों के लिए कुछ तो करना ही होगा। मैं ऐसा ही महसूस करता हूँ। हालाँकि आगे क्या होगा, इसकी भविष्यवाणी आप नहीं कर सकते क्योंकि जनवरी, 1977 में कोई नहीं जानता था कि श्रीमती गांधी का भविष्य वैसा होनेवाला है, जैसा बाद में हुआ था। हाँ, एक बात जरूर निश्चित है कि भविष्य में स्थितियाँ स्थिर नहीं होंगी। यह एक बहुआयामी स्थिति है। अगर हमने इन स्थितियों का सामना सफलतापूर्वक कर लिया तब तो हम बचे रहेंगे वरना हम भी बाहर कर दिए जाएँगे।

जनता पार्टी के कुछ अन्य लोग आपके विचार से शायद सहमत नहीं होंगे ?

यह सहमत होने या न होने का प्रश्न नहीं है क्योंकि वर्तमान स्थिति में आर्थिक शक्तियों का निर्धारण हमारी और आपकी इच्छा से नहीं होगा। किसी देश में विशेष परिस्थितियों में ऐसी शक्तियों का निर्धारण सामाजिक शक्तियों के स्वभाव पर निर्भर करता है। भारत जैसे देश में जहाँ 50 प्रतिशत से भी ज्यादा लोग गरीबी रेखा के नीचे हैं, 73 प्रतिशत जनता अशिक्षित और 80 प्रतिशत चिकित्सा सुविधा से वंचित है, वहाँ यह कैसे संभव है कि समाज के इस हिस्से को ध्यान में रखे बिना संसदीय लोकतंत्र में कुछ भी किया जा सकता है ? अतः आपको समाज के इस हिस्से को अपने विश्वास में लेना होगा। और समाज के उच्च वर्गों द्वारा अपने स्वार्थों का कुछ बलिदान करना पड़ेगा।

आप इसे 'बलिदान' क्यों कहते हैं ?

मैं इसे बलिदान कहूँगा क्योंकि वे (धनी) लोग इसे इसी नाम से पुकारते हैं। यह धन इन धनी लोगों का नहीं है बल्कि यह समाज का धन है। इस धन का उत्पादन कड़ी मेहनत करनेवाले लोग या मजदूर करते हैं। लेकिन कुछ लोग इस धन को अपने पास इकट्ठा करना ईश्वर द्वारा दिया गया अपना अधिकार समझते हैं। आप दक्षिणपंथी हैं या वामपंथी, इसकी चर्चा अनावश्यक है। जहाँ साधन सीमित हों, भयंकर गरीबी हो, गंदगी और रोग हो और संसदीय लोकतंत्र प्रचलन में हो, वहाँ सिवाय इस वर्ग के बारे में सोचने के और कोई विकल्प नहीं है। आपको उन सामाजिक और आर्थिक उपायों को लागू करना ही होगा जो शायद समाज के उच्च वर्ग के हित में न हों।

आपकी पार्टी में क्या कमियाँ हैं ?

मुख्य कमजोरी यह है कि उनमें सब्र नहीं है। इतने कम समय में हमें बहुत सारी समस्याओं को हल करना है और जब इन राजनीतिक कठिनाइयों का हल किया जा रहा होता है, तभी लोगों की अभिलाषाएँ इतनी मुखर और तीव्र हो जाती हैं कि वे हमें और समय देने को बिलकुल तैयार नहीं होते हैं। लोकसभा चुनाव हो, विधानसभा चुनाव हो या संगठनात्मक समस्याएँ हों, इनके लिए तीन, चार या पाँच महीने का समय बहुत ज्यादा नहीं होता। लेकिन लोगों के लिए यह लंबी प्रतीक्षा होती है। वे लोग एक पल के लिए भी इंतजार नहीं करना चाहते हैं। जनता पार्टी की यही सबसे बड़ी समस्या है।

छोटी-छोटी महत्त्वाकांक्षाओं ने कांग्रेस में विवाद खड़ा कर दिया था। क्या इसी तरह की महत्वाकांक्षाएँ जनता पार्टी में भी अपना सिर नहीं उठा रही हैं ?

मैं ऐसा नहीं कह सकता। लेकिन मैं यह भी नहीं कह सकता कि जनता पार्टी साधु-महात्माओं की पार्टी है।

ऐसा तो बिलकुल नहीं है ?

नहीं, जब भी आप सत्ता की राजनीति की बात करते हैं तो कई लोग यहाँ ऐसे हैं, जिनकी महत्त्वाकांक्षाएँ दूसरों से बहुत बड़ी हैं। इससे काफी समस्याएँ उत्पन्न हो जाती हैं। फिर भी मुझे

नहीं लगता कि हम श्रीमती गांधी के समय के कांग्रेस के उस स्तर तक पहुँच गए हैं, जहाँ हर कोई सत्ता पाने के लिए दूसरे को अपने वश में करना चाहता था। जनता पार्टी में अभी ऐसी स्थिति नहीं आई है।

जनता पार्टी के नेता कितनी विश्वसनीयता रखते हैं ?

इसका निर्णय तो जनता करेगी कि उनके नेता कितने विश्वसनीय हैं। साथ ही नेता खुद यह देखेंगे कि वे जनता के बीच कितने विश्वसनीय हैं।

क्या जनता पार्टी के युवाओं को नेतृत्व करने का मौका मिलेगा ?

युवाओं के नेतृत्व पर ही समाज टिका हुआ है। युवा नेता ही नई चुनौतियों का सामना कर सकते हैं। अतः इनको प्रतिनिधित्व का मौका मिलना ही चाहिए। हमारे बुजुर्ग चाहे कितने भी गुणी क्यों न हों, एक सीमा के बाद नई स्थितियों से वे नहीं निपट सकते।

विधानसभा चुनाव के टिकट बाँटने के बाद क्या अब जनता पार्टी इस बात का दावा कर सकती है कि यह एक ईमानदार पार्टी है और यह जनता से किए गए सारे वायदों को पूरा करेगी ?

कुछ इक्के-दुक्के उदाहरणों को छोड़ किसी अवांछनीय व्यक्ति को टिकट नहीं दिया गया है। जब बहुत थोड़े समय में लगभग दो हजार लोगों के बीच टिकट बाँटना हो, तब यह संभव नहीं हो पाता कि हम हर व्यक्ति की अच्छी तरह जाँच-पड़ताल कर सकें। लेकिन जहाँ तक हो सकता है, हम सही व्यक्ति को ही टिकट देते हैं। जिन लोगों को टिकट दिया जाता है, उनमें ज्यादातर हमारे विश्वासपात्र सहयोगी ही होते हैं। मुझे ऐसी उम्मीद नहीं है कि कुछ अवांछनीय लोग अगर जीत जाते हैं, तो वे पार्टी की विचारधारा को प्रभावित और शासित कर सकेंगे।

क्या आप हमें इस बात का विश्वास दिला सकते हैं कि वह व्यक्ति जिस पर भ्रष्टाचार का आरोप साबित हो जाता है या भविष्य में साबित हो सकता है, उसे पार्टी से निलंबित कर दिया जाएगा ?

यह दावा करना तो कठिन है। अतीत में जाने पर कई समस्याएँ उठ खड़ी होंगी। लेकिन भविष्य के बारे में मैं आपको जरूर आश्वस्त करता हूँ कि मैं किसी भी भ्रष्ट व्यक्ति को पार्टी में रहने नहीं दूँगा।

संडे, 14 अगस्त, 1977

हम और बेहतर काम कर सकते थे

उदयन शर्मा की बातचीत

विधानसभा चुनाव की गहमागहमी से जनता पार्टी बाहर आ चुकी थी। इसी समय मैं चन्द्रशेखर से मिला। आश्चर्य था कि उस समय वे अपने मृदुल स्वभाव के विपरीत उदास और अप्रसन्न थे। जैसे-जैसे मैं उनसे बातचीत करता गया, वैसे-वैसे उनका शांत रूप सामने आता गया। जब मैंने बातचीत खत्म की, तब तक वे अपने शांत, स्पष्टवादी तथा आत्मविश्वास से परिपूर्ण व्यक्तित्व में वापस आ चुके थे। किंतु इसके पहले उन्होंने 'आप गांधीवादी पार्टी से क्या समझते हैं ?' जैसे टेढ़ा प्रश्न पूछकर मेरा आधा टेप किया हुआ इंटरव्यू बर्बाद कर दिया।

जनता पार्टी ने केंद्र में अपने शासन का एक साल पूरा कर लिया है। क्या आप अपनी पार्टी की उपलब्धियों से पूरी तरह संतुष्ट हैं ?

हालाँकि हम और बेहतर कर सकते थे, फिर भी मैं अपनी पार्टी के प्रदर्शन से पूरी तरह संतुष्ट हूँ। जो कुछ हमने किया है, वह असंतोषजनक नहीं है। जनता पार्टी ने लोगों से वादा किया था कि जनतांत्रिक अधिकार तथा राजनीतिक स्वतंत्रता की पुनर्स्थापना की जाएगी। हमने यह प्रतिज्ञा पूरी की। हमने औद्योगिक तथा आर्थिक क्षेत्र में कुछ नीतियों को पुनः लागू किया है। हम समाज के उपेक्षित वर्गों पर ज्यादा ध्यान देना चाहते हैं। इस बात का अंदाजा आप इस साल के बजट-प्रस्तावों से लगा सकते हैं। हम लोग ग्रामीण क्षेत्रों पर ज्यादा ध्यान दे रहे हैं क्योंकि वही नीति उपयोगी होगी, जो कुटीर उद्योगों को प्रोत्साहित करेगी तथा लघु उद्योगों के लिए नेटवर्क का निर्माण करेगी। इसी से कृषि-क्षेत्र में रोजगार के अवसर बढ़ेंगे।

पार्टी का अध्यक्ष होने के नाते सरकार की महत्त्वपूर्ण नीतियों के निर्माण में आपकी क्या भूमिका होती है ?

पार्टी अध्यक्ष के रूप में तो ज्यादा नहीं, पर वैयक्तिक रूप से मैंने अपनी भूमिका जरूर निभाई है।

आपकी पार्टी के काम करने के तरीके से बिलकुल नहीं लगता कि यह सरकार के काम करने के ढंग में कोई आधारभूत परिवर्तन लाएगी। क्या आपको लगता है कि बिना किसी ठोस परिवर्तन के यह देश उन्नति कर पाएगा ?

हाँ, मुझे नहीं लगता कि भारत बिना किसी ठोस और आधारभूत परिवर्तन के उन्नति कर पाएगा। लेकिन कुछ परिवर्तन तो हुए ही हैं। मूलभूत सुधार का आशय है कि हमारे

शासन का स्वरूप प्रभुसत्तात्मकता से लोकतांत्रिक हो गया है। आर्थिक तथा सामाजिक क्षेत्रों में ठोस सुधार करने में कुछ समय लगेगा। किसी भी व्यक्ति के दिमाग में यह शंका नहीं होनी चाहिए कि जनता पार्टी मूलभूत परिवर्तन का समर्थन नहीं करती है।

सरकार के कार्य में आपने किस तरह के गुणात्मक परिवर्तन किए हैं ? क्या आप मुझे इन परिवर्तनों के कोई खास उदाहरण बता सकते हैं ?

आप गौर से देखेंगे तो आपको गुणात्मक अंतर जरूर महसूस होगा। हम कुछ आदर्शों को मानते हैं और अपने रास्ते पर ईमानदारीपूर्वक चलते हैं।

आपकी पार्टी का दावा है कि यह गांधी के आदर्शोंवाली पार्टी है। आपकी पार्टी के मंत्रियों के रहन-सहन को देखकर तो ऐसा नहीं लगता है ?

मेरी पार्टी यह दावा नहीं करती बल्कि गांधीवादी समाजवाद का अनुसरण करती है। मुझे नहीं पता कि गांधीवादी पार्टी क्या है और गांधीवादी रहन-सहन क्या है। हाँ, एक बात मैं दावे के साथ कह सकता हूँ कि पिछले 30 सालों में, हमारे मंत्री अन्य मंत्रियों की अपेक्षा ज्यादा आत्मसंयम से रहते हैं। हो सकता है कि यह आदर्श स्थिति नहीं हो किंतु बेशक इसमें बहुत सुधार हुआ है।

हमारे देश में सरकार का चुनाव छह वर्षों के लिए होता है तो आपकी पार्टी 10 या 15 सालों में अपने लक्ष्य की प्राप्ति करने का दावा कैसे कर सकती है ? क्या यह अयथार्थवादी दृष्टिकोण नहीं है ?

नहीं, कोई भी देश सिर्फ चार या पाँच वर्षों में उन्नति नहीं कर सकता। हमें भविष्य के लिए बड़ी और व्यापक योजनाएँ बनानी होंगी। हम कोई भी योजना दशक को ध्यान में रखकर बनाते हैं न कि पाँच या चार साल के लिए। यह बिलकुल अलग बात है कि हम चार-पाँच या बीस साल तक शासन कर पाते हैं या सिर्फ एक साल तक ही। पर हम जितने दिन भी शासन करते हैं, उतने दिन में हम इस देश को कैसा भविष्य देते हैं, यह ज्यादा जरूरी है।

आपके प्रधानमंत्री ने दावा किया था कि वे 10 सालों में गरीबी दूर कर देंगे। जनता पार्टी के शासन के एक साल में गरीबी कितनी दूर हुई है ? क्या आप यह आशा करते हैं कि 10 सालों बाद गरीबी अचानक गायब हो जाएगी ?

सिर्फ दस साल में गरीबी दूर नहीं होगी, पर आपके प्रश्न से यह आभास होता है कि हर साल गरीबी में कुछ निश्चित प्रतिशत जैसे 5 प्रतिशत या 10 प्रतिशत की गिरावट आएगी। हमने जो समय-सीमा तय की है, वह एक योजना के तहत निश्चित की गई है। हमें विश्वास है कि इस समय-सीमा में हम गरीबी जरूर दूर कर सकेंगे। इस उद्देश्य की प्राप्ति के लिए महत्त्वपूर्ण फैसले लिए गए हैं। इस दिशा में कुछ ठोस कदम उठाए गए हैं और आप बहुत कम समय में इसका परिणाम देखेंगे।

आपकी पार्टी इस देश से पब्लिक स्कूलों का सफाया कर देना चाहती है, लेकिन शिक्षामंत्री इसके विपरीत अपना बयान देते हैं। क्या इस बारे में आपका भी कोई अलग दृष्टिकोण है या जनता पार्टी में सभी की इस संदर्भ में अपनी-अपनी नीतियाँ हैं ?

बिलकुल नहीं, कम-से-कम मेरे विचार तो इस मुद्दे पर अलग नहीं हैं। मैं भी वही मानता हूँ जो जनता पार्टी मानती है। मैं किसी व्यक्ति विशेष के बयान के बारे में नहीं जानता। हाँ, इतना कह सकता हूँ कि सभी बच्चों को शिक्षा की सुविधा मिलनी चाहिए।

आपकी पार्टी विदेशी निवेश को बढ़ावा दे रही है। गांधीवादी समाज की स्थापना करने में यह किस प्रकार सहायक होगा ?

आप उस व्यक्ति की तरह बात कर रहे हैं जो कुछ लोगों द्वारा स्थापित मान्यताओं से भ्रमित होता रहता है। हमने कभी भी विदेशी निवेश को आमंत्रित नहीं किया है। हमने सिर्फ यह कहा है कि इस आधुनिक युग में हम विदेशी तकनीक को अपने देश में आने से नहीं रोक सकते। हमने बहुत साफ तौर पर कहा है कि हम उसी क्षेत्र में विदेशी तकनीक का इस्तेमाल करेंगे, जो क्षेत्र देश की उन्नति के लिए बहुत आवश्यक और महत्त्वपूर्ण है।

आपकी पार्टी ने आर्थिक और राजनीतिक शक्तियों के विकेंद्रीकरण का वादा किया था। क्या आप अपने वादे से मुकर नहीं रहे हैं ?

नहीं, हम अपने वादे से नहीं मुकर रहे हैं। हमारी पार्टी सबसे पहली पार्टी है जिसने अशोक मेहता की अध्यक्षता में एक कमेटी का गठन किया है, जो यह देखती है कि शक्तियों का विकेंद्रीकरण कैसे किया जा सकता है। हम ग्रामीण पंचायतों को और अधिक शक्ति और अधिकार देना चाहते हैं। हमने सारे विपक्षी दलों के नेताओं के सामने प्रस्ताव रखा कि ग्राम पंचायत और जिला परिषदों को राजनीति से बाहर रखा जाना चाहिए। इस प्रकार राष्ट्रीय योजनाओं पर आम सहमति संभव हो पाएगी और इस योजना के लिए उपलब्ध मानवशक्ति और साधनों का इस्तेमाल हो जाएगा। लेकिन दूसरी तरफ से अच्छी प्रतिक्रिया नहीं हुई और न ही उनकी तरफ से इस योजना को शुरू करने के लिए बातचीत की पहल ही की गई। इन सबके बावजूद हम चाहते हैं कि राजनीतिक शक्तियों का विकेंद्रीकरण हो।

30 साल के कांग्रेस के शासन ने इस देश की एक भी समस्या सुलझाने में सफलता नहीं पाई। इस स्थिति के लिए आप किसे दोषी ठहराएँगे ?

मैं नहीं मानता कि कांग्रेस अपने 30 वर्षों के शासन में एक भी समस्या नहीं सुलझा पाई। वास्तविकता यह है कि उन्होंने कोशिशें तो कीं परंतु वे कोशिशें सफल नहीं हुईं। इसके लिए किसी एक व्यक्ति को दोषी नहीं ठहराया जा सकता है। पिछले 30 सालों में जितनी भी चूकें हुई हैं, उसके लिए सारी पार्टी, पार्टी का निर्णय, योजनाओं का कार्यान्वयन—सभी जिम्मेदार हैं।

आप 15 सालों तक कांग्रेस में रहे। अगर कांग्रेस की सारी बुराइयों को दूर करके सभी कांग्रेसजनों को एकजुट करने का अभियान चलाया जाए तो आपका रुख क्या होगा ?

मैं कांग्रेस में 15 साल तक नहीं था बल्कि मैं वहाँ सिर्फ 10 साल तक रहा। सभी कांग्रेसजनों को एकजुट करने से आपका क्या अभिप्राय है ? मैं पहले भी कह चुका हूँ कि देश के पुनर्निर्माण जैसे विशाल और कठिन काम को एक अकेली पार्टी नहीं कर सकती है—चाहे यह जनता पार्टी हो या कांग्रेस पार्टी। मैं जब कांग्रेस में था, तब भी मैं कांग्रेस के नेताओं को बताया करता था कि विशेष राष्ट्रीय मुद्दों पर आमसहमति बनाने के लिए सिर्फ राजनीतिक दलों की ही नहीं, बल्कि शिक्षकों, बुद्धिजीवियों, शिक्षाविदों, छात्रों, मजदूर संघों तथा सामाजिक कार्यकर्ताओं की भी राय लेनी चाहिए। हमें एक विशेष दिशा में देश के पुनर्निर्माण के लिए आपस में एक होना होगा। पुराने और नए कांग्रेसियों को एकजुट कर देने से किसी समस्या का हल नहीं होने वाला है। यह व्यर्थ का प्रयास होगा।

मुठभेड़ की राजनीति को आप किस तरह समाप्त करेंगे ?

मुठभेड़ की राजनीति श्रीमती गांधी द्वारा शुरू की गई थी। मैंने उन्हें कई बार चेतावनी दी थी कि इस प्रकार की राजनीति सिर्फ बर्बादी को ही आमंत्रित करती है। आज भी राजनीतिक शक्तियों से मैं यही कहूँगा कि पारस्परिक विरोध से किसी भी समस्या का समाधान नहीं हो सकता। मैं किन्हीं राजनीतिक कारणों से ऐसा नहीं कर रहा हूँ। मुझे पूरा विश्वास है, विकासशील देश इसका भार सह नहीं पाएँगे। हमारा प्रजातंत्र तभी तक बचा रह सकता है, जब तक हम राष्ट्रीय मुद्दों पर आम सहमति बना पाएँ। गरीबी और दूसरी समस्याओं को सुलझाने के लिए आपस में मिल-जुलकर प्रयास करें। मैं सिर्फ लोगों को इन स्थितियों से अवगत कराना चाहता हूँ। पता नहीं, मैं कितना सफल होऊँगा, पर मेरे वश में इतना ही है कि मैं लोगों को समझाने का प्रयास करता रहूँ।

और जनता पार्टी ?

मैं अपनी पार्टी में भी लोगों को समझाता रहता हूँ। अंततः क्या होगा, मैं नहीं जानता। मान लीजिए कि मेरी पार्टी आगे बढ़ती है किंतु सामने वाला इसका कोई जवाब नहीं देता, तो हम क्या कर सकेंगे ? मुझे शंका है कि आनेवाले समय में हमारी पार्टी सफल हो पाएगी या नहीं।

मैं आपकी पार्टी में विरोध की राजनीति के बारे में बात कर रहा हूँ।

मुझे नहीं लगता है कि पार्टी के भीतर कोई मतभेद है। हाँ, लोगों के दिमाग में विरोध जरूर है। ऐसा देश, जहाँ विचार, अभिव्यक्ति की पूरी स्वतंत्रता हो, वहाँ हमारी पार्टी के बारे में कोई भी कुछ भी कह सकता है। पार्टी के अध्यक्ष के रूप में मुझे अभी तक किसी विरोध की राजनीति का सामना नहीं करना पड़ा है।

संडे, 26 मार्च, 1978

जीवन के तीखे अनुभवों से समाजवाद की शिक्षा मिली

हरिवंश की बातचीत

चन्द्रशेखर का व्यक्तित्व एक स्वप्नदर्शी का व्यक्तित्व है। दुनियादारी में चतुर सफल लोगों का कहना है कि कल्पनाशील या स्वप्नदर्शी होना अव्यावहारिक है। पर अज्ञात, अनजान और अनचीन्हे भविष्य का खाका—रास्ता ऐसे ही लोगों ने (राजनीति-ज्ञान-विज्ञान, धर्म किसी भी क्षेत्र में) बनाया या खोजा है।

चेहरे की भाव-भंगिमा, अंदर तक भेद सकनेवाली तीखी नजरें, गंभीरता और इन सबके साथ आकर्षित करनेवाला है चन्द्रशेखर का चुम्बकीय व्यक्तित्व। इस तरह का व्यक्तित्व सत्ता या संगठन के चौखटे में बहुधा मुरझाने लगता है, लेकिन जनता पार्टी की तमाम अंदरूनी हलचल में चन्द्रशेखर ने असामान्य धीरज का परिचय दिया है। इसके पूर्व जब कभी भी देश के समक्ष असामान्य परिस्थिति आई है, चाहे '69 हो या '74 या '77, चन्द्रशेखर अपनी साफगोई, बेबाकी और जुझारू व्यक्तित्व से निखरे हैं। यही कारण है कि संघर्ष के क्षणों में उनका व्यक्तित्व उभरता है। प्रस्तुत है, 'धर्मयुग' प्रतिनिधि से उनकी ताजा अंतरंग बातचीत :

स्थायित्व के नाम पर यथास्थिति का विरोध किया

सक्रिय राजनीति में आने से पूर्व आपने किस प्रकार के हिंदुस्तान का स्वप्न देखा था ? जीवन के किन मूल्यों को साकार करने हेतु आपने इसे माध्यम बनाया ? कहाँ तक वे सपने पूरे हुए ?

यह तो नहीं कह सकता कि सक्रिय राजनीति में आने से पहले मूल रूप से मेरी मूर्त कल्पना क्या थी—एक नए भारत की। लेकिन जिस पृष्ठभूमि में मैं पला और जिस तरह के समाज में मैं बढ़ा, उसमें मैंने निकट से गरीबी और विवशता को देखा था। राजनीति में आने के पहले मेरे मन में यही भाव जगते थे कि कोई ऐसा दिन आए, जब लोगों की विवशता, लोगों की निर्धनता और बढ़ती हुई विषमता मिट सके। राजनीति में पूरी तरह से आने के पहले स्वयं बचपन में हमने बहुत-से ऐसे अनुभव किए और दूसरों को देखा, जिसमें लोग निर्धनता के कारण विवश होकर इस प्रकार की जिंदगी बिताते रहे, जहाँ पर बेबसी के अलावा और कुछ नहीं था।

मुझे आज भी स्मरण हो आता है, जब मैं छोटा था, पाँचवें दर्जे का विद्यार्थी था। मेरे गाँव पर ही मेरे पैर में बड़ा फोड़ा हुआ, दो लोगों ने हाथ पकड़ा, दो लोगों ने पैर, और गाँव के जर्राह (गाँव में जो लोग पहले फोड़ों का इलाज करते थे) के पास ले गए। वहाँ नाई के छुरे से उस फोड़े का ऑपरेशन हुआ। वह दृश्य आज भी प्रायः मेरी आँखों के सामने आ जाता

है। बड़ा हुआ और जब मैं कॉलेज का विद्यार्थी था, मेरी माँ को हैजा हुआ और बिना किसी डॉक्टर की सहायता के वह इस दुनिया से चल बसीं। वहाँ दूर-दराज गाँवों में बसे हुए लोगों की बेबस जिंदगी...ये सब अनुभव हमें इस बात के लिए हमेशा प्रेरित करते रहे कि ऐसा समाज बनना चाहिए, जहाँ मानव इन विवशताओं से मुक्ति पा सके।

इसीलिए प्रारंभ में मैंने समता के समाज की कल्पना किसी पुस्तक के ज्ञान से नहीं, किसी राजनीतिक दर्शन के कारण नहीं, जीवन के अनुभवों के कारण की थी। इसीलिए जब सक्रिय राजनीति में आया, तो स्वाभाविक रूप से मेरा झुकाव उन प्रवृत्तियों की ओर हुआ। उस सामाजिक दर्शन ने मुझे आकर्षित किया, जो समता के समाज की कल्पना करता है, जो यह समझता है कि शोषणविहीन समाज की रचना, मानव का उद्देश्य होना चाहिए। इसीलिए शोषण के विरुद्ध, विषमता के विरुद्ध हमारे मन में एक स्वाभाविक आक्रोश है और समता के लिए हमारे मन में एक लगाव है। और इस तरह मैंने ऐसे समाज का सपना देखा था, जिसकी कल्पना हमारे समाजवादी मनीषियों ने की थी।

मैं यह तो नहीं कह सकता कि वह समाज कहीं आज भी दिखाई पड़ता है, लेकिन प्रयास हम अवश्य कर रहे हैं कि इस दिशा में आगे बढ़ सकें। मेरे लिए यह कहना तो बहुत कठिन है कि उसमें कुछ बड़ी सफलता मुझे मिली है, लेकिन इतना विश्वास के साथ जरूर कह सकता हूँ कि उस कल्पना को मैंने अपनी आँखों के सामने से कभी ओझल नहीं होने दिया और अपनी सीमाओं के अंदर मैंने हमेशा भरपूर प्रयत्न किया। उस समाज की स्थापना के लिए जो कुछ किया जा सके, वह मैं करूँ, ऐसा मेरा हमेशा प्रयत्न रहा। गाँव के दुख-दर्द और बेबसी के चित्र मैं कभी भी भूल नहीं पाया।

इसी प्रयत्न में कभी-कभी मैं उन लोगों के साथ संघर्ष में आ गया, जो सत्ता के ऊपर हावी थे, जो समाज में स्थायित्व के नाम पर यथास्थिति बनाए रखना चाहते थे। स्थायित्व के नाम पर यथास्थिति को बनाए रखने की कल्पना का मैंने हमेशा विरोध किया है। इस प्रयास के विरुद्ध संघर्ष किया है। इसमें कठिनाइयाँ आईं, लेकिन इस प्रयास से ही मुझे एक संतोष मिलता है कि मैंने जो कुछ सोचा था, उसके साथ उसी दिशा में बढ़ने का प्रयास कर रहा हूँ। कितनी सफलता मिलेगी, यह तो भविष्य ही बताएगा। इसका मूल्यांकन तो दूसरे लोग ही कर पाएँगे।

समता और मानव-मूल्यों के प्रति आकर्षण

आपकी राजनीतिक यात्रा में कई पड़ाव रहे हैं–सोशलिस्ट पार्टी से पी.एस.पी., वहाँ से फिर कांग्रेस, वहाँ से पुनः जनता पार्टी। ये पड़ाव क्या राजनीति में शीर्ष तक पहुँचने के माध्यम मात्र थे या नए मूल्यों की खोज की जिज्ञासा ?

इसके कई कारण हैं। मैं नहीं जानता कि ये परिवर्तन कहाँ तक ऊँचे पदों को प्राप्त करने के लिए हुए। दूसरे लोग ही इसका सही मूल्यांकन कर पाएँगे। जब मैं शुरू में राजनीति के बारे में सोचने-समझने लगा। मुझे याद है, तब सबसे पहले मैं कम्युनिस्ट आंदोलन से प्रभावित हुआ, उधर आकर्षित हुआ था। लेकिन कम्युनिस्ट लोगों के बीच में जो आपसी होड़ और एक-दूसरे के जीवन के लिए द्वेष-वैमनस्य का भाव मैंने देखा, स्नेह का अभाव देखा, तो

मुझे साम्यवादी आकर्षण से एक प्रकार की विरक्ति हुई।

खास तौर से सोवियत संघ में जिस प्रकार से एक-दूसरे का कत्ल किया गया, एक-दूसरे पर आरोप-प्रत्यारोप लगाए गए, उससे मेरे मन में कम्युनिस्ट आंदोलन के प्रति बचपन में ही (जब इस दिशा में सोचना शुरू ही किया था) एक विरोध पनपा। मैं नहीं कह सकता कि वह विरोध या विरक्ति बहुत दार्शनिक पहलू या बहुत सोच-समझ का परिणाम था; लेकिन मानव, मानव के प्रति इतनी घृणा रखे कि अपने ही साथियों के साथ विश्वासघात करे, तो फिर उस समाज में या उस दर्शन में कहीं कोई कमी है, ऐसा मुझे लगा। प्रारंभ में मेरे मन में ये भाव जगे थे।

उसके बाद मैं समाजवादी लोगों के सम्पर्क में आया। जहाँ मानव-मूल्यों की हिफाजत की बात भी थी और समता के लिए भी प्रयास करने की बात थी; जहाँ मनुष्य को शोषण से भी मुक्ति दिलाने की बात थी और साथ ही उसके अधिकारों को, मौलिक अधिकारों को, या कहूँ कि उसकी स्वतंत्रता को भी अक्षुण्ण रखने का दावा था, उस आंदोलन की ओर मैं आकृष्ट हुआ। शुरू में मैं सोशलिस्ट पार्टी में था। फिर प्रजा सोशलिस्ट पार्टी में गया। प्रजा सोशलिस्ट पार्टी से हमारा मतभेद उस समय हुआ, जब प्रजा सोशलिस्ट पार्टी ने अशोक मेहता को योजना आयोग (प्लानिंग कमीशन) के उपाध्यक्ष बनने से रोकने की बात की। उस समय मैंने कभी यह नहीं सोचा था कि इसका परिणाम क्या होगा। लेकिन एक बात मेरी समझ में नहीं आई कि 1950 में सोशलिस्ट पार्टी ने पंडित जवाहरलाल नेहरू की इसलिए आलोचना की थी कि योजना को उन्होंने एक पार्टी का काम बना दिया, जबकि यह सभी लोगों का मिला-जुला प्रयास होना चाहिए था कि देश का सम्यक विकास हो। 1964-65 में अगर पंडित जवाहरलाल नेहरू अपनी पुरानी भूल को सुधार रहे थे, तो उसको हमें स्वीकार करना चाहिए, मेरा यह कहना था।

बहुत से लोगों को शायद यह मालूम नहीं कि मैं उस समय प्रजा सोशलिस्ट पार्टी में अशोक मेहता के विचारों का विरोधी था। लेकिन फिर भी मैं यह समझता था कि योजना आयोग में सम्मिलित होने का निर्णय, उनका सही निर्णय है। सैद्धान्तिक आधार पर हम उसका विरोध नहीं कर सकते। इसके विरोध में जब हमने आवाज उठाई, तो प्रजा सोशलिस्ट पार्टी के लोगों ने एक सीमा के बाहर आलोचना या कहूँ कि साफगोई से बातें करना पसंद नहीं किया और मुझे उस पार्टी से निलंबित कर दिया। मैंने तो उस पार्टी को नहीं छोड़ा। मैंने जरूर यह कहा कि जो अशोक मेहता का दृष्टिकोण है, वह सही है।

पार्टी छोड़ने के बाद 6-8 महीने तो मैं बाहर रहा। उसके बाद मैंने कांग्रेस पार्टी में सम्मिलित होना स्वीकार किया। उस पार्टी में भी मैं रहा। पता नहीं, यह तो दूसरे तय करेंगे, लेकिन उस समय भी पार्टी में, जो लोग सत्ता में थे, उनके साथ निकट का संबंध होते हुए भी, मैं सत्ता के नजदीक न जा सका। शायद यह मेरी अपनी कमजोरी रही होगी। लेकिन अगर सत्ता में पहुँचने का ही मानस होता, वही दृष्टिकोण और गंतव्य होता तो 1975 में जेल जाना मेरे लिए कोई अनिवार्य नहीं था। मेरे सामने दो ही विकल्प थे—या तो मैं जेल जाता, या श्रीमती इंदिरा गांधी का सहयोगी और सहभागी बन करके सत्ता में उछलकर उनके साथ कुछ शिरकत करता, या उसमें सम्मिलित होता। लेकिन उस समय भी मैंने कांग्रेस नहीं छोड़ी थी। श्रीमती इंदिरा गांधी से हमने कहा था कि जयप्रकाश नारायण से वे कोई टकराव की

राजनीति न करें। इसमें देश का हित नहीं और इसमें कांग्रेस पार्टी का भी हित नहीं, लेकिन कांग्रेस पार्टी ने हमको कार्यकारिणी समिति (वर्किंग कमेटी) का सदस्य होते हुए भी जेल भेज दिया। मेरी तरफ से वैसे कांग्रेस पार्टी छोड़ने का कोई सवाल नहीं था।

1977 में जब मैं जेल से छूटकर आया, तो उस समय किसी पार्टी में जाने के लिए कोई फैसला नहीं किया था, लेकिन फिर सरकार ने, श्रीमती इंदिरा गांधी ने चुनाव का ऐलान कर दिया। इस नाम पर चुनाव का ऐलान किया कि उन्होंने आपातकाल में जो कुछ किया, वह सही था। आपातकालीन स्थिति को जनता से एक स्वीकृति मिल जाए, इसके लिए ये चुनाव हुए, तो हमारे पास कोई विकल्प नहीं था, इसके सिवाय कि जनता पार्टी में सम्मिलित होता। जनता पार्टी में सम्मिलित हुआ, तो उसके अध्यक्ष के रूप में, मेरे जो उत्तरदायित्व हैं, उनका निर्वाह करने का मैंने भरपूर प्रयास किया। मैं यह स्वीकार करता हूँ कि उस समय भी मेरे मन में बहुत-सी ऐसी बातें थीं, जिनसे मैं सहमत नहीं था। लेकिन कोई भी संगठन बहुमत की राय से चलता है; बहुमत का आदर किया जाए तभी चलता है। हमारे मन की या किसी व्यक्ति-विशेष की व्यक्तिगत बात मानी जाए, अगर ऐसा हम मान लें तो फिर लोकतंत्र की कल्पना ही समाप्त हो जाती है।

इस प्रकार आप देखेंगे कि मेरे राजनीतिक जीवन में, जो भी परिवर्तन आए, वे मैंने जान-बूझकर तो नहीं किए...यह कह सकते हैं कि परिस्थितियों ने हमको कुछ इस तरह ढकेल दिया कि हम एक अपनी जिद पर अड़े रहे और जिद का परिणाम यह हुआ कि मुझे कई लोगों का कोपभाजन होना पड़ा, जो सत्ता में शीर्ष पर थे। किसी का वरदहस्त प्राप्त करने के लिए या किसी से कोई सहयोग प्राप्त करने के लिए मैंने पार्टी में कोई परिवर्तन नहीं किया या एक पार्टी से दूसरी पार्टी में नहीं गया। हर समय लोगों की कोपभाजन वृत्ति के कारण ही पार्टी में परिवर्तन हुआ; मैं एक पार्टी से दूसरी पार्टी में गया। अब ये कदम शीर्ष पर पहुँचने के साधन मात्र रहे या मूल्यों के प्रतिबद्धता की राजनीति, इसका सही निर्णय तो दूसरे लोग ही कर सकते हैं।

समस्याओं की तरफ ध्यान नहीं !

डॉ. लोहिया एवं पीएसपी से आपके मतभेद किन बुनियादी प्रश्नों पर हुए ? तब कांग्रेस की नीतियों ने ही आपको क्यों आकर्षित किया था ?

जैसा मैंने कहा, डॉक्टर लोहिया से मतभेद के कारण मैंने प्रजा सोशलिस्ट पार्टी नहीं छोड़ी। यह तो बहुत बांद में छोड़ी। डॉक्टर लोहिया तो 1955 में ही प्रजा सोशलिस्ट पार्टी को छोड़ चुके थे। मैंने तो 1964-65 में छोड़ी। पहले भी मैंने बताया है कि किन बातों पर छोड़ी। मैं यह तो नहीं कहूँगा कि डॉक्टर लोहिया से मतभेद था, क्योंकि उनका व्यक्तित्व तो बहुत बड़ा था, लेकिन जिस तरह से राजनीति में व्यक्ति पर आक्षेप एवं आरोप की राजनीति डॉक्टर साहब चला रहे थे, वह मेरी प्रकृति और प्रवृत्ति से मेल नहीं खाती थी।

राजनीति में सिद्धांतों के सवाल पर मतभेद हो सकते हैं, लेकिन इसका यह अर्थ नहीं होना चाहिए कि हम लोग एक-दूसरे के खून के प्यासे हो जाएँ, या एक-दूसरे पर इस प्रकार कीचड़ उछालें कि हमारे लिए कोई ईमान ही न रह जाए। मैं ऐसा मानता हूँ कि राजनीति

हमारे जीवन का 10-12 प्रतिशत हिस्सा ही हो सकता है। 80 प्रतिशत तो मानव ऐसा ही होता है, जिसमें व्यक्तिगत संबंध, एक-दूसरे के लिए सद्भाव, स्नेह और ममत्व होता है। ये ही हमारे जीवन को एक दिशा में ले जाते हैं। अगर इनसे विहीन हमारा जीवन हो और केवल राजनीतिक मतभेदों के कारण हम एक-दूसरे के बारे में, कुछ भी अच्छा न सोच सकें, तो यह एक दुर्भाग्यपूर्ण स्थिति होगी।

एक समय था, जब मानवीय समस्याएँ–बाढ़, सूखा, अकाल, दंगे आदि जैसे प्रश्न उत्पन्न होते, तो गांधीजी राजनीतिक कार्यक्रम स्थगित कर उस तरफ जुट जाते थे, लेकिन आज दिल्ली में ही लड़कियाँ दहेज को लेकर प्रायः आत्महत्या कर रही हैं। अराजकता एवं आतंक चारों तरफ है; बाढ़, सूखे, अकाल, गरीबी से लोग तबाह हैं, पर राजनीतिज्ञों की दृष्टि मात्र चुनाव पर ही अटकी हुई है ! क्या आपको नहीं लगता कि आज की राजनीति अमानवीय हो गई है ?

मैं यह तो नहीं कहता कि राजनीति अमानवीय हो गई है, लेकिन यह बात सही है कि आज जिस तरह की कठिनाइयाँ देश के सामने हैं, उनकी ओर ध्यान कम जाता है, क्योंकि इन चुनावों को लेकर एक अजीब स्थिति उत्पन्न हो गई है। अगर इस संविधान को बनाए रखना है, तो इन चुनावों को टाला भी नहीं जा सकता। मैंने जब प्रारंभ में श्री नीलम संजीव रेड्डी के निर्णय का विरोध किया था, उस समय भी मैंने कहा था कि न केवल संवैधानिक दृष्टि से और न केवल लोकतांत्रिक परंपराओं के अनुसार उनका निर्णय गलत है, बल्कि जिन परिस्थितियों में यह चुनाव कराया जा रहा है, उससे देश के ऊपर एक भारी संकट आनेवाला है। उस समय ही सूखे की स्थिति प्रारंभ हो गई थी। देश के ऊपर अकाल की काली छाया मँडरा रही थी। ऐसे समय में इस चुनाव का निर्णय हुआ। इस बीच में मैंने दो-तीन बार सरकार से सार्वजनिक रूप से कहा कि चुनाव लड़े जाएँगे, लेकिन इस अकाल की स्थिति का सामना करने के लिए कोई राष्ट्रीय प्रयास होना चाहिए। न केवल राजनीतिक दलों का, बल्कि जितने अन्य स्वयंसेवी संगठन हैं, दूसरे ऐसे वर्ग हैं, जिनकी राजनीति में सीधे दिलचस्पी नहीं है, उनके सहयोग से एक राष्ट्रीय सहमति के आधार पर कोई कार्यक्रम बनना चाहिए, ताकि अगले एक-डेढ़ महीने में, जो अकाल की स्थिति उत्पन्न होगी, उसका सामना किया जा सके।

लेकिन हमारा दुर्भाग्य है कि न इस ओर ध्यान जाता है भारत के राष्ट्रपति का और न इस ओर ध्यान जाता है, आज की सरकार के जो नामजद प्रधानमंत्री हैं, चौधरी चरण सिंह, उनका। मैंने तो कई बार उनके कई मंत्रियों को भी (जो कभी-कभी कृपापूर्वक मुझसे टेलीफोन पर संपर्क स्थापित कर लेते हैं) निवेदन किया कि चुनाव तो हम लड़ लेंगे, लेकिन इस विपदा की ओर ध्यान जाना चाहिए। जहाँ तक लॉ एंड आर्डर (कानून और व्यवस्था) का प्रश्न है, इस ओर भी ध्यान जाए, तो अच्छा है और किसी भी प्रशासन का जाना ही चाहिए। किंतु दुर्भाग्य यह है कि इस समय जो सरकार है, उस सरकार के प्रति किसी के मन में कोई आदर नहीं है, तो फिर ऐसी स्थिति में कानून और व्यवस्था की बात पीछे हट जाती है। लेकिन मैं ऐसा मानता हूँ कि यह जो प्राकृतिक विपदा आई है, इससे एक बड़ा संकट देश में उपस्थित होनेवाला है। इस सवाल पर अब भी न केवल राजनीतिज्ञों का, बल्कि समाज के

सभी सचेत लोगों का ध्यान जाए और सब मिल करके अगर इस विपत्ति का सामना करने के लिए कोई ठोस कदम उठाएँ, तो ज्यादा अच्छा है।

हम भी दोषी हैं !

आपको ऐसा लगता है कि 1969 में 'युवा तुर्क' के रूप में श्रीमती गांधी ने आप लोगों का उपयोग कर अपना काम बनाया था ?

ऐसा है कि 1969 की पिछली घटनाओं को देखते हुए, एक तरह से कोई आज कहे, तो यह बात सही हो सकती है। लेकिन 1969 में हम सब लोग समझते थे कि जो कांग्रेस का पुराना नेतृत्व है, वह कोई परिवर्तन लाना नहीं चाहता। वह यथास्थिति (स्थायित्व) को बनाए रखना चाहता है। सामाजिक परिवर्तन के किसी भी कार्यक्रम को स्वीकार करने के लिए, उस समय का वह पुराना नेतृत्व तैयार नहीं था। श्रीमती इंदिरा गांधी ने उस समय एक पहल ली और उन्होंने कम-से-कम एक अभिव्यक्ति की कि वे परिवर्तन की राजनीति चाहती हैं और स्वाभाविक था कि जितने लोग युवक थे, या जितने लोग कांग्रेस पार्टी के अंदर परिवर्तन के पक्षधर थे, उन्होंने उनका साथ दिया। अब दोनों तरफ से बातें हुईं। परिवर्तन की राजनीति को आगे बढ़ाने के लिए प्रधानमंत्री के पद का उपयोग हमने किया, और श्रीमती इंदिरा गांधी ने कांग्रेस के अंदर अपनी राजनीति को बढ़ाने के लिए उपयोग किया, युवा शक्ति का।

अब उसमें दोष जहाँ श्रीमती इंदिरा गांधी का है, वहाँ हमारा भी है। 1971 के आम चुनावों के बाद (चूँकि आज मैं नहीं कह रहा हूँ) उसी समय, उन लोगों को संबोधित करते हुए मैंने एक लेख में लिखा था कि परिवर्तन की बात करनेवाले जितने लोग हैं (जिन्हें आप युवा तुर्क कहते हैं), उनको यह ध्यान रखना चाहिए कि श्रीमती गांधी उन कार्यक्रमों को (जिन कार्यक्रमों के आधार पर हमने उनका समर्थन किया था) लागू करें। इसके लिए नए लोगों को उन्हें बाध्य करना चाहिए। इसमें ही युवकों को शक्ति लगानी चाहिए। लेकिन हमारे अधिकतर साथी यह समझते थे कि सत्ता में सहभागी हो करके ही वे श्रीमती गांधी के माध्यम से समाजवादी समाज की रचना करेंगे। आपको अगर याद हो, तो 1971 से लेकर 1975 तक मेरा यह विवाद कांग्रेस पार्टी में चलता रहा। युवा तुर्क का ही इस्तेमाल श्रीमती इंदिरा गांधी ने नहीं किया; जो युवा तुर्क हैं, उन्होंने भी श्रीमती गांधी की शक्ति का उपयोग किया और उनमें से अधिकांश लोग सत्ता की राजनीति में बहुत अच्छी तरह से सम्मिलित थे और उन्होंने उसका अच्छी तरह से उपभोग किया।

इसीलिए यह कहना सही नहीं है कि उन्होंने ही उसका लाभ उठाया, हमारे मित्रों ने भी लाभ उठाया। लेकिन मैंने तो बार-बार यह बात कही और इसी कारण एक समय ऐसा आया कि इन लोगों के बीच में भी मैं अपने को अकेला अनुभव करने लगा। उसके लिए न मुझे कोई क्षोभ है, न दुख। लेकिन जब हम राजनीति में व्याख्या करें, तो दोनों पहलुओं को ध्यान में रखना चाहिए। श्रीमती गांधी उपयोग नहीं कर पातीं, यदि हम लोग अपने मार्ग पर स्थित रहते; अपनी उस परंपरा को बनाए रखते, जिसमें हम कार्यक्रमों और सिद्धांतों को लागू करने के लिए संघर्ष कर रहे थे। लेकिन सत्ता में साझीदार होना और सिद्धांतों एवं कार्यक्रमों की

बात करना यह कुछ ऐसी बात है, जिसे हमारे कुछ मित्र करने में बहुत दक्ष हैं। उस समय भी वे यही करते रहे। 1977 के बाद भी, जब जनता पार्टी की सरकार बनी, तो ऐसे लोगों की संख्या कम नहीं दिखाई पड़ती। आप देखें तो कम-से-कम वे लोग ही थे, जो इस तरह की राजनीति को हमेशा बढ़ावा देते रहे। मैं तो इसमें कभी उनके साथ नहीं रहा।

विकल्प आसान नहीं !

पिछले दिनों राजनीति में कर्म और वाणी के स्तर पर जो खाई उभरी है, उससे लोगों में राजनीति के प्रति अनास्था पैदा हुई है ! इसके संबंध में आप क्या सोचते हैं ?

यह बात सही है कि अनास्था उभरी है और इसका कोई तत्काल उपाय मुझे दिखाई नहीं देता, सिवाय इसके कि राजनीति में आज नहीं तो कल कोई ऐसा नेतृत्व उभरे, जो इस कर्म, अभिव्यक्ति और आचरण के बीच की खाई को पाटे, क्योंकि अब केवल वक्तव्यों से, कहने से लोगों को विश्वास नहीं होगा। राजपुरुषों के आचरण से ही लोगों के मन में नया विश्वास पैदा किया जा सकता है। मुझे दुख है कि यह खाई पिछले दिनों में बढ़ी और पिछले तीन-चार महीनों में तो जो कुछ हुआ है, चाहे राष्ट्रपतिजी के द्वारा हो, चाहे जनता पार्टी को छोड़कर जानेवाले, अपने को प्रगतिशील कहनेवाले नेताओं के द्वारा, यह बात अपनी चरम सीमा पर पहुँच गई है। ऐसे लोगों ने जनता के ऊपर उसके मानस पर जो कुप्रभाव छोड़ा है, उसको दूर करने के लिए कुछ नया आचरण राजनीति में काम करनेवालों का होना चाहिए।

मूल्यविहीन राजनीति को मूल्यों और ऊँचे आदर्शों में किस तरह बदला जा सकता है ? आपको जेपी का 'मानस-पुत्र' कहा-माना जाता है, अतः इसकी विशेष जिम्मेदारी आप पर आती है। आप क्या सोचते हैं ?

मैं नहीं जानता। यह कुछ इस तरह का विवादास्पद प्रश्न है, जिसका कोई उत्तर देना आसान नहीं है। क्योंकि आप एक बात याद रखिए कि जयप्रकाशजी ने राजनीति में एक कदम उठाया। सत्ता से अलग रह करके, नैतिकता के पक्ष को हरदम बढ़ाने का प्रयास किया। लेकिन हमने देखा कि जो लोग सत्ता में आ जाते हैं, वे नैतिकता के पक्षवाले लोगों की बातों को अनसुनी कर देते हैं—कुछ ऐसी ही बात महात्मा गांधी के साथ हुई। वही बात जयप्रकाशजी के साथ भी हुई। इसलिए कोई विकल्प इतना आसान नहीं दिखाई पड़ता।

कोई ऐसा व्यक्तित्व हो, जो सत्ता और नैतिकता के पक्ष के अंदर सामंजस्य स्थापित कर सके, तभी यह संभव हो सकता है। यह बात सही है कि एक बड़ा भारी संकट हमारे सामाजिक और राजनीतिक जीवन में उत्पन्न हो गया है। मैं तो ऐसा मानता हूँ कि इसकी ओर प्रयास करने के लिए वे लोग, जो सत्ता में हैं, ऊँचे पदों पर हैं, उन्हें आदर्श उपस्थित करना चाहिए। वे अपने दैनिक जीवन में और अपने व्यवहार में कुछ ऐसा परिवर्तन लाएँ कि लोग यह समझ सकें कि फिर से राजनीति को नैतिकता से जोड़ने का कोई सक्रिय-सच्चा प्रयास हो रहा है। लेकिन मैं ऐसा मानता हूँ कि केवल नैतिक पक्ष की बार-बार दुहाई देने से और सक्रिय राजनीति या सत्ता की राजनीति से अलग हो जाने से कोई लाभ नहीं हो सकता। उससे व्यक्तित्व तो उभरकर आते हैं, लेकिन समाज नहीं बदलता।

अब, जेपी का कोई वारिस होने का मैं दावा नहीं करता। न मुझमें वह क्षमता है, न शक्ति है। दोनों तरह की बातें कही जाती हैं। कुछ लोग यह समझते हैं। कुछ लोगों को मैंने देखा, जो यह भी कहते हैं कि जेपी के निकट होने का मैं दावा करता हूँ, ताकि मुझे उससे कोई राजनीतिक लाभ मिले। मैंने तो कभी दावा नहीं किया कि मैं जेपी के बहुत निकट था। दोनों तरफ से बातें कही जाती हैं। अब तो यह भविष्य में ही निश्चित हो सकेगा कि कौन-सी बात सही है। मैं इस बारे में क्या कह सकता हूँ।

बाढ़, सूखा, बढ़ती महँगाई एवं मुद्रास्फीति से देश की स्थिति नाजुक है। चुनाव में असीमित खर्च, काले धन के प्रयोग तथा हिंसा एवं अराजकता से स्थिति और भी खराब होने की संभावना है। चुनाव में अगर किसी को स्पष्ट बहुमत नहीं मिला, तो क्या इस स्थिति में लोकतंत्र सुरक्षित रहेगा ?

मैं ऐसा मानता हूँ कि लोकतंत्र के लिए इस देश में कोई खतरा नहीं है। इतने बड़े देश में और इस तरह जहाँ तरह-तरह के विचारों के लोग, तरह-तरह की परंपराओं के लोग रहते हैं, उसमें लोकतंत्र के अलावा और कोई दूसरा रास्ता नहीं है। हाँ, क्षणिक रूप से कोई संकट या कोई ग्रहण लग सकता है लोकतंत्र के ऊपर, जैसा 1975 में लगा था। लेकिन कोई ऐसा व्यक्ति नहीं है, जो लोकतंत्र को मिटा करके, इस देश को एक रखकर शासन कर सके। हाँ, एक बात अवश्य है कि अगर चुनावों में किसी एक दल को बहुमत नहीं मिला, तो उससे एक कठिन स्थिति पैदा होगी।

लेकिन यह अजीब बात है और आपको भी अजीब लगेगी, जिससे कोई भी सहमत नहीं। मैं ऐसा मानता हूँ कि ऐसी स्थिति नहीं आएगी, किसी-न-किसी पार्टी को बहुमत मिलेगा, स्पष्ट बहुमत मिलेगा, क्योंकि देश का जनमत इस बारे में बिलकुल स्पष्ट है। वह कोई भी अस्थिरता केंद्रीय शासन में नहीं लाना चाहेगा और हमेशा यही हुआ है। 1971 में यही बात कही जाती थी कि किसी को बहुमत नहीं मिलेगा, क्योंकि 1967 का लोगों का अनुभव था। 1977 में भी यही बात कही जाती थी और आज 1971 में भी यही बात कही जा रही है। लेकिन मैं समझता हूँ, 1980 के जनवरी माह में देश की जनता किसी-न-किसी पार्टी को बहुमत देगी।

राजनीति में श्रीमती गांधी की पुनः वापसी के लिए आप किसे जिम्मेदार मानते हैं ? क्या जनता पार्टी ने स्वयं उनका मार्ग प्रशस्त नहीं किया ?

हाँ, मैं यह मानता हूँ कि जनता पार्टी के कारण ही राजनीति में फिर से श्रीमती गांधी की वापसी संभव हो सकी। कुछ तो गलतियाँ हमारी हो सकती हैं, जो सरकार को चलाने में हों या जनता पार्टी के काम करने में हों; लेकिन जो तात्कालिक कारण हैं और जिसके कारण वे राजनीति में वापस आ गईं, इसके लिए जिम्मेदार वे लोग हैं, जिन्होंने जनता पार्टी को यह समझकर तोड़ा कि वे कोई नई शक्ति का प्रादुर्भाव कर लेंगे। कोई नई पार्टी खड़ी कर लेंगे।

इन मित्रों से तो मैंने उस समय भी कहा था कि वे कोई नई पार्टी नहीं बना सकते, कोई विकल्प नहीं बना सकते, केवल श्रीमती गांधी की सेवा कर सकते हैं। यह बात पिछले

4-5 सप्ताह में और स्पष्ट हो गई कि इन लोगों की करनी की वजह से फिर से श्रीमती इंदिरा गांधी भारत की राजनीति में एक बार अपना बल दिखाने की बात सोच रही हैं। मैं तो समझता हूँ, इसके लिए जिम्मेदार वे ही लोग हैं, जिन्होंने जनता पार्टी को तोड़ा।

समन्वय आवश्यक

इन दिनों राजनीतिक कार्यकर्ताओं और गाँवों-कस्बों के नेताओं में निराशा है। राजनीति में पैसे और डंडे का जोर बढ़ा है। अच्छे लोग विमुख हो रहे हैं। क्या सचमुच में सत्ता और संगठन में विकेंद्रीकरण संभव है ? पार्टी और सरकार में किस तरह के रिश्ते संभव हैं ?

यह दो बातों पर निर्भर करेगा कि पार्टी और सरकार में किस तरह के नेता हैं। अगर संगठन में कोई ऐसा आदमी है, जो सरकार से दब जाए, तब भी बुरा है। लेकिन इसके साथ ही सरकारी पक्ष के जो लोग नेता हैं, उनको भी संगठन के महत्त्व को समझना पड़ेगा; क्योंकि संसदीय जनतंत्र में अगर सरकारी पक्ष के नेता संगठन की उपेक्षा करना चाहें, तो कदम-कदम पर उनके लिए यह सुगम और संभव है।

इसलिए दोनों का एक समन्वय बनाए रखने के लिए, संगठन और सरकार के नेताओं में आपसी सहयोग और सद्भावना बनी रहनी चाहिए। यह बात भी सही है कि आजकल राजनीति में पैसे का और कुछ जोर-जबर्दस्ती का भी असर बढ़ रहा है, लेकिन मैं यह नहीं समझता कि भारत के स्तर पर इसकी कोई निर्णायक भूमिका होगी। एक क्षेत्र विशेष में इसका असर पड़ सकता है, लेकिन सारे भारत में इसके बल पर कोई राजनीति में परिवर्तन ला सकेगा, ऐसा मैं नहीं मानता।

धर्मयुग, 9 दिसंबर, 1979

1980 के अंत तक लोगों का श्रीमती इंदिरा गांधी से मोहभंग हो जाएगा

एम.जे. अकबर की बातचीत

जनता पार्टी की हार को आप किस तरह देखते हैं ?

दरअसल लोगों ने यह समझा कि इस पार्टी के नेताओं में इस देश पर शासन करने की क्षमता नहीं है। जनता पार्टी का गठन इस बुनियादी समझ पर हुआ था कि वे सभी, जो इस पार्टी में शामिल हुए थे, एक साथ बने रहेंगे। पार्टी की टूट लोगों के लिए एक झटका थी। उन्होंने यह कभी नहीं सोचा था कि आपातकाल के बाद 1977 में एक-दूसरे का हाथ थामने और महात्मा गांधी की समाधि को साक्षी करके शपथ लेनेवाले लोग उस कसम को इतनी सहजता से तोड़ डालेंगे। इसीलिए पार्टी की पूरी विश्वसनीयता और इसका नेतृत्व बर्बाद हो गया। जनता ने स्थायी सरकार के लिए पार्टी को वोट दिया था और वह श्रीमती गांधी के पक्ष में चला गया।

लेकिन वे सभी लोग जिन्हें आपने भगोड़ा या दल-बदलू कहा, चुनाव जीत गए, यहाँ तक कि एस. एन. बहुगुणा भी ?

बहुगुणा जीते, लेकिन उनमें सभी नहीं। (पार्टी) छोड़नेवाले ज्यादातर लोग हार गए। तमाम कारणों से लोकदल के बढ़िया नतीजे आए, लेकिन उसके टिकट पर चुनाव जीतनेवाले ज्यादातर चेहरे नए हैं, न कि जनता पार्टी छोड़कर जाने वाले पुराने चेहरे।

आपने जनता नेताओं की क्षमताओं का जिक्र किया, और कहा कि लोगों ने सोचा कि आप सक्षम नहीं थे, लेकिन आपका समूचा चुनाव अभियान इस पर आधारित था कि बाबू जगजीवन राम कितने कुशल प्रशासक थे और कितनी बढ़िया सरकार वे दे सकते थे।

यह हो सकता है लेकिन हम सिर्फ प्रशासनिक क्षमता की बात नहीं कर रहे हैं। ये दोनों अलग-अलग चीजें हैं। आप सक्षम प्रशासक हो सकते हैं, लेकिन अगर लोग आपको देश चलाने के लिए पर्याप्त विश्वसनीय नहीं मानते, तो इससे तमाम मतभेद खड़े हो जाते हैं। लोग बाबूजी या चरण सिंह या फिर किसी व्यक्ति विशेष की बात नहीं करते, वे मुझे और पार्टी के प्रत्येक व्यक्ति को शामिल करते हुए समूचे समूह के बारे में कुछ तय करते हैं।

राष्ट्रीय स्वयंसेवक संघ की जिम्मेवारी कितनी रही है ?

दुष्प्रचार, जिसे खास कर जनता पार्टी के भीतर के मित्रों ने फैलाया, प्रभाव अल्पसंख्यकों

पर पड़ा। उन्होंने अपने संशय की वजह से जनता पार्टी को वोट नहीं दिया। जनता पार्टी की हार में इसकी अहम् भूमिका रही।

संघ के बारे में आपकी भावी नीति क्या होगी ?

इसको अभी हमें देखना है। संघ के हमारे मित्रों ने तमाम आश्वासन दिए हैं कि कुछ रद्दोबदल करेंगे और मुझे उम्मीद है कि वे इसकी जरूरत महसूस करते हैं।

कृष्णकांत जैसे व्यक्ति को हरा दिया गया, वह भी संघ के हाथों। इस जोड़-तोड़ की नीति का आपकी पार्टी की प्रतिष्ठा पर कितना असर पड़ेगा ?

वास्तव में, इससे कई चुनाव क्षेत्रों में हमारी प्रतिष्ठा प्रभावित हुई और माहौल बिगड़ा। संघ की वजह से चंडीगढ़ में ही नहीं, तमाम दूसरी जगहों पर भी ऐसा हुआ। दूसरे लोग भी दोषी थे। उदाहरण के लिए, बंबई में कुछ समाजवादी मित्रों ने श्री मृणाल गोरे के लिए कार्य किया। पार्टी में इस तरह की कलह से पार्टी कार्यकर्ता का उत्साह प्रभावित होता है, और पूरा माहौल बिगड़ जाता है।

क्या दोहरी सदस्यता का मामला आप फिर से उठाएँगे ?

मैंने इसे कभी नहीं उठाया और न ही आगे उठाऊँगा। लेकिन मैं यह कैसे कह सकता हूँ कि दूसरे ऐसा नहीं करेंगे...(थोड़ा हँसते हैं) ?

आप क्या समझते हैं, जनता पार्टी की शक्ल (आने वाले दिनों में) कैसी होगी ? लोकदल के साथ फिर से तालमेल संभव है... ?

हाँ; बातचीत हो रही है, लेकिन ऐसा कोई ठोस प्रस्ताव नहीं है। दोनों पार्टियों में एक-दूसरे के प्रति अभी भी दुराव है। बात यह है कि हम नीतियों या सिद्धांतों के बारे में बात नहीं करते, बल्कि एक-दूसरे की निष्ठा-विश्वास पर संदेह करने लगते हैं।

व्यक्तिगत स्तर पर ?

हाँ, मैं फिर जोर देकर कहता हूँ कि पार्टी की टूट-फूट में सैद्धांतिक कुछ भी नहीं था सिर्फ व्यक्तिगत महत्त्वाकांक्षा थी। वे जो सिद्धांत की बातें करते हैं, जनता को गुमराह करते हैं।

आप मानते हैं कि लोकदल का जमीनी आधार जनता पार्टी के मौजूदा जमीनी आधार से बड़ा है ?

मैं आपसे सहमत नहीं हूँ। चुनाव नतीजों से भी यह प्रमाणित नहीं होता। गिनती की कुछ ज्यादा सीटें जमीनी आधार का प्रमाण नहीं हैं। हमें देखना होगा कि जनता पार्टी को कितने वोट मिले। अगर आप पूर्वोत्तर क्षेत्र का मामला लें, तो वहाँ 10 सीटों से ज्यादा पर हार 10 हजार से भी कम वोटों के अंतर से हुई...और अगर यह लोकदल के जमीनी आधार का सवाल रहा होता, तो उत्तर प्रदेश से ज्यादा बिहार में इसका विरोध होता।

क्या आप उत्तर प्रदेश और बिहार में अपनी सरकारें बचाने के लिए हाथ मिलाने की सोच रहे हैं ?

इस मौके पर कुछ भी कहना बहुत मुश्किल है। आपको एक उदाहरण दूँ, बनारसी दास सरकार की सीटें जीतने में उतनी दिलचस्पी नहीं थी, जितनी जनता पार्टी उम्मीदवारों को हराने में थी। इसलिए जनता पार्टी कार्यकर्ताओं को बनारसी दास का समर्थन करने के लिए राजी करना बहुत मुश्किल होगा। यह मेरी निजी राय है कि यह आसान काम नहीं है। अगर आप मुझसे पूछें तो मैं उत्तर प्रदेश और बिहार दोनों ही सरकारों को बने देखना चाहता हूँ, लेकिन यह इतना आसान नहीं।

राज्य के प्रशासनिक तंत्र के दुरुपयोग के आरोप भी लगाए गए हैं, खास कर बिहार के मुख्यमंत्री रामसुंदर दास के खिलाफ भी ?

हो सकता है, लेकिन लोग रामसुंदर दास और बनारसी दास को बेहतर जानते हैं।

आप इसकी व्याख्या किस तरह करेंगे कि जनसंघी धरातल के चलते मध्य प्रदेश व राजस्थान जैसे राज्यों में भी, जो आपके सबसे मजबूत गढ़ समझे जाते थे, आप श्रीमती गांधी का सामना करने लायक नहीं रहे ?

महत्त्व राज्यों का नहीं था, बल्कि उस समूची तस्वीर का था, जो हमने जनता के सामने रखी थी। हम बेहतर छवि प्रस्तुत करने में नाकाम रहे।

1971 में जनसंघ मध्य प्रदेश के तमाम क्षेत्रों में श्रीमती गांधी को टक्कर देने में कामयाब रहा था। इस बार आप पस्त पड़ गए।

यह सत्य है और इससे संकेत मिलता है कि लोगों ने राज्य से जुड़े मामलों में हमारे कुप्रबंधन के चलते ही हमारे खिलाफ वोट नहीं दिया, बल्कि मामला कुछ और भी है। हमें इस समस्या की गहराई में जाना चाहिए।

कुछ लोगों खास कर जनता पार्टी की तरफ से यह अटकलें लगाई जा रही थीं कि हिंदुओं में ज्यादा प्रतिक्रिया होगी।

हिंदू-प्रतिक्रिया की बातें करना मूर्खता है। यह बहुत गलत है। इस देश में कई कारणों से हिंदू-प्रतिक्रिया नहीं हो सकती—पहला, लोगों का सहनशील स्वभाव, और पूरे देश में उनका विस्तार। आप एक या दो स्थानों में वातावरण को जहरीला बना सकते हैं, एक या दो स्थानों पर हिंदू सांप्रदायिकता या मुस्लिम सांप्रदायिकता फैला सकते हैं, लेकिन हर जगह आप ऐसा नहीं कर सकते। जाति समीकरण सीमित क्षेत्र में तो एक कारक हो सकता है, परंतु यह समूचे राष्ट्रीय परिदृश्य पर प्रभाव नहीं डाल सकता। भारत जैसे देश में धर्म, जाति या सांप्रदायिक नारों के आधार पर आप लोकसभा चुनावों में किसी जीत की उम्मीद नहीं कर सकते। हिंदू-प्रतिक्रिया का यह दर्शन सिर्फ उन लोगों के दिमाग की उपज है, जो धार्मिक सोच के प्रति पूर्वग्रह से ग्रसित हैं।

क्या आपका यह आकलन संघ के मुद्दे पर आपको पुनर्विचार के लिए प्रेरित करेगा ?

नहीं, मैं नहीं समझता कि यह पुनर्विचार की ओर ले जाएगा। लेकिन संघ से तालमेल विचार का मामला रहा है और कुछ लोग इस पर विवाद उठाते रहे हैं। वे इस पर बातचीत करते रहेंगे।

क्या संघ को आप जनता पार्टी की एक बड़ी धरोहर मानते हैं ?

कोई समूह, जब तक किसी राजनीतिक पार्टी के भीतर पूरी तरह समाहित नहीं हो जाता, उसकी धरोहर कभी नहीं बन सकता। अगर संघ अलग अस्तित्व बनाए रखना चाहता है तो जनता पार्टी के भीतर रहते हुए भी वह किसी तरह इसकी धरोहर नहीं हो सकता। किसी राजनीतिक दल की महत्त्वपूर्ण जरूरत इसकी एकजुटता होती है, इसलिए इसके बाहर का कोई भी समूह इसकी धरोहर नहीं हो सकता। यह कोई आकलन नहीं, साधारण निष्कर्ष है कि कोई राजनीतिक दल जितना ज्यादा संगठित होगा, उतना ही ज्यादा सशक्त होगा।

आप समझते हैं कि संघ की वजह से राष्ट्रीय मोर्चे से गठबंधन के बावजूद मुस्लिमों ने आपकी पार्टी को वोट नहीं दिया ?

यही एक वजह नहीं है। संघ मुद्दे पर कुछ मित्रों ने जनता पार्टी छोड़ दी, लेकिन लोकदल भी मुस्लिम वोट नहीं पा सका।

मुस्लिमों के समर्थन के बिना लोकदल पश्चिमी उत्तर प्रदेश में शायद ही कोई सीट जीत पाता।

हाँ, मुस्लिम उम्मीदवारों के कारण ही ऐसा हुआ।

जनता पार्टी टिकट पर एक भी मुस्लिम उम्मीदवार जीतकर नहीं आ सका।

हाँ, ऐसा हो सकता है...

आप श्रीमती गांधी से राजनीतिक स्तर पर कैसे निबटेंगे ?

राजनीतिक स्तर पर श्रीमती गांधी से निबटने में कोई समस्या नहीं। अगर श्रीमती गांधी ठीक तरह से बर्ताव करें और उन्होंने इतिहास से कुछ सबक लिया हो, तो उन्हें तत्काल चुनौती देने की कोई जरूरत नहीं। चुनाव पाँच साल बाद होंगे। अगर वे उसी ढर्रे पर चलती हैं, जो उन्होंने 1974 में चुना था, तो भारत की यह जनता उन्हें एक बार फिर ललकारेगी। राजनीतिक पार्टियाँ जनता को सिर्फ नेतृत्व दे सकती हैं। यह सिर्फ राजनीतिक दल नहीं थे, जिन्होंने 1974 और 1975 में श्रीमती गांधी की सत्ता को चुनौती दी थी, बल्कि जनता थी, और राजनीतिक दलों ने इसको बस भुनाया था। इसलिए, अगर कोई राजनीतिक नेता यह सोचता है कि श्रीमती गांधी के तानाशाही शासन को धराशायी करने में उसका हाथ था, तो वह भ्रम में जी रहा है। मुझे पक्का विश्वास है कि श्रीमती गांधी ने अतीत से कुछ भी नहीं सीखा है। वे उसी तरीके का बर्ताव फिर करेंगी, और ऐसी स्थिति में भविष्य में उन्हें चुनौती देना बहुत मुश्किल नहीं होगा।

निकट भविष्य में क्या आप कोई टकराव देखते हैं ?

यह श्रीमती गांधी के बर्ताव पर निर्भर करता है। अगर वह अपने कारनामे दोहराती हैं, जैसा उन्होंने 1971 के बाद किया था, तो जनता उन्हें बहुत आसानी से भूल जाएगी। 1971 में श्रीमती गांधी को इससे ज्यादा सीटें मिली थीं, जितनी आज उनके पास हैं, लेकिन ऐसा होते हुए भी बँगलादेश लड़ाई में जीत के दो ही वर्षों बाद वे जनता पर अपना नियंत्रण खो बैठीं।

क्या आप समझते हैं कि उन्होंने अतीत से कुछ सीखा है ?

श्रीमती गांधी को जितना मैं जानता हूँ, उस आधार पर लगता है कि उन्होंने कुछ नहीं सीखा लेकिन ऐसे तमाम दूसरे लोग जो उनके बहुत नजदीक हैं, ऐसा नहीं मानते हैं। उन्होंने स्वयं भी देश को आश्वासन दिया है कि अतीत की गलतियाँ फिर नहीं दुहराई जाएँगी। मुझे खुशी होगी, अगर उन्होंने सचमुच कुछ सीखा है।

चुनाव-अभियान के दौरान एक आरोप लगाया गया था कि कांग्रेस (ई) और जनता पार्टी में किसी तरह की साठगाँठ हुई है ?

जनता पार्टी के खिलाफ तमाम आरोपों का कोई आधार नहीं है और अब चुनाव नतीजों से साफ हो गया कि ऐसी कोई साठ-गाँठ नहीं थी।

आप समझते हैं कि राज्य स्तर पर आपकी पार्टी टूटेगी ?

मैं ऐसा नहीं समझता। कुछ लोग ऐसे हो सकते हैं, जो (पार्टी) छोड़ दें, लेकिन कोई बड़ा दल-बदल नहीं होगा।

उत्तर प्रदेश में सरकार बनाने के लिए कांग्रेस आपसे विधायक लेने की कोशिश कर सकती है ?

मैं नहीं समझता, वे कामयाब होंगे।

चुनावों के बारे में उत्सुकता पैदा करनेवाली बातों में एक यह भी थी कि जहाँ कहीं आप गए, लोगों ने आपका समर्थन तो किया लेकिन आपको वोट नहीं दिया, क्यों ?

शायद वे जनता पार्टी के विचार जानना चाहते थे, लेकिन अपनी उम्मीदों को साकार रूप देने के लिए इसे उपयुक्त माध्यम नहीं समझा।

आपके सभी आकलन गलत हो गए। उदाहरण के लिए, आपने आकलन किया था कि आप हरिजन वोट खींच लाएँगे, मगर यह गलत निकल गया।

ऐसा कोई विचार था या नहीं, मैं नहीं जानता। लेकिन अगर था तो वह सही साबित नहीं हुआ। कभी-कभी अनुमान गलत भी निकल जाते हैं।

क्या आप जनता पार्टी नेतृत्व में किसी बड़े क्रांतिकारी बदलाव की बात सोच रहे हैं ?

मैं जनता पार्टी नेतृत्व में बदलाव चाहूँगा—कम से कम संगठन के स्तर पर। मैं कहता

हूँ कि मैं लंबे समय से अध्यक्ष रहा हूँ, इसलिए किसी दूसरे व्यक्ति को आगे आना चाहिए। लेकिन दूसरे फिलवक्त (मुझे बदलने के) इच्छुक नहीं जान पड़ते और मैं अभी से इस मुद्दे पर कोई संकट नहीं खड़ा करना चाहता।

पश्चिम बंगाल, केरल और त्रिपुरा में वाम मोर्चे की जीत को आप भावी राजनीति की दृष्टि से किस रूप में देखते हैं ? क्या आपको लगता है कि उत्तर किसी प्रकार के वाम मोर्चे में छुपा है ?

इसका यह मतलब नहीं कि हल वाम मोर्चे के गठबंधन में ही छुपा है। यह क्षेत्र पिछले दो या तीन दशकों से वाम मोर्चा का गढ़ रहा है। लेकिन वाम (पंथी) पार्टियों के साथ दुर्भाग्य यह है कि उनका विस्तार नहीं हो पाता। जब तक उनका दायरा नहीं बढ़ता, वे राष्ट्रीय विकल्प नहीं बन सकतीं। इसका स्वागत किया जाना चाहिए कि अपने क्षेत्रों में वे अपना प्रभाव जमाए हुए हैं।

आप उनके साथ किसी तरह का सहयोग करने की सोच रहे हैं ?

अकेले मेरी सोच निर्णायक नहीं हो सकती है। उन्हें भी सहयोग करना चाहिए। लेकिन मैं कहता रहा हूँ कि दोनों तरफ से सहयोग जरूरी है।

देवराज अर्स ने संयुक्त पार्टी के गठन का आह्वान किया है। आपका क्या विचार है ?

मुझे इस बात की जानकारी है, लेकिन बीहड़ से आती आवाज शायद ही जनता पर कोई प्रभाव डाल सके। उन्हें यह आह्वान दो या तीन माह पहले करना चाहिए था। मैंने देवराज अर्स को भारत की शक्ति को पहचानने के लिए कहा था, लेकिन उनका मानना था कि वह ही सर्वशक्तिशाली हैं और इतिहास उनके इशारों पर चलेगा। दुर्भाग्य यह है कि विपक्ष के ज्यादातर नेता चाहे वे लोकदल में हों, या जनता या कांग्रेस (यू) में, उन्हें राष्ट्रीय परिदृश्य की बहुत मामूली जानकारी है। वे मूलरूप से क्षेत्रीय नेता हैं, और वे उस सीमा से बाहर नहीं जा सकते। उन्होंने न तो स्वदेश देखा है, न उन्हें उन राजनीतिक शक्तियों की समझ है, जो कार्य कर रही हैं। वे अपने ही सपनों की दुनिया में जी रहे हैं, और सोचते हैं कि वे इतिहास के रचयिता हैं। लेकिन कोई भी अकेला व्यक्ति इतिहास-रचयिता नहीं हो सकता। कुछ सामाजिक शक्तियाँ हैं जिनकी ताकत को नजरअंदाज नहीं किया जा सकता। दो बातें हैं, जिनकी समझ इन नेताओं को होनी चाहिए, चाहे वे लोकदल में हों, जनता दल में हों या फिर कहीं और हों। पहली, इस देश के लोग अस्थिर सरकार के लिए वोट देने नहीं जा रहे हैं। वे मजबूत केंद्र चाहते हैं। और दूसरी, कोई नेता इतना शक्तिशाली नहीं है कि वह दूसरे देश के लोगों के समर्थन को भी अपने साथ ला सके। अगर ये दो बातें उनकी समझ में आ गई होतीं, तो उन्होंने एकजुट रहने की कोशिश की होती, ताकि समूचे देश में वे अपनी आवाज पहुँचा सकें। लेकिन, दुर्भाग्य से, देवराज अर्स कर्नाटक में कुछ ही समर्थन हासिल कर सके, इसलिए उन्होंने समूचे देश में कर्नाटक की स्थिति लागू करने की कोशिश की। मेरे मित्र चौधरी चरण सिंह का प्रभाव उत्तर प्रदेश, बिहार, हरियाणा और राजस्थान के कुछ क्षेत्रों में है, और उन्होंने समझ लिया कि यही समूचा भारत है। इसी तरह, हमारे नेताओं ने

यही आशा की कि हमें समूचे देश से बहुत अच्छे नतीजे मिलेंगे।

उनकी इस सोच ने हमारे सभी नेताओं को एक-दूसरे का सिर तोड़ने के लिए मजबूर किया। जनता के पास राष्ट्रीय विकल्प के तौर पर श्रीमती गांधी को चुनने के अलावा दूसरा कोई रास्ता नहीं बचा था। फिर, वे पिटा-पिटाया राग आलाप रहे थे, तो कुछ का कहना था कि जनता पार्टी ने 31 सीटें पाईं, लेकिन मैंने 32...(हँसते हैं)। वे यह नहीं समझते कि इस तरह के टकराव से देश की राजनीति तय नहीं होगी। देश की समस्याएँ इन नेताओं के वश के बाहर की बात है, जो बदलते समय के साथ अपने में बदलाव नहीं ला सकते। देश की समस्याओं के बारे में और न जनता के मिजाज के बारे में, और न ही भविष्य के प्रति उनका कोई नजरिया है।

क्या आप चिंतित हैं ?

मैं बिलकुल चिंतित नहीं हूँ। चिंता मुझे तब होती, जब कुछ अपेक्षित घटा होता। मेरे लिए ये नतीजे अनपेक्षित नहीं। जनता पार्टी यदि सत्ता में पहुँच गई होती, तब भी देश की राजनीतिक स्थिति इससे बेहतर नहीं होती, जैसी 1977 में थी। मैं 1977 और 1979 के बीच ज़्यादा दुःखी था, क्योंकि उस समय हम कुछ करने की स्थिति में थे। मैंने अवसर को हाथ से जाते देखा, और मैं जानता था कि इसका नतीजा क्या होगा। मैं 1973 और 1974 में दुःखी था, जब मैंने श्रीमती गांधी को आनेवाली घटनाओं की दस्तक सुनाने की कोशिश की थी। लेकिन जब आपातकाल लागू हुआ, तो मैं सन्न रह गया। मुझे जेल में डाल दिया गया तब भी मैं श्रीमती गांधी के प्रति कभी कठोर नहीं हुआ। उसके प्रति कटुता क्यों पाली जाये जो स्वयं आत्महत्या करने पर आमादा हो ? मोरारजी देसाई ने अपने ढंग से देश का नेतृत्व किया। मैं शुरू में परेशान हुआ, लेकिन जब मैंने देखा कि वह अपने को और जनता पार्टी को, दोनों को बर्बाद करने पर तुले हैं, तो उनसे कुछ हमदर्दी हुई। ऐसा ही मामला चौधरी चरण सिंह का है, मुझे उनके लिए क्यों दुःखी होना चाहिए ? भले ही जनता इस पर विश्वास करे या नहीं, सत्ता की इस दौड़ में मैं कभी शामिल नहीं था, इसीलिए आज मैं निराश नहीं हूँ।

क्या आप नहीं समझते कि अगर जनता पार्टी ने युवा नेतृत्व पेश किया होता तो...

(बीच में टोकते हुए) नतीजे काफी बेहतर रहे होते! लोगों ने नानाजी देशमुख के विचार का मजाक उड़ाया जिसमें उन्होंने सुझाव दिया था कि 60 साल से ऊपर के सभी नेता सत्ता की राजनीति से बाहर हो जाएँ। अगर उस समय उनकी बात मंजूर कर ली गई होती, तो देश में आज स्थिति दूसरी होती। लेकिन दुःखद यह है कि युवा तथा हमारी पीढ़ी के लोग इन बुजुर्ग नेताओं की एक तरह की मनोवैज्ञानिक दासता से अपने को मुक्त नहीं कर सके। इस तरह या उस तरह हमने अपने को उनका गुलाम बनाए रखने की कोशिश की।

भविष्य के प्रति आपका क्या दृष्टिकोण है ?

भविष्य काफी संकटपूर्ण, लेकिन उम्मीद बँधानेवाला है। काफी पहले, 1969 में, मैंने कहा था कि मोरारजी देसाई का, बुजुर्ग लोगों का नेतृत्व समाप्त हुआ और भारत की राजनीति में

उनके लिए कोई जगह नहीं। लेकिन श्रीमती गांधी की गलतियों की वजह से स्थितियाँ बनीं। मोरारजी देसाई सत्ता में आए, लेकिन वह यह माहौल और देश में लक्ष्य की नई भावना पैदा नहीं कर सके। उनकी गलतियों की वजह से श्रीमती गांधी एक बार फिर सत्ता में आ गईं। लेकिन आपको यह समझना चाहिए कि श्रीमती गांधी की सारी ऊर्जा खत्म हो चुकी है। अगर मैं श्रीमती गांधी को जानता हूँ तो वह एक नया माहौल हरगिज पैदा नहीं कर सकतीं। हाँ, उनका कायाकल्प हो चुका है, और इन तीन वर्षों के दौरान उन्होंने कुछ अतिरिक्त क्षमता विकसित कर ली है, तो मैं नहीं जानता। लेकिन श्रीमती गांधी को जितना मैं जानता हूँ, उसके आधार पर मैं कह सकता हूँ कि वह इस देश में आशा और विश्वास का नया वातावरण नहीं बना सकतीं। नेता महत्त्वपूर्ण नहीं होते हैं। अगर आप देश को खाक से उठाकर आसमान में पहुँचाना चाहते हैं, तो आपको जनता में एक नई इच्छा-शक्ति पैदा करनी होगी। श्रीमती गांधी लोगों की इच्छा-शक्ति को गिरा सकती हैं, उनको कुचल सकती हैं। स्थायित्व के नाम पर वह हमेशा यथास्थिति बनाए रखने की कोशिश करेंगी। लेकिन यथास्थिति इसका हल नहीं, हल है गतिशीलता। और वह गतिशीलता वह पैदा नहीं कर सकतीं, क्योंकि उनकी दिमागी बनावट उन्हें ऐसा करने नहीं देगी। एक बार अगर आप भिन्न सत्ता की बात सोच लें, तो फिर आप जनता की सत्ता के बारे में नहीं सोच सकते—ये दोनों विरोधी बातें हैं। यदि आप जनता की ताकत का अपनी निजी सत्ता के लिए उपयोग करते हैं, तो आप जनता में नई इच्छा-शक्ति पैदा करने की बुनियाद ही खत्म कर डालते हैं। निजी शक्ति और जनता की शक्ति, दोनों एक साथ पैदा नहीं की जा सकतीं। अगर आप जनता की शक्ति पैदा करते हैं, तो आपको अपने व्यक्तित्व को हाशिए पर डालना होगा। इस प्रक्रिया में आप पनप सकेंगे—यह अलग बात है, लेकिन आपका व्यक्तित्व ऐसा नहीं हो सकता, जो समूचे देश पर हावी होने की कोशिश करे। 'इंदिरा लाओ, देश बचाओ' का नारा श्रीमती गांधी और उनकी पार्टी के मस्तिष्क का सूचक है।

क्या आपको विश्वास है कि यह प्रयोग असफल होने जा रहा है ?

मुझे पूरा भरोसा है कि यह प्रयोग एक वर्ष के भीतर असफल हो जाएगा और अपनी निराशा को वे किसी अनिश्चित भाषा में अभिव्यक्त नहीं करेंगे।

संडे, 20 जनवरी, 1980

दोहरी सदस्यता का मामला ठंडे बस्ते में नहीं डाला जा सकता

अजय बोस की बातचीत

जनता पार्टी में पिछले कुछ सप्ताहों के दौरान हुई उठा-पटक को आप किस तरह देखते हैं ?

खासा परेशान करनेवाला। मुझे यह उम्मीद नहीं थी कि यह उठा-पटक ऐसी शर्मनाक हार के फौरन बाद होगी। यह मानव स्वभाव है कि संकट के समय में या विपरीत परिस्थितियों में वह एक-दूसरे से जुड़ने, नजदीक आने और चुनौतियों से जूझने की कोशिश करता है। लेकिन पार्टी के भीतर कुछ ऐसे लोग भी हैं, जो अपने मतभेद को समाप्त नहीं कर सकते। कुछ लोगों के लिए पार्टी से बाहर जाने के बहाने के तौर पर इसको देखा जा सकता है—मैं भी इसको ऐसे ही देखता हूँ। मैं उनके रवैए के पीछे छुपे तर्क को समझ नहीं पा रहा। एकमात्र तर्क यह है कि वे पार्टी छोड़ने का कोई न कोई बहाना चाहते हैं।

ऐसा समझा जा रहा है कि आप बिखर रही पार्टी को एकजुट रखनेवाली अकेली कड़ी हैं। आप क्या समझते हैं—कब तक आप इस स्थिति को बनाए रख सकेंगे ?

मैं नहीं समझता कि यह सही विश्लेषण है। सच तो यह है कि यह बिखर रही पार्टी नहीं है। यह पार्टी अतीत में कभी संयुक्त नहीं हुई। आपातकाल के बाद कई प्रकार के तत्त्व एक-दूसरे के नजदीक आए और भाग्य से उन्होंने सत्ता हासिल कर ली। अब जबकि कोई सत्ता नहीं है, हार के बाद वे सभी हताशा महसूस कर रहे हैं, वे एक-दूसरे के खिलाफ लड़ रहे हैं; लेकिन मैं अकेली कड़ी नहीं। तमाम कार्यकर्ता हैं, जो अधिनायकवाद के खिलाफ अपने संघर्ष को जारी रखने के लिए कृत-संकल्प हैं और जनता पार्टी की शक्ति के स्रोत-साधन हैं। व्यक्ति महत्त्वपूर्ण है, लेकिन उतना नहीं, जितना आप समझ रहे हैं।

आपका मतलब है कि अगर कुछ लोग पार्टी छोड़ दें, तो इससे पार्टी को एकजुट रखने में मदद मिलेगी ?

मैं व्यक्तियों के बारे में आपको बता नहीं सकता। लेकिन वे लोग, जिनका दिल पार्टी चलाने में नहीं लगता, मुश्किलों को झेलने का जिनमें धीरज और सहनशक्ति नहीं, पार्टी छोड़ दें। इससे पार्टी की समस्याएँ बढ़ेंगी नहीं, बल्कि तमाम तरीकों से हल हो जाएँगी। अगर आप कठिन दौर का सामना कर रहे हैं तो आपस में एक-दूसरे के खिलाफ लड़ाई में अपनी ऊर्जा गँवाना अक्लमंदी नहीं।

अगर बाबूजी (जगजीवन राम) पार्टी छोड़ दें, तो इससे क्या जनता पार्टी को एकजुट रखने में

ज्यादा मदद मिलेगी ?

मैं कह नहीं सकता। सिर्फ बाबूजी के पार्टी छोड़ देने से ही आप जनता पार्टी को ज्यादा एकजुट नहीं बना सकते। इसके लिए आपको संघर्ष के दौर से गुजरना होगा। पार्टी को एकजुटता के लिए आपको लंबा रास्ता तय करना होगा। सिर्फ जगजीवन राम के बाहर हो जाने से स्थिति नहीं सँभलनेवाली। और भी दूसरे धड़े हैं, जो पार्टी में समस्याएँ खड़ी करते हैं। मैं नहीं समझता कि कुछ लोगों के पार्टी छोड़ने या कुछ नए लोगों के पार्टी में शामिल होने से पार्टी ज्यादा मजबूत बनेगी।

दोहरी सदस्यता का सवाल क्या फिलवक्त ठंडे बस्ते में डाल दिया गया है ?

इसको ठंडे बस्ते में डाला नहीं जा सकता। यह ताजा मुद्दा है। दोनों पक्षों ने सख्त रवैया अख्तियार कर लिया है। कुछ लोग ऐसे भी हैं, जिन्हें आर.एस.एस. की कार्रवाई की सही समझ है। यह नया नहीं। यह समझ उनमें पहले भी थी। शुरुआत में इस मुद्दे पर मैंने समझौता करना चाहा था। और अगर आपको याद हो, जब पार्टी टूट रही थी तो जुलाई, 1979 में, मैं बाला साहब देवरस से मिला था। मैं मद्रास से आ रहा था और वे दया करके नागपुर हवाई अड्डे तक आए और हमारे बीच 20 मिनट की बातचीत हुई थी। मैंने उन्हें समझाने-मनाने की कोशिश की कि इससे कुछ लोगों के दिमाग में एक संदेह पैदा हो गया है और वे स्वयं यह क्यों नहीं कहते कि राज्यों की विधानसभाओं या संसद के सदस्य या जनता पार्टी के पदाधिकारी आर.एस.एस. की गतिविधियों में हिस्सा नहीं लेंगे ? वे इस फार्मूले पर सहमत थे। उन्होंने उस समय कहा कि अगर मैं ऐसी कोई घोषणा कर देता हूँ, तो उन्हें इस पर कोई एतराज नहीं होगा, क्योंकि वहाँ सत्ता थी और हर कोई समस्या का कोई हल तलाशने की कोशिशों में जुटा था।

अभी हाल ही में राष्ट्रीय कार्यकारिणी में उसी समाधान का सुझाव दिया गया और दुर्भाग्य से हमारे जनसंघी मित्रों, मेरा मतलब है, पूर्व जनसंघ के मित्रों ने बहुत कठोर रवैया अख्तियार किया। बाद में उन्होंने कुछ संकेत दिए कि वे इस पर विचार करने को तैयार थे। लेकिन यह ऐसा था, मानो पार्टी को बचाने के लिए कुछ मित्रों पर वे अहसान कर रहे हों ! लेकिन इस मौके पर अगर वे यह कहते हैं कि उनकी पहली निष्ठा आर.एस.एस. (राष्ट्रीय स्वयंसेवक संघ) के प्रति और केवल राजनीतिक निष्ठा जनता पार्टी के प्रति है, तो यह तय करना बहुत मुश्किल हो जाता है कि राजनीतिक निष्ठा और संघ के प्रति उनकी निष्ठा के बीच की विभाजक रेखा कहाँ है। यही संशय है कुछ लोगों के मस्तिष्क में। इसलिए जब तक दोनों पक्षों की ओर से समझौता करने की कोई इच्छा नहीं है, मैं समझता हूँ कि यह मामला लोगों के जेहन को झिंझोड़ता और पार्टी के लिए दिक्कतें खड़ी करता रहेगा। मैं नहीं समझता कि दोहरी सदस्यता का मामला ठंडे बस्ते में रखा जा सकता है। इस या उस पक्ष में फैसला तो करना ही होगा।

मुझे विश्वास है कि जनता पार्टी सदस्यों की ओर से इस प्रकार की अनेक शिकायतें रही हैं कि संघ ने पार्टी के खिलाफ कार्य किया। इन लोगों ने संघ से अपने लिए कार्य करने की सबसे पहले उम्मीद क्यों की ?

उन्हें नहीं करनी चाहिए थी। वे गलत थे। यह मैं उन्हें बता चुका था। यदि आप संघ

को पार्टी से अलग करना चाहते थे, तो फिर वे यह क्यों चाह रहे थे कि संघ उनके लिए कार्य करे ? यह हास्यास्पद स्थिति थी। मैं इन लोगों के विचारों को नहीं समझ सका। यही कारण है कि मैं कहता हूँ कि संघ के मामले को लेकर ये लोग गंभीर नहीं हैं। लेकिन मैं इन लोगों को इस मामले में ऐसे ओछे रवैए के लिए रियायतें देने को तैयार हूँ। मैं समझता हूँ कि यह समस्या बनी रहेगी। क्योंकि आप जानते हैं कि आर.एस.एस. कोई आम संगठन नहीं है। यह बहुत अच्छी तरह संगठित संस्था है और उनकी गतिविधियाँ रोज-ब-रोज हर कहीं चलती रहती हैं। समाज पर उनका प्रभाव चाहे अच्छा या बुरा है या नहीं, मैं इसके विस्तार में नहीं जाऊँगा। इसलिए यह मामला निर्णायक घड़ी में लोगों के दिमाग में उलझन पैदा करता है। इस मामले की तस्वीर साफ होनी चाहिए—ऐसा मैं महसूस करता हूँ।

आप क्यों सोचते हैं कि पुराने जनसंघ के नेता संघ के साथ अपने संबंध खत्म करने को तैयार नहीं हैं ?

कुल मिलाकर लोगों के बीच यह सोच घर कर गई है कि संघ, कार्यकर्ताओं के एक दल का संगठन है। राजनीतिक उद्देश्यों के लिए हर कोई उनकी सेवाओं से लाभ उठाना चाहता है। भले ही पुराने जनसंघ से उनका संबंध हो या नहीं, हर कोई संघ की संगठित क्षमता को अपने हक में भुनाना चाहता है। लेकिन जब अल्पसंख्यकों के दिमाग में संशय का सवाल सर उठाता है (जो संघ के लंबे इतिहास के चलते पैदा और विकसित हुआ है) तो वे इसको निगलने की स्थिति में नहीं रहते। यही असली समस्या है। वे लाभ तो लेना चाहते हैं, परंतु उस तिरस्कार को झेलने के लिए वे तैयार नहीं, जिसके लिए संघ इतने लंबे समय से देश में जाना जाता रहा है।

संडे, 16 मार्च, 1980

हमें गरीबों की पीड़ा से खुद को जोड़ना होगा

एम.जे. अकबर की बातचीत

जनता पार्टी के सारनाथ सम्मेलन की सफलता ने पार्टी में नई जान फूँक दी है, वरना 1980 में पार्टी के विखंडन के बाद इसे बेजान और दम तोड़ चुकी पार्टी समझा जा रहा था। यहाँ तक कि वरिष्ठ नेताओं ने भी पार्टी से सारी उम्मीदें छोड़ दी थीं। वरिष्ठ नेताओं के रुख का ही नतीजा था कि मोरारजी देसाई के इशारे पर सुब्रह्मण्यम स्वामी ने पार्टी अध्यक्ष चन्द्रशेखर को चुनौती दी, लेकिन उन्होंने इस चुनौती को बहुत आसानी से न सिर्फ खत्म कर दिया, बल्कि अकेले अपने दम पर सारनाथ सम्मेलन को जबर्दस्त सफलता दिला दी। ऐसा उन्होंने पार्टी की राष्ट्रीय कार्यकारिणी में बड़ा नाटकीय रद्दोबदल करके किया, जिसमें मोरारजी देसाई, एस. एम. जोशी, एन. गोरे, एच. वी. कामथ जैसे बुजुर्ग नेताओं को बाहर का रास्ता दिखा दिया। अब राष्ट्रीय कार्यकारिणी में उनका दर्जा महज स्थायी अतिथि का रहेगा। इतना ही नहीं, स्वामी और सुरेंद्र मोहन जैसे पार्टी सचिवों को भी चेता दिया गया कि बस, बहुत हो चुका, अब वे नए खून के लिए रास्ता साफ करें। सारनाथ सम्मेलन के बाद चन्द्रशेखर का क्या करने का इरादा है, यह जानने के लिए उनसे बातचीत के मुख्य अंश :

श्रीमती इंदिरा गांधी के सबसे भरोसेमंद विकल्प के तौर पर उभरकर सामने आने की विपक्षी दलों की जद्दोजहद इस समय शुरू हो गई जान पड़ती है। तमाम राजनीतिक दल या गठबंधन अपने-अपने नेता के कद को बढ़ा-चढ़ाकर दिखाने की कोशिश में लगे हैं। अटल बिहारी वाजपेयी को मीडिया ने अगला प्रधानमंत्री घोषित कर रखा है। इन कोशिशों को आप कैसे देखते हैं ?

मेरे लिए यह सारा परिदृश्य बिलकुल अलग है। मैं नए प्रधानमंत्री को पेश करने की नहीं सोच रहा। मेरी चिंता फिलवक्त लोकतांत्रिक मूल्यों की रक्षा की है। अगर हमारा लोकतांत्रिक ढाँचा बना रहा, तो देश भावी प्रधानमंत्रियों को उखाड़ फेंकेगा। मीडिया या राजनीतिक दलों के चंद सदस्य नए प्रधानमंत्री का चयन नहीं करते, बल्कि यह जिम्मेवारी बहुसंख्यक जनता की होती है। लेकिन दुर्भाग्य से कुछ लोगों का मानना है कि वे श्रीमती गांधी का मुकाबला कर सकते हैं। मैं नहीं समझता कि यह भारत की राजनीति में एक स्वस्थ परंपरा है। विशेषकर विपक्षी गुटों में, देश में इस समय मौजूदा स्थिति की समस्या पर ध्यान देने और प्रतिरोध की क्षमता विकसित करने की ज्यादा जरूरत है, जिसकी मैं समय-समय पर वकालत करता रहा हूँ। आज की सरकार को वहशीपन पर उतारू होने और हमारी जनता की स्वतंत्रता और लोकतांत्रिक अधिकारों का दमन करने की इजाजत नहीं दी जाएगी।

कोई राजनीतिक दल नकारात्मक नहीं हो सकता, 'प्रतिरोध' की शक्ति तात्कालिक रणनीति हो सकती है। आखिरकार आपकी या आपकी पार्टी की महत्त्वाकांक्षा सत्ता हासिल करने की जरूर होगी। क्या आप इस देश का प्रधानमंत्री बनना नहीं चाहेंगे ?

मैं ? मैं यह नहीं कहता कि मैं प्रधानमंत्री बनना पसंद नहीं करूँगा। लेकिन इतना जरूर कहूँगा कि वह बड़ी कुर्सी मेरा लक्ष्य नहीं है। प्रतिरोध की लड़ाई में तमाम बाधाएँ हैं। अगर मेरी महत्त्वाकांक्षा सिर्फ प्रधानमंत्री बनने की होती, तो प्रधानमंत्री बनने के बहुत सारे नुस्खे हैं, समझौता करना इनमें से एक है। लेकिन लक्ष्य सिर्फ सत्ता नहीं, बल्कि सत्ता-प्राप्ति कुछ निश्चित लक्ष्यों के लिए—जनता की बेहतरी के लिए होनी चाहिए।

आप कहते हैं कि आप लोकतंत्र के लिए लड़ते रहेंगे। आप अब 1981 में भी श्रीमती गांधी को लोकतंत्र-विरोधी ठहरा रहे हैं ?

श्रीमती गांधी ने हर एक संस्था को ध्वस्त करने की कोशिश की—सिर्फ उन्हीं संस्थाओं को नहीं जो उनके खिलाफ थीं या जो उनके लिए रुकावटें पैदा कर रही थीं, बल्कि अपनी राजनीतिक पार्टी जैसी संस्था के साथ भी उन्होंने यही किया। अगर हम 65 करोड़ आबादीवाले अपने देश को व्यवस्थित करना चाहते हैं, तो हमें कुछ संस्थाओं में और एक व्यक्ति-समूह में अपना विश्वास एक बार फिर जमाना होगा। दुर्भाग्य से श्रीमती इंदिरा गांधी ने कांग्रेस पार्टी को नाकारा बना दिया। उनके अलावा किसी दूसरे व्यक्ति की वहाँ कोई जिम्मेदारी ही नहीं बची। पार्टी में हर कोई बस श्रीमती गांधी का ही मुँह जोहता था। मैंने अपने मित्रों को कुछ समय पहले बताया था कि हिटलर को भी जर्मनी में तानाशाही शासन चलाने के लिए 12 व्यक्तियों या कम-से-कम नौ लोगों पर निर्भर करना पड़ता था। अगर आप इस देश में एक लोकतांत्रिक पार्टी चलाना चाहते हैं, तो आपको कुछ चुनिंदा लोगों का चयन करके सार्वजनिक जीवन में उन्हें सम्मान और प्रतिष्ठा देनी होगी। मैं यह नहीं कहता कि वे कौन लोग हों, लेकिन शक्ति का संचालन किसी एक केंद्र से नहीं होना चाहिए। दुर्भाग्य से, श्रीमती गांधी ने अपने राजनीतिक सहयोगियों की प्रतिष्ठा व सम्मान को धूल में मिला दिया है। इसलिए इस मिजाज का व्यक्ति लोकतांत्रिक पार्टी नहीं चला सकता। यही वजह है कि मैं कहता हूँ कि श्रीमती गांधी अधिनायकवादी शासन चला रही हैं।

और आप मानते हैं कि कमलापति त्रिपाठी से शुरू करके बसंतदादा पाटिल तक श्रीमती गांधी के सभी सहयोगी आत्मसम्मान से इतने महरूम हैं कि वे यह तिरस्कार झेलते रहने के इच्छुक हैं ?

मेरी दिक्कत यह है कि मैं श्रीमती गांधी और उनके सहयोगियों के बहुत निकट रहा हूँ। मैं यह दावा नहीं करता कि मेरा कद उस समय इतना ही बड़ा था, जितना आज उन लोगों का है, जिनके नाम आपने अभी गिनाए। लेकिन मैं लंबे समय तक कांग्रेस कार्यकारिणी में था। और मैंने पाया था कि श्रीमती गांधी के कोई फतवा जारी कर देने पर वहाँ कोई सलाह-मशवरा नहीं हुआ करता था। उनके फतवे को हर किसी को मानना होता था, अगर उसे श्रीमती गांधी के साथ राजनीति में बने रहना होता था। और इनमें ज्यादातर नेता सिर्फ वे ही नहीं, जो आज उनके साथ हैं, बल्कि वे भी जो आज विपक्ष में हैं—आपातकाल के पहले

दबाव के चलते टूट गए थे, उन्होंने घुटने टेक दिए थे। आपातकाल के दौरान श्रीमती गांधी ने अपने असली रंग दिखाए थे। उनके साथ आज बचे हुए सहयोगी ज्यादा ढुलमुल हैं और अपना कोई रवैया वे नहीं अपना सकते, उनमें आत्मसम्मान नाम की कोई भावना नहीं। और वे लोग जिनके लिए अपने आत्मसम्मान की कोई कीमत नहीं हुआ करती, इस देश के आत्मसम्मान की रक्षा हरगिज नहीं कर सकते।

आपने 1977 के बाद जिन लोगों को अपने साथ जोड़ा, उन्होंने अपनी असफलता के चलते कांग्रेस के विकल्प को तहस-नहस कर डाला। उस असफलता के आप भी हिस्सेदार रहे हैं। फिर आपको क्यों याद किया जाए, आप 1980 के विध्वंस के बाद अब पार्टी को नए सिरे से खड़ा करने की कोशिशों में लगे हैं। राजनारायण को पार्टी में एक सदस्य की हैसियत से रखने के लिए आप कैसे राजी हो गए ?

राजनीतिक हस्तियों से संबंध रखने के मामले में मैं बहुत धनी रहा हूँ। मैं नामों का उल्लेख करना पसंद नहीं करूँगा लेकिन पिछले 10 से 15 सालों के दौरान ऐसे प्रत्येक व्यक्ति के साथ मेरे रिश्ते हैं, जिसकी भारतीय राजनीति में अपनी पहचान है। मैं समझता हूँ कि राजनीतिक जीवन में हलकेपन या दुर्व्यवहार के चलते ही राजनारायण को छोड़ा नहीं जा सकता। इसके लिए हम सभी दोषी हैं। और जैसा कि आपने कहा कि मुझे भी बख्शा नहीं जाना चाहिए। मेरा हमेशा से विचार यही रहा है कि राजनारायण सिर्फ उसी दशा में समस्या बन सकते हैं, जब आपको सरकार चलानी हो, और अगर आपको संघर्ष करना है, मोर्चा लेना है तो राजनारायण हमेशा एक थाती है। भले ही आप इसे पसंद करें या नहीं करें। जैसा कि मैं आपको पहले ही बता चुका, मेरा आकलन है कि आनेवाला समय संघर्ष का दौर है। और इस लड़ाई में जो भी साथ देने का इच्छुक है, उसे मैं आमंत्रित करता हूँ। और मैं समझता हूँ कि राजनारायण ऐसा ही एक व्यक्ति है जिसे जनता पार्टी में शामिल किया जाना चाहिए। लेकिन मैं एक बार फिर जोर देना चाहूँगा कि ऐसा मैं अपने उन साथियों को पार्टी से बाहर किए जाने की कीमत पर कत्तई नहीं करूँगा, जो जनता पार्टी के वफादार बने रहे हैं। इस आकलन से मैं सहमत नहीं हूँ कि जनता पार्टी के पतन के लिए अकेले राजनारायण जिम्मेवार है। उसके लिए तमाम दूसरी बातें भी उत्तरदायी हैं और इसके लिए हम सभी की जिम्मेवारी बनती है और किसी को भी अपने को दूध का धुला नहीं समझना चाहिए।

क्या आप बहुत विनम्र तरीके से यह कहना चाह रहे हैं कि मोरारजी देसाई भी जनता सरकार के गिरने के लिए उत्तरदायी थे ?

हाँ, लेकिन बहुत विनम्र लहजे में नहीं, बल्कि बिलकुल सपाट तरीके से। चाहे जनता सरकार के पतन के लिए मैं अपने को दोषी मान लूँ, तो भी मोरारजी देसाई ज्यादा जिम्मेदार हैं।

सारनाथ में हुई पार्टी कांफ्रेंस में मोरारजी देसाई पार्टी के अध्यक्ष पद के लिए आपको चुनौती देने के वास्ते सुब्रह्मण्यम स्वामी को उकसाते रहे। इसकी वजह राजनारायण के प्रति आपका नरम रुख था। ऐसा भी समय आ सकता है, जब आपके लिए मोरारजी देसाई एंड कंपनी को पार्टी की पिछली कतार में धकेलना पड़े या फिर उन्हें निकाल बाहर करना पड़े ! क्या आप

उस हद तक जाने के इच्छुक हैं ?

नहीं, मैं किसी को निकाल बाहर करने नहीं जा रहा। मैं यह भी नहीं जानता कि वे पिछली कतार में जाएँगे या अगली कतार में। इसका फैसला पार्टी खुद करेगी। मैं यह भी कहने की स्थिति में नहीं हूँ कि मोरारजी देसाई ने सुब्रह्मण्यम स्वामी का नाम स्पोंसर किया या नहीं और अगर उन्होंने ऐसा किया तो यह उनकी जिम्मेदारी है, उनकी समस्या है, मेरी नहीं। व्यक्तिगत तौर पर मैं महसूस करता हूँ कि नामों को स्पोंसर करना पार्टी की समस्या नहीं है। जनता के बीच इस समस्या पर कुछ-कुछ विश्वास होने लगा है। शुरुआती दिनों में सब झगड़ों-विवादों के बावजूद हर कोई इस स्थिति को मंजूर करता था कि पार्टी हित इसी में है कि इसमें एकजुटता नजर आए। लेकिन इस तरह का दबाव पार्टी में कारगर नहीं हुआ।

जन्म के समय से ही आप जनता पार्टी के अध्यक्ष रहे हैं। सारनाथ सम्मेलन के बाद यह पहला मौका है, जब उस काम में लगे हैं, जिसे पार्टी का शुद्धीकरण कहा जा सकता है–जब सबसे बड़े कद के समझे जानेवाले नेता राष्ट्रीय कार्यकारिणी में जगह नहीं पा सके, जैसे–मोरारजी देसाई, अशोक मेहता, एन. जी. गोरे, एस. एम. जोशी, एच. एम. पटेल आदि। सुब्रह्मण्यम स्वामी और सुरेंद्र मोहन अब पार्टी महासचिव नहीं रहे। इन सबका कोई मतलब अगर है तो वह क्या है ?

नहीं, शुद्धीकरण की कोशिश वहाँ नहीं की जा रही। लेकिन पार्टी और राष्ट्रीय कार्यकारिणी को नई छवि तो दी ही जानी थी। जैसा कि आप जानते हैं, नई समस्याओं को भविष्य के प्रति साफ नजरिया रखनेवाले युवा को ही झेलना है। अतीत से ही अपने को जोड़े रखने से तो कोई नतीजा नहीं निकलनेवाला। यह शुद्धीकरण नहीं, बस राजनीतिक नजरिया है, जिसकी माँग है कि वक्त की चुनौती मंजूर करने और उत्तरदायित्व को निबाहने के लिए युवा लोग आगे आएँ।

स्वामी भी युवा ही हैं ?

इसीलिए वे राष्ट्रीय कार्यकारिणी में हैं।

लेकिन अब वे पार्टी के महासचिव नहीं हैं।

शायद महासचिव बनना उन्हें रास नहीं आया होगा।

क्या आप समझते हैं कि पार्टी चलाने के लिए तानाशाही या दबाव जरूरी है ?

तानाशाही और दबाव में अंतर है। दबाव सिर्फ राजनीतिक पार्टी चलाने के लिए ही नहीं, बल्कि किसी के निजी जीवन के लिए भी निहायत जरूरी है।

संख्या के लिहाज से सारनाथ सम्मेलन वास्तव में बहुत सफल रहा। इसने लोगों को बहुत उत्साहित किया। लेकिन यह आपकी पार्टी के स्थायित्व में किस तरह मददगार होगा ?

यह तभी संभव हो सकता है जब आत्मविश्वास को पार्टी के निचले स्तर तक पहुँचाया

जाए। जब तक उन्हें यह विश्वास न हो जाए कि हम आगे बढ़ने में सक्षम हैं और भविष्य में हमारी कोई भूमिका हो सकती है। मैं उन लोगों के नाम नहीं गिनाना चाहता, लेकिन छह या आठ महीने पहले, लोग जनता पार्टी के साथ जुड़ना भी पसंद नहीं कर रहे थे, क्योंकि वे सोचते थे कि जनता पार्टी हमेशा के लिए गुमनामी के अँधेरे में खो गई है। आज वे हमारे प्रति उत्साहित हैं, पर सिर्फ उत्साह हमें बहुत आगे तक नहीं ले जा सकता। यह तभी सार्थक है, जब लोग त्याग करने को तैयार हों। हमें गरीब लोगों के कष्टों से अपने को जोड़ना है, ताकि वे यह महसूस कर सकें कि अब उनके लिए संघर्ष करने की खातिर नए कार्यकर्ताओं का समूह, नए लोगों का वर्ग खड़ा है। सिर्फ इसी स्थिति में हम जनता पार्टी और देश के लिए स्वस्थ माहौल तैयार कर सकते हैं।

खबरें हैं कि सरकार के प्रति आप 'नरम' रवैया अपना रहे हैं और सरकार से खुलकर टक्कर नहीं लेने की वकालत कर रहे हैं ?

मेरा रवैया वस्तुस्थिति पर निर्भर करता है। आज स्थिति क्या है ? इस देश में गंभीर संकट उत्पन्न होने जा रहा है और इसके संकेत हर कहीं से मिल रहे हैं। क्या हम सरकार के लिए भारी दिक्कत खड़ी करने जा रहे हैं ? इसका मतलब क्या है ? महज इन दबावों के चलते सरकार तत्काल सत्ता नहीं छोड़नेवाली है। इसलिए ज्यादा से ज्यादा दबाव बनाना होगा। इसलिए, वे लोग जो श्रीमती गांधी के लिए समस्याएँ खड़ी करने की कोशिशों में लगे हैं, उन्हीं के हाथों खेल रहे हैं। आनेवाले समय में यह श्रीमती गांधी के लिए हितकर नहीं होगा, लेकिन अदूरदर्शिता की वजह से वह अपनी पुरानी चाल जो उन्होंने आपातकाल के दौरान चली थी, चलने की कोशिश कर सकती हैं और यह खेल उन्हें पूरी तरह बर्बाद कर देगा। मैं समझता हूँ कि समस्याएँ खड़ी करने की रणनीति सही नहीं है। लेकिन जब समस्याएँ खड़ी हों, तो आंदोलन चलाने की बजाय लोगों को उद्‌देश्यपूर्ण तरीके से प्रेरित करने की जरूरत होती है। दूसरे, मेरा नजरिया यह रहा है कि तीसरी दुनिया के देश विकासशील देश, जो अपनी अंदरूनी राजनीति में टकराव की स्थिति नहीं झेल सकते, उन्हें लोकतांत्रिक माध्यमों से समस्याएँ हल करने के लिए शांतिपूर्ण रवैया अपनाना होगा। यह एक अनोखा प्रयोग है, जो इस देश में अब किया जा रहा है। यदि आप इस प्रयोग को सफल बनाना चाहते हैं, तो विवादास्पद मुद्‌दों पर हमें राष्ट्रीय सहमति विकसित करने की कोशिश करनी होगी। लेकिन मैं उन लोगों के बारे में भी कह रहा हूँ, जो राजनीतिक दायरे से बाहर हैं। वे भी उतने ही देशभक्त हैं जितने कि कोई और। असम का उदाहरण लें—वहाँ राजनीतिक दल अप्रासंगिक हो गए हैं। वहाँ आंदोलन चला रहे ज्यादातर लोग या तो छात्र हैं, या व्यापार संघों के नेता हैं, या फिर दूसरे संगठनों के लोग हैं। कुछ मुद्‌दे इतने खतरनाक हैं कि हमारे समाज के अस्तित्व के लिए खतरा बन गए हैं। इन पर हमें राष्ट्रीय सहमति बनाने की जरूरत है। लेकिन दुर्भाग्य से, यह पहल सरकार की तरफ से होनी चाहिए थी, क्योंकि कुंजी तो उन्हीं के पास है, लेकिन मौजूदा सरकार के रवैए से जान पड़ता है कि इस दिशा में कोई भी कोशिश बेकार ही होगी। लेकिन हमें इसलिए संतुलन खोने की कोई जरूरत नहीं है क्योंकि दूसरा पक्ष पागलों की तरह बर्ताव कर रहा है।

क्या आप समझते हैं कि असम आंदोलन से हमारे समाज के अस्तित्व को खतरा है ?

उस तरह के आंदोलनों में सिर्फ असम आंदोलन ही नहीं, दूसरे तमाम आंदोलन भी शामिल हैं। असम आंदोलन सिर्फ विदेशियों के बहकावे से ही नहीं जन्मा बल्कि लंबे समय तक चली तकलीफें जैसे आर्थिक उपेक्षा भी इसका मुख्य कारण रही है।

जान पड़ता है कि बहुत सारे लोगों ने, खास कर मीडिया में और शहरों में रहनेवाले लोगों ने भारतीय जनता पार्टी को कांग्रेस (ई) के स्वाभाविक विकल्प के तौर पर घोषित कर दिया है। भाजपा की संभावनाओं के बारे में आप क्या समझते हैं ?

मैं नहीं जानता। कभी अपेक्षित भी घटित हो जाता है—लेकिन अगर किसी भी राजनीतिक विश्लेषण का कोई मतलब है, तो मैं नहीं समझता कि कल्पना या भविष्य में कभी भी भाजपा स्वयं अपना भी विकल्प बन सकेगी। आप जैसे ही भाजपा के बारे में बात करते हैं, आप एक-तिहाई आबादी को संगठन के दायरे से बाहर कर देते हैं। मैं नहीं जानता कि किस आधार पर हमारे कुछ पत्रकार भाजपा को श्रीमती गांधी के विकल्प के तौर पर पेश कर रहे हैं ? इसका मतलब यह नहीं कि मैं उनसे होड़ कर रहा हूँ—किसी भी तरह नहीं। भाजपा की आवाज बहुत दूर तक नहीं जाती, अगर तख्ता-पलट होता है, तभी वे सत्ता में आ सकते हैं, लेकिन संसदीय लोकतंत्र और चुनावों के जरिए मैं नहीं समझता, ऐसा होना संभव है।

अटल बिहारी वाजपेयी को मित्र के रूप में आप लंबे समय से जानते हैं। क्या आप सोचते हैं कि वे भाजपा जैसे दल के स्वाभाविक नेता हो सकते हैं ?

मैं काफी समय से अटल बिहारी वाजपेयी को जानता हूँ और मुझे आश्चर्य है कि वह उस पार्टी के नेता किस तरह बने हुए हैं। स्वाभाविक नेता की बात जाने दें, वह तो भाजपा के प्रकृतिजन्य नेता भी नहीं हैं। लेकिन वे वहाँ जमे हुए हैं और अब यह उन्हें और भाजपा को तय करना है कि वे कितने लंबे समय तक एक साथ बने रहते हैं।

इस तरह का सुझाव देना बड़ा अटपटा जान पड़ता है, खास कर तब जबकि मीडिया अगले प्रधानमंत्री के तौर पर वाजपेयी के नाम की तुरही बजा रहा हो। लेकिन अगर ऐसा होता है कि वाजपेयी भाजपा छोड़ते हैं, तो क्या आप जनता पार्टी में उनका स्वागत करेंगे ?

बहुत ज्यादा। यह बड़ी बात होगी, अगर अटल बिहारी वाजपेयी जैसा नेता जनता पार्टी में शामिल हो।

आप सोच सकते हैं कि बहुत फौरी सूचना पर दूसरी पार्टियों के कम से कम चार-पाँच दूसरे नेता, जिन्हें आप अपने साथ करना चाहते हैं, जनता पार्टी के झंडे तले होंगे ?

ऐसे बहुत-से लोग हैं। मैं शरद पवार को जनता पार्टी में शामिल करना पसंद करूँगा। मैं प्रियरंजन दास मुंशी और उन जैसे दूसरे मित्रों को भी पसंद करूँगा।

क्या ऐसी कोई स्थिति बनती नजर आती है जिनमें ये सभी लोग जनता (पार्टी) में शामिल हो सकें ?

नहीं, सिर्फ इच्छाएँ ही समय-समय पर जाहिर की गई हैं।

आपकी तरफ से या फिर उनकी तरफ से ?

(हँसते हुए) दोनों ओर से।

लोकदल के भीतर ऐसे लोग हैं, जिन्हें आप जनता पार्टी में देखना पसंद करेंगे ?

हाँ, कर्पूरी ठाकुर और देवीलाल जैसे लोग, इनका स्वागत है। जार्ज फर्नांडीस किसी भी राजनीतिक दल के लिए एक मजबूत खम्भा हो सकते हैं।

अर्थव्यवस्था और भविष्य के लक्ष्यों के विषय में सोच के स्तर पर आपकी पार्टी कांग्रेस (ई) से किस तरह अलग है ?

साफगोई से कहें, तो जैसी कि आज स्थितियाँ हैं, यह कहना बहुत मुश्किल है कि लोकतांत्रिक मामलों को छोड़कर जनता किस तरह कांग्रेस (ई) से अलग है। मैं समझता हूँ कि अपने को कांग्रेस और दूसरी पार्टियों से अलग करने के लिए हमें कुछ खास क्षेत्र तय करने की दिशा में काम करना होगा। और इसीलिए, मैं अपने कुछ सहयोगियों को कहता रहा हूँ कि देश की कुछ समस्याओं का समाधान करने के लिए हमें अपने कुछ विकल्प खड़े करने चाहिए। अगर आप व्यवस्था को बनाए रखना चाहते हैं, तो स्वीकार की जानेवाली कोई भी आर्थिक नीति समाज के शोषित वर्गों के हित में बननी चाहिए। हमारे समाज में साधनों की उपलब्धता कम और सीमित है। और सवाल यह है कि जो उपलब्ध है, उसे आप चाहे ऐशो-आराम की जिंदगी जी रहे चंद लोगों के उपयोग में ला दें या फिर आम आदमी के लिए। इस स्थिति में त्याग नारा ही नहीं, जरूरत भी है। मैं जब कांग्रेस में था तो मैंने कहा था कि गरीबी अपने आप या किसी चमत्कार के तहत दूर नहीं हो सकती, लेकिन दिखावे की तड़क-भड़कवाली जिंदगी अपनी ही इच्छा से छोड़ी जा सकती है। मैं नहीं समझता कि कहीं पर भी लोगों ने ऐशो-आराम की जिंदगी का अपने आप त्याग किया हो। इसलिए राज्य की नियामक शक्ति का प्रयोग इस बड़े कार्य के लिए किया जाना चाहिए। सार्वजनिक एवं निजी क्षेत्र का उदाहरण लें। लोग हमेशा यह भूल जाते हैं कि सार्वजनिक क्षेत्र की स्थापना उन खास क्षेत्रों में की गई थी, जहाँ निजी क्षेत्र जाना नहीं चाहता था और इस तरह सार्वजनिक क्षेत्र ने कच्चा माल देकर निजी क्षेत्र की सेवा की, जिसके अभाव में इसका विकास संभव नहीं था। किसी भी दूसरे देश में सार्वजनिक क्षेत्र के लिए ऐसे घाटे का सौदा किया गया होता। लेकिन इसका यह मतलब नहीं कि मैं सार्वजनिक क्षेत्र में की जा रही बर्बादी या नाकारापन का समर्थन कर रहा हूँ।

समाज बदलता है। इसकी अपनी गतिशीलता है। मैं 1950-51 में जब कॉलेज में था, तो देश में विश्वविद्यालय आनेवाले छात्रों की संख्या उतनी ही थी, जितनी संख्या में आज अनुसूचित जाति और अनुसूचित जनजाति के छात्र विश्वविद्यालय जाते हैं। यह बदलते भारत की तस्वीर है। सदियों से यह सिद्धांत बताया गया था कि वे ईश्वर के एक विधान के चलते शोषित हैं। आज वे तमाम आर्थिक व सामाजिक क्रांतियों का इतिहास पढ़ रहे हैं और समझ रहे हैं कि यह ईश्वर नहीं, बल्कि हमारे समाज का ढाँचा है, जिसने उनका दमन किया है और आज वे अपने को आगे लाने के लिए, समाज की मुख्यधारा से जुड़ने के लिए काँटे का संघर्ष कर रहे हैं, तो हमें उनकी इच्छाओं, आकांक्षाओं को पूरा करना ही है। अगर आज

हम उनके लिए कुछ नहीं करते, तो हम समूचे समाज के लिए समस्या खड़ी करने जा रहे हैं। अब अल्पसंख्यकों के मामले को ही लें—इसको हमेशा धार्मिक मुद्दे के तौर पर लिया गया है। हमने इसका आर्थिक पहलू देखने की कोशिश नहीं की है। किसी समाज में जहाँ रोजगार के मौके बहुत कम हों, और काम की तलाश करनेवालों का हुजूम हो, वहाँ बड़ी पहुँच या सिफारिश लेकर पहुँचने वाले को काम मिलने की संभावना बढ़ जाती है। इस देश में यह दुःखद सच है कि बड़ी संख्या में धनी मुस्लिम लोग पाकिस्तान चले गए। कुल मिलाकर उनका गरीब तबका ही देश में रह गया। मुस्लिमों को काम के मौके देने में जो मददगार हो सकते थे, उस समुदाय के भाग्यशाली लोग तो चले गए। इसलिए मुस्लिम लोगों को केवल सामान्य उपेक्षा ही नहीं झेलनी पड़ी जो किसी अल्पसंख्यक समुदाय को झेलनी पड़ती है, बल्कि उनकी मदद के लिए उनके समुदाय का नेतृत्व करने के लिए भी कोई नहीं बचा। यह उपेक्षा रेखागणितीय गति से बढ़ती है। इसलिए उनका अलगाव अपेक्षा से कहीं अधिक हुआ, हमें इसको समझना चाहिए। सिर्फ यह कहने भर से कि हर किसी को समान अवसर नहीं मिलते, अब काम नहीं चलनेवाला।

चौधरी चरण सिंह के आर्थिक सिद्धान्तों से क्या आपके कोई मूल मतभेद हैं ?

नहीं, सामान्य तौर पर उनके विचार सही हैं, लेकिन कभी-कभी उनके निष्कर्ष थोड़ा इधर-उधर हो जाते हैं। उदाहरण के लिए, उनका नजरिया है कि 1880 में किसान आज के मुकाबले बेहतर स्थिति में था—यह एक बेतुका सिद्धांत है।

मैंने आपसे पूछा था कि आपकी पार्टी किस तरह कांग्रेस (ई) से अलग है ? अब मैं आपसे सवाल करने जा रहा हूँ कि किस तरह यह पार्टी पुरानी जनता पार्टी से अलग है ?

मैं नहीं जानता कि कितनी अलग है। लेकिन हमें इसको उस सीमा तक अलग बनाने की कोशिश करनी चाहिए कि व्यक्ति को अपने में समेट लेनेवाली वर्ग-निष्ठा खत्म हो जाए। दूसरे, हमें सभी मुद्दों पर एक ठोस नीति तैयार करना चाहिए। इस बारे में पार्टी कार्यकर्ताओं और लोगों को शिक्षित किया जाना चाहिए और इस नीति के प्रति जुड़ाव-लगाव के आधार पर उनकी निष्ठा का इम्तहान लिया जाना चाहिए, न कि स्वयं संरक्षक होकर दावा करनेवाले नेताओं के प्रति निष्ठा के आधार पर।

परिवर्तन और भविष्य की इन सब बातों के बावजूद, देश में तीन बुजुर्ग व्यक्ति ऐसे हैं, जिनको भरोसा है, भले ही वे इसको कहें या नहीं, कि वे एक बार फिर प्रधानमंत्री बनेंगे। आप इसको कैसे देखते हैं ?

(खुशी से हँसते हुए) यह मुझे हास्यास्पद जान पड़ता है—इस प्रश्न का जवाब मैं कैसे दे सकता हूँ ? पुरानी कहावत है कि 'जब तक साँस, तब तक आस', इसलिए जब तक उनकी साँसें चल रही हैं, वे अपनी उम्मीदें पाले रख सकते हैं। अगर यही उनका रवैया है, तो मुझे उन पर सिर्फ तरस आता है।

पुराने लोगों के साथ नई समस्याओं का समाधान नहीं हो सकता

उदयन शर्मा की बातचीत

नए राजनीतिक घटनाक्रमों के बीच जनता पार्टी की 1977 जैसी छवि के फिर से बनने की अब क्या संभावनाएँ हैं ? आप विपक्ष की एकता के इतने बड़े पक्षधर क्यों हैं ?

1980 के लोकसभा चुनावों के बाद के दशक में शुरू से ही मैं विपक्ष की एकता के लिए अपने मित्रों को समझाने का प्रयास करता रहा हूँ, क्योंकि आज विपक्षी एकता की आवश्यकता है। इसलिए नहीं कि हमें भविष्य में सत्ता में आने की ललक है, बल्कि इसलिए कि इंदिरा गांधी की सत्ता में पुनर्वापसी के लिए संभावित गोलबंदी को समाप्त किया जा सके। यदि आप प्रजातांत्रिक मूल्यों की रक्षा करना चाहते हैं, तो यह एकता अत्यावश्यक है। विपक्ष में हम लोगों के बीच राजनीतिक मतभिन्नता थी। कुछ लोग यह समझते थे कि इस तरह की एकता केवल चुनावी विकल्प पेश करने का एक प्रयासमात्र है, ताकि चुनावी फतह हासिल हो सके। इसलिए वे ऐसा मानते थे कि फिर से कुछ लोग सरकार चलाने में बाधा उत्पन्न करेंगे। मेरा मानना है कि भारत में सत्ता में आने से पहले का समय पूर्वग्रहों का होता है। इस समय सभी शक्तियों को एक मंच पर लाना ही हमारा प्रयास होना चाहिए। इसी कारण मैं विपक्ष की एकता का प्रबल समर्थक हूँ। इन परिस्थितियों में एकता की संभावनाएँ दूसरे लोगों की प्रतिक्रिया पर निर्भर करती हैं। जब भी हमारे मित्र एकता की बात कर विलय के मुद्दे पर चर्चा करते हैं, हर बार केवल जनता पार्टी को ही विलय में रोड़ा अटकाने के लिए जिम्मेवार ठहराया जाता है। जनता पार्टी ने अपने मित्रों की इस मनोवैज्ञानिक धारणा को समाप्त करने का निर्णय लिया है। इसलिए जनता पार्टी के इस निर्णय से अपने राजनीतिक मित्रों को अवगत कराने के प्रति मैं पारदर्शिता अपना रहा हूँ, और यदि सभी मित्र पूरे मन से और पूरी ऊर्जा से हमारा समर्थन करेंगे तो निश्चित रूप से हम 1977 वाली स्थिति पैदा कर सकेंगे क्योंकि आज स्थिति काफी गंभीर है और हम एक खतरनाक मोड़ पर आ गए हैं कि हमारी एकता की जनता को बहुत पहले से अपेक्षा थी।

लेकिन यह पुराने अनुभवों से कैसे अलग है ?

1975-77 की लड़ाई के बाद, हमने अपनी सरकार पुरानी नीतियों से चलानी चाही, जो इस देश में नापसंद की गई और असफल हो गई। सत्ताईस महीने के उस अनुभव ने हमें सरकार चलाने के कुछ गुर सिखाए और कुछ लोगों से हमें सतर्क भी किया। मैं किसी व्यक्ति विशेष पर उँगली नहीं उठा रहा और न उन्हें आरोपित करना चाहता हूँ, लेकिन जनता शासन के दौरान महत्त्वपूर्ण पदों पर रहे सभी व्यक्ति थोड़े-बहुत बेनकाब हो चुके हैं। इसलिए अपने नेता के चुनाव के प्रति लोग अब ज्यादा जागरूक हैं।

लेकिन नेताओं ने पिछले अनुभवों से क्या सीखा है ?

उन्हें एक सीख मिली कि जब तक उनके दिमाग में राष्ट्रीय महत्त्व की बातें नहीं होंगी, तब तक उनकी व्यक्तिगत अपेक्षाओं की पूर्ति नहीं हो सकती। राष्ट्रहित की बातों को सर्वोपरि स्थान देकर काम करने पर ही आप महत्त्वपूर्ण बन सकते हैं। अन्यथा इस देश की राजनीति में व्यक्तिगत अपेक्षाओं को महत्त्वपूर्ण स्थान देकर कोई आगे नहीं बढ़ पाएगा। यह वास्तविकता अब सब जान गए हैं।

नई व्यवस्था में आप व्यक्तिगत विद्वेषों को कैसे नकार पाएँगे ?

व्यक्तिगत द्वेष तो किसी भी व्यवस्था में खत्म नहीं किए जा सकते। प्रजातांत्रिक व्यवस्था में व्यक्तिगत अहं का टकराव निश्चित है। हाँ, इन व्यक्तिगत टकरावों को एक सीमित दायरे तक ही रखा जाना चाहिए। जब व्यक्तिगत अहं अपने दायरे को पार करेगा, तो समस्याएँ खड़ी होंगी ही। हर जगह कुछ व्यक्तिगत ईर्ष्या रखनेवाले तत्त्व मौजूद रहते हैं, कुछ लोग व्यक्तिगत प्रतियोगिता में लगे रहते हैं, तो कुछ लोगों में आपसी मतभेद होते हैं, लेकिन इन तमाम विरोधाभासों के बावजूद हर किसी को अपनी सामूहिक मंजिल का पता होता है। जब यह वास्तविकता लोगों के दिमाग में रहेगी, तो पार्टी या फिर सरकार चलाने में इस तरह के आपसी मतभेद बाधक नहीं बनेंगे। जब लोग यह जान जाते हैं कि उन्हें संघर्ष के दौर से गुजरना है, तो इस तरह के लोग हाशिए पर चले जाते हैं क्योंकि वैसे लोग देश में बदल रही परिस्थितियों के हिसाब से अपने को ढाल नहीं पाते, जो निकट भविष्य में होना ही है।

जनता पार्टी असफल क्यों हुई ?

मैं आपके प्रश्न का उत्तर पूरी ईमानदारी से नहीं दे सकता, क्योंकि यदि मैं सभी परिस्थितियों की विवेचना करूँगा तो मुझे कुछ लोगों का उल्लेख करना पड़ेगा और मैं इस तरह के विवादों में पड़ना नहीं चाहता। जनता पार्टी की असफलता का एक मुख्य कारण यह है कि यह पार्टी युवाओं द्वारा चलाए गए संघर्ष से बनी थी, जिनके पास चुनौतीपूर्ण स्थिति का सामना करने की नई आशा, प्रेरणा, ऊर्जा और उत्तेजना थी। आप पुरानी नीतियों और पुराने प्रयासों से नई समस्याओं का समाधान नहीं कर सकते। मैं उम्र की बात नहीं कर रहा, इसलिए आप भ्रम में न पड़ें। यदि आपको आधुनिक चुनौतियों और आधुनिक समस्याओं का समाधान करना है, तो आपको अपना नजरिया आधुनिक करना ही पड़ेगा। जनता शासन भी कांग्रेस शासन की ही तरह बना रहा, इसी कारण पार्टी और शासन दोनों असफल हुए।

निकट भविष्य में आप क्या कुछ विशेष करने जा रहे हैं ?

आप जानते हैं कि मैं पिछले कुछ समय से कुछ मुद्दों पर विचार कर रहा हूँ। एक अलोकप्रिय धारणा जो मैंने बनाई, वह यह थी कि भारत जैसे देश में बिना राष्ट्रीय सहमति के किसी भी समस्या का मुकाबला नहीं किया जा सकता। इसका विपक्ष में बैठे मेरे बहुत सारे साथियों से कोई संबंध नहीं है और इसके लिए मैं किसी पर दोषारोपण भी नहीं कर सकता, क्योंकि इस तरह की बातों की अपेक्षा सत्तापक्ष से की जाती है न कि विपक्ष से। लेकिन मैं इस बात की पहल कर रहा हूँ। कुछ राजनीतिक मुद्दों पर मैं राष्ट्रीय सहमति

बनाने के पक्ष में हूँ। जन-समस्याओं के प्रति यह राष्ट्रीय सहमति नहीं बन पाती तो मैं कम से कम इस मुद्दे पर विपक्ष में आम सहमति पैदा करने की कोशिश करूँगा। मेरा दूसरा प्रयास यह होगा कि मैं मौजूदा राजनीतिक परिस्थिति में प्रजातांत्रिक व धर्मनिरपेक्ष विपक्षी पार्टियों और समान विचारधारा के अन्य लोगों को एकमत करूँगा, ताकि एक पार्टी के रूप में मजबूत प्रतिरोध का प्रदर्शन हो सके। युवाओं को आज की गंभीर स्थिति से अवगत कराने के अपने दायित्व एवं कर्तव्य के प्रति भी मैं सचेष्ट हूँ, क्योंकि अब और इन्तजार नहीं किया जा सकता। आज सत्तापक्ष और विपक्षी पार्टियाँ दोनों विफल हो चुकी हैं। हमें समस्याओं का हल खोजना होगा। आज जन-जागरण के लिए एक संयुक्त कार्यक्रम की आवश्यकता है, ताकि जनता तक पहुँचा जा सके।

भारतीय समाज के सामने आज मुख्य चुनौतियाँ क्या हैं ?

सबसे बड़ी चुनौती यह है कि यह समाज पिछले कुछ समय से स्थिर है। हमारी आबादी का एक बड़ा वर्ग आज विकास के फल से अनभिज्ञ है। इस देश में विकास धीमी गति से हो रहा है। यह एक समस्या है। लेकिन जैसे ही विकास होता है, इसका लाभ कुछ ही लोगों या फिर गिने-चुने तबके तक ही सीमित रह जाता है। ज्यादातर लोग आज भी लाभ से वंचित रह जाते हैं, लेकिन अब वे जागरूक होने लगे हैं। वे नियंत्रण से बाहर होने लगे हैं। हमारी प्रजातांत्रिक व्यवस्था में इन समस्याओं पर विचार हो रहा है या नहीं, यह एक बड़ा सवाल है। ऐसा इसलिए कि जब व्यवस्था विफल हो जाती है, तो लोग ज्यादा जागरूक और क्रोधित हो जाते हैं और तब सामाजिक तनाव पैदा होता है। इसका एकमात्र जवाब यह है कि संसद समेत संपूर्ण प्रजातांत्रिक व्यवस्था को इन समस्याओं के प्रति जिम्मेवार होना चाहिए। समाज को शांतिपूर्वक बदलने के लिए आम लोगों की ऊर्जा को सुव्यवस्थित तरीके से एक दिशा में लगाना होगा। लेकिन यह केवल गरीबों के हाथ में नहीं है कि वे इस देश के भविष्य का निर्धारण करें और इसके लिए संघर्ष करें, बल्कि यह जिम्मेवारी सभी की है कि वे इस बदलाव को अहिंसक और शांतिपूर्ण तरीके से स्वीकार करें।

फिर से पुराने सवाल पर लौटें कि लोकदल, कांग्रेस (एस) और जनता पार्टी के बीच एकता के मुद्‌दे पर किस तरह की सहमति बनेगी ?

अभी मैं इस तरह के किसी भी मुद्‌दे पर बातचीत करना नहीं चाहता, क्योंकि अभी एकता के बहुत सारे तरीके विचारणीय हैं। अभी मेरे पास इस तरह का कोई फार्मूला नहीं है क्योंकि मान लीजिए, यदि मैं एक फार्मूला देता हूँ, जिससे कोई सहमत न हो तो बेकार का विवाद होगा। किसी भी फार्मूले पर पहले बातचीत होनी चाहिए। और जिस पर आम सहमति बने, उसे स्वीकार कर लेना चाहिए। मात्र प्रचार पाने के लिए किसी फार्मूले पर बातचीत अच्छी नहीं है। मैं प्रचार का इच्छुक नहीं हूँ, मैं परिणाम में विश्वास रखता हूँ। और परिणामों की प्राप्ति तभी होती है, जब हम लोग कुछ समझौता करने की स्थिति में हों।

क्या आप असली जनता पार्टी का पुनर्गठन चाहेंगे ? मतलब कि भाजपा और...

आप जानते हैं कि हमने पुरानी जनता पार्टी के पुनर्गठन की बात नहीं की है। हमने

कहा कि हम जनता पार्टी की विचारधारा को पुनर्गठित करना चाहते हैं। मैं आपको बताना चाहूँगा कि जनता विचारधारा क्या है। जनता विचारधारा भ्रष्टाचार बर्दाश्त नहीं कर सकती, गरीबों का दमन, सामाजिक असमानता बर्दाश्त नहीं कर सकती, ताकि आधुनिक समस्याओं से लड़ने के लिए युवाओं को आगे लाया जाए। यही जनता विचारधारा है, जिसे जयप्रकाश नारायण ने इस देश को दिया। जब जेपी संपूर्ण क्रांति की बात करते थे, तो संपूर्ण क्रांति का मतलब यह भी होता था कि समस्याओं को समझने के लिए लोगों की मानसिकता में परिवर्तन लाया जा सके।

क्या आप अपने फ्रेमवर्क में भाजपा और बहुगुणा की डीएसएफ को भी लाना चाहेंगे ?

मैं किसी व्यक्तिविशेष के बारे में पूछे गए किसी सवाल का जवाब देना नहीं चाहता, क्योंकि यह उन सबों पर निर्भर करता है कि वे पहले यह कहें कि वे क्या चाहते हैं। मुझे नहीं मालूम कि भाजपा और बहुगुणावादियों का रुझान क्या है। भाजपा तो यह कहती फिर रही है कि वह दूसरे विपक्ष के साथ कोई समन्वय करना नहीं चाहती। इसलिए मैं कैसे जवाब दे सकता हूँ ? मैं यह नहीं कहने जा रहा कि मैं किस-किस को चाहता हूँ ताकि वे यह नहीं कह सकें कि वे हमारे साथ नहीं आ रहे। मैं किसी को बर्बाद करना नहीं चाहता, या फिर यह भी कहना नहीं चाहता कि फलाँ आदमी को मैं अपने साथ नहीं ले सकता।

श्री बहुगुणा तो बार-बार यह कह रहे हैं कि वे एकता के किसी भी प्रयास में शामिल हो सकते हैं ?

ठीक है, पहले उन्हें मुझसे तो कहने दें। फिर मैं उनसे बात कर लूँगा।

राजीव गांधी की इच्छाओं और उनके सपनों की व्याख्या आप कैसे करेंगे ?

मैं उन्हें जानता हूँ। मैं उन्हें व्यक्तिविशेष के रूप में नहीं जानता...मैं उनके सपनों के बारे में नहीं जानता। लेकिन सत्तारूढ़ पार्टी की कार्यप्रणाली और राजीव गांधी के काम करने के तरीकों से ऐसा लगता है कि उनके सपने महान हैं और वे अपनी माँ के उत्तराधिकारी के रूप में सामने आए हैं। लेकिन मैं किसी व्यक्तिविशेष के बारे में कुछ निर्धारण कैसे करूँ, जिसने अभी इस देश के भविष्य को बनाने की जवाबदेही ली है ? मैं मानता हूँ कि बहुत मजबूत और शक्तिशाली व्यक्ति भी इस देश का विकास करने से कतरा रहे हैं। यदि सत्तापक्ष और विपक्ष के सभी नेता (हमारे सहित) इस देश को बर्बाद करने की चेष्टा करें, तब भी वे केवल कुछ समय के लिए ही इसका नुकसान कर पाएँगे। वे हमेशा भाग्य-विधाता नहीं बने रह सकते। आज की राजनीति में कुछ लोग तात्कालिक दौर के हैं और उनके बारे में किसी को बहुत चौकस होने की जरूरत नहीं है। वंशवादी शासन कायम करने की श्रीमती गांधी की चाल की ओर से मैं बहुत चौकस नहीं हूँ, तो गद्दी के भावी उत्तराधिकारी के रूप में उनके पुत्र को पेश किए जाने को लेकर मैं क्यों चिंता करूँ ?

संडे, 27 दिसंबर, 1981

मैं प्रधानमंत्री बनने के योग्य हूँ

संडे प्रतिनिधि की बातचीत

आपने अपनी पदयात्रा शुरू करने के लिए छह जनवरी का दिन ही क्यों चुना ? इसके पीछे कोई खास कारण है ?

नहीं, इस दिन को चुनने के पीछे कोई खास वजह नहीं है। वास्तविकता यह है कि मैं तीन-चार साल पहले, जब जनता पार्टी सत्ता में थी, अपनी पदयात्रा शुरू करना चाहता था; परंतु विभिन्न कारणों से मैं इसे शुरू नहीं कर पाया। अंततः एक दिसंबर, 1982 को मैंने अपनी पदयात्रा शुरू करने का निर्णय लिया। खराब मौसम की वजह से यह यात्रा मैं पहले शुरू नहीं कर पाया था। अचानक तीन राज्यों में चुनाव की घोषणा कर दी गई। ऐसे समय में, मैं यात्रा नहीं करना चाहता था। शायद लोग मेरी पदयात्रा को चुनाव-प्रचार से जोड़ देते। अतः मैंने इसे स्थगित कर दिया। पाँच जनवरी, 1983 को चुनाव संपन्न हो गए। मैंने सोचा कि चुनाव परिणाम आने से पहले, चाहे यह जनता पार्टी के पक्ष में हो या विपक्ष में, मैं अपनी यात्रा की शुरुआत कर दूँ, वरना फिर इसके उद्देश्य पर शक किया जाएगा। चुनाव परिणाम यदि पार्टी के पक्ष में होता, तो फिर से मुझ पर कई कार्यों की जिम्मेदारियाँ डाल दी जातीं। अतः मैंने छह जनवरी को ही पदयात्रा शुरू करने का निश्चय कर लिया। एक तरह से यह निर्णय पूरी तरह मेरा नहीं था। श्रीमती गांधी ने पाँच जनवरी को चुनाव करवाने का निर्णय लिया था, इसलिए मैंने उसके अगले दिन को अपने मिशन की शुरुआत करने के लिए चुना।

आप अपनी पदयात्रा में उत्तर तथा पूरब के क्षेत्रों को क्यों नहीं शामिल कर रहे हैं ?

अभी तो यह संभव नहीं है। क्योंकि अगर हम टेढ़ी-मेढ़ी दिशाओं से जाएँगे, तो यह यात्रा कभी पूरी नहीं होगी। देखते हैं कि इस पदयात्रा का क्या खास अनुभव होता है। उसके बाद पूरब तथा उत्तरी इलाकों को भी इसमें शामिल कर लेंगे।

आपने कहा कि इस यात्रा पर जाने का खयाल आपको तीन-चार साल पहले ही आ गया था, लेकिन इसे ठोस रूप देने के लिए आपने कब से इस पर काम करना शुरू किया ?

इसकी शुरुआत लगभग 1982 की जनवरी में हुई। अगस्त में मैंने सारा कुछ तय किया। अक्टूबर-नवंबर में शरद पवार तथा कुछ और लोगों के साथ मैं कोचीन गया, जहाँ कई मित्रों के साथ इस पर विचार-विमर्श किया गया। निर्णय लगभग लिया जा चुका था। केरल से कुछ युवक मेरे पास आए और मुझे इस यात्रा को कन्याकुमारी से शुरू करने की सलाह दी। जबकि मैं गुजरात से बंगाल जाने की सोच रहा था। अंत में मैंने निर्णय लिया कि इस यात्रा की दिशा अगर दक्षिण से उत्तर की ओर हो, तब ज्यादा बेहतर होगा।

पदयात्रा की यही दिशा आपको बेहतर क्यों लगी ?

क्योंकि दक्षिण से उत्तर की दिशा पूरे भारत की छवि प्रस्तुत करती है। जब भी हम एक संपूर्ण भारत की बात करते हैं, तो हमेशा कन्याकुमारी से ही शुरू करते हैं।

इस साहसिक कार्य में शामिल होने के लिए क्या आपने किसी और राजनीतिक पार्टी से भी आग्रह किया था ?

विपक्षी दलों से तो नहीं, किंतु उनके नेताओं से जरूर बात की थी। सच बताऊँ तो जनता पार्टी ने इसे (भारत-यात्रा) स्वीकृति नहीं दी थी। सभी के विचार भिन्न थे। मेरे विचारों की न सिर्फ आलोचना की गई, बल्कि मैंने ऐसा दुष्कर कार्य करने का निश्चय क्यों किया, इस पर भी प्रश्न उठाए गए। चूँकि उस समय दिल्ली में काफी गहमागहमी थी, श्रीमती गांधी की स्थिति डाँवाडोल हो रही थी और इन परिस्थितियों में मुझ पर यह दबाव डाला जा रहा था कि मैं दिल्ली में ही रहूँ। मैंने जवाब दिया कि मैं बहुत सालों से दिल्ली में ही हूँ और मैंने इस बीच कई उतार-चढ़ाव देखे हैं। आप सभी तो यहाँ हैं ही। आप लोग मिलकर परिस्थितियों को सँभाल लीजिएगा।

आप इस संदर्भ में किन विपक्षी नेताओं से मिले ?

मैंने इसकी चर्चा शरद पवार, वाजपेयी, शेखावत, मुरली मनोहर जोशी, सीपीआई तथा सीपीएम के नेताओं से की। मैंने इन्हें लिखित रूप में सूचना दी और सुझाव भी माँगे। इससे पहले कि मुझे जवाब मिलता, मैं कन्याकुमारी के लिए निकल चुका था। मैं नहीं जान सका कि कोई प्रतिक्रिया आई या नहीं।

इस पदयात्रा के अनुभवों पर क्या कोई किताब लिखने की आपकी योजना है ?

देखते हैं, क्या हो पाता है। वैसे अभी तक मेरे दिमाग में ऐसी कोई योजना नहीं आई है। मैं देश की समस्याओं पर एक पुस्तिका निकालने की सोच रहा हूँ। यह पुस्तिका कुछ ही दिनों में आपके हाथों में होगी।

इस पदयात्रा से आपकी क्या आशाएँ हैं ?

छह महीने की इस पूरी यात्रा के दौरान अगर मैं दस हजार लोगों के भी नाम और पते पा सका, जो मेरे पास आएँ और साधारण आदमी को जागृत करने के इन कार्यक्रमों में प्रत्यक्ष भाग लेने और इसके लिए काम करने को तैयार हों, तब मैं बहुत संतोष का अनुभव करूँगा। मुझे लगता है कि यह एक नया मंच बनेगा, जहाँ हम अपने विचारों का आदान-प्रदान कर सकेंगे। ऐसा करके हम विभिन्न क्षेत्रों की समस्याओं को नजदीक से जान सकेंगे। भारत-यात्रा के बाद मैं राजनीतिक और गैर-राजनीतिक लोगों को इकट्ठा कर एक छोटा-सा संगठन बनाना चाहता हूँ। पत्रकार, वकील, डॉक्टर तथा अन्य एक जगह जुटकर अपनी समस्याएँ बता सकेंगे और मिलकर उन समस्याओं के हल ढूँढ़े जा सकेंगे। इस तरह सबों के बीच स्थिर संवाद स्थापित हो सकेगा या हो पाएगा।

क्या पदयात्रा सम्मिलित प्रयास का परिणाम है ?

हाँ, यह मिले-जुले प्रयास का ही परिणाम है।

क्या यही वजह है कि जब आपने अपनी पदयात्रा आरंभ की तो कुरान, बाइबल और गीता का पाठ किया जाने लगा ?

नहीं, यह सब मेरी योजना का अंश नहीं था। हुआ यह था कि कुछ लोगों ने मुझे सुझाव दिया कि मैं कन्याकुमारी में पहले मंदिर या चर्च जाऊँ। मैंने कहा कि हमें ऐसा कुछ भी नहीं करना चाहिए जिससे लोगों को भ्रम हो कि यह एक धार्मिक पदयात्रा है। मैं किसी धार्मिक या भावात्मक मुद्दे में नहीं पड़ना चाहता था; परंतु मेरे कुछ कहने के पूर्व ही कन्याकुमारी के स्थानीय लोगों ने इस कार्यक्रम का आयोजन कर डाला। सच्चाई तो यह है कि इस अवसर पर प्रार्थना करने के लिए लोग खुद ही आगे आए। मैं इतना भी हठी नहीं हूँ कि उनका बहिष्कार कर देता, अतः मैंने उन्हें आज्ञा दे दी। यह सहमति मैंने परिस्थितिवश दी थी।

मतलब कि यह मुख्यतः सामाजिक-राजनीतिक आंदोलन है ?

हाँ, ऐसा ही है।

क्या आपको विश्वास है कि भारत-यात्रा आंदोलन दूरदराज के अविकसित इलाकों में भी जनजागृति फैला पाएगा ?

मुझे विश्वास है, ऐसा नहीं कह सकता। हाँ, इसकी आशा मुझे जरूर है। इन 14 दिनों में मैंने जो देखा है, उससे मेरा विश्वास दृढ़ हुआ है।

मुझे लगता है कि मैं इस बात को ज्यादा तूल दे रहा हूँ...फिर भी चूँकि कांग्रेस का बिखराव केरल से तमिलनाडु की ओर आरंभ हुआ था, संभवतः इसलिए आपने अपनी यात्रा का रुख दक्षिण से उत्तर यानी केरल के बाद तमिलनाडु की ओर जारी रखा।

(हँसते हुए) आपने सही अंदाजा लगाया है। मैं इसके बारे में काफी सचेत था, इसलिए मैंने छह जनवरी को ही इसकी शुरुआत की। जब मैंने यात्रा आरंभ की, तब कोई भी, यहाँ तक कि मीडिया ने भी नहीं कहा कि इससे कांग्रेस कर्नाटक तथा आंध्रप्रदेश में कमजोर पड़ जाएगी। आंध्रप्रदेश के बारे में तो कुछ संशय था किंतु कर्नाटक के विषय में मीडिया श्रीमती इंदिरा गांधी की सफलता की भविष्यवाणी कर रहा था। बाद में जो चुनाव परिणाम आए, उसका इशारा इसी ओर था कि श्रीमती गांधी के अधिनायकवाद को लोगों द्वारा नकार दिया गया है। इसमें कोई शंका नहीं कि अब इसे लोगों पर थोपना आसान नहीं होगा। दूसरी बात यह है कि जनता अब राजसत्ता कायम करने की कोशिश को बरदाश्त नहीं करेगी। चाहे मीडिया और सरकारी तंत्र द्वारा कितना भी समर्थन जुटा लिया जाए या इसकी कितनी भी कोशिश कर ली जाए, जनता अब इसे स्वीकार नहीं करेगी। सिर्फ सरकारें बदल जाने से सरकार की संरचना नहीं बदल जाती। यही बात 1977 में भी मैंने कही थी। उस समय भी मैं अपने साथियों को इस मुद्दे पर सहमत नहीं कर पाया था। समाज की संरचना को बदलने की अपेक्षा सरकार को बदलना ज्यादा आसान है। मेरा प्रयास यह था कि समाज में ऐसे परिवर्तन लाऊँ जो गरीबों के पक्ष में हों, अतः मेरी

पदयात्रा को श्रीमती गांधी के राज्य-चुनावों में अलग-थलग पड़ने की स्थिति से न जोड़ें। मेरे मन में श्रीमती गांधी के प्रति कोई दुर्भावना नहीं है। उनके अनुभवों से औरों को सीख लेनी चाहिए।

आपके सपनों का समाज कैसा होगा ?

मैं इसका वर्णन नहीं कर सकता, क्योंकि यह मेरे लिए बेहद निजी मसला है। आप जो भी कह लें मगर व्यक्ति अपने अनुभवों के आधार पर ही अपने समाज की कल्पना करता है। पूरे मानव इतिहास में आप एक भी ऐसे व्यक्ति का नाम गिना दें, जिसने गरीबी को खुद अनुभव किए बिना गरीबों के लिए कुछ किया हो—चाहे वह गरीबी उसके गरीब परिवार में जन्म लेने के कारण हो, चाहे समाज में उसकी स्थिति की वजह से हो या अपने संघर्ष के दौरान अभावों से गुजरते हुए हो। यहाँ दो तरह के लोग हैं। पहले वे जो जन्म से ही साधनहीन हैं तथा दूसरे वे जिन्होंने उच्च-मध्यम वर्ग में जन्म लिया है और अपने लिए एक दर्शन चुना और उसको सफल करने के लिए संघर्षरत हैं। अपने संघर्ष के दौरान वे हर सुख से वंचित रहे। स्वतंत्रता-प्राप्ति के बाद इस देश में उस एक साल को छोड़कर जब लालबहादुर शास्त्री प्रधानमंत्री थे, ऐसा कोई नेता नहीं हुआ जिसने दरिद्रता का स्वयं अनुभव किया हो। भारत का जो भविष्य मैं देखना चाहता हूँ, वहाँ लोगों को अपनी आधारभूत न्यूनतम आवश्यकताएँ—जैसे दो वक्त की रोटी, छत, कपड़ा, शिक्षा और चिकित्सकीय सुविधाएँ उपलब्ध होंगी। अगर हमारा देश गरीब है, तो इसमें सभी की भागीदारी होनी चाहिए। गरीबों के श्रम से उत्पादित धन का लाभ कुछ सुविधासम्पन्न लोंगों तक ही सीमित नहीं होना चाहिए।

हमारे जिन नेताओं ने गरीबी का अनुभव किया है, उनका पहला और एकमात्र उद्देश्य अपनी तिजोरी भरना रहा है।

हाँ, यह सच है। हमने अपनी जनता को शिक्षित नहीं किया है और न ही हम खुद को गरीबों से जोड़ पाए हैं इसलिए वे धनी लोगों से प्रतियोगिता करना चाहते हैं। ऐसी प्रवृत्ति को बदलना होगा।

आपकी पृष्ठभूमि क्या रही है ?

मैं पूर्वी उत्तरप्रदेश के एक छोटे-से गाँव से हूँ, जिसकी जनसंख्या मात्र एक हजार है। मैं अपने गाँव का पहला शिक्षित व्यक्ति हूँ। मेरे पिता थोड़े शिक्षित हैं, लेकिन मेरी माँ पूरी तरह अशिक्षित हैं।

आपकी पदयात्रा में कांग्रेस (एस) भी शामिल हुई थी। क्या उनसे किसी गठबंधन की संभावना है ?

हम लोगों का साथ बस कुछ ही दिनों का है। अभी इस तरह का कोई प्रस्ताव नहीं आया है। उनके पदयात्रा में शामिल होने का गठबंधन से कोई संबंध नहीं है। ये दोनों अलग-अलग बातें हैं।

कई लोगों से बात करके ऐसा अनुभव हुआ कि जनता की नजरों में चन्द्रशेखर तो बहुत ऊँचे उठ गए हैं, किंतु जनता पार्टी आज भी वहीं है।

यह एक तरह की प्रतिक्रिया हो सकती है। इसे दो तरह से देख सकते हैं। जैसाकि मैं पहले ही बता चुका हूँ कि यह जनता पार्टी का कार्यक्रम नहीं है। जब मैं पदयात्रा पर निकला, तो लोगों को लगा कि मैं बहुत बड़ा बलिदान कर रहा हूँ। जनता जितनी साधारण है, उसी साधारण तरीके से उसने इसे भी लिया। लेकिन जनता पार्टी अपनी जड़ें जनता के बीच काम करके ही मजबूत कर सकती है। इस पदयात्रा के प्रभाव से जनता पार्टी केरल तथा अन्य राज्यों में अचानक एक शक्ति के रूप में उभरकर आएगी, ऐसा संभव नहीं दिखता।

बहुत सारे लोगों का कहना है कि अगर जनता पार्टी ने भारत-यात्रा से ख़ुद को प्रत्यक्षतः नहीं जोड़ा होता, तो ज्यादा लोग इसकी तरफ आकर्षित होते और इसे ज्यादा सफलता मिलती।

ऐसा हो सकता है। लेकिन सच कहूँ, तो यदि जनता पार्टी के कार्यकर्ता आएँ और झंडे को अपने हाथों में लेने के लिए उत्सुक हों, तो मैं जयप्रकाश की तरह उन्हें मना नहीं कर सकता। जनता पार्टी के बाद कांग्रेस (एस) के कार्यकर्ता भी आए और पूछने लगे कि क्या वे भी पदयात्रा में अपने झंडे के साथ शामिल हो सकते हैं ? मैंने उनसे कहा कि आप अपने झंडे के साथ आइए, आपको कोई नहीं रोकेगा। अगर वाम दल भी अपने झंडे के साथ इसमें भाग लेना चाहें, तो उनका भी स्वागत है। भारत-यात्रा ने अपना एक अलग झंडा अपनाया है। लेकिन जनता पार्टी के कार्यकर्ता यदि खुद अपने झंडे के साथ सबसे आगे रहने की पहल करें, तो उन्हें करने से रोक पाना मेरे लिए संभव नहीं है।

लेकिन सिर्फ पार्टी के झंडे की वजह से केरल के कई लेखकों और बुद्धिजीवियों ने इस पदयात्रा का बहिष्कार किया।

यह मेरा पहला प्रयास है, इसलिए कुछ समस्याएँ तो सामने आएँगी ही। मैंने इन लेखकों और बुद्धिजीवियों से खुद बात की है और उन्हें बताया है कि यह सिर्फ पार्टी का कार्यक्रम नहीं है। अगर वे सहयोग करना चाहते हैं, तो अब भी उनका स्वागत है।

आपने करुणाकरन के गृहक्षेत्र में उनके खिलाफ कुछ ज्यादा ही कठोर बातें कहीं (चन्द्रशेखर ने एक प्रेस सम्मेलन में कहा था कि त्रिवेंद्रम में जो जातीय दंगे भड़के थे, उन्हें शांत करने में वहाँ की पुलिस असफल रही है, इसलिए मुख्यमंत्री करुणाकरन को अपना पद छोड़ देना चाहिए)।

मुझे इसकी सूचना प्रेस ने ही दी थी। त्रिवेंद्रम में जब दंगे भड़कने लगे, तब करीब 12 घंटों तक वहाँ पुलिस नहीं आई। मुझे बताया गया कि गृहमंत्री खुद सड़कों पर अवरोधक लगा रहे थे। तब भी कोई कार्रवाई नहीं की गई। अतः जब प्रेस द्वारा मुझसे मेरे विचार पूछे गए, तब मैंने उनसे कहा कि यह तो बिलकुल अपने कर्तव्यों के प्रति लापरवाही है और ऐसे मुख्यमंत्री को त्यागपत्र दे देना चाहिए। ऐसा करना उनकी नैतिक जिम्मेदारी बनती है। ऐसी परिस्थितियों में लोगों में असुरक्षा की जो भावना व्याप्त हो गई थी, उससे इनकार नहीं किया जा सकता। खैर, यह श्रीमती गांधी के ऊपर है कि वह ऐसे व्यक्ति के साथ कैसा व्यवहार करती हैं, जिसे अपनी

प्रशासनिक जिम्मेदारियों का प्राथमिक ज्ञान भी नहीं है।

आप श्रीमती गांधी की जगह होते, तब क्या करते ?

मैं मुख्यमंत्री को उसके पद से वंचित कर देता। श्रीमती गांधी यदि इस देश में शासन करना चाहती हैं, तो उन्हें करुणाकरन को पदच्युत कर देना चाहिए। कर्तव्य के प्रति ऐसी लापरवाही की आज्ञा नहीं दी जा सकती है।

उस समय आपको गुस्सा नहीं आया जब एक विशेष घटना में आगजनी के मामले में जनता पार्टी के नेता को गिरफ्तार किया गया!

(हँसते हुए) उस समय मैं यह नहीं जानता था कि जनता पार्टी का कोई नेता गिरफ्तार हुआ है। अतः इस पर गुस्सा करने का कोई सवाल ही नहीं उठता है।

आप केरल में ग्यारह दिनों तक पदयात्रा पर रहे। वहाँ के लोगों और संस्कृति का आप पर क्या प्रभाव पड़ा ?

भारत में हर जगह एक ही तरह के लोग होते हैं। मैं गुजरात, बिहार, उत्तरप्रदेश और राजस्थान जहाँ भी गया, मुझे सब जगह एक-सा ही अनुभव हुआ। हाँ, केरलवासी कुछ ज्यादा ही मेहमाननवाज और सुसंस्कृत हैं।

क्या उस राज्य में लोग राजनीतिक रूप से ज्यादा जागृत हैं ?

हाँ, यह सच है। लेकिन कभी-कभी राजनीतिक चेतना आपके अंतःकरण की पुकार को अनसुना कर देती है। यह बहुत अच्छा है कि मलयालियों के अंतःकरण को इसने नष्ट नहीं किया है।

क्या आपने आंध्रप्रदेश और कर्नाटक में कांग्रेस (आई) के पतन की उम्मीद की थी ?

मैं ही वह एक व्यक्ति था, जिसने आंध्रप्रदेश तथा कर्नाटक में चुनाव-प्रचार के दौरान ही इस स्थिति को भाँप लिया था। मैंने अपने मित्रों को भी बताया किंतु सभी को श्रीमती गांधी के करिश्मे पर बहुत भरोसा था। सभी राष्ट्रीय स्तर के अखबारों में यह खबर थी कि इंदिरा गांधी जरूर जीतेंगी। आज भी मुझे विश्वास नहीं है कि श्रीमती गांधी चुनाव जीत सकती हैं। उन्होंने जनता से खुद को पूरी तरह दूर कर लिया है।

किस आधार पर आप ऐसा कह रहे हैं ?

इसके पीछे दो कारण हैं—पहला, उन्होंने ऐसे वायदे किए, जिन्हें कभी पूरा नहीं किया। उनके इस खेल की पोल खुल गई है। जनता का उन पर से विश्वास उठ चुका है। इसके बावजूद वह इस स्थिति को बेहतर बना सकती थीं। सारी शक्तियों को खुद में केंद्रित करने की तीव्र इच्छा से न सिर्फ उन्होंने पिछले 35 सालों में बने सारे संगठनों को कलंकित किया है और विपक्ष को बदनाम करने की कोशिश की है, बल्कि जिस माध्यम से वह प्रधानमंत्री बनीं, उसे भी नष्ट कर दिया। अखबार के लोगों ने उनके मन में बिठा दिया कि कांग्रेस इंदिरा गांधी के बिना अधूरी

है। हो सकता है, यह सच हो; लेकिन आत्मा को भी एक शरीर की आवश्यकता होती है। उन्होंने कांग्रेस पार्टी को बर्बाद कर दिया है। मुख्यमंत्री और कैबिनेट मंत्री का अलग-अलग अस्तित्व नहीं रहने दिया गया। वे इंदिरा गाँधी की निजी संपत्ति बन गए, जिसे वह अपनी मर्जी से इस्तेमाल करती थीं। वे अपने व्यक्तित्व और ग्लैमर से सबको प्रभावित करना चाहती थीं। उन्हें लगता था कि वह ऐसा करके ही अपने बेटे को अपना उत्तराधिकारी बना सकती हैं। राजनीति में हुई हर हार या हर हानि का सीधा असर श्रीमती गांधी पर ही होता था। इन सबसे बच निकलने का उनके पास कोई साधन नहीं था, क्योंकि बीच में कोई दूसरा व्यक्ति नहीं था, जो इन सदमों को झेल सकने का माध्यम बनता।

कर्नाटक में जनता-रंगा की विजय को आप किस तरह विश्लेषित करेंगे ?

दो बातें हैं—पहला, जनता पार्टी को कर्नाटक में अच्छा सहयोग मिला है। 1972 से अब तक के सारे चुनावों में हमें मतदाताओं का 27 से 32 प्रतिशत तक सहयोग मिला था। 1980 के चुनाव में यह गिरकर 20 प्रतिशत हो गया। क्रांति-रंगा के इसमें मिल जाने पर इसे श्रीमती गांधी के विकल्प के रूप में देखा जाने लगा।

गुंडू राव का मानना है कि कांग्रेस (आई) मुस्लिमों के सहयोग के अभाव में हार गई है ?

सबसे पहले पिछड़े वर्गों और मुस्लिमों ने निश्चय किया कि वे श्रीमती गांधी का सहयोग नहीं करेंगे। मुस्लिमों तथा पिछड़ी जातियों के सहयोग के अभाव में इंदिरा गांधी का हारना तय था। यदि जनता पार्टी के पास थोड़े साधन और होते, तो जनता पार्टी वह कर दिखाती, जो तेलुगुदेशम पार्टी ने आंध्रप्रदेश में किया है। हम लोग बीस सीटें 100, 200, 500 या 1000 के अंतर से हार गए।

क्या आप भाजपा के साथ किसी गठबंधन से इसलिए बचना चाहते थे ताकि आप अल्पसंख्यकों और पिछड़ों के वोट को आकर्षित कर सकें ?

नहीं, हमने ऐसा नहीं सोचा था। भाजपा ने हमारे लिए कोई विकल्प ही नहीं छोड़ा था। हाँ, इतना जरूर है कि अगर हम भाजपा के साथ होते, तो हमें मुस्लिम वोट नहीं मिलता।

कर्नाटक में भाजपा जिस तरह जनता पार्टी की सरकार को समर्थन दे रही है, उसके बारे में आपका क्या कहना है ?

यह अच्छी बात है। मैं उनके सहयोग का स्वागत करता हूँ।

एके सुबैया ने एक वक्तव्य दिया है कि जहाँ एक ओर वे इस बात से खुश हैं कि मतदाताओं ने कांग्रेस (आई) को सजा दी है, वहीं दूसरी ओर वे दुखी हैं कि जनता ने भावी स्थिरता के पक्ष में अपने मत नहीं डाले हैं।

कुछ ऐसे नेता हैं, जिन्हें समझना बड़ा मुश्किल है। सुबैया उनमें से एक हैं। वह क्या बोलते हैं और उसके पीछे उनका क्या उद्देश्य रहता है, उसे मैं समझ नहीं पाता। अतः इस पर कोई राय देना मेरे लिए मुश्किल है।

अगर देवराज अर्स जिंदा होते, तो क्या क्रांति-रंगा का प्रभाव और ज्यादा नहीं होता ?

हो सकता है। लेकिन मैं आपको बताना चाहता हूँ कि अगर अर्स जिंदा होते, तो वह चुनाव से बहुत पहले ही जनता पार्टी में शामिल हो जाते, क्योंकि वह एकता के लिए ज्यादा प्रयत्नशील थे। देवराज अर्स कई दूसरे विपक्षी पार्टियों की आपसी एकता में जरूर सहायक हो सकते थे। अगर वह जिंदा होते, तब राजनीति की तस्वीर ही अलग होती। और वह भी जनता पार्टी के पक्ष में होती।

आपको क्या लगता है कि कांग्रेस (आई) ने कर्नाटक में भजन लाल की तरह गंभीर कदम नहीं उठाए हैं ?

उन्होंने कोशिश की मगर सफल नहीं हो पाए, क्योंकि भजनलाल ने जिस तरह की कार्यशैली अपनाई, वह अभी तक दक्षिण में कामयाब नहीं हो पाई है। दूसरे, कांग्रेस (आई) के प्रति लोगों के विचार भी विपरीत थे। इसके अलावा ज्यादातर निर्दलीय उम्मीदवारों को क्रांति-रंगा तथा जनता पार्टी का सहयोग मिल रहा था। इसलिए उस प्रक्रिया को दुहराने की बहुत कम उम्मीद थी।

क्या आप गुंडू राव को, जो कभी अपने व्यर्थ के अहंकार के लिए बदनाम थे, आज ईमानदार कहेंगे ?

देखिए, राजनीतिक जीवन में उतार-चढ़ाव तो आते ही रहते हैं। एक बार पराजित हो जाने से गुंडू राव का भविष्य अंधकारमय हो जाएगा, ऐसा नहीं कहा सकता।

एक मुख्यमंत्री, कांग्रेस (आई) के विश्वासपात्र और एक व्यक्ति के रूप में आप उन्हें किस तरह देखते हैं ?

उनके व्यक्तित्व का परीक्षण मुश्किल है। न तो वह एक लोकप्रिय मुख्यमंत्री थे और न ही मुख्यमंत्री के रूप में उनकी छवि प्रभावशाली थी। कांग्रेस (आई) के विश्वासपात्र के रूप में वह श्रीमती गांधी के प्रतिनिधियों में सर्वश्रेष्ठ थे। व्यक्ति के रूप में मैं उनका परीक्षण नहीं कर सकता क्योंकि वह मेरे मित्र हैं।

गुंडू राव ने कहा था कि वह दूसरों की मदद से सरकार नहीं बनाएँगे और जनता की इच्छा का सम्मान करते हुए एक जिम्मेदार विपक्ष की भूमिका निभाएँगे।

कांग्रेस में जितने पुराने लोग हैं, वे सभी आदर्शों तथा सिद्धांतों की बात करते हैं, जबकि सौदेबाजी करने के समय सबसे आगे रहते हैं। इसके विपरीत यहाँ कई ऐसे युवा नेता हैं, जो सीधी बात कहते हैं, चाहे उनकी छवि कैसी भी हो।

ऐसी शंका की जा रही है कि कर्नाटक में सरकार के अंदर जितने भी आंतरिक मतभेद हैं, वह सरकार की जड़ें खोद सकते हैं और जनता पार्टी का 1979 में केंद्र में जो हाल हुआ था, वही सब कुछ फिर से वहाँ होगा।

मुझे ऐसा बिलकुल नहीं लगता। आपका यह कहना बिलकुल सही है कि लोगों को इस

बात का संदेह है; परंतु मुझे ऐसी कोई संभावना नजर नहीं आती।

1977 में जब जनता पार्टी सरकार में आई, तब इसके भी प्रारंभिक लक्षण बड़े ही प्रभावी थे। किंतु आगे क्या हुआ, सभी जानते हैं। आप पहले से ही संभावना कैसे व्यक्त कर सकते हैं ?

मैं ऐसा नहीं कर सकता पर सभी को यह महसूस करना होगा कि किसी भी प्रयोग को दुहराना किसी के लिए फायदेमंद नहीं होता। न तो किसी व्यक्ति विशेष के लिए, न किसी सरकार के लिए और न ही कर्नाटक की जनता के लिए। कर्नाटक के लोग बुद्धिमान हैं। वे वही गलती फिर नहीं दोहराएँगे। हम सरकार को सक्षम बनाकर इस घटना की पुनरावृत्ति रोक सकते हैं। मुझे हेगड़े से बड़ी आशाएँ हैं, इसलिए मैं निराश नहीं हुआ हूँ। हेगड़े ऐसी स्थिति आने ही नहीं देंगे।

सक्षम सरकार की बात अलग है और व्यक्तित्वों में टकराहट बिलकुल दूसरी बात है।

नेता अब आपस में सहयोग कर रहे हैं। इसलिए व्यक्तिगत तौर पर टकराहट न्यूनतम होगी।

कर्नाटक में कर्त्तव्यविमुख होने की प्रवृत्ति चाहे वह जानबूझकर हो या अनजाने में, क्या बहुत बड़ी समस्या नहीं बनेगी ?

मुझे नहीं लगता कि इस समस्या को लोग जितनी गंभीर बता रहे हैं, यह उतनी गंभीर होगी। कर्नाटक में जनता के दबाव की वजह से अपने कर्तव्यों के प्रति लापरवाही बहुत आसान नहीं होगी। जब सरकार वस्तुओं को उपलब्ध करवाने में असफल हो जाएगी, तभी विफलता की संभावना है।

जनता-रंगा विलय के प्रति क्या विवाद है ?

विवाद यह है कि बंगारप्पा को कैबिनेट में होना चाहिए या नहीं।

क्या उन्हें कैबिनेट में लिया जाएगा ?

लगता तो है।

क्या अंतिम निर्णय लिया जा चुका है ?

नहीं, अंतिम निर्णय मिस्टर हेगड़े ही लेंगे।

बंगारप्पा का कहना है कि 'कांग्रेस की तरह की राजनीति' जनता पार्टी में भी अपना सर उठा रही है।

मैं नहीं जानता कि वह ऐसा क्यों कह रहे हैं।

वह हेगड़े को मुख्यमंत्री बनाए जाने की ओर संकेत कर रहे थे।

किसी ने किसी पर दबाव नहीं डाला है। दिल्ली का कोई व्यक्ति उस समय वहाँ नहीं था।

बीजू पटनायक थे वहाँ।

हाँ, मगर पटनायक वहाँ सिर्फ यह देखने के लिए थे कि चुनाव का संचालन उचित तरीके से हो रहा है या नहीं। मैं यहाँ था। किसी ने किसी पर नेता बनने का दबाव नहीं डाला। हेगड़े का चुनाव बहुमत से हुआ था।

बंगारप्पा को साफ तौर से यह मालूम था कि विधायक दल के नेता का चुनाव करने के लिए जो कार्यवाहियाँ हो रही हैं, वे मात्र एक छलावा हैं। वह जानते थे कि हेगड़े का मुख्यमंत्री बनना पूर्व निर्धारित है।

यह गलत है। बंगारप्पा ने ऐसा क्यों कहा कि बीजू पटनायक मेरी सहमति लेकर आए हैं कि बंगारप्पा को ही मुख्यमंत्री बनाया जाए ? दोनों बातें एक ही साथ सही नहीं हो सकती हैं। एक तरफ लोगों का यह कहना है कि मैंने बीजू पटनायक को बंगारप्पा को मुख्यमंत्री बनाने का आदेश दिया, तो दूसरी तरफ यह कहना है कि हेगड़े का मुख्यमंत्री बनना पहले से निर्धारित था। दोनों बातें कैसे संभव हो सकती हैं ?

क्या आपने बंगारप्पा को मुख्यमंत्री बनाने के लिए बीजू पटनायक को निर्देश दिया था ?

नहीं, सच कहूँ तो मैंने कभी कोई निर्देश नहीं दिया। चुनाव के बहुत पहले मैंने कहा था कि जनता पार्टी तथा क्रांति-रंगा का आपस में विलय हो जाना चाहिए। मैंने बंगारप्पा को जनता पार्टी में शामिल होने की सलाह दी थी। चुनाव के पहले बंगारप्पा को मुख्यमंत्री के उम्मीदवार के रूप में खड़ा करना संभव था परंतु उन्होंने मेरे मशवरे पर कोई ध्यान नहीं दिया। वे क्रांति-रंगा के साथ बने रहे। सीटों के बँटवारे के समय भी उन्होंने जनता पार्टी से जितनी सीटें निकल सकीं, निकालने की कोशिश की। उन्हें 90 सीटें मिलीं, जबकि जनता को 120। यह स्वाभाविक था कि जनता पार्टी के सदस्य अपना नेता चाहते थे। उन्हें शिकायत थी कि बंगारप्पा ने उनकी बहुत सारी सीटें हथिया ली हैं और ऐसा करके उन्होंने अच्छा काम नहीं किया है। जनता पार्टी में मुख्यमंत्री-पद के चार दावेदार थे। कोई एक-दूसरे के नेतृत्व में काम नहीं करना चाहता था। ऐसी परिस्थिति में लोगों ने हेगड़े का नाम सुझाया। हेगड़े मुख्यमंत्री बनने के इच्छुक नहीं थे। वे अपने फैसले पर अडिग थे। जब मैंने उनसे पूछा कि यह सब क्या हो रहा है, तो उन्होंने कहा कि सभी आपस में लड़ रहे हैं, मैं क्या करूँ, समझ में नहीं आता। तब मैंने प्रस्ताव रखा कि आप ही मुख्यमंत्री बन जाइए, लेकिन वह तैयार नहीं थे। उन्हें डर था कि लोग उन्हें गलत समझेंगे। मैंने कहा, समझने दीजिए।

कुछ निर्दलीय प्रत्याशी दावा कर रहे थे कि बंगारप्पा ने कांग्रेस (आई) की मदद से सरकार बनाने की कोशिश की थी ?

लेकिन बंगारप्पा इससे इनकार करते हैं।

तब किसकी बातों पर आप विश्वास करेंगे ?

(हँसते हुए) बंगारप्पा की।

क्या उन्होंने इस बात का खुलासा किया कि उन्होंने विधाई दल के नेता के चुनाव की बैठक में क्यों नहीं भाग लिया ?

उन्होंने हर बात का खुलासा किया है, पर उन सबके बारे में बताना मुनासिब नहीं है।

क्या उन्होंने बताया कि एसआर बोम्मई के साथ उनके समर्थकों ने रूखा व्यवहार क्यों किया ?

यह सब यहीं खत्म करिए।

ठीक है...जब जनता पार्टी सत्ता में थी और वह किसी भी राज्य के चुनाव में जीत नहीं हासिल कर पाई, तब इंदिरा गांधी ने बहुत बावेला मचाया था और प्रधानमंत्री से इस्तीफे की माँग की थी। क्या आप भी कर्नाटक, आंध्रप्रदेश और त्रिपुरा के चुनाव-परिणामों के मद्देनजर श्रीमती गांधी से इस्तीफे की माँग करनेवाले हैं ? अब तक सिर्फ वाजपेयी ने ही उनके इस्तीफे की माँग की है।

जो लोग थोड़ी-सी सफलता पाकर ही फूल जाते हैं, मैं उनमें से नहीं हूँ। इसमें कोई शक नहीं है कि जब जनता पार्टी केंद्र में सत्ता में थी, तब श्रीमती गांधी ने ऐसी ही माँग की थी। अगर हमने उस समय अपना इस्तीफा नहीं दिया, तब हम आज किस नैतिक अधिकार से श्रीमती गांधी से इस्तीफे की माँग कर रहे हैं ? अगर मैं ऐसा करता हूँ तो मुझमें और श्रीमती गांधी में क्या फर्क है ? मुझे यह जरूरी नहीं लगता कि सिर्फ तीन राज्यों में अपनी हार की वजह से वह इस्तीफा दे दें।

क्या आंध्रप्रदेश और कर्नाटक के चुनाव-परिणामों में गिरावट की कोई संभावना है ?

इसका मूल्यांकन होना बाकी है। मुझे नहीं लगता कि राष्ट्रीय राजनीति में कोई बदलाव आनेवाला है। एक संभावना यह है कि संभवतः कांग्रेसी ज्यादा दुस्साहसी हो जाएँ। यह श्रीमती इंदिरा गांधी के लिए बेहद असुविधाजनक होगा।

अंतर्राष्ट्रीय प्रेस ने उनकी पराजय का खूब प्रचार-प्रसार किया है। चुनावी लड़ाई में हुई हार उनकी अंतर्राष्ट्रीय स्थिति को किस हद तक नुकसान पहुँचाएगी ?

मुझे नहीं लगता कि इतनी पराजय के बाद वह अपनी अंतर्राष्ट्रीय छवि को बिगड़ने से बचा पाएँगी। श्रीमती गांधी ने खुद को 'लौह महिला' के रूप में प्रस्तुत किया। ऐसी स्त्री, जो लोहे के हाथ जैसी ताकत रखती है और जिसके पास इस देश के लोगों को जीतने के लिए एक करिश्माई छवि है। उन्होंने हमेशा जनता की अपेक्षा खुद को प्राथमिकता दी।

आप श्रीमती गांधी के व्यक्तित्व का आकलन किस प्रकार करते हैं ?

व्यक्ति के रूप में श्रीमती गांधी इस देश के उपयुक्त नेताओं में से एक हैं। उनमें सही काम करने की समझ है लेकिन वह खुद को सबसे बुद्धिमान समझती हैं। उनका मानना है कि उनका परिवार ही ऐसा अकेला परिवार है, जिसने आजादी के लिए अपना सर्वस्व बलिदान किया है। वह एक आत्मकेंद्रित महिला हैं। उनका विश्वास है कि इस देश को सिर्फ वह और उनका परिवार ही शासित कर सकता है। यही सोच उन्हें सबसे भ्रष्ट नेता बना देती है। एक नेता

अपनी सोच और व्यवहार की वजह से जनता की नजरों में खुद को बनाता-बिगाड़ता है।

एक प्रशासक के रूप में वह कैसी हैं ?

श्रीमती गांधी न तो प्रशासन के बारे में कुछ जानती हैं और न ही अर्थशास्त्र के बारे में। वह सिर्फ अपने आपको सर्वोच्च साबित करने के लिए लोगों को संचालित करना जानती हैं।

श्रीमती गांधी की रणनीति तो अब आप अच्छी तरह समझ चुके हैं। अपनी (प्रधानमंत्री की) कुर्सी को सुरक्षित रखने के लिए वे आंध्रप्रदेश तथा कर्नाटक में कांग्रेस (आई) की स्थिति को किस तरह सुधारेंगी ?

मैं पिछले तीन सालों से अनुभव कर रहा हूँ कि श्रीमती गांधी धीरे-धीरे अपनी सफलता के सारे रास्ते खुद ही बंद कर रही हैं। आज वह उस जगह पर पहुँच गई हैं, जहाँ उनके सामने बहुत कम विकल्प बचते हैं। इस परिस्थिति से निकलने के लिए सिर्फ दो ही रास्ते हैं। पहला यह कि वह अपना काम करने का तरीका बदलें जो मुझे संभव नहीं लगता। लेकिन अगर वह ऐसा कर पाती हैं, तो उनको पराजित करना बहुत मुश्किल होगा। दूसरा यह है कि वह राज्य की जरूरी शक्तियों का प्रयोग करें। मगर इससे कोई फायदा नहीं होगा क्योंकि पहले से ही ये (शक्तियाँ) अपने शिखर पर हैं। वह 1975 को नहीं दुहरा सकतीं। मुझे उनसे सहानुभूति है। अब उनकी आगे की नीति क्या होगी, मुझे मालूम नहीं, सिवाय इसके कि संभवतः विपक्ष के कुछ लोगों को बगावत करने के लिए उकसाएँगी। वही पुरानी चाल ! ऐसा कहने के लिए मुझे क्षमा कीजिएगा। लेकिन वह एक महिला हैं और...(हँसते हुए) जानती हैं कि लोगों को किस तरह से जीता जा सकता है।

अगर ये सारी पुरानी चालें हैं, तो फिर वह विपक्ष को जीतने में कैसे सफल हो जाती हैं ?

विपक्ष के कई नेता श्रीमती गांधी की असलियत नहीं जानते हैं। या तो वे उन्हें उनकी क्षमताओं से कम आँकते हैं या बहुत ज्यादा। ज्यादातर विपक्षी नेता, जिनमें कुछ मेरी पार्टी के भी हैं और जिनका नाम मैं नहीं लेना चाहता हूँ, वे सभी इंदिरा गांधी को दुर्बल समझते हैं।

क्या आप वाजपेयी के इस आरोप का समर्थन करेंगे कि श्रीमती गांधी ने अपनी जीत हासिल करने के लिए चुनाव में काफी हेरा-फेरी की है ?

मैं नहीं जानता कि किस आधार पर वाजपेयी ने ऐसी धारणा बना ली है, जबकि चुनाव अभी खत्म होने बाकी हैं। श्रीमती गांधी ने सिर्फ इसे एक महीना और आगे बढ़ा दिया है। इस पर ज्यादा चर्चा करना गलत होगा। वह भी तब, जब वे पराजित हो चुकी हैं।

जनता पार्टी का क्या भविष्य है ?

जनता पार्टी का भविष्य इसके कामों पर निर्भर करता है। मुझे अभी भी लगता है कि विपक्ष को क्रियाशील करने में यह केंद्रीय भूमिका निभा सकता है। परंतु इन सबके लिए जनता पार्टी के नेताओं को जनता से सीधा संपर्क करना होगा। देश के कई भागों में हमारे कार्यकर्ता हैं किंतु

उनको सही दिशा में क्रियाशील नहीं किया जा रहा है। हममें से कई यह महसूस करते हैं कि यहाँ-वहाँ भाषण देना और विवाद उत्पन्न करना पार्टी के लिए खतरनाक है। इससे पार्टी की छवि खराब होगी। किंतु पिछले कुछ महीनों से ऐसा लग रहा है कि पार्टी को एक शक्तिशाली इकाई बनाया जा सकता है।

मेरे अनुसार आपकी सबसे बड़ी समस्या सदस्यों के बीच विश्वसनीयता का अभाव है ?

हाँ, यह सच है। 1979 के बाद ही नहीं, बल्कि हमेशा जब भी हम कुछ करना चाहते हैं, तब असहमति का स्वर तीव्र हो जाता है। इससे हमें कोई लाभ होनेवाला नहीं है। एक समस्या तो यह है। दूसरी तरफ कई ऐसे लोग पार्टी में हैं, जिनके पास कोई आदर्श नहीं है, जिससे वे सहमत हो सकें।

मैं यह सवाल बड़ी ही गंभीरता से पूछ रहा हूँ। आशा है, आप इसका सीधा जवाब देंगे। क्या आपको लगता है कि आप भविष्य में प्रधानमंत्री बनेंगे ?

(हँसते हुए)...आप इसका सीधा जवाब चाहते हैं! आज राजनीति जिन आदर्शों पर टिकी है, उसे देखते हुए तो मुझे ऐसा संभव नहीं दिखता है। मैं इतना ही कह सकता हूँ कि बहुत सारे लोग अपनी सदिच्छा के कारण मुझे प्रधानमंत्री बनाना चाहते हैं और मैं भी नहीं मानता कि मैं प्रधानमंत्री बनने के योग्य नहीं हूँ।

आपने कहा 'आज की राजनीति जिन आदर्शों पर टिकी है, उसे देखते हुए तो नहीं लगता कि मुझे कोई अवसर मिलेगा'–इससे आपका क्या तात्पर्य है ?

मैं किसी प्रधानमंत्री का पुत्र नहीं हूँ कि उसके उत्तराधिकारी के रूप में मुझे यह पद मिल जाए। वर्तमान राजनीति में इसके लिए कई सारे कारणों का होना जरूरी है। ये कारण मेरे पास मौजूद नहीं हैं। प्रेस, निजी स्वार्थ, अंतर्राष्ट्रीय लाबियाँ–ये सब मेरे विपक्ष में हैं। इन सबके बावजूद अगर मैं राजनीति में हूँ, तो यह एक चमत्कार ही है।

1983 में विपक्ष के एक होने की क्या संभावनाएँ हैं ?

अगर विपक्ष में सहभागिता की भावना हुई, तब जरूर एकजुटता होगी। लेकिन इसकी केवल आशा ही की जा सकती है।

क्या जनता पार्टी के भाजपा या चरण सिंह के साथ गठबंधन की संभावना है ?

नहीं कह सकता। यह स्थितियों पर निर्भर करेगा। स्थितियाँ जैसी दिख रही हैं, उनसे तो यही लगता है कि जनता और भाजपा के एक होने की बहुत कम गुंजाइश है। चरण सिंह के बारे में मैं कुछ नहीं कह सकता।

क्या जनता पार्टी गुजरात तथा महाराष्ट्र को अपनी गतिविधियों का केंद्र बनाएगी ?

न सिर्फ वहाँ बल्कि सारे राज्यों में हम अपनी स्थिति सुधारेंगे।

महाराष्ट्र में यह माँग जोरों से की जा रही है कि मध्यावधि चुनाव जल्दी ही हो जाने चाहिए। दत्ता मिघे जैसे विपक्ष के नेता मध्यावधि चुनाव के लिए शोर मचा रहे हैं। क्या आपको लगता है कि श्रीमती गांधी मान जाएँगी ?

मुझे नहीं लगता कि वह मध्यावधि चुनाव चाहती हैं। अगर उन्होंने ऐसा किया, तो उनकी हार निश्चित है।

संडे, 20—26 फरवरी, 1983

एकता का आधार समान सोच होना चाहिए

उदयन शर्मा की बातचीत

गैर-कम्युनिस्ट दलों की एकता का सवाल जब भी सामने आता है, जनता पार्टी, लोकदल और लोकतांत्रिक समाजवादी पार्टी के नाम तुरंत दिमाग में आते हैं। ये ऐसे दल हैं जिनकी वैचारिक दिशा और आर्थिक-सामाजिक कार्यक्रमों में कोई बुनियादी फर्क नहीं है। फिर भी क्या कारण है कि एकता की दिशा में कोई ठोस कोशिश नहीं हो पाती ? 1977 की लहर की वापसी के सन्दर्भ में उदयन शर्मा ने जनता पार्टी के अध्यक्ष चन्द्रशेखर से बातचीत कर जानना चाहा कि उनके नजरिए में क्या परिवर्तन हुआ है।

चन्द्रशेखरजी, जनता पार्टी का अध्यक्ष पुनः चुने जाने के बाद आपका पहला काम क्या होगा ?

यदि जनता पार्टी को परिवर्तन का सशक्त हथियार और राष्ट्रीय विकल्प का केंद्रबिंदु बनना है, तो पहला काम यह होना चाहिए कि लोग कम-से-कम उन मुद्दों पर, जो राष्ट्र के जीवन में महत्त्वपूर्ण हैं, एक आवाज से बोलें। अगर विभिन्न आवाजों में बोलते रहेंगे, तो इस पार्टी पर लोगों का विश्वास उतना नहीं हो सकेगा, जितना कि एक विकल्प प्रस्तुत करने के लिए होना चाहिए। इस दिशा में पहला प्रयास यह होना चाहिए कि आपसी मतभेद समाप्त हों तथा पार्टी की जो निर्धारित नीतियाँ हैं, उन्हीं के अनुसार पार्टी चलाई जाए। जो लोग इन निर्धारित नीतियों के विरुद्ध काम करें, उनके लिए पार्टी में अब कोई जगह नहीं होनी चाहिए।

फिर डॉक्टर सुब्रह्मण्यम स्वामी का क्या होगा, जो आपका विरोध नीतियों के आधार पर नहीं, बल्कि व्यक्तिगत आक्षेपों से करते रहे हैं ?

ऐसे लोगों का मैं कोई नोटिस नहीं लेता हूँ। इस बारे में मुझे कुछ भी नहीं कहना है। वे पार्टी में इतना चाहते हैं या नहीं, मेरे साथ काम करना चाहते हैं या नहीं, इसका फैसला उनको लेना है, मुझे नहीं।

आप उनको बुलाकर कोई बातचीत नहीं करेंगे ?

मुझे उनसे बातचीत करने की कोई आवश्यकता नहीं है। वे अगर चाहेंगे, तो आकर मुझसे मिल सकते हैं। मैं अपने घर हरेक से मिलता हूँ। ऐसा नहीं है कि मैं बीच-बीच में उनसे बातचीत नहीं करता रहता हूँ। करता हूँ, पर उनकी आदत है, बोलते रहने की।

पर मोरारजी भाई भी तो लगातार धमकी देते रहे हैं कि यदि आप पुनः अध्यक्ष चुने गए, तो वे पार्टी छोड़ देंगे ?

मोरारजी भाई ने क्या कहा है और क्या नहीं, इसकी जानकारी मेरे पास नहीं है। मुझसे उन्होंने कुछ नहीं कहा है। प्रेस में पढ़ा मैंने भी है। पार्टी में रहना या न रहना किसी भी व्यक्ति की व्यक्तिगत इच्छा पर निर्भर करता है। यह एक राजनीतिक संगठन है, इसमें किसी व्यक्ति को न जबर्दस्ती रखा जा सकता है, न ही निकला जा सकता है। मैं चाहता हूँ कि मोरारजी भाई पार्टी में रहें, पर यह निर्णय तो उन्हीं को करना है।

पार्टी के अंदर और बाहर आपके आलोचकों का आरोप है कि गुजरात, मध्य प्रदेश, उत्तर प्रदेश, बिहार आदि राज्यों की पार्टी इकाइयों में जो कलह है, वह पार्टी आला कमान की निष्क्रियता का परिणाम है। इन्हें आप एकजुट कैसे करेंगे ?

यह आरोप सही है, क्योंकि कुछ लोगों की सक्रियता कलह को बढ़ानेवाली रही है। मैं कोशिश करता रहा हूँ कि झगड़े कम हों। जब इन झगड़ों को कम करने की कोशिश होती है, तो वह दिखाई तो देती नहीं है। मैं पार्टी में एकरूपता लाने की कोशिश कर रहा हूँ और यह भी नहीं चाहता कि कोई इस पार्टी को छोड़कर चला जाए। इसके कारण कुछ लोग समझते हैं कि मैं निष्क्रिय हूँ, तो यह सोच उनको मुबारक हो। मैं ऐसा नहीं समझता। जो पार्टी बन और बढ़ रही है, उसमें ज्यादा सक्रियता से, लोगों को निकालने से पार्टी की शक्ति बढ़ती नहीं है। मैं सबको मिलाकर रखना चाहता हूँ।

आगामी लोकसभा चुनावों को देखते हुए विपक्षी दलों की एकता की बात फिर चल पड़ी है। आप इस संभावित एकता को किस संदर्भ में देखते हैं ?

मैं समझता हूँ कि सिर्फ नेताओं के आने से जो एकता बनेगी, उसमें जनता का विश्वास नहीं होगा। मेरी राय में अगर एकता करनी है, तो उन लोगों की एकता करनी चाहिए जो समान दृष्टि से आज की समस्याओं के बारे में देखते हैं, सोचते हैं और काम करते हैं। जो लोग मौलिक या बुनियादी सवालों पर एक नहीं हैं, उनको एक साथ लेकर न जन-विश्वास प्राप्त किया जा सकता है और न नया विकल्प प्रस्तुत किया जा सकता है। हाँ, चुनावों में विरोध पक्ष का वोट न कटे, इसके लिए आपसी तालमेल बहुत जरूरी है।

आपकी दृष्टि में ये शक्तियाँ कौन-सी हैं ? वे सवाल क्या हैं, जिन पर बुनियादी एकता आपकी दृष्टि में जरूरी है ?

सवाल वही हैं, जो मैं बार-बार कहता हूँ और अपनी पदयात्रा के दौरान बार-बार दोहराता भी रहा हूँ—लोगों की रोटी का सवाल। रोजी का सवाल। हरिजनों और गिरिजनों को न्याय दिलाने का सवाल। अल्पसंख्यकों में सुरक्षा की भावना फैलाने का सवाल। भारत गाँव में बसता है और खुशहाली गाँवों के रास्ते से ही बड़े-बड़े शहरों में आ सकती है। अतः भारत के गाँवों के विकास का सवाल। गाँवों की ओर प्रशासनिक एवं आर्थिक नीतियों की दृष्टि ले जाने का सवाल। शहरों के वैभव से नहीं, गाँवों में नई आशा के संचार से नया भारत बनेगा, यह सवाल। भारत जैसा देश बाहरी सहायता से जीवित नहीं रह सकता है, अतः

स्वावलंबन का सवाल। स्वावलंबन तभी आ सकता है, जब शिक्षा का सही प्रसार हो। लोगों की इच्छाशक्ति जगाने के लिए मितव्ययिता हमारे लिए कोरा नारा नहीं है—काम करने की एक पद्धति है। हमें इस सवाल पर सही दृष्टि से काम करना होगा कि समाज के एक छोटे-से हिस्से का वैभवपूर्ण जीवन और वैभवपूर्ण क्यों हो रहा है तथा गरीब और गरीब क्यों हो रहा है। अमीर-गरीब, जात-पाँत, धार्मिक नफरत आदि प्रश्नों पर जिन लोगों की दृष्टि साफ नहीं हो, उनके साथ एका करके हम जनता की इच्छाशक्ति को न तो जगा सकते हैं और न ही जनता को उत्साहित कर सकते हैं।

ग्वालियर-सम्मेलन में लोकदल अध्यक्ष ने भविष्य में 1977 का माहौल पुनः पैदा करने और पारस्परिक कटुता खत्म करने का आह्वान किया है। उस पर आपकी प्रतिक्रिया क्या है ?

यह स्वागतयोग्य है। जनता पार्टी ने ऐसा प्रस्ताव अपने 1981 के अहमदाबाद अधिवेशन में ही कर दिया है। मैंने पहले भी कहा है कि लोकदल एक विशिष्ट राजनीतिक दर्शन और समाज के एक वर्ग विशेष का प्रतिनिधित्व करता है। इन हितों के लिए बेहतर काम लोकदल तभी कर सकता है, जब वह जनता पार्टी के साथ आए। इसीलिए मैं कहता हूँ कि लोकदल का राजनीतिक आधार जनता पार्टी का स्वाभाविक मित्र है, जो हमसे अलग रहकर उखड़ा-उखड़ा-सा है। मैं निजी रूप से पहले से ही, जब एन.डी.ए. और यूनाइटेट फ्रंट नहीं बने थे, इस राय का था कि लोकदल की स्वाभाविक मित्र पार्टी जनता पार्टी ही है और उसे हमारे साथ आना चाहिए। मैंने पिछले तीन सालों में कई बार कहा भी है कि इन दोनों पार्टियों को साथ देखना चाहता हूँ, क्योंकि यह सर्वश्रेष्ठ एका होगा। लोकदल का कार्यकर्ता और लोकदल की आर्थिक नीति जनता पार्टी के सबसे अधिक नजदीक है। दोनों के आर्थिक प्रारूप में तो कोई मतभेद ही नहीं है। उनके अन्य गठजोड़ कार्यकर्ता के दिल के नजदीक न होने के कारण अस्वाभाविक और नकली हैं। मैं जानता हूँ कि लोकदल का साधारण कार्यकर्ता जनता पार्टी के साथ मिलकर काम करने का इच्छुक है। आखिर वह गया तो यहीं से है। इसीलिए मैं चाहता हूँ कि जनता पार्टी और लोकदल साथ आए।

विपक्षी एकता का स्वरूप जो कुछ भी हो, आप उसमें क्षेत्रीय दलों की क्या भूमिका देखते हैं ?

निकट भविष्य में तो इनकी भूमिका बहुत ही महत्त्वपूर्ण होगी। लेकिन भारत की राजनीति को दूरदृष्टि से देखिए, तो इन क्षेत्रीय पार्टियों को राष्ट्रीय दृष्टि से सोचने के लिए तैयार करना होगा। मेरे खयाल से समय की गति के साथ इसके लिए इनमें से कुछ तैयार भी होंगे।

रविवार, 12-21 मार्च, 1983

एक पदयात्री के साथ चार दिन

उदयन शर्मा की बातचीत

'यह कोई धार्मिक पदयात्रा नहीं है। मैं न तो शंकराचार्य बनने चला हूँ और न ही विनोबा भावे। यह पदयात्रा निश्चय ही राजनीतिक है।' लेकिन कितनी अनोखी राजनीति है यह ! आजादी के बाद यह पहली बार है, जब किसी राजनीतिक दल का अध्यक्ष पैदल चलकर जनता के पास पहुँच रहा है और उसके दर्द को समझने की कोशिश कर रहा है। अपनी इस पदयात्रा के दौरान चन्द्रशेखर जब बंबई पहुँचे, तो उनका अभूतपूर्व स्वागत हुआ। हर वर्ग के लोग उनसे ऐसे मिले, मानो सड़ी हुई राजनीति में ताजा हवा का एक झोंका आया हो। इस पदयात्रा के दौरान ही उदयन शर्मा ने उनसे टुकड़ों-टुकड़ों में यह बातचीत की, जिससे पता चलता है कि देश की मौजूदा स्थिति के बारे में जनता पार्टी के अध्यक्ष फिलहाल क्या सोचते हैं।

यह देश सबसे ज्यादा इज्जत उसको देता है, जो योगी या सूफी महात्मा की तरह गरीबों तक खुद चलकर जाए। शंकराचार्य से पहले गौतमबुद्ध और बाद में गुरु नानक और महात्मा गांधी इसी श्रेणी में आते हैं, लेकिन चन्द्रशेखर न तो योगी हैं और न ही कोई सूफी फकीर। वे एक राजनीतिक दल के अध्यक्ष हैं और अपनी पदयात्रा के दौरान अपना राजनीतिक संदेश भी देते चलते हैं। फिर भी आम जनता में उनके प्रति एक नया नजरिया उपजा है। मेरे लिए यह बिलकुल नया अनुभव था कि सड़क किनारे ग्रामीण महिलाएँ और महानगरी में मध्यवर्गीय जे.बी. नगर में औरतें चन्द्रशेखर का चरणस्पर्श करें और अपने बच्चों से उनके पैर धुलवाएँ। वे लगातार ना-ना करते हैं और भीड़ लगातार उनके सामने झुकती जाती है। जब देव आनन्द ने चन्द्रशेखर से इस यात्रा के दौरान मुलाकात की, तो मुझे 'गाइड' का महात्मा याद आ गया, जो अंत तक लोगों को यही समझाता रहा कि मैं कोई साधु-महात्मा नहीं हूँ, एक प्यासा हूँ और भटकने निकला हूँ। करीब-करीब यही स्थिति चन्द्रशेखर की है। वे पदयात्रा के दौरान अपने भाषणों में बार-बार इसी पर जोर देते हैं कि मैं अपना अनुभव बढ़ाने के लिए तथा देश को नजदीक से देखने के लिए पदयात्रा पर निकला हूँ। लेकिन उनके साथी और वे लोग जो उनको देखने टूट पड़ते हैं, इसके विपरीत उनकी ओर कुछ ज्यादा ही आशा-भरी निगाहों से देख रहे हैं। चन्द्रशेखर के लिए यही स्थिति खतरनाक है। इस पदयात्रा ने समाज के एक बड़े तबके और युवावर्ग में 'कुछ होगा' की जैसी अपेक्षाएँ जगा दी हैं, उन्हें देखते हुए कहा जा सकता है कि अगर पदयात्रा-समाप्ति के बाद कोई व्यापक कार्यक्रम नहीं आया, कुछ ठोस काम नहीं हुआ, तो सब कुछ सदा-सदा के लिए

छिन्न-भिन्न हो जाएगा। अतः चन्द्रशेखर की असली अग्नि-परीक्षा 25 जून को शुरू होगी, जिस दिन उनकी यह पदयात्रा समाप्त होगी।

करीब दो हजार पाँच सौ किलोमीटर की दूरी तय करने के बाद 19 अप्रैल की शाम चन्द्रशेखर ने बंबई महानगरी में पनवेल से होते हुए चेम्बूर के रास्ते से प्रवेश किया। वे 20 अप्रैल को चेम्बूर से सायन सर्किल, एशिया की सबसे बड़ी झोंपड़पट्टी धारावी, किंग्स सर्किल, दादर, परेल, भिंडी बाजार, पायधुनी, कालबादेवी, ठाकुरद्वार होते हुए रात को चौपाटी पहुँचे। हजारों लोग इस पैदल राजनेता का भव्य स्वागत करने खड़े थे। धारावी में मैले-कुचैले कपड़ों में लिपटे मर्दों, औरतों, बूढ़ों और बच्चों ने उनका हार्दिक स्वागत किया। वंदना की और आरती उतारी। इस अवसर पर हजारों लोग एक ही नारा लगा रहे थे—'गांधी जी के थे अरमान, मालिक हो मजदूर किसान'। एक भी नारा 'चन्द्रशेखर जिंदाबाद' या 'देश का नेता कैसा हो' के वजन पर नहीं था। रात को चौपाटी पर हुई आम सभा में जब चन्द्रशेखर बोले, तो भूतपूर्व प्रधानमंत्री मोरारजी देसाई भी उपस्थित थे।

21 अप्रैल, आज बंबई में चन्द्रशेखर का तीसरा दिन था। इस दिन इन्होंने अपनी पदयात्रा ताड़देव से शुरू की, जो रात बारह बजने के बाद मलाड में खत्म हुई। ताड़देव से वे जैकब सर्किल, लोअर परेल, दादर पोर्तगीज चर्च, माहिम, बान्द्रा जंक्शन, खार, सांताक्रुज का सानेगुरुजी विद्या मंदिर, इरला, अँधेरी, जोगेश्वरी, ओशिवारा और गोरेगाँव पश्चिम होते हुए मलाड पहुँचे। आज उनके साथ कर्नाटक के मुख्यमंत्री रामकृष्ण हेगड़े भी थे। अँधेरी में चन्द्रशेखर का जोरदार स्वागत हुआ। मछेरों और मछेरिनों ने अपरी परंपरागत हरी-लाल पोशाकें पहनकर कोली नृत्य किया। इस तेज और थिरकते संगीत-नृत्य ने पदयात्रा का पूरा माहौल ही बदल दिया। चन्द्रशेखर का सबसे जोरदार स्वागत हुआ गोरेगाँव पश्चिम में। श्रीमती मृणाल गोरे के इस कार्यक्षेत्र में एकत्रित भीड़ इतनी थी कि पदयात्रा इंच-इंच आगे सरक रही थी। इस भीड़ में औरतें ज्यादा थीं। श्रीमती गोरे चन्द्रशेखर को मलाड की आमसभा में बहुत ही मुश्किल से मंच तक ले जा सकीं।

पदयात्रा शुरू होती है सबेरे छह-सात बजे और दोपहर ग्यारह बजे से शाम साढ़े पाँच तक विश्राम होता है। उसके बाद सभी यात्री फिर चल देते हैं। दोपहर में विश्राम के समय ही लोग चन्द्रशेखर से मिल सकते हैं, बात कर सकते हैं। चलते समय बातचीत बहुत कम ही होती है। बंबई के आयोजकों ने प्रतिदिन करीब 25-30 किलोमीटर चलनेवाले पदयात्रियों को 40-40 किलोमीटर चलाया। 21 अप्रैल को चन्द्रशेखर ने पदयात्रा का अपना कार्यक्रम पूरा कर शत्रुघ्न सिन्हा सहित अनेक फिल्मी लोगों से भेंट की। चन्द्रशेखर की इस पदयात्रा को दिलीप कुमार, देव आनन्द और शत्रुघ्न सिन्हा का खुला सहयोग मिला। सर्वश्री पी.एन. हक्सर, शरद पवार, ननी पालकीवाला, कैफी आजमी, धर्मयुग के संपादक डॉक्टर धर्मवीर भारती, संडे के संपादक एम.जे. अकबर, प्रसिद्ध डॉक्टर रूसी दस्तूर, टाइम्स ऑफ इंडिया के महाप्रबंधक राम तरनेजा, विख्यात वास्तुकार कादरी, फिल्म निर्देशिका सई परांजपे आदि रात बारह बजे तक चन्द्रशेखर की प्रतीक्षा के बाद चले गए, क्योंकि मलाड की सभा खत्म कर वे रात डेढ़ बजे ही आ सके।

22 अप्रैल का दिन जरा देर से शुरू हुआ। पदयात्रा सुबह साढ़े छह के बजाय आठ बजे के बाद ही शुरू हो सकी। मलाड से शुरू हुई यात्रा गोरेगाँव पूर्व होते हुए अँधेरी पूर्व में जे. बी. नगर पहुँची। जे.बी. नगर से मरोल नाका, साकी, नाका, असल्फा, घाटकोपर, विक्रोली, गांधी नगर और काफी रात गए कांजर मार्ग पर आम सभा। रास्ते भर मजदूरों की भीड़। बंबई की अपनी हर आम सभा और हर नुक्कड़ सभा में चन्द्रशेखर ने कपड़ा मिल मालिकों की कठोर शब्दों में भर्त्सना की और मजदूरों का समर्थन किया। जे.बी. नगर के भाषण में उन्होंने जब कहा कि प्रधानमंत्री सब सिखों को अकाली और सभी अकालियों को देशद्रोही साबित करने पर तुली हैं, जबकि इस समुदाय का देशप्रेम प्रधानमंत्री के परिवार से सौ गुना ज्यादा है, तो सभा में मौजूद एक बूढ़ा सिख रो पड़ा। सभा के अन्त में उसने अपनी जेब से दस रुपए का नोट निकाला और चन्द्रशेखर को दिया। यह बूढ़ा बंबई में चौकीदारी का काम करता है। शाम को गरोड़िया नगर, घाटकोपर में बंबई के मेयर सरदार मनमोहन सिंह द्वारा आयोजित चन्द्रशेखर के नागरिक सम्मान में बंबई के विवादास्पद मजदूर नेता डॉक्टर दत्ता सामन्त ने भी हिस्सा लिया।

23 अप्रैल को कोई पदयात्रा नहीं थी। दो बैठकें थीं। पहली बुद्धिजीवियों की, दूसरी राजनीति में सक्रिय युवाओं की। 24 अप्रैल को चन्द्रशेखर भांडुप, मुलुंड पाँच रास्ता, मुलुंड चुंगी नाका होते हुए ठाणे चले गए। इन चार दिनों में चन्द्रशेखर ने पत्रकारों से बात की, शहर के राजनीतिज्ञों के प्रश्नों के उत्तर दिए और 'रविवार' को इंटरव्यू दिया। वह बातचीत किसी एयरकंडीशंड कमरे में नहीं, रास्ते में चलते हुए, टुकड़ों-टुकड़ों में हुई। अतः इसमें न तो कोई सिलसिला है और न नेता का वाक्-चातुर्य। कुछ साफ-सीधी बातें हैं। एक खास बात यह भी रही कि उन्होंने हर बार बंबई से चुने गए जनता पार्टी के सांसद डॉक्टर सुब्रह्मण्यम स्वामी से संबंधित किसी भी प्रश्न का उत्तर देने से इनकार कर दिया। उल्लेखनीय है कि मोरारजी भाई के नजदीक माने जानेवाले डॉ. स्वामी ने चन्द्रशेखर से बंबई में कहीं भी मुलाकात नहीं की।

विपक्ष को चुनाव के लिए हमेशा तैयार रहना चाहिए

चन्द्रशेखरजी, शरद पवार और जनता पार्टी का क्या रिश्ता है ? क्या वे जनता पार्टी में आना चाहते हैं ? सुना है, आप 'जनता कांग्रेस' बनाने को तैयार हैं ?

मैंने हमेशा प्रतिपक्ष की एकता पर बल दिया है। पर अखबारों में हाल में कुछ बातें अतिशयोक्तिपूर्ण छपी हैं कि कांग्रेस (एस) और जनता पार्टी का विलय हो रहा है और उन्हें मिलाकर 'जनता कांग्रेस' बनाई जाएगी। मैं हमेशा सिर्फ यह कहता रहा हूँ कि एकता होनी चाहिए। उसके लिए मेरी अपनी कोई शर्त कभी नहीं रही। शरद पवार ने मेरी पदयात्रा में हिस्सा लिया था और पुणे में एक अनौपचारिक भोजन पर हम लोग साथ थे, बस। इस खाने पर शरद पवार के अलावा और भी लोग थे, जैसे इन्द्रकुमार गुजराल। गुजराल तो कांग्रेस (एस) या जनता पार्टी के नहीं हैं।

फिर भी इस एकता (शरद पवार के साथ) की संभावनाएँ क्या हैं ?

मैं शुरू से ही इस मत का हूँ कि हमें एक होना चाहिए, क्योंकि यह समय की अनिवार्यता है। संभावनाओं के बारे में मैं क्या बता सकता हूँ ! यह तो उन पर निर्भर करता है। मैं एकता की भविष्यवाणी तो कर सकता हूँ, लेकिन किसी भी व्यक्ति विशेष के बारे में भविष्यवाणी करनेवाला मैं कौन हूँ, क्योंकि पिछले तीन सालों से हम सभी इन संभावनाओं पर तरह-तरह से बहस कर रहे हैं, पर कुछ ठोस परिणाम नहीं निकला है।

भारतीय जनता पार्टी के साथ एकता के बारे में आपकी क्या सोच है ?

मैं कुछ नहीं कह सकता। एक दिन एकता की या मोर्चे की खबर आई और दूसरे दिन उसका खंडन भी हो गया। उनका सच क्या है, वे ही जानें। लेकिन अटल बिहारी वाजपेयी ने पिछले हफ्ते जो भाषण दिया, उसका मैं स्वागत करता हूँ। जब मैं एकता की बात करता हूँ, तो उसमें भारतीय जनता पार्टी भी होती है। लेकिन भारतीय जनता पार्टी अगर एकता या मोर्चे की बात सोचती है, तो उसे राष्ट्रीय स्वंयसेवक संघ के प्रश्न पर स्पष्ट होना पड़ेगा। यह नहीं चलेगा कि एक बड़ी पार्टी बनाने के लिए भाजपा किसी मोर्चे का अंग बने, पर उसकी शाखा के रूप में एक सांप्रदायिक संगठन उससे स्वतंत्र रूप से जुड़ा रहे। मुझे लगता है कि भारतीय जनता पार्टी में अनेक नेता हैं, जो इस सच को दिल ही दिल में मानते हैं और विरोधी दलों की एकता के पक्षधर हैं। इन सब समस्याओं पर अपना दिमाग साफ करने और निर्णय लेने की जिम्मेदारी भी उन्हीं की है।

जब आप व्यापक एकता की बात करते हैं, तो क्या उसमें राष्ट्रीय संजय मंच को भी लेंगे ?

ओह ! (लंबी हँसी)...मैं फिलहाल इसकी पहचान को राजनीतिक पहचान नहीं मानता हूँ। इसकी 'राजनीतिक पहचान' कितना 'राजनीतिक मनोरंजन' है, यह भी नहीं जानता हूँ। इसलिए मैं इस पर कोई भी टिप्पणी करने या फैसला देने की स्थिति में नहीं हूँ—जब तक कि इसके काम करने के भावी तरीकों को मैं देख न लूँ। लेकिन साथ-साथ मैं यह भी स्पष्ट कर दूँ कि राजनीतिक छुआछूत में भी मेरा कोई विश्वास नहीं। मैं उनमें से नहीं हूँ, जो उसके (मेनका गांधी के) राजनीति में आने का मजाक उड़ाते हैं। राजनीति में आने का अधिकार सबका है। इसी तरह मैंने कभी नहीं कहा कि मैं भाजपा के साथ काम नहीं करूँगा। लेकिन फैसला भाजपा को करना है, मुझे नहीं। मैं रोज-रोज अपनी सफाई नहीं दे सकता और न ही देना चाहता हूँ कि मैं फलाँ-फलाँ के साथ ऐसे काम करना चाहता हूँ।

चन्द्रशेखरजी, निकट भविष्य में प्रधानमंत्री कौन-सा कदम उठाने जा रही हैं, इसका आपको कोई अंदाज है ?

मैं श्रीमती इंदिरा गांधी के किसी भी कदम की पूर्व कल्पना नहीं कर सकता, क्योंकि मेरी राय में राजनीतिक निर्णय हमेशा राजनीतिक विश्लेषण के बाद लिए जाते हैं और लिए जाने भी चाहिए। पर श्रीमती गांधी सदा व्यक्तिगत निर्णय लेती हैं। उनसे राष्ट्र की लाभ-हानि का संबंध नहीं होता। मैं उनके इतना नजदीक नहीं हूँ और न ही उनका दिल पढ़ सकता हूँ कि बता सकूँ कि वे क्या करेंगी।

लेकिन जो बातें चल रही हैं, उनके अनुसार दिसंबर-जनवरी में कुछ घोषणाएँ होनी चाहिए। क्या आप उसके लिए तैयार हैं ?

मैं यह बात ही गलत मानता हूँ कि हम तैयार हैं या नहीं। विरोधी दलों को तो वैसी भी हर समय चुनावों के लिए तैयार रहना चाहिए। विरोधी दल यह कभी नहीं कह सकते कि वे तैयार नहीं थे, क्योंकि वे हमेशा सत्ता दल पर आरोप लगाते हैं कि सत्ताधारी सही तरह से देश नहीं चला रहे हैं। अतः उनको कभी भी अपनी बात जनता में साबित करने का मौका मिलता है, तो उन्हें इसके लिए तैयार रहना चाहिए।

तैयारी से आपका मतलब संगठन और पैसे से है ?

चुनाव आजकल बहुत महँगे हो गए हैं। चुनाव-प्रणाली थैलीशाहों की लॉबी के कारण दूषित हो गई है। अतः जहाँ तक पैसे की तैयारी की बात है, उसमें हम लोग सत्ताधारियों से बहुत-बहुत पिछड़े हैं। इसलिए मैं यह तो नहीं कह सकता कि हम चुनाव का सामना करने को तैयार हैं। पर उसका सामना तो करना ही होगा। संगठन में भी हम उतने मजबूत नहीं हैं, जितना कि हमें होना चाहिए। लेकिन इसका मतलब यह नहीं है कि हम चुनाव में नहीं होंगे। न ही मैं जनता पार्टी की विजय की भविष्यवाणी कर सकता हूँ, कि इसका संगठन पहले से बेहतर है या हो रहा है। यह तो राजनीतिक हवा, क्लाइमेक्स और राजनीतिक माहौल होता है, जिनसे इतिहास बनता है। इसलिए संगठनात्मक दृष्टि से प्रस्तुत नहीं होने पर भी इसे हम चुनाव से भागने का कारण नहीं बना सकते।

राजनीति को आम आदमी से जोड़ना होगा

आजकल आप अपने भाषणों में यह बात बार-बार दोहराते हैं कि संसद में आपने कुछ हासिल नहीं किया और अब तो उसमें कुछ होता नहीं। क्या इसका तात्पर्य यह है कि संसदीय प्रणाली हमारे यहाँ असफल हो रही है ?

मैंने जो कहा है, उसका आशय आज की संसद से है, न कि संसदीय प्रणाली से। संसदीय लोकतंत्र एक पद्धति है। मेरी आपत्ति और शंकाएँ वर्तमान संसद की कार्यशैली को लेकर हैं। इस संसद की गलत कार्यप्रणाली का तात्पर्य यह नहीं है कि संसदीय प्रणाली ही गलत है। मैं उस अनाड़ी की तरह नहीं हूँ, जो काम न कर पाने पर औजारों को दोष दे। दोष उनके गलत इस्तेमाल में है। गलती हमारी, हम सबकी है, जो स्वयं को संसदीय प्रणाली और लोकतंत्र का रक्षक मानते हैं।

तो क्या आप संसद का चरित्र बदलना चाहते हैं ?

मैं राजनीति का स्वरूप बदलना चाहता हूँ।

क्या अर्थनीति में आमूलचूल परिवर्तन किए बिना यह संभव है ?

मैं अभी आमूलचूल परिवर्तन की बात तो नहीं करता, पर इतना जरूर चाहता हूँ कि वर्तमान सरकार की अर्थनीति का असली चेहरा उघाड़ा जाए। और वह बेपरदा होकर रहेगा।

विरोधी दल या हम कुछ करें या न करें, अगर जनता का लंबे अरसे तक शोषण होता रहे, तो उसकी प्रतिक्रियाएँ सामने आएँगी ही। सरकार को यह निणय लेना होगा कि उत्पादक शक्ति क्या है—'मनी पावर' (अर्थ-शक्ति) या 'मैनपावर (मानव शक्ति) ? मेरा मानना है कि असली उत्पादक शक्ति 'मैनपावर' है, लेकिन सरकार का मानना शायद ऐसा नहीं है। बंबई के कपड़ा-मिल मजदूरों की हड़ताल को ही लें। अगर कपड़ा मिल-मालिक बंबई से चले गए, तो क्या होगा ? इसकी चिंता सबको है, पर हजारों-लाखों कपड़ा मिल मजदूर मजदूरी तथा रोजी-रोटी के अभाव में बंबई से बाहर जाएँगे, तो उनका क्या होगा, इसकी फिक्र किसी को नहीं है। इसलिए हमें सामान्य आदमी का 'रिस्पॉन्स' (समर्थन) नहीं मिलता है। वह जिस स्तर पर सोचता है, अनुभव करता है, उससे उसी स्तर पर मिलें, तो उसे लगेगा कि आप उसकी समस्याओं से खुद को जोड़ रहे हैं। उसके लिए यह सहानुभूति ही काफी है। वह आपसे और ज्यादा की अपेक्षा नहीं रखता।

आपका यह विचार क्या पदयात्रा के दौरान बना है ?

नहीं, ये बातें मैं पहले भी कहता था। लेकिन इस पदयात्रा से मेरी आस्था बढ़ी है। मैं चार राज्यों में घूम चुका हूँ। मुझे लगता है कि साधारण लोगों का समर्थन सब जगह एक-सा था—चाहे केरल हो या तमिलनाडु, कर्नाटक हो या महाराष्ट्र। देश के गरीब आदमी की मूल प्रेरणाएँ, उसकी समस्याएँ सब जगह एक-सी हैं। इस पदयात्रा के दौरान जो जन-समर्थन मुझे मिला, उसे कोई भी पार्टी या सरकार नहीं जुटा सकती। वह स्वतःस्फूर्त था। पार्टी कार्यकर्ताओं के बूते पर या सरकारी पैसे से आप बड़ा तमाशा जुटा सकते हैं, पर ग्रामीणों के दिलों को नहीं। मैंने लोगों के उमड़ते सैलाब को कन्याकुमारी से यहाँ तक देखा है। मैं यह नहीं कहता कि ये सभी पदयात्रा की विश्वसनीयता पर यकीन करते हैं, उसे स्वीकार करते हैं। लेकिन उनके दिमाग में जिज्ञासा है। वे जानना चाहते हैं, क्योंकि उनको लग रहा है कि कुछ नई बात, नई राह बन रही है। उनके लिए यह सांसद या राजनीतिक का खुद पैदल चलकर आना नई बात है। जब मैंने यह पदयात्रा शुरू की थी, तो अनेक लोगों ने इसका मज़ाक उड़ाया था। मेरी पार्टी के अनेक नेता भी उनमें शामिल थे, जो कहते थे कि यह सब ज्योतिष के आधार पर किया जा रहा है या मैं पार्टी से ऊपर हटकर अपनी छवि बनाना चाहता हूँ। कुछ ने कहा कि मैं जनता पार्टी से ज्यादा महत्त्व खुद को देता हूँ। मेरा एक ही उत्तर था कि मैं जो सोच रहा हूँ, अगर मेरी पार्टी भी उसे नहीं समझती, तो वह भी समय की माँग को समझने में असमर्थ है। मेरा कोई अहंवादी सोच नहीं है। महत्त्वपूर्ण मैं नहीं हूँ, महत्त्व इस पदयात्रा का और इससे जो अनुभव जुटेगा, उसका है। गांधीजी ने हजारों नेताओं को गाँव-गाँव पैदल चलकर खादी बेचने को कहा था। मूल भावना वह है। आज हम पदयात्रा को मजाक में लेते हैं, पर हकीकत यह है कि इस देश की 90 करोड़ आबादी में से कम-से-कम 17 करोड़ लोग ऐसे हैं, जो जीवनपर्यंत पदयात्री हैं। उन्हें न बस नसीब है, न ही ट्रेन। साइकिल भी उनके पास नहीं है। ऐसे में देश में पैदल चलना अजूबा माना जा रहा है ! मलयालम के अखबार ने संपादकीय में लिखा कि सारी बातें किताबों में, इतिहास की पुस्तकों में लिखी हैं। चन्द्रशेखर ने, जो एक वरिष्ठ सांसद हैं, जब इनसे कुछ नहीं सीखा, तो छह महीने की पदयात्रा से कौन-सा अनुभव या ज्ञान बटोर लेंगे !

उनकी यह राय शायद पदयात्रा के साथ राजनीतिक रंग जुड़े होने के कारण बनी हो ?

गैर-राजनीतिक रुझान आज देश में क्या है ? अगर पदयात्रा के साथ राजनीतिक रुझान जुड़ा है, तो यह राजनीतिक सच्चाई है। यह कोई धार्मिक पदयात्रा नहीं है। मैं न तो शंकराचार्य बनने चला हूँ और न ही विनोबा भावे। यह पदयात्रा निश्चय ही राजनीतिक है। लेकिन मैं इसे पारंपरिक राजनीति से भिन्न रखना चाहता हूँ। मैं चाहता हूँ कि अब उन लोगों को एक जगह होना चाहिए जो साधारण नागरिक के पक्ष में सामाजिक परिवर्तन चाहते हैं। इसलिए पदयात्रा शुरू करने के पहले मैंने लिखित वक्तव्य जारी किया। सभी दलों से, सभी राजनीतिज्ञों से संपर्क किया। मैं चाहता था कि पदयात्रा एक पार्टी के कुछ लोगों तक ही सीमित न रहे। अगर लोग नहीं आए, तो मैं क्या करूँ ? इसका मतलब यह तो नहीं है कि मैं जनता पार्टी के लोगों से भी कह दूँ कि मत आओ ! केरल में सी.पी.एम. वाले आए, अपने झंडे लेकर। कांग्रेस (एस) के लोग पूरी तरह आए। कांग्रेस (एस) के नेता और भी जगह आए।

दर्द की कोई भाषा नहीं होती

पदयात्रा के बाद आपका क्या कार्यक्रम है ?

पदयात्रा पूरी कर मैं तीन दिनों के लिए पंजाब जाऊँगा। सामाजिक-आर्थिक हालात पर हमने एक परचा निकाला है, उसे सबके पास भेजा है—वकीलों, पत्रकारों, समाजसेवियों और अर्थशास्त्रियों के पास भी। मैं कोशिश कर रहा हूँ कि पदयात्रा के बाद इसमें हम वर्तमान हालात के मुतल्लिक और तथ्य जोड़ सकें। मैं देश की समस्याओं के समाधान में, उस पर होनेवाली बहसों में उनको भी जोड़ना चाहता हूँ, जो सक्रिय राजनीति में नहीं हैं, पर जिनकी नए समाज के निर्माण में राजनीतिज्ञों से ज्यादा भूमिका होगी—मसलन अध्यापक, शिक्षाविद, अर्थशास्त्री, डॉक्टर, वकील, युवा आदि-आदि। मुझे अफसोस यही है कि बड़े नेता इस पदयात्रा से नहीं जुड़ना चाहते।

इन हालात में अगर सामान्य आदमी राजनीति के प्रति 'सिनिकल' (विरक्त निराशावादी) हो गया है, तो क्या गलत है ?

सामान्य आदमी 'सिनिकल; नहीं है, मैं तो यही मानता हूँ। आम आदमी बहुत ही 'पॉजिटिव' (निर्माणवादी) है। वह अपने चारों तरफ के माहौल से खूब परिचित है और मौका मिलने पर सही फैसले लेता है। 1977 में सामान्य आदमी ने सभी राजनीतिक दलों और प्रचार माध्यमों से असंपृक्त रहकर फैसला किया था। 1980 में हमने बाबू जगजीवन राम को भावी प्रधानमंत्री के रूप में पेश किया। क्या आम आदमी ने इसको स्वीकार किया ? आम आदमी का निर्णय राजनीतिज्ञों के निर्णय से अधिक परिपक्व होता है।

आपने कहा कि आपने इस पदयात्रा में हजारों-लाखों गरीबों से मिलकर, उनकी समस्याएँ समझकर बहुत गहरे अनुभव प्राप्त किए। क्या भाषा इसमें बाधक नहीं बनी ?

गरीबों को अँगरेजी तो आती नहीं। दक्षिण भारत के गरीब और ग्रामीण तो हिंदी भी नहीं

जानते। पर एक और भाषा होती है, जिसमें बात करने की जरूरत नहीं होती। यह भाषा जानने के लिए तुरंत कुछ पाने की इच्छा कम करनी पड़ती है। यह भाषा उसकी समझ में नहीं आती, जो हर आदमी से मिलने पर कुछ पाने के चक्कर में रहता है। थोड़ा सब्र हो, तो यह भाषा खुद आ जाती है। स्वामी विवेकानन्द जब एक बार पैदल चले, तो किसी ने लिखा था कि एक भाषा ऐसी होती है जो लोगों के दिल को छूती है। गांधीजी जब चले थे, तो भाषण नहीं करते थे। गांधीजी ने पूरे एक साल कोई भाषण नहीं किया। सिर्फ घूमे थे। बहुत-से लोग कुछ नहीं बोलते, पर सबके मन की भाषा समझते हैं। मैं उनमें से तो नहीं हूँ, पर इतना जानता हूँ कि आह की एक ही भाषा होती है, उसे हर मानव अभिव्यक्त करता है। दर्द की अभिव्यक्ति के लिए किसी भाषा की आवश्यकता नहीं है।

आप बार-बार कहते हैं कि साधारण आदमी बाकी लोगों से अधिक सजग है। उसके निर्णय सही होते हैं। फिर उसने 1980 में श्रीमती गांधी को कैसे जिताया ?

वे अपनी जगह सही थे। उन्होंने इन चुनावों में श्रीमती गांधी को नहीं जिताया था, बल्कि हमारी गलतियों के कारण हम सबको हराया था। 1980 में श्रीमती गांधी मतदाता की पहली नहीं, आखिरी पसंद थीं पर हमने अपनी असफलताओं से उसे वहाँ जाने के लिए मजबूर किया।

क्या भविष्य में विरोधी दल चुनाव आने पर आपस में नहीं लड़ेंगे ?

मैं यही सोचता हूँ कि अपनी पुरानी भूलों की जो कीमत हम सबने चुकाई है, उसे देखते हुए उन्हें न दोहराएँ तो बेहतर है। पर सबकी तरफ से मैं कैसे कह सकता हूँ कि कोई झगड़ा नहीं होगा ? मैं उनमें से नहीं हूँ, जो यह मानते हैं कि जो अलग हुए, सब गलत थे और जो जनता पार्टी में रह गए, वे दूध के धुले हैं। गलतियाँ हम सबने कीं और इसमें मैं खुद को भी शामिल करता हूँ। अब करना सिर्फ यह है कि हम सब पुरानी बातें भुलाकर गलतियाँ दोहराएँ नहीं।

पिछले दिनों क्षेत्रीय पार्टियों का जो प्रभाव बढ़ा है, उसे कई राजनेता राष्ट्रीय एकता के लिए खतरनाक मानते हैं। आपका क्या विचार है ?

मैं इसे खतरनाक नहीं मानता। एन.टी.आर. आदि की सफलता सिर्फ यही बतलाती है कि तथाकथित राष्ट्रीय पार्टियाँ जनसाधारण की भावनाओं को मान्यता नहीं दे पाईं। एन.टी.आर. या उनके मतदाता उतने ही राष्ट्रभक्त हैं जितना कि उत्तर प्रदेश या बिहार के लोग और कांग्रेस (ई) से ज्यादा राष्ट्रहित में सोचते हैं। राष्ट्रभक्ति किसी की बपौती नहीं है। अकाली भी सत्ताधारियों से ज्यादा देशभक्त हैं।

यानी आप आज भी आशावादी हैं ?

मैं हमेशा आशावादी हूँ। यह देश तमाम परिस्थितियों में जिंदा रहा है। हमें एक्स्ट्रीम (अतिवादिता) तक नहीं जाना चाहिए। आज देश बहुत बुरी हालत में है, यह सही है। किंतु देश की असली ताकत यहाँ के लोग हैं—राजनीतिज्ञ, पार्टियाँ या शासक दल नहीं। लोगों की

यही शक्ति देश को बचाए हुए है। कुछ व्यक्तियों या पार्टियों की असफलता को देश या लोगों की असफलता मानना अनुचित है। यह सब अस्थायी भटकाव है। देश के इतिहास में दस-बीस-पचास सालों का कोई मतलब नहीं होता। यहाँ के लोग अपने को प्रस्थापित करना चाहते हैं और जरूरत आने पर करेंगे ही।

असम और पंजाब की समस्याएँ बातचीत से ही सुलझेंगी

आप इतना तो मानते ही होंगे कि हमारा राजनीतिक ढाँचा एकदम सड़ गया है ?

मैं यह मानता हूँ और साथ ही यह भी कि इसे तत्काल सुधारने की जरूरत है। अन्यथा जनता इसे खुद बदलेगी। हम सिर्फ दर्शक भर होंगे। यह परिवर्तन किसी भी दिन आ सकता है। मैं इसी के प्रति आशान्वित हूँ। मैं जानता हूँ कि भारत-यात्रा कोई क्रांति नहीं, पर बदलाव की परिस्थितियों के बनने में इसकी महत्त्वपूर्ण भूमिका रहेगी। जनता जब विकल्प खोजती है, तब राजनीतिक दलों के संगठन, नेतृत्व या शक्ति की मोहताज नहीं होती। अतः लोग बदलाव का विकल्प खुद बनाएँगे। और इस मामले में मैं भारतीय जनता को महान मानता हूँ।

तो फिर असम और पंजाब में इतनी विकट स्थिति क्यों है ? इन समस्याओं का समाधान क्या है ?

यह स्थिति मानव-निर्मित है। ये दोनों मूलतः भावनात्मक प्रश्न हैं। ये समस्याएँ सहानुभूति और समझ के साथ सुलझानी होंगी। अगर आप ताकत और हिंसा के जोर पर सबका मुँह बंद कर देना चाहते हैं, तो ऐसी समस्याओं का विकराल रूप सामने आना ही है। यह समझना कि इन राज्यों के लोग अलगाववाद को बढ़ावा दे रहे हैं या राष्ट्र को नुकसान पहुँचाना चाहते हैं, बेहूदा स्तर की गैरजिम्मेदार हरकत है। मैं मानता हूँ कि देश की आबादी का कोई भी हिस्सा देश से अलग नहीं होना चाहता। मैं कुछ व्यक्तियों की बात नहीं कर रहा हूँ, जनसाधारण की बात कहता हूँ। अकाली और असमी लोग उन लोगों के बराबर और कहीं-कहीं अधिक देशभक्त हैं, जो देशभक्ति की बात करते हैं और दावे करते हैं।

आपने आपसी बातचीत से इन समस्याओं को हल करने की बात कही, लेकिन बात किससे और कैसे हो ? स्पष्ट करेंगे ?

अकालियों के साथ और आसू नेताओं के साथ। इन दोनों के भीतर जो उदारवादी नेता हैं, उनको प्रारंभ से प्रोत्साहित करना चाहिए था। लेकिन हुआ यह कि जैसे-जैसे आंदोलन गरमाता गया, इंदिरा गांधी जानबूझकर चुप्पी साध गईं। विरोधी दलों के नेताओं ने ही कहना शुरू किया कि इनसे शक्ति से निबटो। मैं तो हैरत में हूँ। एक तरफ ये कहते हैं कि श्रीमती गांधी तानाशाह हैं और दूसरी तरफ शक्ति से निबटने की राय भी देते हैं। सच क्या है ? हिटलर को सख्त होने की राय देना कौन-सी अक्लमंदी है। मेरा एक मत और है। इन समस्याओं का सही हल देने की काबलियत राजनीतिज्ञों में नहीं रही है। जुलाई, 1980 में प्रधानमंत्री ने असम पर मुझसे बातचीत की थी। मैंने उनसे और आसू नेताओं से कहा था

कि इस समस्या पर राष्ट्रीय सहमति की आवश्यकता है। एक सम्मेलन हो, जिसमें मजदूर संगठनों, चेम्बर्स ऑफ कामर्स, डॉक्टरों, वकीलों, इंजीनियरों के प्रतिनिधि तथा राजनीतिज्ञ हों। सरकार अपनी बात रखे, आंदोलनकारी अपनी। सम्मेलन का निर्णय अंतिम हो। हम लोग किसी भी बात को अलगाववाद कहने लगते हैं। कल ही हम क्षेत्रीय पार्टियों की बात कर रहे थे। एन.टी. रामाराव ने प्यासे तमिलनाडु को कृष्णा नदी का पानी दिया। इससे देश की एकता मजबूत हुई या अलगाववाद बढ़ा ? श्रीमती गांधी की अपनी समझ महत्त्वपूर्ण है, पर मैं उनकी राय से सहमत नहीं हूँ। सवाल यह है कि केंद्र इन समस्याओं को हल करना चाहता है या इन्हें और जटिल बनाना चाहता है ? मेरा मानना तो यह है कि जैसे आंध्र प्रदेश और कर्नाटक ने तमिलनाडु और महाराष्ट्र के साथ अनेक विवाद सुलझाने के प्रयास किए हैं, उत्तर भारत के मुख्यमंत्रियों को भी ऐसे मसले आपसी बातचीत करके सुलझाने चाहिए। हर बात के लिए केंद्र के पास भागने की जरूरत क्या है ? रामकृष्ण हेगड़े कर्नाटक के पहले मुख्यमंत्री हैं जो महाराष्ट्र के इलाकों में घूमे और महाराष्ट्रियनों ने उनका उत्साह से स्वागत किया। हेगड़े ने यह भी कहा कि वे महाराष्ट्र के मुख्यमंत्री को आमंत्रित करते हैं कि दोनों राज्यों के विवाद पर बातचीत हो सके। जनता पार्टी और कांग्रेस (ई) में यही खास फर्क है।

लेकिन अकालियों के मामले में आपकी क्या राय है ?

अकाली बहुत बढ़िया लोग हैं, अच्छे दोस्त हैं। मैं फिर दोहराता हूँ, कुछ व्यक्तियों की बात मत करिए, अकाली उतने ही देशभक्त हैं, जितना कोई और। देश को जब जरूरत पड़ी, तब उन्होंने बलिदान दिए हैं। लेकिन उन्हें गलत ढंग से उत्तेजित नहीं किया जाना चाहिए।

यानी वे सिर्फ भटकाए गए लोग हैं ?

नहीं, इनसे अधिक भटकाए गए लोग तो इंका में हैं। अगर भिंडरावाले, जो मूलतः अकाली दल का आदमी नहीं है, कुछ बोलता है, तो हरेक आदमी चौकन्ना हो जाता है। एक जरा-से आदमी को अहमियत देकर हमने नेता बना दिया। फिर उसके बोलने पर तो काफी शोर होता है, जो अकालियों का प्रतिनिधित्व नहीं करता है, पर गनी खान चौधरी, जो केंद्र में मंत्री है, असम में जाकर कहता है कि एक-एक के बदले चार मारो, तो कोई हल्ला नहीं ! राजनीतिक दृष्टि से कौन ज्यादा जिम्मेदारी के पद पर और महत्त्वपूर्ण है—भिंडरावाले या गनी खान चौधरी ? अखबारों ने गनी खान के इस बयान को महत्त्व क्यों नहीं दिया ?

लेकिन धर्म को राजनीति का आधार बनाना कितना उचित है ?

मैं राजनीतिक दृष्टि से उस राजनीतिक दल से सहमत नहीं हूँ जो धर्म को राजनीति का आधार बनाता है।

तब आप अकालियों का समर्थन कैसे करते हैं ?

मैं धर्म के आधार पर राजनीति करने के कारण अकालियों का समर्थन नहीं करता हूँ, मैं सिर्फ यह कहता हूँ, अगर कोई राजनीति को धर्म से मिलाए और अपने धर्म पर कट्टर यकीन रखे, तो इसका तात्पर्य यह नहीं कि यह देश-विरोधी है। भाजपा राष्ट्रभक्त है, और

पार्टियाँ राष्ट्रभक्त हैं, वह क्योंकि अकालतख्त से राजनीति करते हैं, इसलिए राष्ट्र-विरोधी हैं—मैं इस मानसिकता के खिलाफ हूँ। जहाँ तक इनकी धार्मिक माँगें हैं, वे शुरू में ही मान लेनी चाहिए थीं और ऐसा करने से यह समस्या इतनी जटिल नहीं होती। जहाँ तक अन्य माँगें थीं, मैंने अकालियों से भी कहा था कि इसमें अन्य राज्य भी जुड़े हैं, अतः एकतरफा फैसला असंभव होगा। इसके लिए पंच फैसला जरूरी है। पर प्रधानमंत्री ने बातचीत की शुरुआत ही नहीं की। अब हालात यह है कि अकाली और इंदिरा गांधी दोनों एक ही गलती कर रहे हैं—इस समस्या को प्रतिष्ठा का प्रश्न बनाकर। मैं अकालियों से अपील कर सकता हूँ कि वे आत्मसंयम बनाए रखें और प्रधानमंत्री को चेतावनी देना चाहूँगा कि वे कट्टरपंथियों की तरह काम न करें, अन्यथा उनकी गलतियों का भारी खामियाजा देश को भुगतना होगा।

रविवार, 15-21 मई, 1983

मैं राजनीति के चरित्र को बदलना चाहता हूँ

उदयन शर्मा की बातचीत

'यह धार्मिक पदयात्रा नहीं है। मैं न तो शंकराचार्य हूँ और न ही विनोबा भावे बनना चाहता हूँ। निश्चित रूप से मेरी राजनीतिक पदयात्रा लोगों के नजदीक आकर राजनीतिक व्यवस्था में परिवर्तन लाने का प्रयास है।' इन्हीं शब्दों से चन्द्रशेखर अपने विरोधी के उस आरोप को खारिज करते हैं, जिसमें उन्हें भारतीय जनता का मसीहा बनने का आरोप लगाया जा रहा है। वह खुलेआम स्वीकार करते हैं कि उनकी भारत-यात्रा का उद्देश्य लोगों को सकारात्मक राजनीति और अपने सामाजिक विकास में शामिल करना है। वे कहते हैं कि मैं आम जनमानस की समस्या का समाधान देखना पसंद करूँगा।

जब चन्द्रशेखर ने पदयात्रियों के साथ आगरा में प्रवेश किया, तो उत्तरप्रदेश के लोगों ने उतानगम नदी पार करने पर उनका 11 तोपों की सलामी देकर स्वागत किया। चन्द्रशेखर ने आगरा क्षेत्र के आयोजक रामजीलाल सुमन की इस आयोजन के लिए प्रशंसा की। गत वर्ष श्री सुमन ने चन्द्रशेखर से आगरा से भरतपुर की पदयात्रा का आग्रह किया था। वर्तमान यात्रा का वही आधार है। जनता पार्टी के अध्यक्ष खुले रूप से स्वीकार करते हैं कि शुरू में केवल श्री एसएम जोशी, भाई विद्या और सुधीन्द्र भदौरिया ने ही कन्याकुमारी से दिल्ली तक की पदयात्रा का समर्थन किया था। आगरा के सर्किट हाउस में समय निकाल कर चन्द्रशेखर ने उदयन शर्मा से बातचीत की !

आप भारतयात्रा के अंतिम दौर में हैं। क्या आप इस यात्रा की सफलता का मूल्यांकन कर सकते हैं ?

इस यात्रा में मुझे जनता का अप्रत्याशित समर्थन मिला है। मैं समझता हूँ कि मेरी पदयात्रा ने लोगों में जोश पैदा किया है। लोगों को बड़ी आशाएँ हैं।

भविष्य में किन मुद्दों को आप सबसे अहम मानेंगे ?

जैसा कि मैंने 14 जून को बुद्धिजीवियों की एक सभा में कहा कि नीतियाँ और कार्यक्रमों की कोई कमी नहीं है। लेकिन हम लोगों को ज्वलंत समस्याओं को चिह्नित करना चाहिए और उसके समाधान का प्रयास करना चाहिए। इसके लिए हमें अपना समय और ऊर्जा लगाकर लोगों को जागरूक करना चाहिए। मैं आपको कुछ समस्याओं के बारे में बताता हूँ। जैसे—पीने का पानी, बच्चों और गर्भवती माताओं को अल्पाहार, दलितों-अनुसूचित जनजातियों और अल्पसंख्यकों में असुरक्षा की भावना इत्यादि। ये कुछ समस्याएँ हैं, जिसका तुरत समाधान करना है और यह भी जरूरी है कि जनता को आश्वस्त किया जाए कि वे प्रशासन में समान रूप से साझेदार हों।

मैं समझता हूँ कि समय आ गया है कि स्थानीय निकाय के चुनावों को संवैधानिक बनाया जाए। यह स्थानीय जनता की प्रशासन में भागीदारी सुनिश्चित करवाएगी।

इस कार्यक्रम को लागू कैसे करेंगे ?

मैं समझता हूँ कि नौजवानों की मदद से देश के विभिन्न हिस्सों में कुछ केंद्रों की स्थापना की जाए। इसमें ऐसे नौजवानों को लिया जाए, जो कार्यों के प्रति समर्पित हों। यह कार्यक्रमों के प्रसार का केंद्र बनेगा। इसका वास्तविक स्वरूप क्या होगा, अभी देखना है। यह समाज में विश्वास पैदा करेगा और मैं समझता हूँ कि लोग इन बिंदुओं पर गंभीर रूप से विचार-विमर्श करने लगे हैं।

क्या आप समझते हैं कि जनता पार्टी के अन्य वरिष्ठ लोग इन कार्यक्रमों से पूरी तरह सहमति जताएँगे ?

मैं किसी के बारे में व्यक्तिगत राय नहीं रखता हूँ। मैं नहीं समझता कि पार्टी को इससे कोई दिक्कत होगी क्योंकि पार्टी इन कार्यक्रमों के प्रति कटिबद्ध है। ये कार्यक्रम जनता पार्टी की नीतियों से अलग नहीं हैं। वास्तव में इन कार्यक्रमों को पार्टी की नीतियों के तहत लागू करना है। किसी खास व्यक्ति के बारे में क्या कह सकता हूँ ? कुछ व्यक्ति सिर्फ समस्याएँ खड़ी करना ही जानते हैं। लेकिन मैं आपको आश्वस्त करता हूँ कि ये अपने लिए ही समस्या खड़ी कर रहे हैं, न कि कार्यक्रमों के लिए।

इसमें गैर-राजनीतिक लोगों की भूमिका क्या होगी, जो सीधे-सीधे राजनीतिक पार्टी से संबंधित नहीं हैं ?

मेरा विश्वास है कि इस प्रक्रिया में भाग लेने के लिए सभी को आमंत्रित करना चाहिए—चाहे वे पार्टी से संबंध रखते हों या नहीं। मैं महसूस करता हूँ कि समय का सबसे बड़ा तकाजा है कि इन कार्यदलों को संगठित किया जाए और इनके प्रयासों को सुचारू रूप से दिशा दी जाए।

पदयात्रा के दौरान आपने अपने सांसद-रूप को अपने से अलग रखा। क्या आप मानते हैं कि इस देश में संसदीय प्रणाली असफल रही है ?

मैं जो कह रहा हूँ, वह आज की संसदीय राजनीति से संबंधित है। संसदीय लोकतंत्र एक प्रणाली है, जिसमें कोई खराबी नहीं है। आज की संसदीय प्रणाली के कार्यकलापों में खामियाँ हैं, जो साधारण जनता की आकांक्षा-पूर्ति करने में असफल रही हैं। हम सभी इस स्थिति के लिए जिम्मेदार हैं। मैं उन लोगों में से नहीं हूँ, जो अपनी असफलता के लिए संसदीय प्रणाली को दोषी ठहराएँ।

तब क्या आप चाहते हैं कि संसद के मुख्य चरित्र को बदला जाए ?

मैं राजनीति के चरित्र को बदलना चाहता हूँ।

लेकिन क्या आर्थिक प्रणाली की मुख्य संरचना को बदले बिना राजनीति के चरित्र को बदलना संभव है ?

वर्तमान में मैं पूर्ण परिवर्तन की बात नहीं करता। मैं राजनीतिज्ञों के सामने जनता के अधिकार और मुख्य जरूरतों को लाना चाहता हूँ। लेकिन मैं निश्चित रूप से वर्तमान सरकार की आर्थिक नीति का पर्दाफाश करना चाहता हूँ। चाहे हम विरोध पक्ष में हों, कुछ करें या न करें, जनता जिसका शोषण हुआ है, अवश्य अपनी प्रतिक्रिया व्यक्त करेगी। यह सरकार को निश्चित करना है कि इसकी प्राथमिकताएँ धनशक्ति में हैं, या मानवशक्ति में! मैंने समझा है कि उत्पादन के लिए मुख्य बल मानवशक्ति है, लेकिन सरकार की सोच इससे भिन्न है। उदाहरण के तौर पर बंबई के कपड़ा मजदूरों की हड़ताल को लें। सभी चिंतित हैं कि कपड़ा मिल मालिक बंबई छोड़कर चले जाएँगे, तो क्या होगा ? लेकिन कोई हजारों मजदूरों के बारे में नहीं सोचता है। इन्हीं प्राथमिकताओं की प्रमुखता के कारण हम साधारण जनता की मानसिकता को नहीं समझ पा रहे हैं। साधारण जनता की बहुत अधिक अपेक्षाएँ नहीं हैं। अगर आप अपनी सोच जनता की सोच के स्तर तक ले जाएँ और जनता की समस्याओं की समझ के मुताबिक समझें, तो वे संतुष्ट होंगे। इतनी ही सहानुभूति जनता के लिए काफी है।

आपने जब से यह यात्रा शुरू की है, क्या आप तब से ऐसा सोच रहे हैं ?

नहीं, मैं पहले भी इसी तरह से सोचा करता था। लेकिन पदयात्रा के दौरान हमारे विश्वास को बल मिला है। मैं अपनी यात्रा के दौरान छह राज्यों से गुजरा हूँ। देश में सभी जगह की जनता की आकांक्षाएँ एवं समस्याएँ समान हैं। मैंने पदयात्रा के दौरान जो समर्थन प्राप्त किया है, वह किसी सरकार और पार्टी को नहीं मिल सकता है। आप सरकारी राशि और प्रशासनिक तंत्र की मदद से तमाशा तो कर सकते हैं, लेकिन जनता का हृदय नहीं जीत सकते। विशाल भीड़ जो पदयात्रा के दौरान मुझे देखने आई, उससे मैं आनंदित हूँ। मैंने नहीं कहा कि सभी मेरी पदयात्रा के सिद्धांतों से सहमत हैं लेकिन इतना जरूर है कि पदयात्रा ने जनता में उत्सुकता जगाई है, जिससे लोग मेरी सभा में आए। जनता के मेरी सभाओं में आने का कारण यह था कि उन्हें लगा कि कुछ नया हो रहा है। जब मैंने पदयात्रा शुरू की, तो लोगों ने मजाक उड़ाया। मेरी पार्टी के लोगों ने भी इसे हास्यास्पद बताया। और कहा कि यह यात्रा मैं अपनी छवि बनाने और ज्योतिषियों के कहने पर कर रहा हूँ। कुछ ने आरोप लगाया कि मैं जनता पार्टी से खुद को ज्यादा महत्त्वपूर्ण समझता हूँ। मैं यह दावे के साथ कह सकता हूँ कि इस पदयात्रा में मेरा कोई निजी स्वार्थ नहीं है। अगर मेरी अपनी पार्टी के मेरे दोस्त वास्तविकता को नहीं महसूस करते, तो मैं क्या कह सकता हूँ ! मैं महत्त्वपूर्ण नहीं हूँ। पदयात्रा के दौरान मैंने महसूस किया कि अनुभव महत्त्वपूर्ण है।

अगर साधारण जनता राजनीति के प्रति दुर्भाव रखती है, तो क्या आप इसे गलत समझते हैं ?

हाँ, यह गलत है। किसी भी महत्त्वपूर्ण विषय पर निर्णय लेने में वे पूरी तरह से सचेत और जागरूक हैं। 1977 में उन्होंने एक दिशा में निर्णय लिया। 1980 में जब हम लोगों ने बाबू जगजीवन राम को सम्मानित प्रधानमंत्री के रूप में प्रस्तुत किया, तो साधारण जनता ने इसे कबूल किया।

1977 के प्रयोग और जनता पार्टी सरकार की मुख्य असफलता क्या थी ?

मुख्य असफलता यह थी कि हम लोग जनता द्वारा दिए गए मत का मतलब नहीं समझ पाये। जैसाकि मैंने कहा कि असफलता का सबसे महत्त्वपूर्ण कारण था कि सरकार ने समाज के आधारभूत परिवर्तन के लिए ठोस कदम नहीं उठाए। मैं अब भी महसूस करता हूँ कि यह हमारे इतिहास का दुर्भाग्य है कि महात्मा गांधी की मृत्यु के बाद नेताओं ने उन्हें भुला दिया। उनके संदेशों और उनके द्वारा दिखाए गए मार्गों को नजरअंदाज किया गया। हम लोग 1977 में जयप्रकाश नारायण द्वारा की गई संपूर्ण क्रांति की घोषणा को भी भूल गए। हम लोग केवल स्थापित शासन-प्रणाली के प्रदर्शन के प्रयास करते रहे। यही हम लोगों की असफलता का मुख्य कारण था।

शरद पवार और जनता पार्टी का क्या संबंध है ?

शरद पवार एक पार्टी के अध्यक्ष हैं और मेरे दोस्त भी हैं। महाराष्ट्र में वह और उनकी पार्टी ने भारत-यात्रा का स्वागत किया। शरद पवार हम लोगों के साथ शामिल हुए।

लेकिन यह बात कही जा रही है कि वह अपनी पार्टी को एक नए नाम 'जनता कांग्रेस' के तहत जनता पार्टी में मिलाना चाहते हैं। इसमें कितनी सच्चाई है ?

मैं अफवाहों में विश्वास नहीं करता। कई अफवाहें फैलाई जा रही हैं। इसका कारण यह है कि शरद पवार मेरे निजी मित्र और बहुत अच्छे दोस्त हैं। लेकिन हमारी दोस्ती से राजनीतिक कदम और संबंधों में कोई अंतर नहीं आता। वे अपनी पार्टी के अध्यक्ष हैं और उनकी पार्टी जो निर्णय लेती है, वह उसका कार्यान्वयन करेंगे। मैं नहीं समझता कि अगर कोई प्रस्ताव निजी बातचीत में किसी खास व्यक्ति द्वारा लाया जाता है, तो उसे दो पार्टियों के बीच के संबंध के रूप में लिया जाए। जब तक कोई निश्चित प्रस्ताव नहीं आता और बातचीत से हम किसी निर्णय पर नहीं पहुँचते हैं, तब तक यह प्रस्ताव क्या है—इसके बारे में ठीक से नहीं कहा जा सकता।

जहाँ तक लोकदल और जनता पार्टी के आपस में मिलने की बात है, इस बारे में अभी भ्रम है। हालाँकि लोकदल के पदाधिकारी जनता पार्टी से मिलना चाहते हैं मगर इसके कुछ लोग दूसरे तरीके से सोचते हैं। पिछले महीने आपने मुझसे कहा था कि जनता पार्टी चरण सिंह के लोकदल का स्वाभाविक सहयोगी रही है। इस दावे का क्या आधार है ?

मैं महसूस करता हूँ कि लोकदल निश्चित आदर्शों का प्रतिनिधित्व करता है। यह प्रतिनिधित्व और अच्छा होगा, यदि वे जनता पार्टी के साथ आ जाएँ। यही कारण है कि मैंने लोकदल को जनता पार्टी का स्वाभाविक सहयोगी कहा था। मैं निजी रूप से चाहता हूँ कि लोकदल जनता पार्टी से मिल जाए और दोनों पार्टियाँ मिलकर जनता की सेवा करें। आज देखते हैं कि लोकदल के कार्यकर्ता और इसकी आर्थिक नीतियाँ हम लोगों के नजदीक हैं। मैं जानता हूँ कि लोकदल का एक साधारण कार्यकर्ता हम लोगों के साथ रहना पसंद करेगा। इसलिए मैं चाहूँगा कि लोकदल के नेता और पार्टी के रूप में लोकदल हम लोगों के साथ आएँ, अगर वे गरीबों और किसानों की सेवा करना चाहते हैं और जनता की बेहतर स्थिति

के लिए कुछ करना चाहते हैं।

आप भारतीय जनता पार्टी के बारे में क्या सोचते हैं ?

भारतीय जनता पार्टी को अपने पदाधिकारियों से ही कठिनाई है। जब जनता पार्टी बनी, तब मैंने अपने दोस्तों से कहा कि आर.एस.एस. की दोहरी सदस्यता की जो समस्या है, वह जनता पार्टी की समस्या नहीं है। वह अंत में भारतीय जनता पार्टी की समस्या साबित होगी। हाल की घटना यह दर्शाती है कि आर.एस.एस. भारतीय जनता पार्टी के लिए कठिनाइयाँ पैदा करने जा रही है। आर.एस.एस. के द्वारा किए गए वादों से भाजपा सहमत नहीं है और भाजपा अधिक धर्मनिरपेक्ष और उदारवादी बनने की कोशिश कर रही है। आर.एस.एस. के लिए समाजवाद और गांधीवाद को पचा पाना बहुत मुश्किल है। इसलिए भाजपा में आंतरिक विरोधाभास दिखता है। इस समस्या के रहते अगर वे किसी पार्टी या वर्ग में शामिल होते हैं तो यह समस्या उस पार्टी में भी उत्पन्न होगी। अगर आर.एस.एस. अपने आपको सांस्कृतिक गतिविधियों तक सीमित रखता है और भाजपा आर.एस.एस. के मुद्दे पर साफ और ईमानदार है, तो मैं समझता हूँ कि भाजपा में बहुत सारे अच्छे लोग हैं, जो किसी भी राजनीतिक पार्टी के लिए महत्त्वपूर्ण हो सकते हैं।

आप पंजाब की स्थिति को कैसे सुधारेंगे ?

पंजाब की स्थिति बहुत पहले सुधर सकती थी, अगर इसके लिए इच्छाशक्ति होती। मैं नहीं समझता कि सत्तारूढ़ दल पंजाब की स्थिति को और दुखद क्यों बनाते जा रहे हैं। छह महीने पहले मैं अकाली दल के नेताओं से मिला और मुझे प्रधानमंत्री से भी मिलने का मौका मिला। मैंने सोचा कि समाधान सामने है। लेकिन अचानक ही समस्याएँ और जटिल हो गईं। मैं आपको एक उदाहरण दूँगा। अकाली दल की दो माँगें हैं—पहली माँग धर्म से संबंधित है, जिससे सभी सहमत हैं बल्कि प्रधानमंत्री को भी कोई एतराज नहीं था। लेकिन श्रीमती गांधी ने इसे अकाली दल की तरफ से नहीं, बल्कि अकाली दल में जिन्होंने फूट डाली थी, उन लोगों की तरफ से इसे कबूल किया। इतनी संवेदनशील स्थितियों से निपटने के लिए ऐसा विचित्र तरीका अपनाया जाता है।

दूसरी माँग अकालियों की नहीं, बल्कि यह पंजाब की माँग थी। हर दूसरे या तीसरे मौके पर पंजाब की पार्टियों द्वारा भी इन्हीं माँगों को दुहराया जाता है। इन पार्टियों में भूतपूर्व जनसंघ, कांग्रेस (ओ) और सोशलिस्ट पार्टी हैं। मुझे यह समझ में नहीं आता कि यदि दरबारा सिंह चंडीगढ़ को पंजाब में मिलाने की माँग करते हैं, तो यह उनकी देशभक्ति कहलाई जाती है और यही माँग अगर लोंगोवाल करते हैं, तो उन्हें राष्ट्रविरोधी कहा जाता है। हर राज्य को ज्यादा पानी की आवश्यकता है। इसकी माँग तकरीबन सभी राज्यों द्वारा की गई है। दूसरी ओर, अधिक स्वायत्तता की माँग सिर्फ अकाली दल की ही माँग नहीं है बल्कि बहुत सारे विरोधी दल और राजनीतिक चिंतक भी इसके पक्षधर रहे हैं। मैं यह नहीं कह रहा हूँ कि ये सारी माँगें जायज हैं। लेकिन इस तरह के भावात्मक मुद्दों को समझदारी और सहानुभूति से ही हल किया जाना चाहिए। पंजाब की समस्या को बड़ी ही कोमलता से सुलझाना होगा लेकिन सत्तारूढ़ दल की मानसिकता यह रही है कि जो कोई भी मुझसे सहमत नहीं है, उसे राष्ट्रविरोधी, समाजविरोधी,

देशविरोधी और विदेशी शक्ति से निर्देशित की संज्ञा की जाती है। इस तरह की मानसिकता अतिनिंदनीय है। और यह हमारे देश को बर्बाद कर देगी।

लेकिन हमारे प्रधानमंत्री और उनके पुत्रों का कहना है कि असम, पंजाब और कश्मीर की समस्याएँ तथा मेनका गांधी के पीछे भी विदेशी ताकतों का हाथ है ?

किसी दिन वे दूसरा सिद्धांत खोज लेंगे। क्योंकि वे राजनीतिक स्वार्थ से पीड़ित हैं। एक दिन वे पाएँगे कि वह हाथ जो कांग्रेस का चुनाव चिह्न है, वह भी विदेशी हाथ में बदल गया है।

संडे, 3—9 जुलाई, 1983

इस रुख से जनता दल सत्ता में नहीं आ सकता

उदयन शर्मा की बातचीत

चन्द्रशेखर बेहद नाराज हैं। इसलिए नहीं कि उनके एक समर्थक को बिहार जनता दल के अध्यक्ष पद से हटा दिया गया। इसलिए भी नहीं कि जनता दल में उन्हें कोने में धकियाने की कोशिशें हो रही हैं। चन्द्रशेखर इसलिए नाराज हैं कि विपक्ष की राजनीति भी आज सिद्धांतों और संगठन के आधार पर नहीं, व्यक्तिगत प्रतिष्ठा और शोहरत के आधार पर हो रही है। भारतीय राजनीति के इस सर्वाधिक खुद्दार व्यक्तित्व की एक खासियत यह भी है कि भय या हिचक का तनिक-सा भी पुट उनकी राजनीति में नहीं है; बल्कि राजनीतिक संघर्षों और संकटों में उन्हें अजीब किस्म का आनंद मिलता है। 29 मई को लखनऊ में वह पूरे मूड में थे : 1972, 1974 व 1983 के मूडवाले चन्द्रशेखर। वे देर तक हर प्रश्न और विवाद का साफ-साफ जवाब देते रहे। वह बातचीत :

चन्द्रशेखरजी, जून में जनता पार्टी सरकार की टूट के दस साल पूरे हो रहे हैं। जून में ही जनता दल के गठन का अनुमोदन करने के लिए पार्टी का सम्मेलन हो रहा है। इन सालों को आप कैसे आँकते हैं–जनता पार्टी की टूट, चुनावों में पराजय और फिर सारनाथ सम्मेलन के बाद पार्टी का पुनर्जीवित होना ?

सबसे पहले इस पर विचार करना होगा कि जनता पार्टी किन परिस्थितियों में बनी थी। जनता पार्टी का मूल्यांकन करते समय लोग इन्हीं विशेष परिस्थितियों को भूल जाते हैं। उस समय देश तानाशाही के कगार पर था। सामान्य राजनीति के लिए कोई अवसर नहीं था, न केवल राजनीतिक कार्यकर्ताओं के स्तर पर, वरन आम जनता के स्तर पर भी वह अंतिम लड़ाई का अवसर था। लोग सारे मतभेदों को भुलाकर तानाशाही के भय से मुक्त होना चाहते थे। यह ऐसी परिस्थिति थी, जिसके कारण विभिन्न विचारों के लोग तत्काल आपस में मिल गए। चुनाव के कारण भी इस प्रक्रिया में तेजी आई। इस पृष्ठभूमि में जनता पार्टी की स्थापना जनतंत्र को पुनर्जीवित करने का प्रयास था। वह प्रयास पूरी तरह सफल हुआ। लेकिन यह भी याद रखना होगा कि जिस तरह के लोग मिले थे, उनके विचार नए समाज को बनाने के बारे में एक नहीं थे। राजनीति में विभिन्न तरह का आचरण करनेवाले उस दल में एक साथ थे। सरकार बनते ही हम सबके चेहरे लोगों के सामने साफ होने लगे। बलिदान, त्याग और तपस्या के बाद बनी जनता पार्टी और उस आधार पर पाया गया जनसमर्थन भी हमें संयम रखने के लिए विवश नहीं कर सका।

क्या विघटन की यह प्रक्रिया कुछ व्यक्तियों के अहम के टकराव के कारण नहीं बनी थी ?

सिर्फ कुछ नहीं, हममें से अधिकांश लोगों ने यह मान लिया था कि यह आखिरी मौका है, इसलिए हमें सत्ता के गलियारे में किसी भी तरह पहुँच जाना चाहिए। और वहाँ पहुँचकर अपना वर्चस्व बढ़ाने का प्रयास करना चाहिए। इसमें कुछ व्यक्ति विशेष को दोष देना गलत होगा। हममें से अधिकांश लोग इसी रुख से सरकार में सम्मिलित हुए थे। यह कहना बड़ी भूल है कि इस स्थिति के लिए जिम्मेदार सिर्फ मोरारजी भाई, बाबू जगजीवन राम और चौधरी चरण सिंह ही थे। दूसरे मित्र भी किसी न किसी प्रकार सत्ता में साझेदार थे। उनकी मनोवृत्तियाँ यही थीं कि किसी भी प्रकार अधिक-से-अधिक सत्ता अपने हाथों में रखो, इसका उपयोग करके अपना प्रभाव बढ़ाओ। अगर मैं कहूँ कि किसी भी घटक की भूमिका कम नहीं थी, तो गलत नहीं होगा। अंतर सिर्फ यह रहा कि जो अधिक संगठित थे, वे इस काम को अधिक प्रभावशाली ढंग से कर सके। जिस दिन से सरकार बनी, तनाव निरंतर बढ़ता रहा। तनाव ऐसे बिंदु पर पहुँच गया, जहाँ जनता पार्टी की सरकार को बचाना असंभव हो गया। यह एक सामूहिक असफलता थी। कुछेक व्यक्तियों को दोषी ठहराना उचित नहीं है। जनता ने हमें एक समझकर वोट दिया था और हम अपनी असहमतियों को ही जनता के सामने लाते रहे। जब जनता पार्टी टूटी, तब तुम्हें ध्यान होगा, मैंने प्रयास किया कि किसी तरह से जनसंघ से आए साथी जनता पार्टी से अलग न हों, इसके लिए मैं बालासाहब देवरस से भी मिला। इसकी बहुत आलोचना हुई। पर मैं समझता था कि एक बड़ा काम हुआ था, इसे जैसे भी हो, बचाना चाहिए। लेकिन 1980 में चुनाव के नतीजे अच्छे नहीं थे। जनसंघ के लोगों ने सोचा कि वे नया कुछ बना नहीं पा रहे हैं और अपना पुराना आधार भी खो रहे हैं, तब सोची-समझी नीति के तहत उन्होंने जनता पार्टी को छोड़कर भारतीय जनता पार्टी की स्थापना की। यह ऐसा समय था, जब जनता पार्टी के नेताओं सहित सबने यह सोच लिया था कि पार्टी का कोई भविष्य नहीं है।

यह कैसे ?

मुझे याद है, जब बंबई में जनता पार्टी का सम्मेलन हुआ था, तब कोई भी व्यक्ति इस पार्टी का पदाधिकारी बनने को तैयार नहीं था। हमारे सभी साथी और नेता यह सोचते थे कि यह व्यर्थ का प्रयास है पर मैंने सोचा कि पार्टी हम सबने बनाई, अच्छे दिनों में इस पार्टी के नाम से अपनी प्रतिष्ठा बढ़ाते रहे, अब बुरे दिनों में इसे बनाने की कोशिश करनी चाहिए। मैं ऐसा मानता हूँ कि जनता पार्टी के निर्माण का आधार जहाँ जनतंत्र की रक्षा थी, वहीं जयप्रकाशजी का नए समाज को बनाने का संपूर्ण क्रांति का जो सपना था, उसे पूरा करना भी था। मैं यह नहीं कह रहा कि पार्टी में उस सपने की पूरी झलक थी। पर प्रतिबिंब तो अवश्य ही था—सत्ता का विकेंद्रीकरण, लोकशक्ति को जगाने का काम, गाँव की ओर ध्यान देने का काम आदि। ऐसा नहीं है कि हमारी सरकार ने कोई बुनियादी कदम नहीं उठाए थे। जनता पार्टी के आर्थिक दस्तावेज में समता का समाज बनाने की नीयत परिलक्षित होती थी। मैंने बंबई में कहा कि जब तक समाज में शोषण है, उत्पीड़न है, तब तक ऐसी पार्टी की आवश्यकता है, जो इस तरह के सवालों को उठाती रहे। अगर किसी पार्टी के कार्यक्रम जनता की आवश्यकताओं के अनुकूल हैं, तो आज नहीं तो कल लोग उसे स्वीकारेंगे।

1981 में कोई भी जनता पार्टी का राष्ट्रीय सम्मेलन बुलाने को तैयार नहीं था। उत्तर प्रदेश के भी लोगों ने अस्वीकार कर दिया। लखनऊ में जगह नहीं मिली। तब विवशता में सारनाथ सम्मेलन की बात सोची गई। इस पर तरह-तरह की बातें की गईं। पर मैंने पूरे डेढ़ महीने की मेहनत के बाद इसे सीधे जनसमर्थन से जोड़ा। कुछ मित्रों ने मिलकर यह प्रयास किया और लोगों को समझाया कि इस पार्टी का समर्थन करना चाहिए। इस सम्मेलन से पार्टी की कोई ताकत नहीं बढ़ी थी, इससे सिर्फ यह साबित हुआ था कि यदि हम लोगों के पास जाएँ, तो उनका समर्थन मिल सकता है। एक क्षणिक उत्साह देखने को मिला। इसका नतीजा यह हुआ कि हमारे जिन नेताओं का मनोबल टूट गया था, वे उत्साहित हो गए। सारनाथ सम्मेलन की यही उपलब्धि थी। पीलू मोदी ने ट्रक पर जाते समय मुझसे कहा कि अब मुझे विश्वास हो गया कि इस पार्टी को चलाया जा सकता है। मोरारजी भाई के भाषण से भी कार्यकर्ताओं का मनोबल बहुत बढ़ा। इसी शुरुआत का नतीजा था कि हम 1983 में कर्नाटक में जनता पार्टी की सरकार बना सके।

जहाँ इससे एक आत्मविश्वास आया, उसके साथ-साथ महत्त्वाकांक्षाएँ भी बढ़ गईं। हम एक बार फिर वही सपना देखने लगे, जो सपना हमने 1977 में देखा था और जो अनायास पूरा हो गया था। इतिहास की एक प्रक्रिया को हम राजनीति की अवश्यंभावी प्रक्रिया समझने लगे। 1977 की परिस्थितियाँ दूसरी थीं। हम भूल गए कि 1987 या '88 में वे परिस्थितियाँ नहीं थीं, पर फिर वही नारा जोरों से चला कि किसी भी तरह सब एक हो जाएँ। किसी भी तरह राजीव की सरकार को हटाएँ। हम भूल गए कि एक बार और हम मिले थे, हमने सरकार भी बना ली थी, लेकिन गंतव्य के बारे में हमारा दृष्टिकोण स्पष्ट नहीं था, इसलिए हम रास्ते से भटक गए थे। 1977 में जनता पार्टी के बनने और फिर विघटन की व्याख्याओं को व्यक्तियों तक सीमित कर दिया जाता है। मुझे दुख होता है कि तब जनता पार्टी में रहे लोग भी इसी को आधार मानकर व्याख्या करते हैं। असलियत यह थी कि आधारशिला एक नहीं थी। हम नीतियों-गंतव्यों के बारे में एक नहीं थे। जब गंतव्य नहीं होता, तभी व्यक्तियों की राजनीतिक महत्त्वाकांक्षाएँ निर्णायक भूमिका अदा करती हैं। आज भी यही हो रहा है। अगर हमारे पास दूरगामी भविष्य बनाने की कल्पनाशक्ति हो, तो वह हम पर नियंत्रण रखती है। व्यक्तिगत महत्त्वाकांक्षाओं की पूर्ति के लिए बोले गए आदर्शवाक्य और मूल्यों की राजनीति के दावे कोई अर्थ नहीं रखते हैं। उच्च मूल्यों की बात करना आसान है, लेकिन इन मूल्यों के लिए काम करना बड़ा मुश्किल है।

आपने 1977 के बाद की घटनाओं का जिक्र किया, पर विरोधी दलों के कुछ नेताओं की जो मानसिकता बन गई है कि कैसे भी मिल जाओ, बाकी काम अपने आप हो जाएगा, यह मानसिकता कैसे ठीक होगी ?

इस पर मेरा दृष्टिकोण एकदम स्पष्ट है। मैंने बार-बार कहा कि मिल सकते हैं, मिलकर शायद आज की सरकार को हटा भी सकते हैं, लेकिन लोगों के सामने जो वायदा करते हैं, उन्हें ऐसे पूरा नहीं कर पाएँगे। इसके लिए दृढ़ इच्छाशक्ति आवश्यक है। इसके लिए नीतियों में निष्ठा चाहिए। बिना कार्यक्रमों और नीतियों में निष्ठा हुए किसी अभीष्ट पर पहुँचना असंभव है। तिकड़म करके तात्कालिक सफलता तो पा सकते हैं, पर नए समाज के निर्माण

की ओर कोई कदम नहीं बढ़ा सकते हैं। पर इस संदर्भ में यह बात ध्यान रखिए कि ऐसी बातें कौन लोग करते हैं। मैं किसी व्यक्ति विशेष का नाम नहीं लेना चाहता। अगर विरोध पक्ष के नेताओं को आप देखें, तो 1984 के दिसंबर के चुनाव के बाद से लेकर जब यह सवाल उठने लगा कि हमको किसी तरह एक होकर राजीव गांधी को हराना चाहिए। इनमें से अधिकांश लोग वे हैं, जो 1985-1986 में राजीव गांधी के रूप में नया मसीहा देखते थे, जो यह समझते थे कि राजनीति में नया प्रकाश लेकर राजीव गांधी आए हैं जो उस समय उनके साथ रहकर चापलूसी कर रहे थे, मैं उनकी बात नहीं कहूँगा, पर जो विरोध पक्ष में थे, उनमें से अधिकांश की यही भूमिका थी। मैंने तुमसे ही एक बार कहा था कि 1984 में जो नृशंस दंगे हुए और हजारों निस्सहाय लोगों की जिस तरह हत्याएँ हुईं, उससे किसी के दिल में अगर दर्द, पीड़ा और करुणा नहीं उगती है, तो ऐसा व्यक्ति जनतांत्रिक ढंग से इस देश का नेतृत्व नहीं कर सकता है। यह मेरी मान्यता है।

अगर आपकी प्रतिक्रिया मानव दर्द के प्रति एक निष्ठुर व्यक्ति की है, तो मैं नहीं समझता कि एक गरीब देश को बनाने के लिए आप लाखों अमीरों की नाराजगी मोल ले सकते हैं। मुझे दुख इस बात का है कि विपक्ष की राजनीति करनेवाले लोग एक साधारण-सी बात नहीं समझते कि राजनीति केवल दिमाग से या चालाकी से नहीं होती है। यह दिल और दिमाग दोनों से होती है। समता की राजनीति दिल से ज्यादा होती है। बहुत पहले जिलास ने कहा था कि समाजवाद बीस प्रतिशत सिद्धांत है और अस्सी प्रतिशत आचरण है। अगर आचरण में आप खरे नहीं उतरते, तो सिद्धांत की बात करनेवाले बहुत-से लोग आए और चले गए। जिन लोगों ने मानव पीड़ा के सवालों पर अपने को कभी व्यक्त नहीं किया, उन लोगों से अचानक यह आशा कर लेना कि कल वे समता के समाज के लिए संघर्ष करने लगेंगे या इसके रचयिता होंगे, यह राजनीति की सबसे बड़ी भूल होगी। मैं इस बात से सहमत हूँ कि मात्र एकता से शायद इस सरकार को हटाया जा सके, पर यह परिवर्तन अर्थहीन साबित होगा। हाँ, मैं इस बात से सहमत हूँ कि यह सरकार जिस रास्ते पर चल रही है, वह विनाश का मार्ग है। पर मात्र हराने से समस्याओं का समाधान नहीं होगा। जब तक हम गरीब और गरीबों की समस्याओं से जुड़े नहीं हैं, हम सरकार बना सकते हैं। गरीबों के भले की सरकार नहीं बना सकते।

मैंने एकता की जो बात की, उसका दूसरा संदर्भ यह भी है कि जनता पार्टी की एक सरकार 1983 से काम कर रही थी। लेकिन जितने जोरों से एकता और विलय की चर्चाएँ हुईं, उतनी ही तेजी से कर्नाटक की सरकार ध्वस्त हो गई।

कर्नाटक की सरकार एकता की बातें करने से ध्वस्त नहीं हुई। हुआ यह कि हम एक ओर सैद्धांतिक कलेवर देकर एकता की बात कर रहे थे, दूसरी तरफ आचरण में अपनी ही एकता को विखंडित कर रहे थे। सिद्धांत में हम हमेशा एकता करते हैं। सत्ता हथियाने के लिए हम एकता चाहते हैं, लेकिन जो हाथ में है, उसकी एकता संजोये रखने के लिए हम ज्यादा चिंतित नहीं मालूम पड़ते हैं। एक तरफ राजनीतिक एकता का सिद्धांत प्रतिपादित करते रहे, दूसरी तरफ अपने तुच्छ हितों के लिए सत्ता को तोड़ते भी रहे। इसीलिए कर्नाटक की सरकार गई।

कर्नाटक प्रकरण के बाद आपने एक प्रेस कांफ्रेंस की थी। उसमें आपने कहा था कि मुझे दुख है कि जनता दल का कोई स्वरूप नहीं बन सका है। यह आपने किस संदर्भ में कहा था ?

दो बातें हैं—हमने एक संगठन बनाया था। छह महीने बीत गए, पर राज्य कमेटियाँ भी पूरी तरह नहीं बनीं। जिलों की समितियाँ कब बनेंगी ? चुनाव की तैयारी कैसे होगी ? संगठन के आधार पर पार्टी चलाने का जो प्रयास होना चाहिए, वह नहीं हुआ। यह सिर्फ अक्षमता के कारण नहीं है। यह एक प्रवृत्ति को अभिव्यक्त करनेवाली बात है कि हम राजनीति को सिद्धांतों और संगठनों के आधार पर नहीं, वरन व्यक्तिगत मर्यादा, प्रतिष्ठा या शोहरत के आधार पर चलाना चाहते हैं। इससे यही परिलक्षित होती है कि कार्यक्रम बने या न बने, समितियाँ बनें या न बनें, हमारी शोहरत ज्यादा है, इसलिए लोग हमारे साथ आएँगे। मैं इस राजनीति का कभी पक्षधर नहीं रहा हूँ। मैंने कहा कि अगर जनता दल को सही माने में एक राजनीतिक दल बनाना था, तो संगठन बनाने के साथ ही साथ जो मौलिक नीति संबंधी दस्तावेज हमने तैयार किया था, उसके आधार पर कार्यक्रम बनाने का काम तेजी से करना चाहिए था। हमारा पहला काम यह होना चाहिए था कि यह तय करते कि आज के ज्वलंत प्रश्नों पर हमारी दृष्टि क्या है और हमारा समाधान सरकारी पार्टी से कैसे अलग है। यह किए बिना जनता दल का राजनीतिक आधार नहीं बन सकता है।

क्या आपका नीतिगत विरोध भी था ? आपने 11 अक्टूबर के बंगलूर सम्मेलन के लिए जो दस्तावेज बनाया था, उसका क्या हुआ ?

ड्राफ्ट को उस समय तो भाई लोगों ने स्वीकार कर लिया, पर दूसरे लोगों की दिलचस्पी शायद उसमें कम थी। उन सवालों को उठाने का और उन पर बहस करने का उनके पास समय भी नहीं है। हम तो पहले दिन से इसी प्रयास में जुट गए कि कौन कहाँ संगठन पर हावी हो जाए। संगठन पर हावी होकर जो संभावित राजसत्ता हमें मिलनेवाली है, उसमें कौन कितना बड़ा हकदार होगा, हमारा दृष्टिकोण यही हो गया। ऐसा तभी होता है, जब राजनीति व्यक्तिगत महत्त्वाकांक्षाओं का साधन बन जाती है। यदि राजनीति को लोगों की सेवा का साधन बनाना हो, तब नीतियों और कार्यक्रमों पर विशेष बल दिया जाता है और व्यक्तिगत लोगों का—कि किसे कहाँ रखा जाए—यह सवाल गौण हो जाता है। पिछले छह महीनों में जो कुछ हुआ है, उससे दूसरी प्रवृत्ति ज्यादा जोरदार दिखाई पड़ी है—अपेक्षाकृत इसके कि हम आज के बुनियादी सवालों पर जनमत बनाने का प्रयास करते।

आपका दस्तावेज नकार दिया गया, उस पर कोई बहस नहीं हुई, पर आपके कुछ आदमी हटाने पर बहुत चर्चा है। ऐसा क्यों हुआ ?

होता यह है कि व्यक्तियों को हटाने से कोई काम नहीं बनता। असली प्रश्न है कि आप किस प्रकार काम करते हैं। अगर जनता दल के पदाधिकारी विभिन्न राज्यों में एक ही दिन में मनोनीत कर दिए गए होते, अच्छे-बुरे जैसे भी होते, तो शायद कोई विवाद न होता। लेकिन इस मामले को इतना लंबा किया गया और उसमें जो प्रक्रिया अपनाई गई, उससे ऐसा लगा कि हमको जानबूझकर उपेक्षित किया जा रहा है। उपेक्षा की भावना व्यक्तियों के मन

में कसक पैदा करती है। इसलिए यह आचरण का सवाल है। अगर दूसरे के साथ आप शिष्ट आचरण नहीं करते, तो यह बिलकुल असंभव है कि इसकी प्रतिक्रिया न हो। आपका यह सवाल भी जायज है कि लोगों का इस तरफ ध्यान ज्यादा है, नीतियों और कार्यक्रमों के बारे में लोगों की रुचि बहुत कम रह गई है।

बंगलूर में आपने स्थापना सम्मेलन के दौरान अपने भाषण में बहुराष्ट्रीय कंपनियों का सवाल भी काफी जोरों से उठाया था। इस पर भी कोई चर्चा नहीं हुई। विपक्ष में भी ऐसे सवालों पर असंवेदनशीलता क्यों आ गई है ?

मैं अस्वीकार करना तो नहीं कहूँगा, पर यह सच है कि स्वीकार करके चुप रह गए। मल्टीनेशनल कंपनियों का मामला इसी का हिस्सा था। पर चुप रहना कुछ लोगों की मजबूरी है। भाषणों और वक्तव्यों को रोज बदला जा सकता है। लेकिन बुनियादी सवालों पर अपने को व्यक्त करना कोई बहुत आसान नहीं है, क्योंकि तब हमें उन लोगों का समर्थन नहीं मिलता, जिन लोगों के समर्थन से राजनीति चला रहे होते हैं। राजनीति में बहुराष्ट्रीय कंपनियों का विरोध करना कोई सुगम काम नहीं है। यह सिर्फ वक्तव्य नहीं होता। जो लोग बहुराष्ट्रीय कंपनियाँ चलानेवाले लोग हैं, वे राजनीतिक शक्तियों के बारे में अपनी व्याख्या रखते हैं, और वे उन सारे लोगों के पनपने में प्रतिरोध करते हैं, जो इस तरह की चर्चा भी करते हैं। इन कंपनियों की चर्चा करना भी ये लोग अपराध मानते हैं। ऐसे लोगों को वे कभी क्षमा नहीं करते हैं। इसलिए अधिकांश राजनीतिज्ञ इनका गुस्सा मोल लेने को मन से तैयार नहीं होते। क्योंकि मन में इस प्रकार का प्रतिरोध सहन करने की शक्ति तभी आती है, जब आपका कोई 'कंविक्शन' हो, निष्ठा हो सिद्धांतों के प्रति। जब राजनीति किसी भी तरह सफलता पाने का एक प्रयास है, तो उसमें तो हर तरह के तत्त्वों से समझौता करके ही चलना पड़ता है। ऐसे लोगों के लिए इन सवालों को नजरअंदाज करना एक 'स्ट्रेटेजी' है, जिससे कोई नाराज न हो।

आज की राजनीति में जहाँ देश के पचास फीसदी लोग भूखे हैं, वहाँ कल की कोई भी अर्थपूर्ण राजनीति नहीं हो सकती, जब तक कुछ लोगों को नाराज करने की क्षमता आपमें न हो। चाहे वे आर्थिक सवाल हों, चाहे वे सामाजिक सवाल हों, दोनों सवालों पर हम कुंठा के युग से गुजर रहे हैं। इस कुंठा को तोड़ने के लिए कुछ लोगों को झकझोरना पड़ेगा। उनका गुस्सा भी मोल लेना पड़ेगा। यह क्षमता बहुत कम लोगों में होती है। इसके लिए व्यक्ति को संघर्षों से गुजरना पड़ता है। आचार्य नरेन्द्र देव ने 'संघर्ष' के लिए एक लेख लिखा था कि 'शुभ-अशुभ जीवन का ताना-बाना है, ऐसा ही जीवन प्रकृति ने हमें दिया है। शुभ की शक्तियाँ विजयी हों और अशुभ की शक्तियाँ पराभूत हों, इसके लिए मानव प्रयास निरंतर चल रहा है। इसमें सतत संघर्ष चल रहा है।' यही संघर्ष राजनीति में काम करनेवालों की पाठशाला है। जो इस पाठशाला से निकलता है, वही नए समाज को बनाता है। जो संघर्ष की राजनीति से नहीं गुजरा, वह कल की राजनीति को समता के समाज की ओर ले जाने का काम नहीं कर सकता है। यह शाश्वत सत्य है।

1984-85 के बाद विरोध पक्ष का रवैया अजीब हो गया है। विपक्ष के मुख्यतः दो काम हैं–पहला, सत्ता पक्ष की कमजोरियों और राष्ट्र के समक्ष मौजूदा समस्याओं को 'हाइलाइट'

करना। दूसरा, समस्याओं के वैकल्पिक समाधान देना। दूसरा काम क्यों बंद हो गया है ?

दो वजहों से बंद हो गया है—पहले सत्ता पक्ष में, चाहे वह कितना ही गया-गुजरा था, उसमें समस्याओं और नीतियों को लेकर आंतरिक विवाद होते थे। इमर्जेंसी से पहले, चाहे कम आवाजें हों या कमजोर आवाज हो, पर मौलिक सवालों पर सत्ता पार्टी के अंदर विवाद उठता था। स्वाभाविक रूप से यह लोगों तक समाचार-पत्रों के माध्यम से जल्दी पहुँचता था, क्योंकि उसका प्रचार ज्यादा होता है। सरकारी पार्टी में यह प्रथा एकदम समाप्त हो गई। दूसरी ओर, विरोधी दलों में भी ये प्रवृत्तियाँ गायब होने लगीं। कुछ जगह तो हम सरकार ही चलाने लगे। वहाँ हमारी मनोवृत्ति भी सत्ताधारी पार्टीवाली हो गई। इधर पिछले कुछ दिनों में जो कुछ हुआ, उसमें मौलिक सवालों को भुलाकर ही कुछ लोग विपक्ष के नेता हो सकते थे। यह स्थिति इनके लिए मजबूरी भी हो गई। अगर मौलिक सवालों को उठाएँगे, तो आज बहुत-से विपक्षी नेताओं के पास कहने के लिए कुछ भी नहीं है। क्योंकि उन मौलिक सवालों पर वे लोगों के सामने अपना एक चेहरा रख चुके हैं। उस चेहरे को मिटाकर एक नया चेहरा प्रस्तुत करना उनके लिए संभव नहीं है। उनके मन में हिचक है। अगर हम भूल करते हैं और भूल करके उसे स्वीकार करते हैं और समझ जाते हैं कि वह भूल थी, (तो) अपने को बदल सकते हैं। लेकिन भूल को हम उस समय की सफलता और भूल के परिमार्जन के ठीक विपरीत चेहरा दिखाकर आनेवाले दिनों की सफलता चाहें, तो दोनों में कोई तारतम्य नहीं है। इसी कोशिश से विसंगतियाँ पैदा होती है। भूल सबसे होती हैं। भूल का परिमार्जन हो सकता है, तभी जब हम मानें कि भूल हुई, भूल को स्वीकार करके नए परिवेश और नए मूल्यों को ग्रहण करें। लेकिन हम यह कहें कि पुरानी बात भी सही और आज की बात भी सही है, तो यह घपला ज्यादा नहीं चलता।

प्रारंभ से आपकी छवि एक संघर्ष करनेवाले राजनेता की रही है। चाहे तब, जब आप प्रसोपा में थे, या बाद में कांग्रेस में पहले सिंडीकेट के खिलाफ और बाद में श्रीमती गांधी से जूझते हुए, या अब विपक्ष की नई सामंती संस्कृति को ललकारते हुए; पर आप किस तरह की और कैसी पार्टी चलाना पसंद करेंगे ?

सरकारी पार्टी इस स्थिति को प्राप्त हो गई है कि यह कहना बड़ा अजीब लगता है कि चलो, साधारण राजनीति चलती रहे, क्या फर्क पड़ता है हार-जीत से ! जनमानस में यह बात बैठ गई है कि यह सरकार जानी चाहिए। मैं ऐसा मानता हूँ, इस माँग को नजरअंदाज करना सही कदम नहीं होगा। मैं यह भी मानता हूँ कि आज की सरकार को उसके नेता जिस तरह चलाना चाहते हैं, उससे वे न तो खुद चला सकेंगे और न ही समाज को इस लायक छोड़ेंगे कि कोई दूसरा भी उसे चला सके, चाहे ढर्रा भी वही रखे। आज की सरकार जाने-अनजाने बिखराव की ताकतों को बढ़ा रही है। चाहे वह सिख-हिंदू का सवाल हो, चाहे हिंदू-मुसलमान का सवाल हो या गरीबी का सवाल हो, चाहे आंचलिक विषमता का सवाल हो, चाहे हरिजन-आदिवासियों की उभरती आकांक्षाओं का सवाल हो। सरकार इनसे ध्यान बँटाकर भावनाएँ उभारना चाहती है। इस सरकार को हटाना पहली प्राथमिकता है।

मेरे सामने एक और सवाल है। विरोध किसका ? विरोध करने के लिए भी व्यक्ति चाहिए, जो व्यक्ति आपके सामने तर्कों के आधार पर कोई बात करने को तैयार न हो, आपके

सामने हर सवाल पर हरदम 'जी हाँ' कहनेवाले का विरोध करना किसी भी शौर्यवाले पुरुष के लिए संभव नहीं है। विरोध तो उसका करें, जो प्रतिरोध रखता हो, जो सवालों के ऊपर विवाद उठा सके। जो हर सवाल पर सहमति जाहिर कर दे, ऐसे कायर का विरोध कैसे किया जाए, मैं नहीं जानता। आपके सामने हर बात में हाँ में हाँ मिलाए और पीठ पीछे पलट जाए, ऐसे व्यक्ति का विरोध करना भी असभ्यता की बात करना होगा। मैं एक उदाहरण दूँ। जब यह दस्तावेज बन रहा था, तब बंगलूर में हमारी बात चली कि कोई नहीं मानेगा, विवाद होगा। हमने जब उस दस्तावेज को लिखा, तो एक सवाल पर किसी ने प्रतिरोध नहीं किया। मैं किससे लड़ता ? दिक्कत हमारे देश में यह है कि वह दस्तावेज तो अखबारों की दृष्टि में गौण बन गया। अब जनता दल की व्याख्या इस पर होने लगी कि चन्द्रशेखर और हेगड़े, चन्द्रशेखर और वी.पी. सिंह, अजीत सिंह और देवीलाल के आपस में संबंध क्या हैं। अगर राजनीति की व्याख्या इस तरह होती कि जो दस्तावेज स्वीकार हुआ था, जिसके आधार पर जनता दल बना, उसके आधार पर व्यक्तियों का आकलन करने लगें, तो व्यक्तियों को समझना आपके लिए भी आसान हो जाए और फिर कटुता भी नहीं आती।

मेरी मुश्किल यह है कि अखबारवाले कुछ भी लिखें, पर मैंने राजनीति को व्यक्तिगत आधार पर कभी नहीं देखा। व्यक्तियों के बारे में मेरी जो राय है, वह अपनी जगह है। उसकी सीमा भी वही है। लेकिन राजनीतिक सवालों की व्याख्या करते समय मैं ऐसा मानता हूँ कि नीतियों-कार्यक्रमों की चर्चा ज्यादा होनी चाहिए। मेरी यह समझ में नहीं आता कि जो व्यक्ति नीतियों-कार्यक्रमों पर कोई राय ही न रखता हो, उससे कैसा विवाद हो सकता है ? पहले राजनीतिक विवाद होते थे। हम एक राय रखते थे, तो दूसरा दूसरी राय रखता था। आज मैं एक बात आपसे कहूँ, आप तत्काल कहें—ठीक है, भाई साहब, पर कल उसके विरुद्ध आचरण करें, तब एक ही बात रह जाती है कि कहें कि आप अवसरवादी हैं। जनता दल को बनाने की आधारशिला तो वह दस्तावेज है, जिसे हम सबने स्वीकार किया। अगर आप इसी पर बहस चलाएँ तो चीजें स्पष्ट हो जाएँ। इमर्जेंसी के बारे में उसमें स्पष्ट रूप से लिखा गया है कि जनता दल की क्या नीति होगी। अब आप जनता दल के नेताओं से पूछिए कि इस बारे में आपको क्या कहना है। मल्टीनेशनल्स का सवाल है। इस पर पूछिए कि आपकी क्या मान्यता है। भ्रष्टाचार का सवाल है। मैंने कहा कि भ्रष्टाचार आसमान से नहीं गिरता है। भ्रष्टाचार समाज की परिस्थितियों की देन है। दुनिया में जहाँ-जहाँ बहुराष्ट्रीय कंपनियाँ गईं, वहाँ भ्रष्टाचार बढ़ा। भारत उसका अपवाद नहीं हो सकता है। यह संभव नहीं है कि भारत में बहुराष्ट्रीय कंपनियाँ भी आएँगी, उसका स्वागत भी करेंगे और भ्रष्टाचार का विरोध भी करेंगे। यह असंगत बात है। कोई इन सवालों पर जनता दल में बहस चलाए, तो हम बहस चला सकते हैं। कौन प्रधानमंत्री बनेगा, कौन अध्यक्ष, कौन अच्छा, कौन बुरा, इसमें मेरी कोई दिलचस्पी नहीं है।

पर यह बात कही ही जा रही है कि चंद्रशेखरजी तो जनता दल में पहले ही दिन से एडजस्ट नहीं कर पाए हैं ?

पता नहीं क्यों ! हाँ, यह बात सही है कि जनता दल जैसे बना था, उसमें मुझे कोई ज्यादा उत्साह नहीं था। यह मैंने छिपाया भी नहीं। मैंने यह भी कहा था कि जैसे इसे बना

रहे हो, उससे मुझे भय लगता है कि सफल हो पाएगा या नहीं। मैंने यही कहा कि मित्र एक प्रयोग कर रहे हैं। यह सफल हो, मेरा साधुवाद इसी में है। मैं इसमें कोई अड़चन नहीं डालूँगा, पर मैं इसकी कोई जिम्मेदारी लेने को भी तैयार नहीं हूँ, क्योंकि दूसरे भी नहीं चाहते थे कि मैं कोई जिम्मेदारी लूँ। मैंने अपने को अलग कर लिया, तो एडजस्ट होने का क्या सवाल ! उन्होंने बड़ी कृपापूर्वक मुझे संसदीय बोर्ड का सदस्य बनाया, मैं तो दो मीटिंगों में भी नहीं गया। मुझे कोई शिकायत भी नहीं थी कि किसको कहाँ पदाधिकारी बनाया जाए।

पर मीटिंगों में क्यों नहीं गए ?

मीटिंगों में इसलिए नहीं गया, क्योंकि एक, मैं बीमार था। दूसरे, मैं कार्यक्रम में लगा हुआ था। अगर मैं जाता, तो अपनी बात भी कहता। मैं अपनी बात कहूँगा, कोई अस्वीकार नहीं करेगा और स्वीकार करके कोई मन में गुरेज रखे रहे, तो इससे लाभ क्या है ! मेरी कोई नाराजगी ही नहीं है। नाराजगी भी किसलिए हो ? चुनौती भी किसको दूँ ? चुनौती देने लायक मैं किसी व्यक्ति को मानता नहीं हूँ। हाँ, मैं यह समझता हूँ कि एक अवर्णनीय या एक अजीब तरह का प्रयास हमारे मित्र कर रहे थे, मैं इसे दूर से देख रहा हूँ। सफल हो जाए, अच्छा है।

क्या आपको लगता है कि सफल होगा ?

सफल हो सकता है, पर उसके लिए हम सबको बदलना पड़ेगा। पुराने आधार पर राजनीति चलाने की कोशिश, जिस आधार पर आज तक सफलता मिली है, अब सफल नहीं होगी। मैं किसी भी बैठक में ऐसी जगह नहीं जाता हूँ, जहाँ मैं अपने विचार न रखूँ। अगर जाऊँगा, तो अपनी बात कहूँगा। कुछ लोगों को अगर मेरी बात से परेशानी होती है, तो उन्हें परेशान नहीं करना चाहता।

लेकिन जनता दल में ही कहा जा रहा है कि रघुनाथ झा को इसलिए हटाया गया, क्योंकि कुछ नेता अपनी शक्ति का प्रदर्शन करना चाहते थे और इसी के 'प्रोटेस्ट' में आप बंगलूर नहीं गए।

यह बिलकुल गलत बात है। रघुनाथ झा को किसलिए हटाया गया, यह तो वे लोग ही जानें, जिनकी शक्ति के बारे में बात कही जाती है। बंगलूर में पदाधिकारियों का सम्मेलन था। संसदीय बोर्ड के सदस्य केवल आमंत्रित थे। मैंने भारत-यात्रा केंद्र में पहले से गाँववालों के साथ एक कार्यक्रम रखा हुआ था। अगर मेरा जाना नितांत आवश्यक होता या संसदीय बोर्ड की ही बैठक होती, तो जाता। लेकिन किसी समारोह में दर्शक या सहयोगी बनकर जाने को मैं कोई लालायित नहीं रहता। मैंने काफी प्रदर्शन और समारोह देखे हैं। मेरी आवश्यकता नहीं थी, इसलिए नहीं गया। रघुनाथ झा हटाये जाते या नहीं, दोनों स्थितियों में मेरे जाने का निर्णय हमारे नेताओं को मालूम था।

लेकिन मुझे किस बात की शक्ति दिखाई जा रही है ? शक्ति दिखाकर अपने लिए समस्या पैदा करना जनता दल के लिए अच्छी बात नहीं है। इससे शक्ति नहीं दीखती। मानी हुई नीतियों और परंपराओं के विपरीत काम करके आप अपनी कमजोरी दिखाते हैं, न कि

बल। शक्ति तो तब होती, जब उसी दिन रघुनाथ झा को अध्यक्ष नहीं बनाए होते। रघुनाथ झा को बनाने के लिए मैंने किसी से नहीं कहा, सिवाय इसके कि जब सलाह माँगी गई, तो मैंने अपनी राय जरूर दी थी। इसे मैं छिपाता नहीं हूँ। श्री विश्वनाथ प्रताप सिंह ने कहा कि बिहार के बारे में राय ली जाए और जब मुझसे पूछा, तभी मैंने रघुनाथ झा का नाम लिया। उन्होंने सबसे अलग-अलग राय ली। संसदीय बोर्ड की बैठक में कभी भी रघुनाथ झा के नाम पर कोई बहस नहीं हुई। उस दिन वे बोले कि दूसरे दिन बताएँगे, दूसरे दिन भी मैंने उनसे एक शब्द नहीं पूछा। मंजेलालजी ने, मुलायम सिंहजी ने, देवीलालजी ने पूछा कि बिहार का क्या हुआ। तब उन्होंने कहा कि बहुमत रघुनाथ झा के पक्ष में है। कुछ लोग रामसुन्दर दास को चाहते हैं। मैं तब भी चुप रहा। सभी लोगों ने कहा कि इस नाम की घोषणा कर दीजिए। उस पर वे बोले कि हरिजन बनाना है, मुसलमान बनाना है, आदिवासी बनाना है। तब मैंने हँसते हुए कहा कि यह सिद्धांत 13 राज्यों में याद नहीं आया, बिहार में ध्यान आया ? अगर बनाना था, तो पहले ही दिन निर्णय कर लिए होते, फिर राय लेने की क्या जरूरत थी ? अगर राय ले ली है और स्वयं कहा कि बहुमत की राय यह है, तो इसकी घोषणा तो आपको करनी ही पड़ेगी। मैंने तो उनसे कुछ नहीं कहा। उनकी बहस तो देवीलालजी से हुई। बाहर भी चले गए। मेरी वजह से तो वे कभी बाहर नहीं गए...अब मैं किसे सफाई दूँ ? पर एक बात है, जब नाम की घोषणा कर दी, उसके बाद ऐसे हटाना सही नहीं है।

लेकिन पार्टी के संविधान में ऐसा कोई प्रावधान है कि संसदीय बोर्ड का फैसला अध्यक्ष बदल सकता है ?

मेरे खयाल से तो नहीं है। संविधान तो है जनता दलवाला।

अभी से यह रुख है, तो आगे सत्ता में आने पर आपकी पार्टी क्या करेगी ?

इस रुख से पार्टी सत्ता में नहीं आ सकती है। इसलिए वो संकट कोई आनेवाला नहीं है।

अँगरेजी के एक वरिष्ठ संपादक लगातार यह लिख रहे हैं कि चन्द्रशेखर को सबक सिखाना चाहिए और उन्हें पार्टी से निकाल देना चाहिए क्योंकि चन्द्रशेखर कांग्रेस से मिले हैं और पार्टी तोड़ना चाहते हैं।

जिन्हें आप वरिष्ठ कहते हैं, उन्हें मैं भी जानता हूँ। मैं उनके बारे में व्यक्तिगत रूप से कुछ नहीं कहना चाहता। उन्होंने कभी सत्ता के गलियारे में जाकर सहायता प्राप्त करने की कोशिश की थी। मैं कांग्रेस के पक्ष में हूँ या विपक्ष में हूँ, मुझे यह सर्टिफिकेट देनेवाला इस देश में कोई नहीं है। अगर कोई सर्टिफिकेट देता है, तो उसे मैं महत्त्व दूँ, यह मेरे लिए असंभव बात है। खास कर उन लोगों को मैं महत्त्व नहीं देता, जो राजीव गांधी की भूरि-भूरि प्रशंसा कर चुके हैं। ये लोग क्षणे रुष्टा क्षणे तुष्टावाले लोग हैं। मैं व्यक्तिगत लाभ या व्यक्तिगत प्रशंसा या प्रशस्ति की दृष्टि से न राजनीति को देखता हूँ और न ही करता हूँ। मैंने न कभी राजीव गांधी को गाली दी है और न ही कभी प्रशंसा की है। मैं राजीव गांधी का नहीं, राजीव गांधी की राजनीति का विरोधी हूँ। उन्होंने हमें मुस्कुराकर देख लिया, तो

उनका प्रशंसक हो गया; अगर गुस्से से देखा, तो मैं उनका विरोधी हो गया, यह काम संपादक लोग करते होंगे, मैं नहीं। या यह काम राजनीति में काम करनेवाले वे नेता करते होंगे, जिन्हें उनमें कभी नेहरू दिखाई देते हैं, कभी गांधी, तो कभी कृष्ण दिखाई देते हैं। मुझे राजीव गांधी पहले ही दिन अपने सही रूप में दिखाई पड़े, उसी रूप में आज दिखाई पड़ते हैं। मुझे कोई परिवर्तन नहीं दिखाई पड़ा। मैंने कभी भी राजीव गांधी की कोई व्यक्तिगत आलोचना नहीं की। जब भ्रष्टाचार की भी चर्चा होती है, तो उसकी भी चर्चा मैं राजीव गांधी की सरकार के भ्रष्टाचार के रूप में करता हूँ। मैं राजनीति में इसे सबसे बड़ा अपराध मानता हूँ कि सरकार में साथ रह करके तो भ्रष्टाचार से स्वयं को मुक्त मानें और दूसरे को भ्रष्टाचारी बताएँ। इससे बड़ा अवसरवाद दुनिया में और कोई नहीं हो सकता है। संसदीय जनतंत्र की सारी मान्यताओं और परंपराओं के विरुद्ध आचरण है यह, ऐसा भारत में ही संभव है। अगर सही मायने में संसदीय जनतंत्र को माननेवाले लोग होते, तो ऐसे व्यक्तियों को राजनीति में कोई महत्त्व नहीं मिलता। लेकिन अपने देश में ऐसों को महत्त्व दिया जाता है। ऐसे सम्पादकों और राजनेताओं को मैं कोई महत्त्व नहीं देता।

इन लोगों ने तो यह भी कहा है कि जब बंगलूर की बैठक चल रही थी, तब आप बंबई में अंबानी से मिल रहे थे ?

इसकी कहानी भी सुन लीजिए। प्रभाकर मेहता ने मुझे फोन किया कि वे बहुत परेशान हैं और बड़ी कठिनाई में हैं। मैंने पूछा, क्या बात है ? उन्होंने कहा कि उन्हें धमकियाँ दी जा रही हैं। प्रभाकर मेहता को मैं बहुत दिनों से जानता हूँ, भले आदमी हैं। जयप्रकाश नारायण के अत्यंत निकटस्थ व्यक्तियों में से थे। जिस समय जेपी जेल से छूटकर जसलोक अस्पताल गए, वे पहले व्यक्ति थे, जिन्होंने उनकी सेवा का भार लिया और अंतिम दिनों तक वहाँ पर रहे। जिस निष्ठा और लगन के साथ उस आदमी ने सेवा की, कम लोग ऐसे होंगे। आपने देखा होगा कि उनके पास जयप्रकाशजी के कितने पत्र हैं। आपके अनुराग चतुर्वेदी ने ही एक दिन 20-25 पत्र देखे हैं। (साथ बैठे अनुराग चतुर्वेदी 'हाँ' बोलते हैं)। तभी मैंने प्रभाकरजी से कहा कि परेशानी की क्या बात है, कोई धमकी देता है, तो मैं यहाँ (बंबई में) लोगों से कहता हूँ, डरने की क्या बात है ! दूसरे दिन मैंने उनको फोन किया, तो वे फिर बोले कि 'आप ही जानते हैं कि हमारे जेपी से कैसे रिश्ते थे और मेरे आपसे कैसे रिश्ते हैं, मैं उसी आधार पर कहता हूँ कि आप मेरी मदद कीजिए, अन्यथा मेरा बड़ा अनफल हो जाएगा।' मुझे अहमदाबाद जाना था। मैंने अंतिम क्षणों में तय किया कि मुझे बंबई होते हुए अहमदाबाद जाना चाहिए। मैं बंबई एयरपोर्ट से सीधे मेहताजी के घर गया। वहाँ से अनुराग को फोन किया, पर वे नहीं मिले। तब प्रभाकरजी से लंबी बात की। उसका जिक्र मैं अभी नहीं करना चाहता। मैंने उनके तमाम अन्य कागजों और दस्तावेजों को देखा। वहाँ से मैं रिट्ज होटल गया, जहाँ मैं ठहरता हूँ। वहाँ मुझसे चन्द्रास्वामी के सचिव मिले। उन्होंने कहा कि स्वामीजी आपसे मिलना चाहते हैं, कब मिलें ? मैंने कहा कि मेरे पास अभी समय नहीं है। मैं जयन्त मल्होत्रा के घर जा रहा हूँ। वहाँ से मुझे बड़ी सुबह अहमदाबाद जाना है। उन्होंने कहा कि स्वामीजी दो मिनट बात करना चाहते हैं, तो मैंने कहा, चलिए, मैं ही स्वामीजी के होटल होते हुए निकल जाऊँगा। उसी समय एक पत्रकार ने मुझे फोन किया।

मैंने कहा, कहिए। उन्होंने जेपी के पत्र के बारे में मेरी राय पूछी। मैंने कहा कि मेरी कोई राय नहीं है। मैं चन्द्रास्वामी के पास 10-15 मिनट रहा। वे ओबेराय होटल में ठहरे थे। मेरे पास गाड़ी नहीं थी, तो उनके सेक्रेटरी मुझे बाहर गाड़ी तक छोड़ने आए, तो छाप दिया कि मेरी मुलाकात अंबानी से हुई। बड़ी चर्चा हुई। बाद में देवीलालजी, मैं और चन्द्रास्वामी साथ-साथ सफर कर रहे थे। हम लोग अहमदाबाद एयरपोर्ट पर मिल गए। लाउंज में। देवीलालजी ने कहा कि ऐसा-ऐसा छपा है। स्वामीजी ने कहा, सब गलत है। मैंने कहा कि स्वामीजी, हम और आप मिले थे। वे बोले कि अंबानी का नाम है। देवीलाल भी बोले कि अंबानी का नाम छपा है। मैंने कहा कि यह सवाल अंबानी से पूछिए। बेचारा राजीव गांधी का दोस्त है। उसे क्यों झूठमूठ परेशानी में डालें ? वहाँ से मारा जाएगा। पर ऐसी बातों से राजनीति का कोई फायदा नहीं होनेवाला है। अगर ये ऐसा सोचते हैं, तो गलतफहमी में हैं। मैं रामनाथ गोयनका से मिलता हूँ, तो कोई परेशानी नहीं ! मान लो, मैं अंबानी से मिला भी तो क्या पाप होता ? यह बात ही मेरी समझ में नहीं आती। रामनाथजी के साथ तो मैं पिछले महीने घंटों था, तब ? तब उन्हीं के अखबार ने कहीं नहीं छापा। मैं उन्हीं से मिलने बंबई गया था, क्योंकि उनकी तबीयत खराब थी। इंडियन एक्सप्रेस इतनी सौजन्यता ही दिखाता कि छाप देता, चन्द्रशेखर रामनाथ गोयनका की मिजाजपुरसी के लिए ही बंबई आए। ये लोग ऐसे दाँवपेंच औरों के साथ चलाएँ, तो सफलता मिलेगी, मुझ पर कोई असर नहीं होगा।

पर जेपी के पत्र पर जो विवाद है कि वी.पी. सिंह पर उन्होंने टिप्पणी की या नहीं, उस पर आपका क्या कहना है ?

यह पत्र सही है। अब मैं आपको बताता हूँ। दिल्ली का एक हिंदी दैनिक है। एक दिन वह छापता है कि अब्राहम (जेपी के सचिव) चन्द्रशेखर के दोस्त हैं, पक्ष में हैं, उससे उन्होंने पत्र लिखवा लिया था। अब देखिए, यह पत्र है, 1975 के दिसंबर का। चन्द्रशेखर थे उस समय 'सोलिटरी कंफाइनमेंट' में; चन्द्रशेखर की पूर्ण नजरबंदी थी। शुरू के तीन-चार महीनों तक घर के लोग भी नहीं मिल पाते थे। उसके बाद सिर्फ मेरा छोटा भाई मुझसे मिल पाता था जिसका अब्राहम से कोई ताल्लुक नहीं था। मैं तब जेल से पत्र लिखवाता हूँ विश्वनाथ प्रताप के बारे में, जो इस अखबार के ही अनुसार, उस समय कुछ भी नहीं थे। यानी 1975 में मैंने अब्राहम से कह के एक जाली पत्र लिखवाया—(मानो) मैं नजूमी भी हूँ—ताकि जब कांग्रेस से निकाले जाने के बाद 1989 में वह जनता दल के अध्यक्ष होंगे, तब इस्तेमाल कर सकूँ। दूसरे ही दिन यह अखबार अब्राहम का बयान छापता है कि यह पत्र सही नहीं है। यह अखबार किस दिन झूठ छाप रहा था ? इस गैरजिम्मेदारी पर मैं तो कुछ कह नहीं सकता, क्योंकि आप लोगों को पूरी आजादी है।

अगर इस पत्र की सत्यता की जाँच के लिए एक ज्युडिशियल कमेटी बैठ जाए, तो ठीक नहीं होगा ? हरिकेश बहादुर ने भी यही माँग की है।

किस बात की कमेटी ? क्या ये एक भी कांग्रेसी का नाम बता सकेंगे, जिसने 1975 से '77 तक जयप्रकाश नारायण की प्रशंसा में एक भी शब्द कहा हो ? और उस समय कौन

कांग्रेसी ऐसा नहीं था, जो जेपी को फासिस्ट नहीं कहता था ? जेपी को फासिस्ट कहे बिना, उस समय की कांग्रेस में किसी को कोई ओहदा नहीं मिल सकता था। जिन लोगों ने ऐसा कहना अस्वीकार किया, उन्हें अपने-अपने पद छोड़ने पड़े। डॉ. सरोजनी महिषी भारत सरकार में राज्यमन्त्री थीं। हेमवतीनन्दन बहुगुणा की चीफ मिनिस्ट्री इसलिए गई और सरोजिनी महिषी की मिनिस्ट्री इसलिए गई कि ये लोग जयप्रकाश नारायण को गाली देने को तैयार नहीं थे। मैं एक बात और कहता हूँ। इन लोगों को ध्यान में रखना चाहिए कि इन लोगों ने उस समय बहुत भाषण दिए थे। पत्र से इनकार कर सकते हो, पर भाषणों की कतरनें जब आने लगेंगी, तब कितनी जगह इनकार करोगे ? आप लोगों से मैं कहूँगा कि सब नेताओं के भाषण इमर्जेंसी के जमाने के, आप छाप दें, तो यह विवाद अपने आप ही शांत हो जाएगा।

आपमें और वी.पी. सिंह के बीच असली समस्या क्या है ?

वी.पी. सिंह ने आज तक मुझसे न कुछ कहा है, न ही मेरी किसी बात से असहमति जताई है। इसलिए मेरा वी.पी. सिंह के प्रति न कोई गुस्सा है और न ही कोई दुराव। उनके कुछ समर्थक जो यह समझते हैं कि मुझे समाप्त किए बिना वी.पी. सिंह का व्यक्तित्व उजागर नहीं होगा, अखबारों में निरंतर मेरे विरुद्ध कुछ-न-कुछ छपवाते रहते हैं और शायद वी.पी. सिंह भी इनको अपना मान करके चुप रह जाते हैं। पर मेरी कोई शिकायत नहीं है। जो लोग यह काम कर रहे हैं, उनके प्रति मेरा वही विचार है, जो उनका मेरे प्रति है।

यह माना जा रहा है कि जनता दल जब चुनाव जीत जाएगा, तो उसके बाद प्रधानमंत्री पद के लिए वी.पी. सिंह को सिर्फ चन्द्रशेखर ही चुनौती देनेवाले हैं, इसीलिए आपको अभी डेमोलिश करके हाशिए पर कर दिया गया है ?

मैं तो खुद ही हाशिए पर हूँ। अजीब हालत है। मैं कहता हूँ, मैं सक्रिय नहीं हूँ। दूर रहता हूँ। तब कहते हैं कि सहयोग नहीं करता हूँ। मैं न कमेटियों-मीटिंगों में जाता हूँ और न ही किसी से यह कहने जाता हूँ कि फलाँ को पदाधिकारी बनाओ। तब भी उनको शिकायत है। उसे हाशिए पर रखने की कोशिश करो। जो बीच में आने की कोशिश कर रहा हो। मैं इन लोगों की शक्ति को अक्षुण्ण रखना चाहता हूँ। इनकी शक्ति का अपव्यय न हो, इनकी सारी शक्ति राजीव गांधी की सरकार हटाने में लगे, इसके लिए मैं खुद हाशिए पर हूँ। इसके लिए इन मित्रों को कष्ट करने की कोई आवश्यकता नहीं है।

यह कहा जा रहा है कि चन्द्रशेखरजी या तो जनता दल स्वयं छोड़ दें या ऐसी परिस्थितियाँ पैदा कर दी जाएँगी, जिससे उन्हें पार्टी से एक्सपेल होना पड़े ?

अच्छा है, मैं तो पार्टी छोड़नेवाला हूँ नहीं।

मान लीजिए, आपको जनता दल से एक्सपेल कर दिया, तो ?

मान. लो, कर दिया, तो क्या कर सकता हूँ ? इंदिरा गांधी ने हमें कांग्रेस से एक्सपेल कर दिया था, तो क्या घर थोड़े ही बैठ गए थे ?

अंतिम सवाल। आप लोग 13 जून को जो सम्मेलन करने जा रहे हैं...

(सवाल काटकर) हम नहीं करने जा रहे हैं। पता नहीं कौन करने जा रहा है और क्यों करने जा रहे हैं ! मैंने भी सुना कि साधारण सदस्यों का सम्मेलन है। हमने कहा कि भाई, कोई बात समझ में नहीं आई। जब बंगलूर में स्थापना सम्मेलन हो गया, तब जनता पार्टी का कैसा सम्मेलन ? किसी कानूनी राय पर यह सम्मेलन हो रहा है, पर राजनीतिक दृष्टि से यह कानूनी राय मुझे गलत मालूम पड़ती है। जब हम स्वयं को जनता दल कह रहे हैं, तब राजनीतिक नैतिकता के नाते हमें जनता पार्टी का सम्मेलन नहीं बुलाना चाहिए।

रविवार, 11-17 जून, 1989

जनता पार्टी राजीव गांधी और बरनाला के कार्यों का समर्थन नहीं करेगी

तुषार भट्ट की बातचीत

पिछले तीन या छह महीने की तुलना में आज पंजाब की स्थिति आपकी नजर में कैसी है ?

स्थिति रोज बिगड़ रही है। मुझे लगता है कि पंजाब समस्या के समाधान के लिए और प्रयासों की जरूरत है। यदि आप इसे कानून एवं व्यवस्था की समस्या मानते हैं, तो आप निश्चित रूप से गलत नतीजे पर पहुँचेंगे। यह गलत है या सही, इसका निर्धारण किए बगैर मैं कह रहा हूँ कि सिख धर्म की कुछ निश्चित परंपराएँ हैं। यदि उन परंपराओं पर आघात किया जाएगा, तो मानवीय संवेदनाओं को ठेस पहुँचेगी और मैं मानता हूँ कि पंजाब में मानवीय संवेदनाओं को ठेस पहुँच रही है। हमें उनकी भावनाओं को समझने का प्रयास करना चाहिए।

मैं हार्डकोर आतंकवादियों के बारे में नहीं कह रहा हूँ। उनकी संख्या बहुत कम है, लेकिन आम सिख समुदाय इन सब गतिविधियों से अलग है। यदि आप इस आधारभूत वास्तविकता को नहीं समझ पा रहे हैं, तो आपके कार्यकलापों का जनता पर कोई असर नहीं पड़नेवाला और आपके प्रयासों से आतंकवाद की समस्या का कोई हल नहीं निकलेगा।

पंजाब में चले सर्वदलीय प्रचार से जनता पार्टी ने अपने को अलग क्यों कर लिया ?

जनता पार्टी ने स्वयं को अलग नहीं किया। मैं नहीं जानता कि इस तरह की भावना कैसे बनी ? मेरी यह सोच थी कि इस तरह के प्रचार से वांछित नतीजे तक नहीं पहुँचा जा सकता। लेकिन जनता पार्टी संसदीय दल को एक आमंत्रण दिया गया और तब पार्टी ने प्रचार-अभियान में शामिल होने का निर्णय लिया। जब मधु दंडवते ने मुझसे इस बारे में पूछा तो मैंने उन्हें प्रचार-अभियान में शामिल होने का सुझाव दिया, क्योंकि किसी भी प्रयास में सहयोग करना चाहिए ताकि समस्या के समाधान की दिशा में और आगे बढ़ा जाए।

सुरेन्द्र मोहन को चंडीगढ़ में होनेवाली पहली बैठक में जाने को कहा गया। वहाँ भाषणों का सारांश यह था कि बरनाला ही पंजाब के इकलौते योद्धा थे। प्रधानमंत्री के साथ विपक्ष की संयुक्त बैठक में केवल आतंकवाद और हिंसक गतिविधियों पर ही बातचीत करने का निर्णय लिया गया, क्योंकि बहुत सारे मुद्दों पर बहुत सारी विपक्षी पार्टियाँ राजीव गांधी और बरनाला से आँख से आँख मिलाकर बात करने की स्थिति में नहीं थीं।

दूसरा कारण यह था कि सुरेन्द्र मोहन की वहाँ मौजूदगी के बावजूद स्थानीय जनता पार्टी की सरकार ने वहाँ आने का निमंत्रण नहीं दिया था। नतीजतन, सुरेन्द्र मोहन ने एक पत्र

प्रेषित कर यह कहा कि इस तरह के प्रयासों से समस्या का समाधान नहीं हो सकता, क्योंकि स्थानीय इकाई से संपर्क नहीं किया गया।

इसके बाद दंडवते से बूटा सिंह ने संपर्क किया तो उन्होंने कहा कि वे बैठक में शामिल हो सकते हैं और उन्हें बुलाया जाना चाहिए। चूँकि उन्होंने उन्हें आमंत्रण नहीं भेजा, इसलिए वहाँ जाना संभव नहीं है। दिल्ली से किसी आदमी को वहाँ नहीं जाना चाहिए—जो अन्य पार्टियाँ अपने स्थानीय प्रतिनिधियों के साथ वहाँ मौजूद थीं, उन्होंने इस बात पर कोई आपत्ति नहीं जतायी। लेकिन राष्ट्रीय स्तर पर जनता पार्टी की सहभागिता के बावजूद राज्यस्तरीय नेतृत्व को नहीं बुलाए जाने की बात अच्छी नहीं थी। इन परिस्थितियों में पार्टी का कोई आदमी वहाँ नहीं गया। दूसरी बात यह कि जनता पार्टी राजीव गांधी की पंजाब-नीति का समर्थन नहीं करती। उन्होंने शुरू में ही सब बातों पर पहले से ही अपना मन बना रखा था। जनता पार्टी को यह अधिकार है कि वह किसी भी मुद्‌दे पर सहयोग करने से पूर्व अपनी नीति निर्धारित कर सके—चाहे वह मुद्‌दा हिंसा, आतंकवाद या फिर भय के खिलाफ संघर्ष का हो। इन मुद्‌दों पर हम किसी से भी हाथ मिला सकते हैं, लेकिन वे (श्री गांधी) अपने कृत्यों के लिए जनता पार्टी से क्लीन चिट नहीं पा सकते।

श्री गांधी ने संसद में कहा था कि विपक्ष के पास पंजाब पर कहने के लिए कुछ भी नहीं बचा है, क्योंकि सभी ने इस मुद्‌दे पर सरकार की नीतियों को स्वीकार कर लिया है। यह सत्तारूढ़ पार्टी थी, जो विपक्ष के साथ हुई सहमति का जिक्र कर रही थी। जनता पार्टी ने कभी श्री बरनाला और राजीव गांधी के प्रयासों का समर्थन नहीं किया।

इसका अर्थ तो यह हुआ कि आप राजीव गांधी को पंजाब के आतंकवाद से ज्यादा बड़ी समस्या मानते हैं ?

मैंने यह नहीं कहा कि वे एक बड़ी समस्या हैं, क्योंकि वे मेरे लिए समस्या नहीं हैं। राजीव गांधी इस देश के भविष्य के लिए समस्या हैं। दो बुराइयों की तुलना मुश्किल है। राजीव गांधी एक ऐसे व्यक्ति हैं, जिन्होंने प्रधानमंत्री बनने के तुरंत बाद किसी को विश्वास में लिए बगैर दिल्ली में 3,500 नागरिकों की हत्या का आदेश दिया था। अब दूसरे लोग चाहे जो भी कहें, लेकिन मैं इस बारे में पूरी तरह आश्वस्त हूँ, क्योंकि मैं उस वक्त दिल्ली में था। मैंने उस वक्त लोगों के बीच शांति की स्थापना करने की कोशिश भी की थी।

बाद में श्री गांधी ने बयान दिया कि जब कोई बड़ा पेड़ गिरता है तो इस तरह की घटनाएँ घट जाती हैं। एक आदमी जो इस तरह संवेदनाविहीन हो सकता है, जिसे निर्दोष लोगों के मारे जाने का कोई दुःख नहीं है, उससे भारत जैसे देश की भलाई की उम्मीद नहीं की जा सकती। इस कारण मेरे विचार में राजीव गांधी इस देश के लिए संकट हैं। मैं आतंकवादियों से उनकी तुलना नहीं कर सकता, क्योंकि आतंकवादी कम से कम अपनी जान जोखिम में तो डाल ही देते हैं। राजीव गांधी ऐसा भी नहीं कर सकते।

सर्वदलीय बैठक में भारी भीड़ जमा हुई थी, फिर आपका नजरिया इस तरह का क्यों है ?

मैं भीड़ के बारे में जानता हूँ कि एक लाख, दो लाख जैसी बोली लगाकर भीड़ को सरकार ने किस तरह मैनेज किया। मैंने आपातकाल के पूर्व के दिनों को देखा है और

आपातकाल के बाद के दिन भी देख रहा हूँ। मैंने वहाँ भारी भीड़ देखी है, जहाँ के लोग जनता पार्टी का समर्थन नहीं करते। सत्तारूढ़ दल के द्वारा थोड़े खर्चे से अच्छी भीड़ जमा की जा सकती है।

पर भीड़ से पंजाब समस्या का समाधान नहीं होगा, इसका समाधान आहत लोगों की सहानुभूति और उनके दर्द, उनकी पीड़ा को समझने से होगा। यदि आप भीड़ को उन्मादित करना चाहते हैं, तो आप आतंकवादियों के हाथों में खेल रहे हैं। आप समस्या के समाधान की कोशिश नहीं कर रहे हैं।

आप इस बात की वकालत कर रहे हैं कि जनता के साथ एक संबंध विकसित होना चाहिए, ताकि उनकी संवेदनाओं को समझा जा सके। यदि रैलियों के आयोजन से ऐसा नहीं हो सकता, तो हम इसे कैसे संभव करेंगे ?

आपको यह समझना चाहिए कि आम सिख इस तरह की गतिविधियों में शामिल नहीं है। हार्डकोर सिख ही हिंसक गतिविधियों में शामिल हैं और रैलियों से उन्हें प्रभावित नहीं किया जा सकता। आतंकवादी इस तरह की रैलियों में नहीं आते और न उन नेताओं में उनका विश्वास है, जिन्होंने वहाँ भाषण दिया। कोई भाषण उन पर असर नहीं डालनेवाला।

इस परिस्थिति में आपको परस्पर वार्त्ता करनी होगी। मैंने जो सुझाव दिए हैं, वो नए नहीं हैं। ऐसा लेडिंगा के साथ हो रहा है। भिंड और मोरैना के डकैतों के साथ यही बर्ताव हो रहा है। देश और विदेश की विभिन्न परिस्थितियों में ऐसा हो रहा है।

दूसरी महत्त्वपूर्ण बात यह कि यहाँ एक नई प्रवृत्ति ने जन्म ले लिया है, 'जो हम नहीं चाहते वह राष्ट्रविरोधी कृत्य है।' इस प्रवृत्ति से आम आदमी और भी ज्यादा तटस्थ रहने लगा है। अपनी समझ के मुताबिक हम दूसरे लोगों की देशभक्ति को समझने का प्रयास नहीं कर रहे। जब तक कोई बात नहीं होती, हर आदमी देशभक्त बने रहना चाहता है और हर नागरिक देशभक्त है भी। यदि कुछ लोग गलत रास्ते पर हैं तो मेरी समझ में उन्हें सही रास्ते पर आने के लिए प्रेरित किया जाना चाहिए।

इस बातचीत में भागीदारी के लिए आप किसे आमंत्रित करेंगे ?

जो हमारी मदद कर सके—उन सबको।

विशेष रूप से कौन ?

इसका जवाब मैं नहीं दे सकता। इसका उत्तर सरकार को देना चाहिए, क्योंकि ऐसा कहा जा रहा है कि केवल कुछ सौ या फिर कुछ हजार-दो हजार आतंकवादी हैं। मैं विस्तार से बताने की स्थिति में नहीं हूँ।

लेकिन क्या आप स्पष्ट रूप से दर्शन सिंह रागी को बुलाने की सोच रहे हैं ?

हो सकता है। मैं उन्हें राष्ट्रद्रोही नहीं मानता। वे उतने ही देशभक्त हैं, जितने कि हम लोग।

तब क्या अखिल भारतीय सिख छात्र संगठन के प्रतिनिधि भी... ?

मैं नहीं जानता कि उनकी संरचना क्या है, लेकिन यदि उनका कोई संगठन है, तो उनसे संपर्क स्थापित कर उन्हें बुलाया जाना चाहिए। आप देख रहे हैं कि 'डमडमी टकसाल' या 'सिख कमांडो' जैसे नामों को हम केवल सरकार या समाचारपत्रों के माध्यम से जानते हैं। मैं उनकी वास्तविक मौजूदगी, शक्ति या फिर उनके संगठन की प्रवृत्ति के बारे में नहीं जानता। इसलिए मैं यह नहीं जानता कि वे प्रतिनिधि भेजने की स्थिति में हैं या नहीं।

लेकिन रागी, बादल या टोहड़ा या फिर वैसे लोग, जिनकी पहचान हो चुकी है और जो अपना प्रतिनिधि भेजने की स्थिति में हैं, उन्हें क्यों नहीं बुलाया जा सकता ? लेकिन हम उन्हें वार्त्ता के लिए नहीं बुला सकते और उनके ऊपर राष्ट्रविरोधी होने का ठप्पा भी लगा रहे हैं। मैं हिंसा में संलग्न लोगों से अपील करता हूँ कि उन्हें भी ऐसे मौकों की तलाश करनी चाहिए।

प्रधानमंत्री की जवाबदेही और उनका कर्तव्य यह है कि वे देश के लोगों को जोधपुर की घटना के बारे में बताएँ। मैं वह आदमी नहीं हूँ जिसने उनसे लोंगोवाल की रिहाई का वायदा किया था। मैं यह नहीं कहता कि उन्हें रिहा कर देना चाहिए लेकिन मेरी राय में बहुत सारे निर्दोष नागरिक भी जेलों में बंद हैं और कोई कारण नहीं कि बिना ट्रायल के उन्हें कैद रखा जाए। यदि प्रधानमंत्री के पास जायज कारण हैं तो क्या यह उनका दायित्व नहीं कि वे इस मुद्दे पर राष्ट्र की जनता को विश्वास में लें, या कम से कम बरनाला को विश्वास में लें ? केवल आंतकवादी ही उनकी रिहाई की माँग नहीं कर रहे, श्री बरनाला भी हर दिन यह माँग दुहरा रहे हैं।

आप जानते हैं कि परिस्थितियाँ कैसे बिगड़ती हैं। हमें अकाली दल के चरित्र की जानकारी है। यह 1920 में अस्तित्व में आया। इसके संविधान के मुताबिक केवल सिख ही इस संगठन के सदस्य बन सकते हैं। उन्होंने स्वतंत्रता की लड़ाई लड़ी है। आपातकाल के विरुद्ध अठारह महीनों तक उन्होंने सत्याग्रही जत्था भेजा था। जनता पार्टी की उनके साथ केंद्र और राज्य में साझा सरकार थी। एक या दो बार कांग्रेस ने भी उनसे समर्थन लिया है। उसी अकाली दल के अध्यक्ष से श्री गांधी ने एक समझौते पर हस्ताक्षर किया था। ऐसा पहली बार हुआ, जब किसी प्रधानमंत्री ने किसी व्यक्तिविशेष के साथ समझौता-पत्र पर हस्ताक्षर किए। मुझे आशा है कि उस वक्त भी उन्हें अकाली दल के चरित्र का ज्ञान रहा होगा। हर परिस्थिति में हम इन्हें और इनकी संरचना को जानते रहे हैं। हमने सहयोग की कोशिश भी की है। फिर अचानक श्री बरनाला के विरुद्ध 'हुक्मनामा' जारी हुआ और उन्हें सांप्रदायिक करार दे दिया गया। इस तरह की घटनाएँ ही नागरिकों को तटस्थ रहने को मजबूर करती हैं। पंजाब में लोग इस खेल को समझते थे। इस खेल का आज न कल खुलासा होना ही है। इसके लिए राष्ट्र को एक बड़ी कीमत चुकानी पड़ेगी।

आपने भिंड और मौरेना के डाकुओं से संवाद की चर्चा की है। इसके लिए संपर्क स्थापित करने की आवश्यकता है। जेपी की भी कभी ऐसी ही सोच थी...

बाबा आमटे जैसे कुछ लोगों पर सरकार विश्वास करती है। उन जैसे गैरराजनीतिक लोगों

को आतंकवादियों से संपर्क का दायित्व सौंपना चाहिए। जब तक बाबा आमटे आतंकवादियों से संपर्क का प्रयास करें तब तक पुलिस को वहाँ नहीं जाने दिया जाए। जब जेपी ने मौरैना के डकैतों और नागालैंड के विद्रोहियों से संपर्क स्थापित करने का प्रयास किया तो उनका प्रयास पारदर्शी मानसिकता और भारत के सहयोग के कारण सफल हो सका। आज आप आतंकवादियों से कैसे बात कर सकेंगे, जब उन्हें हमेशा इस बात का डर रहता है कि वे मार दिए जाएँगे या फिर उन्हें गिरफ्तार कर लिया जाएगा ? मदर टेरेसा जैसे कुछ लोगों को बातचीत का जिम्मा सौंपा जाना चाहिए।

आप सोचते हैं कि पंजाब से आतंकवाद बलपूर्वक समाप्त नहीं किया जा सकता ?

हाँ, मैं ऐसा सोचता हूँ, क्योंकि सामान्य रूप से पूरी दुनिया से आतंकवाद को समाप्त करना मुश्किल है। धर्म पर आधारित आतंकवाद तो और भी खतरनाक और ज्यादा शक्तिशाली होता है। यही मेरी दलील है।

क्या आप मानते हैं कि आतंकवादियों को खालिस्तान की माँग छोड़ देनी चाहिए ?

मैं सोचता हूँ कि खालिस्तान की माँग करनेवाले किसी भी व्यक्ति को प्रश्रय नहीं दिया जाना चाहिए। मुझे लगता है कि आतंकवादी निश्चित रूप से इस पर बातचीत नहीं करेंगे, उन्हें खालिस्तान की माँग छोड़ देनी चाहिए। मैं नहीं जानता कि उनमें कितने लोग खालिस्तान की माँग करते हैं, लेकिन जो ऐसी माँग कर रहे हैं, उन्हें समझना चाहिए कि ऐसा करके वे न तो अपना भला कर रहे हैं और न इस देश का।

तब तो खालिस्तान की माँग करनेवालों को वार्त्ता में शामिल नहीं करना चाहिए ?

यदि वे माँग कर भी रहे हैं तो उन्हें बताया जाना चाहिए कि खालिस्तान गलत चीज है। लेकिन मैं आपको कुछ बताना चाहूँगा। केवल आज हम लोग इतने मार्मिक हो रहे हैं। कुछ साल पहले तमिलनाडु में भी एक संयुक्त राष्ट्र की माँग उठी थी और एक आदरणीय नेता अन्नादुरै ने संसद में कहा था कि 'हम एक अलग राष्ट्र चाहते हैं।' किसी ने उन पर राष्ट्रद्रोही होने की मुहर नहीं लगाई। हमने उनको फुसलाया, उनसे बातचीत की और समझाया कि इससे किसी का भला नहीं होगा। वह प्रयास सफल हुआ और आज तमिलनाडु में अलगाववाद की बात करनेवाला कोई भी नहीं है।

यह सब इसी देश में हुआ है। हम इस देश में घटित घटनाओं को आसानी से भूल जाते हैं। इसलिए मैं कहता हूँ कि यदि वे खालिस्तान की माँग करते हैं, तो हमें उन्हें बताना चाहिए कि यह उनके और देश के लिए भी विध्वंसक हो सकता है। लालडेंगा और विद्रोही नागालैंड में क्या कर रहे हैं ? हम उनसे बातचीत कर चुके हैं।

इसलिए यह एक गंभीर स्थिति नहीं है ? माँगों को छोड़ने के लिए उनसे बातचीत की जा सकती है ?

हाँ, यही सही है।

क्या आप संपर्क स्थापित करने के लिए स्वयंसेवक का काम करेंगे ?

नहीं, मैं स्वयंसेवक नहीं बन सकता, क्योंकि न तो मेरा राजीव गांधी में विश्वास है और न उनको मुझ पर विश्वास है। इसलिए मेरे लिए इस दायित्व की पूर्ति करना असंभव है। मैं आपको खुलकर बता दूँ कि समस्या के समाधान के लिए यह सरकार कुछ करना ही नहीं चाहती। मैं गलत भी हो सकता हूँ, लेकिन मेरे लिए स्वयंसेवक बनना न तो अच्छा है और न व्यावहारिक।

क्या स्थिति और बिगड़ेगी ?

यह ऐसी स्थिति में पहुँच चुकी है, जहाँ कुछ भी हो सकता है। इसके समाधान के लिए कितनी जल्दी प्रयास होंगे और कब तक होंगे, मैं नहीं जानता। लेकिन सरकार के मौजूदा रवैए से स्थिति नहीं सँभलेगी।

लेकिन यदि स्थिति और खराब नहीं होती है, तो यह सत्तापक्ष के लिए लाभदायक होगा ?

हो सकता है, यदि वे लम्बे समय तक सत्ता में बने रहें। हर शासक के पास जब तक शक्ति है, यह जायज है। लेकिन शासकों का संकटयह है कि वे शक्ति को अपने अँगूठे के नीचे की चीज मानते हैं। मैं नहीं चाहता कि ऐसा यहाँ हो।

टेलीग्राफ, 10 अप्रैल 1987

संगठित विपक्ष से समस्याएँ तो नहीं सुलझेंगी, मगर देश की एकता मजबूत होगी

तुषार भट्ट की बातचीत

पश्चिम बंगाल व केरल में वाममोर्चा की चुनावी सफलता का क्या अर्थ है ?

इसका अर्थ यह है कि केंद्र में जो पार्टी सत्ता में है, उससे लोगों का मोहभंग हो गया है। इस मायने में तो यह एक अच्छा परिवर्तन है।

लेकिन इसका मतलब तो यह भी है कि सीपीआई (एम) राष्ट्रीय विकल्प के रूप में सामने आ रही है ?

मुझे निष्कर्ष पर पहुँचने की जल्दी नहीं है। लेकिन इसका मतलब यह जरूर है कि सीपीआई (एम) केरल और पश्चिम बंगाल में ताकत के रूप में उभर रही है। लेकिन ऐसा पहली बार नहीं हो रहा है। पहले भी सीपीआई (एम) ने केरल में शासन किया है।

जनता पार्टी भी केरल की सरकार में शामिल हुई थी, हालाँकि आप कम्युनिस्टों का विरोध करते आए हैं। इसे स्पष्ट करेंगे ?

नहीं, किसने कहा आपसे ? मैं हमेशा कम्युनिस्टों के साथ काम करता रहा हूँ और 1977 के समय जनता पार्टी के शासनकाल में कम्युनिस्टों के साथ मेरे बेहद अच्छे संबंध रहे हैं। मैं नहीं जानता कि ये सारी अफवाहें कैसे फैल जाती हैं !

किंतु आपके प्रति उनकी शत्रुता कभी खत्म नहीं हो सकी है न ?

मैं नहीं जानता, किसी कम्युनिस्ट से पूछिए। मैं नहीं समझता कि सारे कम्युनिस्टों का एक ही विचार है। कुछ विरोधी तो हैं, पर वे न केवल कम्युनिस्ट दल में हैं बल्कि और पार्टियों में भी हैं। लेकिन यह शत्रुता व्यक्तिगत है। मुझे नहीं लगता कि पार्टी के स्तर पर कोई मेरे विरुद्ध है। कभी-कभी मुझे आश्चर्य होता है कि लोग मेरे प्रति इतने चिंतित क्यों रहते हैं ? मैं तो किसी के बारे में कभी चिंता नहीं करता !

संभवतः आपकी प्रजा सोशलिस्ट पार्टी की पृष्ठभूमि की वजह से ही ऐसा होगा ? पीएसपी वालों ने कम्युनिस्टों के खिलाफ काफी साजिशें रची थीं।

मैं ऐसा नहीं सोचता। यह पीएसपी की पृष्ठभूमि नहीं है। यहाँ तक कि अगर मैं कुछ नहीं कहूँ, कोई खबर नहीं बनाऊँ, फिर भी मीडिया में मेरे नाम की चर्चा होती रहती है।

जनता दल के नेता राष्ट्रीय गठबंधन की बात कर रहे हैं। आप इसका खुलासा करेंगे ?

स्थितियाँ बद से बदतर होती जा रही हैं। हमें इस संकट के समय में लोगों की चेतना को जगाना चाहिए। हमें इसके लिए विपक्षी दलों का सहयोग भी लेना पड़े तो कोई बात नहीं।

क्या यह 1977 के विजय के पहले किए गए जनता के प्रयोग का दुहराव है ?

नहीं कह सकता। परिस्थितियों को हमेशा दुहराया नहीं जा सकता है। परिस्थितियाँ कैसे सुधरेंगी, इसके बारे में मैं नहीं जानता, पर इतना आश्वस्त जरूर हूँ कि सरकार में जो सड़न पैदा हो गई है, उसे हटाने के लिए न सिर्फ वे लोग जो देश के भविष्य के प्रति चिंतित हैं बल्कि विपक्षी दलों को भी उनके साथ मिलकर अपनी आवाज उठानी चाहिए।

आपने कहा कि 'वे लोग जो देश के भविष्य के प्रति चिंतित हैं', क्या इसमें कांग्रेस (ई) के भी कुछ लोग शामिल हैं ?

हाँ, क्यों नहीं !

लेकिन 1977 में भी ऐसा ही कुछ किया गया था। उस समय इंदिरा गांधी के खिलाफ एकजुट होकर लड़ने का आह्वान किया गया था।

1977 में देश फासीवाद से जूझ रहा था। चुनाव की वजह से कम से कम देश फासीवाद से तो बच ही गया। आज देश पृथकतावादी ताकतों के चंगुल में फँसा हुआ है। इसे रोकना होगा। मैं ये नहीं कह रहा कि इससे सारी समस्याओं का हल हो जाएगा, लेकिन अगर यह युवक प्रधानमंत्री के पद पर बना रहा तो इस देश के विखंडन का कारण जरूर बनेगा। अगर वह हरा दिया जाता है और सत्ता से बाहर आने को मजबूर कर दिया जाता है, तब इस देश की एकता और अखण्डता जरूर बची रहेगी। मेरे विचार से राजीव गांधी और उनकी नीतियाँ देश के लिए बड़ा खतरा हैं।

हम 1977 में फासीवाद से लड़ रहे थे और आज हम देश के विखंडन की कगार पर खड़े हैं। हम इन परिस्थितियों से जूझने की एक कोशिश कर रहे हैं। मैं ऐसा नहीं कहता कि विपक्ष के एकजुट हो जाने से इस देश की सारी समस्याएँ हल हो जाएँगी। लेकिन यह देश को बाँधने में जरूर सफल होगा।

तो आपका कहना है, आज की परिस्थितियाँ 1977 की परिस्थितियों से भी बदतर हैं ?

हाँ, मुझे यही लगता है।

लेकिन विपक्ष में श्री बहुगुणा और डॉ. सुब्रह्मण्यम स्वामी जैसे लोग हैं जो एकता के प्रयासों को विफल करने में सक्षम हैं।

मैं जब भी राष्ट्रीय समस्याओं या स्थितियों के बारे में बात करता हूँ तो मैं हर एक व्यक्ति को ध्यान में रखकर ऐसा नहीं कहता। अगर राजीव गांधी प्रधानमंत्री नहीं होते तो मैं उनका नाम नहीं लेता। मेरे सोचने का तरीका यह नहीं है। अतः मुझे नहीं लगता कि इस स्थिति में हर व्यक्ति के ऊपर ध्यान देना जरूरी है। किसी भी व्यक्ति का योगदान, चाहे वह कितना

भी कम क्यों न हो, उसे गिनती में रखा जाना चाहिए।

लेकिन अजित सिंह का लोकदल के प्रति जो विरोधी भाव है, जिसका समर्थन जनता द्वारा किया जा रहा है, क्या उसका मुख्य कारण बहुगुणा हैं ?

आज प्रश्न यह नहीं है कि कारण कौन है। वास्तविकता तो यह है कि हरियाणा में विपक्ष को एक साथ संघर्ष करना चाहिए। हम सभी ने इस बात की जरूरत बार-बार महसूस की है। देवीलाल ने न तो इसके लिए हमसे बात की और न ही मिलने की उत्सुकता दिखाई। अजित सिंह ने मेरे साथ बात की। और मैंने उनसे कहा कि हमें मिल-जुलकर हरियाणा चुनाव के लिए काम करना चाहिए। अगर बहुगुणा या देवीलाल भी हमारा साथ देना चाहते हैं तो उनका स्वागत है।

हरियाणा चुनाव का क्या परिणाम होगा, अगर यह चुनाव जून में संपन्न होता है तो ?

मुझे कांग्रेस के जीतने के कोई आसार नहीं दिखते। उनके जीतने की संभावना बहुत कम है। लोगों के रुख को देखने से लगता है कि कांग्रेस वहाँ जड़ से खत्म हो जाएगी।

पिछले कुछ सप्ताहों में बहुजन समाज पार्टी ने कुछ ख्याति अर्जित कर ली है। इस राजनीतिक दल में आपको पिछड़े वर्गों के लिए कोई भविष्य दिखाई देता है ?

यह बहुत सारे कारकों पर निर्भर करेगा। अनुसूचित जातियों ने बसपा का खूब साथ दिया है। पिछड़ी जातियाँ बसपा को कितना समर्थन देती हैं, इस प्रश्न का मूल्यांकन होना बाकी है। दूसरी विपक्षी पार्टियों के रुख से भी इसका पता चलेगा।

क्या बसपा आनेवाले दिनों में एक नई ताकत के रूप में उभरेगी या यह इसी तरह रह जाएगी ?

मैं नहीं कह सकता। यह उनके पूरे स्वरूप पर निर्भर करेगा। यदि वे घृणा को अपना आधार बनाना चाहते हैं तो यह एक अस्थायी हल होगा; किंतु यदि वे लोगों की मुख्य समस्याओं पर विचार करते हैं और साधारण व्यक्ति की समस्याओं से निपटने के लिए एक रणनीति तैयार करते हैं तो उनका यह आंदोलन स्थायी होगा।

महाराष्ट्र में चल रहे शरद जोशी के अभियान या गुजरात में किसान संघ के रूप में किसानों की शक्ति के उभरने को आप किस तरह देखते हैं ?

हमारा ग्रामीण क्षेत्र कई सालों से उपेक्षित रहा है। इसी प्रबल भावना के कारण किसान अपनी उचित माँगों तथा अपने उत्पादों की उचित कीमत के लिए लड़ रहे हैं। उनकी लड़ाई को राजनीतिक मोड़ देने की कोशिश की जा रही है। मुझे नहीं लगता कि इस संघर्ष में उतनी ही ताकत रह जाएगी जितनी आज दिख रही है। सभी राजनीतिक आंदोलनों में राजनीतिक दाँव-पेंच का इस्तेमाल किया गया है। यहाँ तक कि जनता पार्टी का आंदोलन भी इससे अछूता नहीं है। इन सारे किसान-आंदोलनों का हश्र यही होने जा रहा है कि या तो वे किसी पार्टी में शामिल हो जाएँगे या फिर खुद संगठित होकर एक दल बनाएँगे।

क्या ऐसी कोई संभावना आपको दिखाई देती है जब गाँवों तथा शहरों के बीच किसी राजनीतिक संघर्ष का उदय होगा ?

भारत जैसे विशाल और विस्तृत देश में कोई साधारण तरीका कारगर नहीं हो सकता है। यह घटना वैमनस्यता की तरफ जा रही है। ग्रामीण क्षेत्रों के लोगों को लगने लगा है कि उनकी उपेक्षा की जा रही है। उनके मन में विरोध उत्पन्न हो रहा है जो ग्रामीण और शहरी क्षेत्रों के बीच मुठभेड़ का कारण बन सकती है। लेकिन आज हमारे शहरी इलाकों में बहुत बड़ी संख्या में ग्रामीण जनसंख्या बसती है। अतः मुझे नहीं लगता कि इसकी वजह से कोई बड़ी समस्या खड़ी होनेवाली है। लेकिन गाँव तथा शहरों में यह असमानता या भेद कुछ समय के लिए तनाव जरूर उत्पन्न करेगा।

बसपा की इन गैरजिम्मेदाराना हरकतों और किसानों के विद्रोह के मद्‌देनजर क्या आप इन परिस्थितियों का पुनर्मूल्यांकन करने के लिए विशिष्ट राजनीतिक दलों का आह्वान करेंगे ?

स्वतंत्रता-संग्राम के समय हमारी क्या इच्छाएँ थीं ? याद करिए कि महात्मा गांधी ने 'ग्राम स्वराज्य' की बात की थी। दुर्भाग्यवश वे लोग सबकुछ भूल गए हैं जो गांधीजी ने कहा था। 70 प्रतिशत से अधिक लोग गाँवों में रहते हैं और यदि आप उनको ध्यान में नहीं रखेंगे तब परिस्थितियाँ न सिर्फ बहुत जटिल हो जाएँगी बल्कि विकास के सारे प्रयास विफल हो जाएँगे।

टेलीग्राफ, 11 अप्रैल, 1987

अगर रावण को हटाना है तो थोड़े समय के लिए विभीषण को गले लगाना पड़ेगा

उदयन शर्मा की बातचीत

जनता पार्टी के अध्यक्ष चन्द्रशेखर विरोधी दलों के उन नेताओं में माने जाते हैं, जो राजीव गांधी के कटुतम आलोचक हैं, लेकिन इस विरोध के चलते वे सिद्धांतहीन राजनीति के एकदम खिलाफ हैं। अगर वे राजीव गांधी की सरकार को राष्ट्रीय लज्जा का विषय मानते हैं, तो सांप्रदायिकता को सबसे बड़ा खतरा। एक गरीब किसान के घर जन्मे चन्द्रशेखर नंगे पैर स्कूल जानेवाले इस देश के लाखों बच्चों में रहे हैं। संभवतः इसीलिए राजशाही और सामंतों के नेतृत्व को चुनौती देना चन्द्रशेखर का स्वभाव बन गया है। आजकल राजा विश्वनाथ प्रताप सिंह और विरोधी दलों की एकता पर सबसे ज्यादा चर्चा हो रही है। दोनों ही मुद्दों पर बड़े नेता गुपचुप राजनीति में व्यस्त हैं। ऐसे में चन्द्रशेखर ने गुड़गाँव के भारत-यात्रा केंद्र पर रविवार से राजा और विरोधी दलों की एकता के बारे में साफ-साफ बातें कहीं। उदयन शर्मा के साथ इस धमाकेदार और विवादास्पद बातचीत के प्रमुख अंश :

चन्द्रशेखरजी, आजकल मूल्यों पर आधारित राजनीति की बात करने पर काफी जोर है। आप स्वयं को इसमें कहाँ खड़ा पाते हैं ?

मूल्यों पर आधारित राजनीति की चर्चा पिछले कुछ महीनों से चल रही है, लेकिन इसमें संशय और भ्रम इस बात का है कि मूल्य कौन-से ? किन मूल्यों पर आधारित राजनीति ये लोग चलाना चाहते हैं ? युग, समय, व्यक्तियों और मान्यताओं के अनुसार मूल्य भी बदलते रहते हैं। सच बोलने और ईमानदारी की चर्चा करनेवाले ही लोगों का शोषण करते हैं। लोगों की कमाई का नाजायज फायदा उठाते हैं। हर गलत-सही काम करके ईमानदारी और मूल्यों की बात करके सत्ता और संपत्ति के अधिकारी बनना चाहते हैं। मूल्यों को मानव आवश्यकताओं से और मानव-मर्यादा से जोड़ने का सवाल उठता है, तब इन सवालों की चर्चा नहीं होती। इन पर सफाई नहीं होती। मैं कहता हूँ कि मूल्यों का निरूपण होना चाहिए। ये मूल्य ऐसे होने चाहिए, जहाँ व्यक्ति-व्यक्ति के बीच अंतर मिटे; जहाँ मनुष्य की न्यूनतम आवश्यकताओं की पूर्ति के लिए जिसके पास अधिक है, वह कुछ कुरबानी करने को तैयार हो; जहाँ जाति, धर्म और दूसरी संकीर्ण भावनाओं के अंदर लोगों के बीच विभेद न किया जाए। लेकिन इन सवालों के ऊपर बिलकुल संकुचित राय रखनेवाले लोग भी मूल्यों की राजनीति की बात करते हैं।

मैंने अभी कहा था कि मूल्यों पर आधारित राजनीति की चर्चा करते समय समस्या

आधारित राजनीति पर भी चर्चा होनी चाहिए, मेरी यह बात कइयों को बुरी लगी थी। आज भी मैं समझ नहीं पाया हूँ कि मूल्यों पर आधारित राजनीति की चर्चा करनेवाले लोग मानव समस्याओं और साधारणजन की पीड़ा के साथ अपने को किस प्रकार जोड़ते हैं और इन सवालों पर इनकी क्या राय है ? जब तक (मूल्यों की वकालत करनेवाले) यह जाहिर नहीं करते, यह सब थोथापन है और इसीलिए मैं खुद को इन सबसे सहमत करना कठिन मानता हूँ, क्योंकि मेरा मानना है कि मूल्यों को समस्याओं से जोड़ना होगा। अगर आपकी दृष्टि समस्याओं पर ठीक नहीं है, तो मूल्यों पर आधारित सही राजनीति भी नहीं हो सकती है।

मूल्यों की राजनीति के साथ जेपी की चर्चा भी आज फिर जोरों पर है। लेकिन जेपी का स्टैंड कश्मीर, नागालैंड, अल्पसंख्यकों और लोकतंत्र के बारे में जो सातवें दशक में था, वही आठवें में रहा। कश्मीर और नागालैंड के कारण उन्हें देशद्रोही तक कहा गया। पर आज जो राजनीतिज्ञ जेपी का उत्तराधिकारी बनना चाहते हैं या दूसरा जेपी बने लोग इसी पक्ष में जीरो हैं। फिर मूल्यों की बात बिना स्पष्ट विचारों के कैसे हो सकती है ?

जहाँ तक जेपी का उत्तराधिकारी बनने का सवाल है, जो लोग जेपी बनने का दावा कराते हैं, इसका उत्तर वे ही दे सकते हैं कि किस आधार पर वे अपनी तुलना जेपी से कराते हैं। मुझे इस बारे में कुछ कहना भी अच्छा नहीं लगता है। लेकिन एक बात आपने सही कही। जयप्रकाशजी के विचारों से कई बार मेरी भी असहमति हुई। लेकिन जेपी ने जिस बात को सही समझा, उसे कहने में हिचके नहीं। दुनिया में कोई मनुष्य यह नहीं कह सकता कि वह गलती नहीं करेगा। लेकिन मनुष्य की सबसे बड़ी कमजोरी होती है कि जिस बात को गलत समझे, उसे न कह पाए। अगर हमसे कोई गलत बात हो जाती है और हममें उसे कहने का साहस है, तो शायद अपने अनुभव से ही हम अपने को सुधार सकते हैं। लेकिन जो व्यक्ति समय के बदलते प्रवाह के साथ अपने विचारों को बदल देता है और जिस समय जैसी हवा बहे, वैसी पीठ कर लेता है, उस आदमी के न कोई विचार होते हैं, न वो कहीं पर खड़ा हो सकता है। जयप्रकाशजी ने चाहे कश्मीर का सवाल हो, चाहे नागालैंड का सवाल हो या सांप्रदायिकता और विषमता का सवाल हो, इन सवालों पर अपने को कभी नहीं बदला। जिन दिनों इंदिरा गांधी और जयप्रकाशजी की काफी कटुता चल रही थी, तब मैंने एक लेख लिखा था कि जयप्रकाश जी सत्ता के लिए नहीं लड़ रहे हैं, इसलिए सत्ता की शक्ति के सहारे उनको दबाया नहीं जा सकता।

मैंने कहा भी था कि जयप्रकाशजी विचारों की खोज में तो बदलते रहे, लेकिन आचरण के क्षेत्र में कभी नहीं बदले। आज जेपी का उत्तराधिकारी बननेवाले विचारों में भी बदलते रहते हैं और आचरण में उनमें कितना अंतर हो जाता है—रातोंरात ! यह सोचकर हैरानी होती है। शायद प्रचार के माध्यम से और अखबारों के उपयोग से कोई भी जेपी या गांधी कहला सकता है, तस्वीरें छपवा सकता है, लेकिन युग की नजरों में जेपी या गांधी बनने के लिए बड़ा साहस यह करना पड़ेगा कि अपने विचारों के लिए बड़ी कुरबानी करनी पड़ेगी। गांधीजी को इसी देश के लोगों ने हिंदू धर्म का दुश्मन कहकर गोली मार दी, लेकिन गांधी ने सांप्रदायिकता के सवाल पर कोई समझौता नहीं किया। जेपी की कश्मीर के सवाल पर कटु आलोचना हुई। मैंने वे दिन भी देखे हैं जब जयप्रकाशजी से लोग मिलने जाने को तैयार नहीं थे, फिर भी

उन्होंने अपनी मान्यताओं से समझौता नहीं किया। लेकिन कुछ लोग आज ज्यादा प्रगतिशील हैं। उनकी मान्यताएँ बदलती रहती हैं। उनकी विचारधारा बदलती रहती है। आचरण का तो कहना ही नहीं है। कभी वे सन्त बन जाते हैं, कभी राजपुरुष बन जाते हैं, तो कभी राजर्षि बन जाते हैं। ऐसे लोग जेपी के उत्तराधिकारी कैसे बनेंगे और गांधी के पदचिह्नों पर कैसे चलेंगे ? इसका जवाब वे ही दे सकते हैं।

इसी से जुड़ा सवाल है, विपक्षी एकता का। इसकी बातें पिछले कुछ हफ्तों से बहुत जोरों पर है। आपको क्या संभावनाएँ दीखती हैं ?

मैं यह चर्चा सालों से सुन रहा हूँ। मेरे बारे में चाहे जितनी बातें कही गई हों, जब इसकी कोई संभावना दिखाई पड़ी, तो मैंने पूरा प्रयास किया कि विपक्षी एकता हो। राजनीति में तात्कालिकता का एक प्रश्न होता है। जब शासन इतना गिर जाए कि देश के भविष्य के सामने खतरा दिखाई दे तो उस समय किसी प्रकार उस सरकार को हटाने की कोशिश करनी चाहिए, उस समय ऐसे मेलजोल की बात को मैं अनुचित नहीं मानता हूँ। अगर विपक्षी एकता सही माने में एक विकल्प देने के लिए है, तो विचारों की भी मान्यताएँ आपस में होनी चाहिए। विचारों में भी समता होनी चाहिए। अगर राष्ट्र के सामने की समस्याओं के बारे में हमारे विचार एक नहीं हैं, सहमति नहीं है, तो यह एकता पायेदार नहीं होगी। मैं चाहता हूँ कि पहले जो राष्ट्रीय सवाल हैं, उन पर सहमति करने की कोशिश की जाए। लेकिन तत्काल इस राष्ट्रीय लज्जा की सरकार हटाने के लिए सभी विपक्षी दलों को मिलाकर आंदोलन चलाने की बात हो, कोई मोर्चा बनाने की बात हो, तो मैं उसके पक्ष में हूँ।

अंततः आप विलय चाहेंगे या फ्रंट ?

मैं चाहूँगा, समान विचारवाले विलय करें। लेकिन यह तय करना पड़ेगा कि समान विचारवाले लोग कौन हैं, इस पर काफी गहराई और काफी सफाई से बातचीत होनी चाहिए। बिना इन विचारों की एकता के अगर विलय होगा, तो यह विलय पायेदार नहीं होगा। लेकिन जब तक यह नहीं होता है, तब तक फ्रंट बनाकर भी राजीव सरकार के कुशासान के खिलाफ लड़ाई लड़ी जाए, तो मैं इसके पक्ष में हूँ।

समान विचारोंवाली, अपने नजदीक की पार्टियाँ बता सकेंगे, जिनमें विलय हो सकता है ?

हमारे देश में दिक्कत यह हो गई है कि पार्टियों में भी लोग तरह-तरह के हैं। इसमें भी मैं किसी एक पार्टी की बात नहीं कहता हूँ। मैं हर पार्टी की बात कहता हूँ। हर पार्टी में कुछ ऐसे लोग हैं, जो बुनियादी सवालों के ऊपर समान राय रखते हैं। दूसरे ऐसे हैं, जो राजनीति को मात्र सत्ता हथियाने का साधन मानते हैं। दोनों में बहुत अंतर हो जाता है। इसलिए पार्टियों या व्यक्तियों के नाम लेना मेरे लिए कठिन है।

लेकिन पंजाब, ऑपरेशन ब्लूस्टार, मेरठ में जो हो रहा है, या सांप्रदायिकता सरीखे सवालों पर हरेक की राय अलग-अलग हैं। इनके साथ जनता पार्टी या आप कैसे फिट बैठेंगे ?

जिन प्रश्नों को आपने उठाया है, ये काफी मुश्किल सवाल हैं। इनमें बहुत पेचीदगियाँ

हैं। लोगों की उत्तेजनाओं से लाभ उठाकर राजनीति करने का हम सबके मन में लोभ हो गया है। जो बातें साधारण लोगों को कटु लगती हैं, उन्हें कहने में हम हिचकिचाते हैं। लेकिन कोई भी आदमी, जो भविष्य को बनाना चाहता है, राष्ट्र को एक रखना चाहता है, अगर उसमें कटु बातें कहने की क्षमता नहीं है, तो ऐसा आदमी कभी किसी राष्ट्र को नहीं बना सकता है। जिनके कदम हर हवा के झोंके के साथ डगमगाते रहते हैं, वे इतिहास नहीं बनाते हैं। चाहे पंजाब या ऑपरेशन ब्लूस्टार का सवाल हो, मेरठ का सवाल हो, अधिकतर पार्टियों में लोगों के पैर हिल गए हैं। पैर इसलिए हिल गए, क्योंकि जो मीडिया और प्रचार-साधनों के जरिए जनमत बनाया गया, वह इतना प्रबल मालूम पड़ने लगा कि ये सोचने लगते कि सच्चाई कहने पर राजनीति की प्रमुख धारा से दूर फेंक दिए जाएँगे। यह निर्णय पहले व्यक्तियों को करना पड़ेगा कि हम लोग नीति पर अटल रहेंगे, चाहे पार्टी के लोग रहें या न रहें। आप याद रखिए। चाहे गांधी हों या जयप्रकाश हों, उन्होंने अपने ही लोगों के विरोध को सहन किया। 1921 में गांधी ने जब चौरी-चौरा आंदोलन वापस लिया, तब सारे कांग्रेसी उनके खिलाफ थे, पर गांधी जी अडिग रहे। 1942 में जब गांधीजी ने 'करो या मरो' का नारा दिया, तब नेहरू सरीखे नेता उनके साथ नहीं थे। पर गांधी ने उनकी बात नहीं सुनी। उसी तरह कश्मीर, नागालैंड, डाकुओं आदि के सवालों पर आलोचनाओं के बावजूद जयप्रकाशजी अडिग रहे।

जो आदमी सचमुच मूल्यों और देश बनाने की राजनीति करता है, उसे कभी-न-कभी जनमत के प्रवाह के खिलाफ खड़ा होना पड़ता है। जो यह काम नहीं कर सकता, वह राजसत्ता तो पा सकता है, पर समाज को बदलने का काम नहीं कर सकता है, जैसे मैं एक उदाहरण दूँ। एक बार आपसे ही मैंने कहा था कि स्वर्ण मंदिर की परंपरा संसद के या पार्टियों के प्रस्तावों से नहीं बनी है। उसके पीछे 500 बरस की कुरबानी का इतिहास है। ऐसे इतिहास को जो मिटाना चाहेगा, उसे इतिहास क्षमा नहीं करेगा। इसके बाद दिल्ली में नवंबर, 1984 में जो दंगे हुए, जहाँ हजारों बेबस लोग मारे गए, उनकी मौत को देखकर जिनकी आँखों में करुणा के आँसू नहीं आए, वे लोग गरीब के आँसू नहीं पोंछ सकते हैं।

यह सीधा भावनाओं से जुड़ा सवाल है। जो राजनीति सिर्फ दिमाग से होती है, वह अवसरवादिता की तरफ जाती है। सही राजनीति दिल और दिमाग दोनों से होती है। सिर्फ दिमाग और वाक्‌जालों की राजनीति से परिणाम भयावह होते हैं। वही सवाल मेरठ का है। पुलिस की गोली से 200 दंगाई मर जाएँ, मुझे इसकी चिंता नहीं है। पर एक भी बेकसूर घर से निकालकर मारा जाता है, तो पुलिस और दंगाइयों की जहनियत में कोई फर्क नहीं रह जाता। जब राजसत्ता अराजक तत्त्वों की तरह शक्ति का दुरुपयोग करती है, तब समाज को टूटने से कोई बचा नहीं सकता है। मुझे दुख इस बात का है कि आज की सरकार और इस सरकार में कुछ दिनों पहले तक रहे लोग यह नहीं समझ पाए हैं कि मौत, मौत है। बेकसूर की मौत से जो आह निकलती है, उनके दिलों से जो आग निकलती है, वह आग सबको भस्मीभूत कर देती है। बेकसूर की मौत चाहे उग्रवादियों की गोली से हो या पुलिस की गोली से, चाहे वह मेरठ हो या जालंधर और अमृतसर हो, बेकसूरों की आह से जो स्वयं को द्रवित नहीं पाता, वो चाहे कितनी ही ईमानदारी या मूल्यों की बात कहे, कितना भी देश को एक रखने की बात कहे, ऐसा व्यक्ति न मूल्यों की राजनीति कर सकता है और न ही

देश की एकता के लिए एक कदम आगे बढ़ा सकता है।

मेरा मानना है कि भारत राष्ट्र और उसकी अखंडता-एकता के बीच सबसे बड़ा अवरोध हिंदू सांप्रदायिकता है। क्या ऐसा मानते हैं ?

जब 1947 में देश बँटा, तब अधिकांश संपन्न मुसलमान पाकिस्तान चले गए। जिस देश या समाज में साधन सीमित होते हैं, वहाँ साधनों का उपभोग वही कर पाते हैं, जो सत्ता के नजदीक होते हैं। यानी सिफारिश वह कर सकता है, जो समाज में ऊँचे स्थान पर हो। उच्च वर्ग के मुसलमानों के पाकिस्तान चले जाने से उनके लिए सत्ता के दरवाजे पर सिफारिश की आवाज कम हो गई। वह पिछड़ता गया। पहले तो हम उसे यह कह कर नीचा दिखाते रहे कि तुम्हीं लोगों ने पाकिस्तान बनवाया है। आज चालीस साल बाद एक नई पीढ़ी आ गई, वह कहती है, हमने पाकिस्तान नहीं बनवाया। इनके मन में हीन भावना नहीं है। हीन भावना न होने पर पिछड़ेपन के खिलाफ इनकी भाषा अधिक सबल, अधिक कटु और अधिक आक्रामक है। इसीलिए उसकी भाषा पर जाकर आप प्रत्युत्तर देंगे, गलत परिणाम पर पहुँचेंगे। बात भावनाओं को समझने की है। हमारे यहाँ भूल यही हो रही है। यहीं पर बहुमत समाज की प्रतिक्रिया वांछित नहीं है। इसी बात को कहने का हममें साहस नहीं है। आपने बाबरी मसजिद का सवाल उठाया था। 500 सालों से यह मसजिद थी, उसके पहले क्या थी, यह मैं नहीं कह रहा। 500 साल बाद मसजिद को मंदिर में बदलने की बात आप करेंगे और इस बात का प्रतिकार हिंदू समाज के वरिष्ठ लोग नहीं करेंगे, तो इसका तार्किक परिणाम यह होगा कि आज भारत में जितने मुसलमान हैं, करीब 15-16 करोड़, उनमें से 99 फीसदी कभी-न-कभी हिंदू रहे हैं। बाहर से आए मुसलमान इस देश में लाख-दो लाख (वंशज) शायद हों, इन सबको भी हिंदू बनाओ। ये नारे भी सांप्रदायिक संगठन बीच-बीच में देते हैं। आजकल एक नारा है—'बाबर की संतान छोड़ो हिंदुस्तान'। बाबर की संतान कौन हैं ? उसके साथ कुछ बारह हजार लोग आए थे। उसमें से कितने लड़ाई में मरे ? कितने यहाँ (आज के भारत में) बसे ? हम लोग न इतिहास समझने की कोशिश करते हैं, न जज्बात को समझने की कोशिश करते हैं। स्वयं के हितों को समझने की सामर्थ्य भी हममें नहीं है। इस दृष्टि से हिंदू समाज के एक वर्ग की प्रतिक्रिया हिंदू समाज और राष्ट्र के लिए भयंकर है, पर मुझे यह कहने में प्रसन्नता है कि हिंदू समाज का बड़ा हिस्सा इस दुष्प्रचार से प्रभावित नहीं है। दुख इस बात का है कि इससे प्रभावित वे लोग हैं, जो स्वयं को पढ़ा-लिखा कहते हैं, जो अपने को देश बनानेवाला कहते हैं। पर गाँवों में रहनेवालों या गरीबों का इनसे कोई मतलब नहीं है। इसीलिए यह राष्ट्र इस दुष्चक्र में नहीं फँसेगा।

आपने इंदिरा गांधी के साथ काम किया और उनके नेतृत्व को अस्वीकार भी किया। आज विपक्ष के जो हीरो हैं, वे राजीव गांधी के खिलाफ हैं, पर कांग्रेस के नहीं। क्या आप इंदिरावादियों के साथ या उनका नेतृत्व स्वीकार करके काम कर पाएँगे ?

इस प्रश्न का उत्तर देना मेरे लिए बहुत आसान है। जब मैं कांग्रेस में था, तब '68-'69 में दस सूत्री कार्यक्रम को लेकर जो विवाद उठा, उस समय भी मैंने सवाल उठाया था कि कांग्रेस ने राष्ट्रीय आंदोलन से लेकर 1967 तक जिन कार्यक्रमों को उठाया है, उन्हें सरकार

को लागू करना चाहिए। ये व्यक्तिगत विवाद नहीं थे, नीतिगत विवाद थे। उसी के तहत 1969 में कांग्रेस का बँटवारा भी हुआ। तब हम सबने इंदिरा गांधी का साथ दिया। 1971 में हमें जनता का जबर्दस्त समर्थन मिला। थोड़े ही दिनों बाद इंदिरा गांधी ने चेम्बर ऑफ कॉमर्स में भाषण दिया। इसमें कही गई बातों में, गरीबों से किए गए वायदों में विरोधाभास था। मैंने 27 मई, 1971 के 'यंग इंडिया' में एक लेख लिखा कि श्रीमती गांधी अपने किए वायदों से मुकर रही हैं। इससे उनकी नेकनीयत से लोगों का विश्वास उठ जाएगा। लोग जनतंत्रीय मान्यताओं को भी चुनौती देने लगेंगे। यह तब की बात है, जब इंदिरा गांधी सर्वाधिक शक्तिशाली थीं, सरकार बन रही थी, अखबारों में चर्चा हो रही थी कि मैं भी मंत्रिमंडल में आनेवाला हूँ।

इमर्जेंसी हमारे देश की राजनीति का 'वॉटरशेड' था, जहाँ सबकी परख हुई। जिन लोगों ने आपातकाल का समर्थन किया, वे लोग लोकशक्ति के सहारे देश बनाएँगे, मैं नहीं मानता। ये लोग राजसत्ता के सहारे सरकार पर काबिज हो सकते हैं, पर भारत जैसे देश में अगर लोकशक्ति को संगठित नहीं किया जाएगा, तो देश को बनाना असंभव है। जिस किसी ने इमर्जेंसी का समर्थन किया है, वह न लोकशक्ति जुटा सकता है और न ही देश को बना सकता है, इसमें मुझे कोई संशय नहीं है। इंदिराजी से मेरा कोई व्यक्तिगत झगड़ा कभी नहीं रहा, पर मैंने उनका समर्थन नहीं किया, तो जो लोग उनके नाम पर राजनीति कर रहे हैं, या उनके नाम का लाभ उठाना चाह रहे हैं, ऐसे लोगों का नेतृत्व मानना ही मेरे लिए असंभव नहीं है बल्कि इनके साथ चलना भी असंभव होगा। हाँ, ये लोग आजकल वर्तमान सरकार को हटाने की बात कह रहे हैं, तो उतनी दूर तक उनके साथ हम चल सकते हैं, जैसा कि मेरे मित्र ओमप्रकाश श्रीवास्तव ने कहा है। वह मैं मानता हूँ। अगर राम को रावण से लड़ना है, तो थोड़े समय के लिए विभीषण को गले लगाना पड़ेगा। विभीषण को राजसत्ता मिल सकती है। पर देश की जनता की मान्यता विभीषण को कभी नहीं मिल सकती है, राम की भक्ति मिल सकती है। इस हद तक मैं चल सकता हूँ...(लंबी हँसी)।

अभी दिल्ली के वकीलों के बीच बोलते हुए विश्वनाथ प्रताप सिंह ने स्वीकार किया कि उन्होंने इमर्जेंसी का समर्थन किया था। उनका बयान एक तरह से इमर्जेंसी के प्रारंभिक समय को न्यायोचित-सा ठहराता है। इस पर आपकी क्या प्रतिक्रिया है ?

अगर वे अपनी पुरानी करनी को नहीं भूले हैं, तो अफसोस की बात है।

उन्होंने कहा कि इमर्जेंसी में साथ थे, इसलिए बाद में भी इंदिरा गांधी को नहीं छोड़ा ?

वे भयंकर भूल कर रहे हैं। अगर वे समझते हैं कि इमर्जेंसी लगाकर भी इंदिरा गांधी फिर से सत्ता में वापस आ गई थीं, तो लोगों ने इंदिरा गांधी को फिर से स्वीकार नहीं किया था, वरन् जनता पार्टी में फूट पड़ गई थी और कोई विकल्प न होने से लोगों ने मजबूरन इंदिरा गांधी की हुकूमत ला दी थी। पर देश की जनता ने इमर्जेंसी को कभी स्वीकार नहीं किया था और न ही करेगी। विश्वनाथ प्रताप सिंह के इस भाषण पर मैं यह कहूँगा कि बुरी आदतें आदमी देर से छोड़ता है, उन्हें भी बुरी आदतें छोड़नी चाहिए।

फिर विपक्षी दलों पर आएँ। आप लोग एकता की भी बात कर रहे हैं, पर जनता पार्टी हरियाणा में लोकदल (अ) के साथ है और उत्तर प्रदेश में मुलायमसिंह यादव के साथ। यह असंगति कैसे है ?

कोई असंगति नहीं है। सभी कहते हैं कि एकता हो, सहयोग हो। हम भी यही चाहते हैं। हरियाणा में हमारी ताकत कम थी, इसलिए देवीलालजी को हमारी जरूरत नहीं थी। अजीत सिंह ने सहयोग किया, साथ हो गया। उत्तर प्रदेश में अजीत सिंह के लोगों ने पहल नहीं की, मुलायमसिंह ने आगे आकर एकता का गंभीर प्रयास किया, इसलिए सहयोग हो गया। मैं किसी से न तो राजनीतिक छुआछूत रखता हूँ, न ही किसी से व्यक्तिगत विरोध के कारण कोई फैसला करता हूँ। मैं विरोध पक्ष की एकता के पक्ष में हूँ। वहाँ उन्होंने साथ दिया, यहाँ इन्होंने साथ दिया। मैं चाहता हूँ कि दोनों जगह और भी लोग साथ दें।

विरोधी दलों में राजा साहब के समर्थक और आपकी ही पार्टी के कुछ लोग आपको विपक्षी एकता में सबसे बड़ी अड़चन मानते हैं। क्या उनका कहना सही है कि आप आज के जेपी या 'राजर्षि' का नेतृत्व स्वीकार करने को तैयार नहीं हैं ?

मुझे पता नहीं कि मुझे क्यों अड़चन मानते हैं। अखबारवाले भी अक्सर यही लिखते हैं। एक तरफ कहा-लिखा जाता है कि चन्द्रशेखर का राजनीति में कोई असर नहीं रहा। उनकी अब कोई मान्यता नहीं है। इनके साथ कोई नहीं है। दूसरी तरफ कहा जाता है कि मैं ही अड़चन हूँ। दोनों में विरोधाभास है। शायद कुछ लोग समझते हैं कि खास मौका आने पर एक जैसी आवाज लगानेवाले ही एकता ला सकते हैं। मैं उनमें से नहीं हूँ कि गीदड़ों की तरह शाम को एक बोला, तो 10-20 साथ बोलने लगते हैं। मैं इतना जरूर चाहता हूँ कि सवालों पर बहस हो। पर मेरी ऐसी कोई आकांक्षा नहीं है, जिससे विपक्षी एकता में कठिनाई हो। मुझे बड़ा आश्चर्य होता है कि अड़चनवाली बात अखबार भी लिखते हैं और नेता भी कहते हैं।

1968 से 1980 तक कम-से-कम 10-11 साल ऐसे जरूर थे कि जो नेता आज कांग्रेस के पक्ष या विरोध पक्ष में सक्रिय हैं, इनमें से किसी से भी इस दौरान मेरी राजनीतिक हैसियत कम नहीं थी। मैं भी जब चाहता, सरकार में किसी भी पद पर जा सकता था। तब उस समय मैं पद पर नहीं गया, तो अब मेरी लालसा और आकांक्षा बढ़ गई है, जब मैं कहीं नहीं हूँ ? यदि कुछ लोगों को अपना राजनीतिक महत्त्व बढ़ाने के लिए मेरी आलोचना करना ही श्रेयस्कर लगता है, तो इन बेचारों के साथ मेरी शुभकामनाएँ हैं। लेकिन उनके इस आरोप से मुझे उन पर तरस आता है। मैं निरुत्साहित नहीं होता हूँ।

अखबारों की सुर्खियों से न मेरा उत्साह बढ़ता है, न आलोचनाओं से उत्साह गिरता है। मैं जब तक यह समझता हूँ कि राजनीति में जिन कारणों से आया, जिन लक्ष्यों को लेकर आया, जिन प्रेरणाओं को लेकर आया, उनको लेकर चलता रहूँगा, तब तक राजनीतिक उतार-चढ़ाव से मेरे मंसूबे पर फर्क नहीं पड़ता। आज के इन हीरो लोगों को मैं समझा सकूँ, तो मैं कहूँगा कि इनमें से बहुतों को मैंने अपने सामने और दूसरों के सामने कातर होते देखा है।

नीतियों के आधार पर आप राजीव गांधी के कटुतम आलोचक हैं। अतः आपकी भविष्य की योजना क्या है और राजीव गांधी और विपक्ष के इस गड़बड़झाले को कैसे आँकते हैं ?

राजीव गांधी कोई व्यक्ति नहीं हैं, राजीव गांधी इस देश के प्रधानमंत्री हैं। उनकी सरकार ने पिछले ढाई सालों में आर्थिक-राजनीतिक-सामाजिक नीतियाँ अपनाई हैं। उन्हीं के कारण देश आज दुरभिसंधि तक पहुँच गया है, जिसके कारण हमारे देश का भविष्य अंधकारमय हो गया है। जो इन नीतियों का समर्थन करता है या जिसने इन नीतियों का समर्थन किया है, मैं समझता हूँ कि उसके द्वारा देश के भविष्य के बारे में कोई चर्चा करना निरर्थक और निष्प्रयोजन है।

राजीव गांधी केवल व्यक्ति के नाते बुरे नहीं हैं, राजीव गांधी ने जो नीतियाँ अपनाईं, वे उनके व्यक्तित्व को उजागर करती हैं, इसलिए व्यक्तिगत रूप से भी मैं उनके खिलाफ हूँ। उनकी नीतियों में मानव जीवन के प्रति क्रूरता है। गांधी ने भारत को स्वदेशी और स्वावलंबन का नारा दिया था कि भारत को कोई विदेशी मदद ऊँचा नहीं उठा सकती—जब तक कि भारत के साधारण आदमी के मंसूबे को हम ऊपर न उठाएँ, पर राजीव गांधी के काम क्या है ? बाहर से चीजें मँगाना, विदेशों पर निर्भर रहना, विदेशों से कर्ज लेना और विदेशी पूँजीपतियों को देश में बुलाना, यहाँ के पूँजीपतियों को नीति के जरिए सहयोग देना, धार्मिक उन्माद बढ़ाकर तात्कालिक राजनीतिक लाभ लेना। जिनका इन प्रश्नों पर दिमाग साफ नहीं है, वे केवल सत्ता में आ भी सकते हैं, लेकिन इनके रहते देश का भविष्य हमेशा अंधकार में रहेगा।

विपक्ष की राजनीति में एक नया तत्त्व उभरा है—क्षत्रिय महासभा और बनारस के पंडों से सर्टीफिकेट लेकर राजनीति करने का। ऐसे लोग राजनीति को किस दिशा में ले जाएँगे ?

यह विपक्ष की राजनीति नहीं है, यह अवसरवादिता की राजनीति है। यह उन रूढ़िवादी प्रवृत्तियों को प्रश्रय देता है, जिन रूढ़िवादी प्रवृत्तियों के कारण देश रसातल को पहुँचा है। जो भी राजनीतिज्ञ इसको बढ़ावा देता है, वह देश के भविष्य के साथ खिलवाड़ करता है।

आप लोगों ने करीब डेढ़ साल पहले राजीव गांधी सरकार के बजट के खिलाफ भारत बंद का आयोजन किया था, लेकिन वाराणसी में इसी बजट और तब की अपनी आर्थिक नीतियों के पक्ष में वी.पी. सिंह ने तर्क पेश किए। इस बजट को आप कैसे ठीक बता सकते हैं ?

पता नहीं, औरों की क्या राय है, पर आजादी के चालीस सालों में अभी तक एक ही बार किसी बजट के खिलाफ सभी विरोधी दलों ने भारत बंद का आह्वान किया था। विरोध पक्ष ने बजट के विरोध में कभी इस तरह एकता का प्रदर्शन नहीं किया। दूसरी बात, चालीस सालों में भारत बंद इस तरह कभी सफल नहीं हुआ यानी इस बजट के खिलाफ न केवल पूरा विरोध पक्ष था, वरन् भारत का पूरा जनमानस था। यदि वी.पी. सिंह ने उस बजट को बनाया था, इसलिए वे उसकी प्रशंसा करें, इसमें मुझे आश्चर्य नहीं है। लेकिन मुझे इस बात का दुख जरूर है कि वी.पी. सिंह आज भी नहीं सीखे कि गलत नीतियों का परिणाम क्या होता है। व्यक्तियों से दुराव से नई राजनीति नहीं बनती है, गलत नीतियों को छोड़कर नई

नीतियों को अपनाने से नई राजनीति बनती है। ऐसा कोई नहीं है, जिससे भूल नहीं होती। जो व्यक्ति भूल स्वीकार नहीं कर सकता, वह सच्चाई के रास्ते पर नहीं चल सकता है।

एक व्यक्तिगत सवाल–आपने मुझसे कई साल पहले कहा था कि आप एक गरीब किसान के घर पैदा हुए और नंगे पैर स्कूल जाते थे। फिर समाजवादी आंदोलन से जुड़े। आज राजनीति में जिस तरह सामंत-राजे सक्रिय हैं, आप उनके साथ राजनीति कैसे कर पाएँगे ?

मैं इसका जवाब 1971 में भी दे चुका हूँ। तब यूगोस्लाविया के एक प्रोफेसर आए थे, उन्होंने हमसे यह कहा कि आप लोगों ने गरीबी हटाओ का नारा दिया। नीतियाँ अच्छी हैं। जनता ने आपको समर्थन दिया। फिर क्रियान्वित क्यों नहीं होती हैं ? मैंने कहा, इसका उत्तर इतिहास में है। दुनिया के किसी भी महापुरुष जिसने गरीबी का अनुभव नहीं किया है, चाहे वह राजपुरुष हो या संत हो, वह गरीबी नहीं मिटा सकता है। गौतम बुद्ध एक राजपरिवार में पैदा हुए। पर वर्षों जंगल में भटकने के बाद भूख की पीड़ा से मर रहे थे, तब किसी सुलेखा ने उन्हें खीर खिलाई। उस भूख की पीड़ा से उन्होंने गरीबों के लिए काम किया। चाहे कबीर हों, तुलसी हों, नानक हों, गांधी हों, माओ हों–लेनिन हों, फिडेल कास्त्रों हों, होची मिन्ह हों, हजरत मुहम्मद हों या ईसा मसीह हों, सभी ने पीड़ा को अनुभव करके देखा। जिसने स्वयं गरीबी का अनुभव नहीं किया, उसने न कभी इन्सानियत को नया जीवन दर्शन दिया न, उसने कभी गरीबों के आँसू पोंछने का काम किया। कोई भी सामंत अपने सामंती सुखों को छोड़े बिना गरीब की बात करता है या उसके नाम आँसू बहाता है, तो यह मगरमच्छ के आँसू हैं। इनसे मेरा कोई लेना-देना नहीं है।

पिछले कई सालों में और खास कर इस बार इन सभी सवालों पर आपके 'स्टैंड' ने आपको विपक्षी राजनीति में 'विलेन'-सा बना दिया है। आप इस घेराबंदी में कैसा महसूस करते हैं ?

मैं उस दिन तक लड़ता रहूँगा और यह सब कहता रहूँगा, जिस दिन मैं यह तय न कर लूँ, कि मुझे राजनीति छोड़नी है। राजनीति करता रहूँगा, लड़ता रहूँगा। जिस दिन हार मान जाऊँगा। कोई और काम करने लगूँगा, खेती करूँगा। पर इन प्रश्नों पर समझौता करके राजनीति में रहना, मैं दुष्कर्म समझता हूँ। एक बात और बताऊँ। इन प्रश्नों पर जो पत्रकार और नेता मेरी आलोचना करते हैं, उनको मैंने नजदीक से देखा है। इनमें से एक भी ऐसा नहीं है, जिसने मेरे चारों तरफ गणेश परिक्रमा नहीं की है। इसलिए मैं उनकी परवाह नहीं करता। जैसे कोई बच्चा तुतलाकर गाली देकर चला जाए, इन्हें मैं ऐसे लेता हूँ। इन्हें पता नहीं है, वे क्या कर रहे हैं। ये कमजोर लोग हैं और अपनी कमजोरियाँ छिपाने को इस भाषा का इस्तेमाल करते हैं।

रविवार, 13-19 सितंबर, 1987

उत्तर भारत में बड़ा राजनीतिक ध्रुवीकरण हुआ है

रविवार प्रतिनिधि की बातचीत

जनता पार्टी और लोकदल (अ) को मिलाकर आपने जो नई पार्टी बनाई है, उसका मूल्यांकन आप किस तरह करते हैं ?

पिछले तीन-चार वर्षों से यह बात चल रही थी कि विपक्ष को एक होना चाहिए। कई बार प्रयास किए गए, लेकिन कोई सफलता नहीं मिल पाई। कुछ समय पहले जनता पार्टी की कार्यकारिणी ने फैसला किया कि जितने लोग साथ आ सकें, उनको लेकर काम शुरू करना चाहिए और इस आधार पर एक संयुक्त मोर्चा बना, जिसमें जनता पार्टी, लोकदल (अ), जन मोर्चा और कांग्रेस (एस) के लोग शामिल थे। संयुक्त मोर्चे के सदस्य देश के विभिन्न भागों में गए। जनसमस्याओं को लेकर जनता में जागृति पैदा करने, जनचेतना उभारने का काम किया। इस प्रक्रिया में लोकदल (अ) के लोग हमारे काफी करीब आए और उन्होंने कहा कि हम जनता पार्टी में शामिल होना चाहते हैं। हमने जनता पार्टी के कुछ प्रमुख नेताओं से बातचीत की और उन्हें लोकदल (अ) की मंशा बताई। इस बातचीत के आधार पर लोकदल (अ) और जनता पार्टी के विलय का फैसला किया गया। उसी समय यह बात भी स्पष्ट कर दी गई थी कि यदि कोई वृहत्तर विपक्षी एकता होती है, तो उसमें इसकी वजह से कोई बाधा नहीं पड़ेगी।

जनता पार्टी और लोकदल 1977 में उस आंदोलन में भी साथ थे, जिस समय जनता पार्टी बनी थी1 तो मुख्यतया इन दोनों दलों की नीति-रीति वही थी, जो संयुक्त जनता पार्टी की थी। हम लोग समान रूप से समस्याओं पर चर्चा करते थे। उसी के आधार पर यह छोटा-सा, विपक्ष की एकता का प्रयास किया है। मैं नहीं कहता कि इससे कोई बड़ी समग्र एकता हो गई है, लेकिन यह एक अच्छी शुरुआत है जिससे और लोगों को साथ आने की प्रेरणा मिलेगी। अब इसमें दिक्कत यह है कि जो पूर्वग्रह हैं, उनके कारण कठिनाई हो सकती है। लेकिन जब लोकदल (अ) खत्म हो गया, तो जनता पार्टी और लोकदल (ब) के बीच जो दूरी है, वह नहीं रहनी चाहिए, ऐसा मैं मानता हूँ। लेकिन क्या होगा, कुछ नहीं कहा जा सकता।

चन्द्रशेखरजी, पिछले दस वर्षों से विपक्षी एकता के प्रयास होते रहे हैं, लेकिन उसमें सफलता क्यों नहीं मिल पाई ?

देखिए, दो-तीन बातें इसकी वजह हैं। एक तो विरोध पक्ष कई तरह से बिखर गया। यह न समझें कि केवल जनता पार्टी बिखरी, कांग्रेस के अलावा भी जितने विरोधी दल थे, उन्होंने राष्ट्रीय समस्याओं के प्रति कोई प्रभावकारी कदम नहीं उठाया, जो लोगों के मन को आकर्षित करता। दूसरी कठिनाई यह पैदा हो गई है कि जो बुनियादी सवाल आज की

परिस्थिति में हैं—गरीबी, बेरोजगारी, आंचलिक विषमता के, उन पर तो विरोधी पार्टियों में विचारों की समानता हो सकती है, लेकिन जो भावनात्मक सवाल है, जिन सवालों से लोगों की भावनाओं का सीधा संबंध है, उन पर विरोधी पार्टियों के सोचने में बहुत अंतर है। और यह अंतर आज भी बना हुआ है। मुद्दों पर विरोधी दलों के विचार साफ नहीं हैं।

कई बार लगता था कि चरण सिंह के लोकदल और शरद पवार की कांग्रेस के साथ जनता पार्टी का विलय हो जाएगा, लेकिन क्यों नहीं हो पाया ?

कारण बिलकुल व्यक्तिगत थे और उन कारणों को मैं कहने की स्थिति में नहीं हूँ। उनको कहना उचित नहीं है। कोई सैद्धांतिक कारण नहीं थे। पुरानी कटुता और पुराने मनमुटाव, ये सब सवाल बीच में आ जाते थे। लेकिन कौन कितना जिम्मेदार था, यह कहना ठीक नहीं होगा। लेकिन हम नहीं समझते थे कि सिद्धांतों या कार्यक्रमों की वजह से एका नहीं हो पाया। कभी जीवन में मौका मिला तो, यह वृत्तांत भी लिखूँगा कि कौन कितना जिम्मेदार था।

आपने कभी जनता पार्टी का झंडा, निशान और नाम बदलने पर समझौता नहीं किया। क्यों ?

नहीं, ऐसी तो कोई शर्त हमारी रही नहीं। लेकिन मेरा मानना है कि जनता पार्टी ही सिर्फ ऐसी पार्टी है, जो लोगों के मिल-बैठने से नहीं बनी, बल्कि जन-संघर्ष से उपजी पार्टी है। कांग्रेस में चाहे जितनी खराबी हो, लेकिन वह भी एक आंदोलन से निकली पार्टी है। इसलिए लोगों की ममता उसके प्रति रहती है। कुछ वर्गों की...इसी तरह जनता पार्टी है। जनता पार्टी के साथ लोगों की भावनाएँ जुड़ी हुई हैं। हमारी निजी राय है कि जनता पार्टी को बरकरार रहना चाहिए और उसके पुराने लोगों को उसमें शामिल हो जाना चाहिए।

जनता पार्टी का एक बड़ा वर्ग और विपक्ष के कुछ लोग आपके द्वारा किए गए विलय का विरोध कर रहे हैं। आपकी प्रतिक्रिया ?

इस पर मेरी कोई प्रतिक्रिया नहीं है और न ही मुझे मालूम है कि कौन लोग विलय का विरोध कर रहे हैं।

बीजू पटनायक तथा अन्य लोगों ने तकनीकी रूप से इस विलय को गलत बताया है और पार्टी की राष्ट्रीय कार्यकारिणी की बैठक बुलाने की माँग की है ?

इसकी मुझे कोई जानकारी नहीं है। राष्ट्रीय कार्यकारिणी की बैठक होगी, तब देखा जाएगा। मुझे नहीं मालूम कि विलय में क्या तकनीकी दिक्कत है। अगर कोई होगी, तो उसे दूर कर लिया जाएगा। तकनीकी मामलों से राजनीति रुकती नहीं है।

इसी गुट का यह भी कहना है कि लोकदल (अ) के विलय के बारे में संसदीय बोर्ड में तय नहीं हुआ था। आपने अपने मन से विलय की घोषणा की ?

अगर संसदीय बोर्ड में लोकदल (अ) का विलय तय नहीं हुआ, तो और क्या तय हुआ

था ? यही सब लोग उस समय लोकदल (अ) के विलय से सहमत थे और उसी बैठक में अजीत सिंह को पार्टी का कार्यकारी अध्यक्ष बनाना तय हुआ था।

लेकिन उन लोगों को एतराज इस बात पर है कि आपने अजीत सिंह को अगले ढाई वर्ष तक के लिए अध्यक्ष घोषित कर दिया है ?

ऐसा करनेवाला मैं कौन होता हूँ ? मैं संपूर्ण जनता पार्टी तो हूँ नहीं। लेकिन पार्टी का साधारण सदस्य होने के नाते पार्टी संगठन के आगामी चुनाव में अध्यक्ष पद के लिए अजीत सिंह का नाम तो प्रस्तावित कर ही सकता हूँ। मुझे मेरे इस अधिकार से कौन रोक सकता है ? या अजीत सिंह का विरोध करनेवालों को उनके विरुद्ध चुनाव लड़ने से कौन रोक सकता है ? जनता पार्टी में तो लोकतांत्रिक प्रक्रिया है, यह प्रत्येक दूसरे वर्ष दोहराई जाती है। अब अजीत सिंह कुछ और तय कर लें या पार्टी की राष्ट्रीय परिषद किसी दूसरे को अध्यक्ष चुन ले, तो उसमें मैं क्या कर सकता हूँ ? वैसे मेरे उम्मीदवार तो अजीत सिंह हैं।

आपकी पार्टी के संगठनात्मक चुनावों की प्रक्रिया चल रही है और सदस्यता-अभियान खत्म हो चुका है, तो जो नए लोग जनता पार्टी में आए हैं, वे उसके सदस्य कैसे बन पाएँगे ?

कोई दिक्कत आएगी, तो रास्ता निकाला जाएगा। दरअसल मेरी दिक्कत यह है कि संसदीय बोर्ड की बैठक में जो बातचीत हुई, या जनता पार्टी के जो पुराने निर्णय हुए हैं, उनको लेकर मैं प्रेस में नहीं जा सकता। जनता पार्टी की राष्ट्रीय परिषद और राष्ट्रीय कार्यकारिणी ने एक बार नहीं, अनगिनत बार मुझे अधिकार दिया है कि मैं समान विचारधारावाली पार्टियों से एका करूँ। लेकिन इसके बावजूद मैं यह नहीं कहता कि मैं ही सर्वोच्च हूँ। मेरे मित्र पहले अजीत सिंह से एका के प्रयास में थे, पता नहीं, अब क्यों विरोध कर रहे हैं !

अभी भी आप जनता पार्टी के अध्यक्ष हैं, तो क्या इस स्थिति में आप अन्य विपक्षी दलों से एकता के लिए बात कर रहे हैं ?

एका की बात तो अभी नहीं हुई है, क्योंकि हाल ही में एक बड़ा एका हुआ है। लेकिन हमारे कुछ दूसरे मित्र इस विषय पर अन्य दलों से चर्चा कर रहे हैं कि एका हो।

क्या लोकदल (ब) और जन मोर्चा से भी एकता की बात चल रही है ?

हाँ, उन लोगों से बात चल रही है। इसके अलावा तो और कोई राष्ट्रीय विपक्षी दल बचता नहीं। भाजपा है तो वह अपनी पहचान खत्म करना नहीं चाहती।

क्या इन दलों का जनता पार्टी में विलय हो सकता है ?

अब यह मैं नहीं कह सकता, क्योंकि मैं कोई भविष्यवक्ता नहीं हूँ। लेकिन जनतंत्र में संभावनाओं से इनकार नहीं किया जा सकता।

जब कभी विपक्षी एकता की बात चलती है, भाजपा का सवाल बराबर खड़ा होता है।

उसकी क्या स्थिति है ?

मैं बहुत पहले से कह रहा हूँ कि राजनीति में छुआछूत नहीं होनी चाहिए। लेकिन भाजपा का आर.एस.एस. के प्रति जो रुख है, उससे लोगों के मन में संदेह पैदा होता है। और यह संदेह निराधार नहीं है। आर.एस.एस. के नेताओं ने समय-समय पर जो वक्तव्य दिए हैं, उनसे इन संदेहों की पुष्टि होती है। इसलिए भाजपा के साथ रिश्ते बनाने में दिक्कत पैदा होती है।

क्या मोर्चे में भी भाजपा को शामिल नहीं कर सकते ?

मोर्चे में तो नहीं, हाँ, भाजपा के साथ सीटों का तालमेल हो सकता है।

लोकदल (ब) के नेता शरद यादव ने कहा है कि विरोधी दलों के आपसी विवादों के व्यक्तिगत, जातिगत और ऐतिहासिक कारण हैं। आपकी प्रतिक्रिया ?

शरद यादव के वक्तव्य पर मैं अपनी प्रतिक्रिया व्यक्त करना आवश्यक नहीं समझता। मैं नहीं जानता कि किस परिप्रेक्ष्य में उन्होंने यह बात कही है। कभी-कभी हर व्यक्ति की बात का जवाब दे सकना संभव नहीं हो पाता है।

क्या आपको लगता है कि ये नए समीकरणों से वृहत विपक्षी एकता होने के बजाय जनता पार्टी के टूटने का खतरा पैदा हो गया है ?

अखबारों से तो ऐसा ही प्रतीत होता है, लेकिन मुझे नहीं लगता कि जनता पार्टी टूट जाएगी। मैं 1980 से देख रहा हूँ, जब कभी जनता पार्टी का कोई सम्मेलन होता है, अखबारों में जनता पार्टी जरूर टूट जाती है। लेकिन अभी तक टूटी नहीं है। हाँ, आने-जानेवालों का सिलसिला जरूर लगा रहता है। आप इसे टूट कहें या कुछ और।

लगातार दस वर्ष से आप पार्टी के अध्यक्ष बने हुए हैं, इससे आप कैसा महसूस करते हैं ?

मुझे तो कोई फर्क नहीं पड़ता क्योंकि मेरा मानना है कि अध्यक्ष होकर कोई व्यक्ति महान नहीं हो जाता, या हटने से निकम्मा नहीं हो जाता है। हर आदमी की एक भूमिका होती है। इस भूमिका में उतार-चढ़ाव आते रहते हैं। कभी बहुत उत्साह का माहौल रहता है और कभी ऐसे क्षण भी आते हैं, जब कोई बात को सुननेवाला नहीं होता। जो इन परिस्थितियों से घबरा जाता है, वह कोई दूरदर्शिता की राजनीति नहीं कर सकता। मैंने बहुत सारे उतार-चढ़ाव, अध्यक्ष के रूप में ही नहीं, अपने राजनीतिक जीवन में भी देखे हैं।

क्या आप अध्यक्ष बने रहेंगे ?

नहीं, मैंने तो कहा है कि मैं अध्यक्ष नहीं रहूँगा। इसलिए नहीं रहूँगा, क्योंकि हमारी पार्टी में काफी लोग हैं। उनको चुनाव लड़ना चाहिए। मैं तो पार्टी में हूँ ही, कहीं भी जानेवाला नहीं हूँ।

लेकिन एक बहस आपके बारे में फिर शुरू हो गई है कि अप्रैल '86 में परंदवाड़ी में आप मना करने के बाद भी अध्यक्ष बने रहे थे, वही फिर दोहराया जा सकता है ?

परंदवाड़ी में क्या हुआ, उसके विस्तार में जाना मैं नहीं चाहता। आज जो उस बहस को चला रहे हैं, यही लोग उस समय हाथ जोड़कर मुझसे कहते थे कि चन्द्रशेखरजी, आप ही अध्यक्ष बन जाइए, नहीं तो पार्टी टूट जाएगी। लेकिन मैं वह दोहराना नहीं चाहता। आँधी आ जाए, तूफान आ जाए और मैं कहूँ कि मैं अध्यक्ष रहना चाहता हूँ, यह ठीक नहीं होगा। इसलिए मैं संभावनाओं से इनकार नहीं करता और संभावना तो यह भी हो सकती है कि तमाम लोग मिलकर मुझे ही पार्टी से निकाल दें। मैं तो यही सुन रहा हूँ कि मेरे साथ कोई है ही नहीं। तो यह भी हो सकता है।

आपको कैसा लगता है ?

यह सवाल आप उस आदमी से पूछ रहे हैं, जो कांग्रेस कार्यसमिति से सीधे जेल गया था। जब जनता पार्टी बनी, तो मोरारजी भाई से सीधे कह दिया कि मुझे मंत्री नहीं बनना है, जबकि वह मुझे मंत्री बनाना चाहते थे। दस दिन बाद मैं जनता पार्टी का अध्यक्ष हो गया। उस पार्टी को मैंने बिखरते हुए देखा और फिर से दोबारा खड़ा करने की कोशिश की। 1986 में मुझे पदलोलुप कहा जा रहा था और आज जब मैं पद छोड़ने की बात करता हूँ, तो उसे राजनीतिक चाल बताया जाता है।

कहा जाता है कि '77-'80 के बीच अगर आप थोड़ा डटे रहते, तो जनता पार्टी नहीं टूटती ?

हो सकता है, कुछ लोगों की ऐसी राय हो, लेकिन अगर आप जानना चाहते हैं तो मैं आपको बताऊँ कि 1 मई, '77 को मैं जनता पार्टी का अध्यक्ष बना था और मुझे याद है कि उसी वर्ष अक्टूबर में मैंने जयप्रकाशजी से कह दिया कि यह पार्टी चल नहीं पाएगी।

रविवार, 27 मार्च-2 अप्रैल, 1988

जनता पार्टी को आधार बनाकर ही एकता संभव

अनुराग चतुर्वेदी की बातचीत

राजीव गांधी का कहना है कि विपक्षी नीतिविहीन है और विपक्ष की एकमात्र इच्छा सत्ता पाना है, क्या आपको नहीं लगता कि विपक्ष के पास सचमुच में नीतियाँ नहीं हैं ?

यह कहना सही नहीं है कि विपक्ष के पास नीतियाँ नहीं हैं, पर इन नीतियों को सुचारु रूप से लोगों के सामने नहीं रखा गया है। यह बात सही है कि हमें पहले नीतियों के सवाल पर बहस करनी चाहिए थी। हमारी प्राथमिकताएँ सही नहीं हैं। पर इनका लाभ उठाकर राजीव गांधी यह कहें कि नीतियाँ नहीं हैं, तो वे स्वयं का और अपनी पार्टी का लोगों के सामने विवरण दे रहे हैं। वे तो शीशे में खुद का चेहरा देख रहे हैं।

विपक्षी के पास नीतियाँ हैं और वे लोगों की समस्या से जुड़ी हैं—जब तक भूख है, प्यास है, गरीबी है, बेरोजगारी है। जब तक जाति और धर्म के नाम पर लोगों से भेदभाव किया जाता है। जब तक लोग पीड़ित हैं, विपक्ष की नीतियाँ इन्हीं दुख-दर्दो के बीच से निकलती हैं। विपक्ष इन्हीं सवालों पर एक होता है। और होगा ही, तो मैं समझता हूँ, राजीव गांधी के लिए नई समस्या पैदा होगी। राजीव गांधी को इस प्रकार के वक्तव्य देने से कोई राहत मिलनेवाली नहीं है, क्योंकि पिछले चार वर्षों में उन्होंने लोगों की समस्याएँ हल करने में न कोई पहल की है, न कोई सफलता पाई है। तात्कालिक रूप से इस वक्तव्य से उन्हें मानसिक सन्तोष हो सकता है। लेकिन उनकी राजनीतिक स्थिति में कोई सुधार संभव नहीं है।

आपने विपक्षी एकता के लिए कुछ प्राथमिकताओं पर जोर दिया है। वे प्राथमिकताएँ क्या हैं ?

मैंने पिछले 10-12 वर्षों में यह कहा है कि देश की राजनीति को लोगों की भूख-प्यास से जोड़ना होगा, लोगों के अरमानों से जोड़ना होगा। आजादी के बाद आशा थी कि आम आदमी राहत की साँस लेगा। हमें लोगों को दिखाना पड़ेगा कि विपक्ष कौन-सा रास्ता अपनाएगा, जो सरकारी पार्टी से अलग होगा ? देश के विपक्ष को स्वतंत्रता-आंदोलन की मौलिक मान्यताओं को दोहराना होगा। गांधीजी ने मितव्ययता की बात कही थी, तो वह नारा नहीं थी। इस तरह '80 करोड़ का देश दूसरों की सहायता पर नहीं बन सकता। हम सहायता लेने के विरुद्ध नहीं हैं। लेकिन हमारी मानसिकता यह होनी चाहिए कि हम अपने पैरों पर खड़े हों। स्वावलंबन का सवाल, श्रम की प्रतिष्ठा का सवाल—ये जो बातें राष्ट्रीय आंदोलन में कही गई थीं, आज उन बातों को भुलाया जा रहा है। न स्वदेशी है, न स्वावलंबी है। न मितव्ययता है, न गरीब से अपने को जोड़ने की तन्मयता है। इस काम में सरकारी पार्टी बिलकुल विफल रही है। जो उसका विकल्प देना चाहते हैं, उनको इन सवालों पर अपनी

राय स्पष्ट करनी होगी।

अब जैसे भ्रष्टाचार का सवाल है, यह लोगों के मन को जल्दी छूता है। एक बड़ा सवाल है, अहम सवाल है और इस सवाल पर देश को कोई समझौता नहीं करना होगा। लेकिन जब हम भ्रष्टाचार के सवाल की इतनी चर्चा करते हैं, तो हमें यह भी देखना होगा कि भ्रष्टाचार आता कहाँ से है ? संपत्ति के विभाजन में जितनी विषमताएँ हैं, भ्रष्टाचार उसका घिनौना रूप है। इसी तरह से जहाँ भी बहुराष्ट्रीय कंपनियाँ गई हैं, वहाँ-वहाँ भ्रष्टाचार बढ़ा है। हमारे देश में भी यह अपवाद नहीं है। आप अपने देश में बहुराष्ट्रीय कंपनियों को बुलाएँगे और भ्रष्टाचार से लड़ेंगे—ये दोनों बातें मेरी समझ में नहीं आतीं। जनता को नारा देने के लिए बातें करना आसान है, पर विपक्ष को अपनी राय स्पष्ट करनी होगी और दिशा निर्धारित करनी होगी।

विपक्ष की एकता, विशेष कर समाजवादी जनता दल के बनने की प्रक्रिया, बहुत अलोकतांत्रिक रही। इस बारे में आपकी कुछ आपत्तियाँ थीं, जिन्हें आपने पार्टी के संसदीय दल की बैठक में बताया था। आखिर आपकी आपत्तियाँ हैं क्या ?

मैंने पार्टी में जो आपत्तियाँ दर्ज कराई हैं, वे तो प्रेस के माध्यम से मैं नहीं कहूँगा, लेकिन मैं इतना जरूर कहूँगा कि मेरी कुछ मान्यताएँ हैं। अब भले जो भी प्रचार किया जाता है, पर यह सच है कि हमने अपनी मान्यताओं के लिए आवाज उठाई। मुद्दों को नजरअंदाज करके आप कुछ व्यक्तियों को इकट्ठा करें, तो कोई विकल्प नहीं बनेगा। यह तो सिर्फ एक सरकार को हटाकर दूसरी सरकार बनाने की योजना भर है। यह योजना अच्छी है और हमें इससे कोई एतराज नहीं है। क्योंकि यह सरकार जानी चाहिए, क्योंकि यह सरकार बहुत लोगों के लिए अभिशाप बन गई है। पर इससे हमारी मंजिल तो नहीं मिलती। हमारे अभियान की इतिश्री यहाँ नहीं हो जाती। सवालों का क्या होगा ?

हमें सवालों पर एक होना चाहिए। इन पर समझ बननी चाहिए थी। यह समझ उन राष्ट्रीय पार्टियों में हो जाती, जो समविचारोंवाली पार्टियाँ हैं। इन सवालों पर जो दूसरे लोग सहमत थे, उन्हें साथ लेना चाहिए था। वामपंथी पार्टियों को साथ लेना चाहिए। उसके बाद आंचलिक पार्टियों का सहयोग लेना चाहिए। दूसरी ऐसी भी पार्टियाँ हैं, जो कई मुद्दों पर हमारे साथ नहीं हैं, पर सरकार हटाने के मुद्दे पर हमारे साथ हैं, उन पार्टियों को साथ लाना चाहिए।

अगर सही मायने में स्वस्थ विपक्ष की राजनीति चलाना था, तो सिद्धांतों, नीतियों और कार्यक्रमों का निरूपण पहले होना चाहिए था। उनसे सहमत होनेवाले लोगों का एका होता या उनका कोई मोर्चा बनता या दूसरे लोगों से आप तालमेल करते, तो शायद हमारे लिए एकता ज्यादा पायेदार होती और अधिक लोगों के मन में विश्वास पैदा कर पाती कि हम केवल किसी व्यक्ति को नहीं हटाना चाहते हैं, बल्कि सोचने की उस मानसिकता से छुटकारा पाना चाहते हैं, जो चंद लोगों को वैभव में जाने के अवसर देती है और करोड़ों को बेबसी में रहने के लिए मजबूर करती है।

आप स्वयं समाजवादी रहे हैं और आप समाजवादी जनता दल में समाजवाद नाम हटाना चाहते हैं। यह विरोधाभास क्यों है ?

मैंने समाजवाद नाम हटाने की बात नहीं कही है। मैंने कहा है : जनता पार्टी का नाम रहना चाहिए। जब जनता पार्टी बनी थी, तब देश का कोई समाजवादी नहीं था, जो इसका सदस्य नहीं था। नाम से कोई समाजवादी नहीं होता। समाजवाद सिद्धांतों का निरूपण करता है। हमें समाजवाद शब्द से नफरत नहीं है, बल्कि मुझे तो इस शब्द से बहुत लगाव है। लेकिन शब्द में जब अर्थ नहीं रहता, तब शब्द बेईमान हो जाते हैं। जनता पार्टी के जो कार्यक्रम थे, वे सब समाजवादी कार्यक्रम थे और उनको लागू भी किया गया था। मैं जनता पार्टी के नाम को रखने का पक्षधर हूँ।

क्या जनता पार्टी विपक्ष की मुख्यधारा का प्रतिनिधित्व करती है ?

1980 में जनता पार्टी चुनाव हारी थी। हमें कई लोग छोड़कर चले गए थे। ये साधारण लोग नहीं थे। भारतीय जनता पार्टी के वरिष्ठ नेता अटलजी, आडवाणीजी जैसे लोग चले गए। उसके बाद जगजीवनरामजी चले गए। 1980 से 1983 तक पार्टी की क्या स्थिति थी, यह लोग भूल गए। जनता पार्टी थोड़ी-सी बची थी, जिससे इस देश के समाचार-पत्रों ने, राजनीतिज्ञों ने और जनता पार्टी के कुछ नेताओं ने यह मान लिया था कि पार्टी समाप्त हो गई। पर यह पार्टी कुछ समय बाद इस स्थिति में आ गई कि उसकी कर्नाटक में न केवल सरकार बन गई, बल्कि जब भी भारतीय विपक्ष की राजनीति की चर्चा होती है, तब जनता पार्टी की चर्चा होती है। जनता पार्टी प्रमुख विरोधी पक्ष है। हमें इस पार्टी के बारे में ज्यादा गंभीरता और आत्मविश्वास से सोचना चाहिए। मेरा यह आग्रह नहीं है कि जनता पार्टी की ही सब बातें मानी जाएँ। दूसरे लोगों की भी बातें सुननी चाहिए और उस आधार पर काम करना चाहिए। लेकिन हम कुछ नहीं हैं, यह हीनभाव जिनमें है, उनके प्रति मेरी बड़ी सहानुभूति है। मैं यह समझने में असमर्थ हूँ कि उनमें यह हीनभाव क्यों और कैसे आया ? शायद कुछ लोग, जो 1980 से 1983 तक हमारे बुरे दिनों में हमारे साथ नहीं रहे, जनता पार्टी की शक्ति, लोगों की भावना से उसके जुड़ाव को नहीं परख सके। वे तो केवल उसका चुनाव पक्ष ही देखते हैं।

विकल्प की जगह विपक्ष एवजी क्यों बनता जा रहा है ?

एवजी बनने के लिए हमें कोई प्रयास करने की जरूरत नहीं है, अपनी करतूतों से राजीव गांधी जानेवाला है। उनकी जगह पर क्या बनेगा, इस बारे में हमारी राष्ट्रीय दृष्टि साफ नहीं है, तो देश में कोई भी स्थिति बन सकती है। हम एवजी बनने की बात करेंगे, तो हम दूर नहीं जा पाएँगे।

समाजवादी जनता दल के स्वरूप के तकनीकी पक्ष के बारे में आपको ज्यादा आपत्तियाँ थीं। क्या यह सही है ?

मैं एकता के पक्ष में हूँ। लेकिन एकता किसलिए ? एकता किन लोगों की ? और किस आधार पर ? अगर ये मूल सवाल नहीं हैं, तो जरूर मैं तकनीकी सवाल उठा रहा हूँ। अगर

नई चीज बननी है, तो इन सवालों के जवाब जरूरी हैं। अगर पुरानी चीजों को जोड़कर बनाते हो, तो मेरा मानना है कि जनता पार्टी ने ही इन सवालों का जवाब सही तरीके से दिया है, इसलिए जनता पार्टी को आधार बनाकर ही एकता हो सकती है। या तो नए सिरे से इन सवालों पर सोचा जाता, सोचकर एक प्रारूप बनाया जाता, तब कोई नई पार्टी बनती, तो बात हमारी समझ में आती। लेकिन पुरानी शक्तियों को जोड़ेंगे, तो संघर्ष से आए लोगों की बात माननी होगी। उन लोगों की नहीं, जो कुछ महीनों से विपक्ष की राजनीति कर रहे हैं। ये सवाल मेरे लिए मौलिक रहे हैं। मैंने राजनीति को हमेशा मौलिक सवालों से जोड़ने की कोशिश की है। मैं कामयाब हुआ या नहीं, यह अलग बात है। वे लोग जो इन समस्याओं पर अपनी राय प्रकट करने से कतराते रहते हैं, वे ही इनको तकनीकी प्रश्न कह रहे हैं।

मैं जानना चाहता हूँ, पंजाब पर उनकी क्या राय है ? हिंदू-मुस्लिम, हरिजनों पर क्या राय है ? पार्टी में जो लोग आएँगे, उनका संघर्षरत कार्यकर्ताओं से क्या व्यवहार होगा ? पिछले दिनों उनका क्या व्यवहार रहा है ? क्या हम आशा कर सकते हैं कि अचानक उनके मन में नई भावना जागृत हो जाएगी और वे सारे लोग बदल जाएँगे ? जो व्यक्ति अशुभ की शक्तियों के साथ रहे हैं, अचानक वे शुभ की शक्तियों के दावेदार बन जाएँगे, यह मैं नहीं मानता। उनको संघर्ष की पाठशाला में बहुत दिनों तक शिक्षा ग्रहण करनी पड़ेगी और उतार-चढ़ाव में साथ देना होगा। यह तकनीकी सवाल नहीं है, मौलिक सवाल है। इन सवालों को उठाने के पीछे कोई द्वेष या ईर्ष्या नहीं है। व्यक्ति के खिलाफ भी नहीं, पर यह सामाजिक परिवर्तन का मूलभूत सिद्धात हैं। ये शर्तें नए समाज के निर्माण के लिए हैं। नई सरकार बनाने के लिए किसे भी नेता बना लें, लेकिन यह सरकार गरीब की नहीं होगी।

आज नए लोग हमें सीख देने लगे हैं, उस सीख को मैं स्वीकार करने को तैयार नहीं हूँ। मैंने मौखिक संघर्ष नहीं किया है, अपने आचरण से उसे दिखाया भी है। दूसरे भी इस संघर्ष को अंगीकार करें। जिस व्यक्ति में संवेदनशीलता नहीं है, वह बदलाव नहीं ला सकता और जब मैं एकता को इन सवालों से जोड़ता हूँ, तो यह तकनीकी सवाल नहीं हैं।

रामकृष्ण हेगड़े ने नैतिक दायित्व स्वीकार कर त्यागपत्र दिया है। आपको इस प्रकार के नैतिक आग्रहों का राजनीति में क्या भविष्य दिखता है ?

मुझे दुख है कि हेगड़े को इन परिस्थितियों में इस्तीफा देना पड़ा। लेकिन उन्होंने जिस सवाल पर इस्तीफा दिया है, वह संसदीय राजनीति में जो मूल्य होने चाहिए, उनकी दृष्टि से बहुत सराहनीय कदम है। दूसरों को भी इसे अपनाने का उदाहरण मिलेगा। तुरंत भविष्य में इस तरह की राजनीति का कितना स्थान है, यह विचारणीय प्रश्न है, लेकिन संसदीय प्रणाली और साधारण लोगों से इसे जोड़ा जाना चाहिए।

रविवार, 21-27 अगस्त, 1988

मेरी उपेक्षा संभव नहीं

प्रशांत मिश्र की बातचीत

खेले-खाए राजनीतिज्ञ हैं चन्द्रशेखर। एक अरसे से पत्रकारों को झेलते चले आ रहे हैं। सवालों को जितना ध्यान से सुनते हैं, जवाब भी कम सावधानी से नहीं देते। मजाल कि कहीं उन्हें फाँसा जा सके ! पिछले दिनों जहाँ जनता दल अध्यक्ष वि.प्र. सिंह के संबंध में जेपी की चिट्ठी को लेकर खासा बावेला मचा, वहीं जनता दल में शीर्ष नेताओं के आपसी मनमुटाव भी सामने आए। इन्हीं संदर्भों के परिप्रेक्ष्य में उनसे प्रशान्त मिश्र की बातचीत के कुछ अंश :

मूल्यों और सिद्धांतों पर आधारित राजनीति–इस शब्द का प्रयोग सत्ता पक्ष और विपक्ष दोनों के लिए बहुत आम हो गया है। आप भी मूल्यों और सिद्धांतों की बात करते रहते हैं। क्या आज की राजनीति में इन शब्दों की कोई गुंजाइश बची है ?

यह सवाल तो आप उनसे पूछिए जो मूल्यों की बात करते हैं। मूल्य तो समय के अनुसार बदलते रहते हैं। दासता के युग में जनता में स्वतंत्रता की भावना पैदा करना ही राजनीति का सबसे बड़ा मूल्य था, लेकिन जब स्वतंत्रता के दिन आए, तो मूल्य एकदम बदल गए।

सिद्धांतों और मूल्यों की राजनीति में अंतर है। सिद्धान्तों के बिना राजनीति का कोई अर्थ नहीं है। सिद्धांत अच्छे हैं या बुरे, इस बात पर बहस हो सकती है।

आज, जब मैं 'सिद्धांतों की राजनीति' की बात करता हूँ तो उसका अभिप्राय यही है कि राजनीति को समाज की मौजूदा समस्याओं से जुड़ा होना चाहिए, उन समस्याओं के समाधान के लिए हमारी क्या नीतियाँ हैं, क्या रास्ते हैं–पहले हमें इनका निरूपण करना होगा।

अपने सिद्धांतों में, मैं ऊँचे आदर्शों की बात नहीं करता। मानव-समस्याओं को हल करने में कारगर सिद्धांतों से राजनीति को जोड़े बिना, राजनीति का कोई औचित्य नहीं है। बेकारी, पानी की समस्या, असुरक्षा की भावना, अशांति, भुखमरी जैसे मुद्दों से राजनीति को जोड़ना ही होगा।

जिन सिद्धांतों और समस्याओं की बात आप कह रहे हैं, क्या मौजूदा राजनीति उन सिद्धांतों के आधार पर चल रही है ?

आज की राजनीति में स्थितियाँ और भ्रान्तियाँ दिखाई पड़ रही हैं। वह बिना सिद्धांतों की राजनीति के कारण ही है। आज राजनीति व्यक्तिकेंद्रित हो गई है और वह उन्हीं के सहारे चल भी रही है। अगर सिद्धांतों पर आधारित राजनीति चल रही होती, तो देश की हालत यह नहीं होती।

आपको जनता दल का भविष्य कैसा दिखाई दे रहा है ?

अच्छा है। दल में जो थोड़े-बहुत मतभेद हैं, उन्हें हल करने के लिए प्रयास किए जाने चाहिए। और अगर भगवान सद्बुद्धि दे, तो इन मतभेदों का हल निकल सकता है।

लेकिन आम धारणा है कि जिस प्रकार जनता पार्टी यादवी युद्ध के कारण नहीं चल पाई, उसी प्रकार जनता दल अंतर्कलह की वजह से टूटेगा। आप क्या मानते हैं ?

देखिए, लोगों की यह धारणा गलत है। जनता पार्टी किसी यादवी युद्ध के कारण नहीं टूटी थी। जनता पार्टी का एक ही उद्देश्य था कि जो जनतंत्र देश में खत्म हो गया है, उसे जिंदा किया जाए, और उस उद्देश्य को जनता पार्टी ने सफलता के साथ पूरा किया। जनता पार्टी में उस समय विभिन्न विचारों के लोग एक साथ आए। जाहिर है, जब राजनीति को जनतंत्र की बहाली के बिंदु से आगे बढ़ाने की जरूरत पड़ी, तो विभिन्न विचारधाराओं के बीच टकराव होने लगा।

यह बात सही है कि यह टकराव व्यक्तियों का टकराव भी था। लेकिन अगर विचारों की एकता होती तो जनता पार्टी नहीं टूटती। इसीलिए मैं बार-बार इस बात पर बल देता हूँ कि सिद्धांतों और कार्यक्रमों के ऊपर हमारा मतैक्य होना चाहिए। अगर व्यक्तियों की परिधि में राजनीति चलेगी, तो टकराव होगा। पर अगर सिद्धांतों की एकरूपता के आधार पर राजनीति चलेगी, तो टकराव नहीं होगा। 1977 में राजनीति का दूसरा स्वरूप था, दूसरे आयाम थे। 1989 में एकदम अलग आयाम हैं। अतः दोनों में तुलना करना सही नहीं है।

जैसे-जैसे चुनाव नजदीक आ रहे हैं, वैसे-वैसे जनता दल के शीर्ष नेताओं के बीच दूरियाँ बढ़ती जा रही हैं। आपकी समझ में इसके क्या नतीजे होंगे ?

देखिए, आप लोग जो बातें करते हैं, उसे वास्तविकता से दूर करके देखिए। ज्यों-ज्यों चुनाव नजदीक आ रहे हैं, दूरियाँ बढ़ती नहीं जा रही हैं। नेताओं में विचारों की जो दूरी पहले थी, वह ज्यों की त्यों बनी हुई है। इसीलिए मैं कहता था कि एकता से पहले आपस में चर्चा करके दूरी को खत्म कर लो। लेकिन लोगों को जल्दबाजी बहुत थी।

केवल एक प्रस्ताव पास करने से राजनीतिक विचारों की दूरियाँ खत्म नहीं हो जातीं। अब सवाल यह है कि हम उन दूरियों को किस तरीके से व्यक्त करें। या तो हम लोगों में इतना शिष्टाचार और सभ्यता हो कि आपस में बैठकर बात कर लें और मतभेद कम करने की कोशिश करें। अगर यह नहीं होता है तो लोग अपने मतभेदों को खुले आम व्यक्त करते रहेंगे।

अखबारों की खबरों के मुताबिक जनता दल में आपकी और आपके समर्थकों की उपेक्षा की जा रही है। क्या यह सच है ?

अखबारवाले जो मन मे आए, कहते रहें। मेरी कौन उपेक्षा करेगा ? अगर मैं अपनी उपेक्षा करवाना नहीं चाहूँगा, तो मेरी उपेक्षा कोई कैसे कर सकेगा ? उपेक्षा तो तब होगी जब मैं किसी के यहाँ कुछ लेने के लिए जाऊँ। मेरी तो कोई उपेक्षा नहीं हो रही है।

आम चुनावों के ठीक पहले कांग्रेस ने जो पंचायती राज के संबंध में शगूफे छोड़े हैं, उसके बारे में आप क्या कहना चाहेंगे ?

कांग्रेस पार्टी चुनाव जीतने के लिए हर तरह के हथकंडे अपनाएगी। उसमें किसी को कोई शिकायत नहीं होनी चाहिए। जहाँ तक पंचायती राज का सवाल है, हम पंचायती राज के समर्थक हैं। गांधी ने ग्राम स्वराज की कल्पना की थी, जयप्रकाशजी ने सत्ता के विकेंद्रीकरण की बात कही थी, राजीव गांधी जिस पंचायती राज की बात कर रहे हैं, उसमें वह गाँवों को शक्ति तो देना चाहते हैं, लेकिन केंद्र की शक्ति को राज्यों तक नहीं पहुँचाना चाहते। राज्यों के कुछ अधिकार अगर केंद्र के पास हैं, तो केंद्र के कुछ अधिकार राज्यों को दिए जाने चाहिए। पंचायती राज कामयाब तभी हो सकता है, जब केंद्र राज्यों को शक्तियाँ देना मंजूर करे।

जनता पार्टी के शासनकाल में पंचायती राज की गंभीरता से ध्यान क्यों नहीं दिया गया ?

हमने अशोक मेहता कमेटी की सिफारिशों पर अमल करने का प्रयास किया था, पर जैसा कि आप जानते हैं, ढाई बरस तो कुल सरकार चली थी।

ऐसा माना जा रहा है कि आगामी आम चुनाव आजादी के बाद का सबसे महँगा और खर्चीला चुनाव होगा। ऐसे में विपक्ष कांग्रेस का मुकाबला कैसे कर पाएगा ?

देखिए, केवल पैसे के बल पर ही चुनाव नहीं लड़ा जा सकता। यह सही है कि पैसा भी एक बड़ा आधार होता है। लेकिन अगर कांग्रेस का मुकाबला हम पैसे के आधार पर करना भी चाहें, तो नहीं कर पाएँगे। हाँ, यदि जनता का समर्थन प्राप्त हो तो कांग्रेस के पास बेशुमार धन होने के बावजूद हम उसका जमकर मुकाबला कर सकते हैं।

आप कहते हैं कि विपक्ष के पास साधनों की कमी है लेकिन इलाहाबाद उपचुनाव में तो विपक्ष पैसे और दूसरे साधनों के मामले में कांग्रेस से पीछे नहीं रहा...

किसी एक चुनाव के बारे में, मैं कोई बात नहीं करना चाहता।

हेगड़े और स्वामी में आप किसे बेहतर राजनीतिज्ञ मानते हैं ?

दोनों में कोई तुलना नहीं है।

सारंगा स्वर, जुलाई, 1989

मैं विपक्ष की एकता भंग नहीं करूँगा

प्रभु चावला और इन्द्रजीत बधवार की बातचीत

भारतीय राजनीतिक मंच पर जनता दल के वरिष्ठ राजनीतिज्ञ और संसद सदस्य चन्द्रशेखर के सीधे-सादे व्यक्तित्व में गंभीर और चुंबकीय आकर्षण है। 1960 में इंदिरा गांधी के कांग्रेस में रहते हुए उन्हें युवा तुर्क के रूप में प्रसिद्धि मिली। बाद में 1977 में वे जनता पार्टी के अध्यक्ष बने। वी. पी. सिंह से मतभेद के कारण पिछले दो दशकों में उन्हें जनता दल के संयुक्त क्रिया-कलापों और विपक्ष की एकता में किन्हीं कारणों से बाधक माना जाने लगा। लेकिन हाल ही में दोनों नेताओं ने अपने मतभेदों को भुला दिया और पहली बार राजस्थान के चुनावी दौरे पर साथ-साथ गए।

लम्बे, सुगठित, आकर्षक और गंभीर व्यक्तित्व के मालिक चन्द्रशेखर अपनी भव्य उजली दाढ़ी और भेदती आँखों से कहते हैं कि वह जितने बुरे हैं, उससे कहीं ज्यादा उनको बुरा बना दिया गया है। उनके होंठों पर हमेशा मुस्कान खिली रहती है। प्रभु चावला और इन्द्रजीत बधवार को दिए गए साक्षात्कार में वे अपनी चुप्पी तोड़ते हैं :

आप पर कांग्रेस (ई) का एजेंट होने का आरोप है। विपक्ष की एकता भंग करने के लिए किसे भेजा गया है ?

जो लोग इस तरह के आरोप लगाते हैं, मैं उनके लिए सचमुच खेद प्रकट करता हूँ। मुझ पर कांग्रेस (ई) का एजेंट होने का आरोप लगाने के लिए उन्हें फिर से जन्म लेना पड़ेगा।

परंतु क्या आप धीरूभाई अंबानी से चोरी-चोरी नहीं मिले ?

मैं उतना भी पाक नहीं कि सिर्फ संत-महात्मा जैसे पवित्र लोगों से ही मिलूँ। मैं किसी से मिलने के पहले उनका पूरा आत्मपरिचय नहीं पढ़ता। जो मुझसे मिलने आते हैं, उनका स्वागत है। वे मेरी ही शर्तों पर मुझसे मिलने आते हैं।

लोकसभा से बड़ी संख्या में लोगों ने इस्तीफे दिए हैं। आप इस घटना का आकलन किस तरह करते हैं ? क्या यह विपक्ष की एकता को दिखाता है ?

यह निराशा से जन्मी बेचैनी है। मैं इस कार्य की आलोचना नहीं कर रहा हूँ। राजीव गांधी सरकार के गैरजिम्मेदाराना व्यवहार की वजह से दूसरा कोई रास्ता नहीं रह गया था।

क्या विपक्ष एकजुट है ?

अगर इस उद्देश्य के लिए पूछा जाए तो, हाँ। लेकिन यह देखना है कि क्या वे इसे

आगे भी जारी रख पाते हैं या सीटों के तालमेल के समय एक रह पाते हैं ? लेकिन मैं देख रहा हूँ कि विपक्ष उचित तरीके से व्यवहार नहीं कर रहा है।

जनता दल भी ?

मेरी पार्टी सर्वोत्तम करने का प्रयास कर रही है, इसके बावजूद क्या करना है, यह बिलकुल साफ नहीं है।

आपकी पार्टी अच्छा कर रही है या नहीं ?

उतना बुरा भी नहीं कर रही है, जितना कुछ लोग प्रचार कर रहे हैं। मुझे लगता है, हम लोग और ज्यादा एकजुट होकर काम कर रहे हैं। मैं इसके क्रिया-कलापों का मार्गदर्शन नहीं करता, लेकिन हम लोग अच्छी स्थिति में हैं।

विपक्षी एकता की माँग क्यों की जा रही है ?

राजीव गांधी देश के लिए अभिशाप हैं और मैं सोचता हूँ कि उनकी सरकार को हटाने के लिए विपक्ष को एकजुट होना ही होगा। इसके बगैर सरकार का हटना और नए समाज का बनना इस देश में संभव नहीं है।

क्या आपको लगता है कि विपक्ष ऐसा कर सकता है ?

भ्रम अच्छे भविष्य की ओर नहीं ले जा सकता। चाहे आप कितने भी ईमानदार क्यों न हों, यदि आप एक भ्रमित व्यक्ति हैं, तो आप देश का भविष्य नहीं बना सकते।

कहीं आप वीपी सिंह की ओर इशारा तो नहीं कर रहे ? क्या आप उन्हें अपना नेता मानते हैं ?

व्यक्तिगत तौर पर मैं वीपी सिंह के बारे में कुछ नहीं कहूँगा। आप नेता से क्या समझते हैं, पहले यह निश्चित कीजिए। हाँ, जनता दल के नेता और अध्यक्ष के रूप में मैं उन्हें स्वीकारता हूँ।

लेकिन राष्ट्रीय नेता के रूप में नहीं ?

भारतीय जनता किसी व्यक्ति विशेष के दृष्टिकोण से नहीं सोचती।

क्या आप जनता दल की एकजुटता में सहायक हैं ?

अगर मैं जनता दल की एकता को न बनाए रखूँ तो फिर जनता दल का अस्तित्व ही मिट जाएगा। इन सबके बावजूद अनर्गल बातें की जा रही हैं। जो भी मतभेद या रुकावटें हैं, उन्हें मैं अपने सहयोगियों के साथ बाँटता हूँ। मैं विपक्ष की एकता को किसी तरह भंग नहीं होने दूँगा।

लेकिन फिर भी आपकी पार्टी में अंतर्कलह जारी है। इसका आरोप आप पर लगाया जा रहा है ?

सच यह है कि चुनाव के बाद देवीलाल के साथ किए गए समझौते में मैं शामिल नहीं था। फिर भी मुझ पर आरोप लगाया जा रहा है। वह व्यक्ति मैं ही था जिसने अजीत सिंह के साथ एकता की बातचीत करने की पहल की थी। मैं एकीकृत दल के अध्यक्ष के रूप में हेगड़े को पसंद करता, किंतु यदि उन्हें स्वीकार नहीं किया जाता तो मैं अजीत सिंह के नाम का सुझाव देता।

हाँ, लेकिन सुब्रह्मण्यम स्वामी और शहाबुद्दीन जैसे पार्टी तोड़नेवाले लोगों को आपके निकट माना जाता है ?

मुझे बदनाम करने के लिए ऐसी अफवाहें फैलाई जा रही हैं। ये लोग मुझसे निकटता का दावा इसलिए करते हैं कि उन्हें राजनीति में बने रहना है।

चुनाव में प्रचार-प्रसार के लिए आप कितनी सक्रियता से योजना बना रहे हैं ?

उतनी ही सक्रियता से, जितनी सक्रियता से मैं कर सकता हूँ। और वह भी तब, जबकि मैं नेता माना ही नहीं जा रहा।

लेकिन आपके विरोधी कहते हैं कि आपके पास कोई राजनीतिक आधार नहीं है ?

हाँ, मैं यह सब पहले भी सुन चुका हूँ। मुझे आश्चर्य है कि मैं किस तरह इतिहास के कूड़े में फेंक दिया गया हूँ। पर क्या यह विचित्र बात नहीं है कि जो लोग मुझे कूड़े में फेंक रहे हैं, वही मुझे बाहर निकालनेवाले भी रहे हैं ?

आपने राजस्थान में देवीलाल और वीपी सिंह के साथ चुनाव प्रचार किया। आप लोगों के रुख को किस तरह भाँपते हैं ?

लोग हमारे प्रति बहुत उत्साहित हैं। मुझे लगता है कि इस बार वहाँ राजीव की काँग्रेस (ई) पार्टी हार जाएगी।

लेकिन विपक्ष के 'टार्जन घोड़े' कहाँ चले गए ?

वे कहाँ हैं, मैं नहीं जानता।

आपसे जुड़े व्यक्तियों ने बोम्मई सरकार को गिरा दिया। आप पर आरोप है कि आपने सरकार बचाने की कोई कोशिश नहीं की।

हाँ, मैं सरकार जरूर बचा लेता। लेकिन उन्होंने मुझे अपनी हर गतिविधि से दूर रखा, फिर मैं किस तरह हस्तक्षेप करता ? अगर मुझसे कहा जाता तो मैं देवगौड़ा से जरूर विनती करता।

परंतु इसके विपरीत आपको तो विपक्ष की एकता को नष्ट करनेवाले के रूप में देखा जा रहा है ?

आप मुझसे क्या करने की आशा रखते हैं ? भाग जाऊँ और दूसरों के साथ तस्वीरें खिंचवाऊँ। मैंने न तो कभी ऐसा किया है और न ही अपनी वृद्धावस्था में मैं ऐसा करने जा रहा हूँ। अकेला मैं ही ऐसा नेता हूँ, जो राजीव को किसी भगवान का अवतार नहीं मानता, न ही तुरंत अपने विचार बदल दूँ और उसे राक्षस कहूँ। मैं राजीव गांधी को केवल एक साधारण मनुष्य के रूप में देखता हूँ।

क्या राजीव गांधी प्रधानमंत्री बनने लायक हैं ?

यदि वे इतने काबिल ही होते तो क्या हमारा देश इस बुरी स्थिति में होता ?

क्या आप वी.पी. सिंह से इसलिए नाराज हैं कि उन्हें आपसे ज्यादा श्रेष्ठ माना जा रहा है ?

हेगड़े और देवीलाल वी. पी. सिंह से वरिष्ठ नेता हैं। मैं किसी के साथ प्रतियोगिता में शामिल नहीं हूँ।

वास्तव में आप चाहते क्या हैं ?

यही कि राजीव गांधी की सरकार को जाना चाहिए।

और फिर भी आप विपक्ष की एकता बनाए रखने पर दृढ़ हैं ?

आह! आपने मुझे फिर से विध्वंसक का जामा पहना दिया।

जब युद्ध को अस्थायी विराम दिया गया और आपके यशवंत सिन्हा ने जनता दल की सात सदस्यीय समिति से इस्तीफा दे दिया, उस समय आप यह सब रोक सकते थे ?

मैंने पहले दिन ही यशवंत सिन्हा को इस्तीफा देने से रोका था; बल्कि मैंने उन्हें यह भी समझाया था कि यदि वे इस्तीफा देंगे तो सब यही समझेंगे कि मैंने ही उकसाया है। इसके अलावा, जब उन्होंने इस्तीफा दिया, मुझे इसकी जानकारी नहीं थी। हाँ, लेकिन जो जैसा करना चाहता है, मैं उसमें बाधक नहीं बनता।

विपक्ष की छवि खराब होने की कीमत पर भी नहीं ?

हाँ, मुझे इस बात का कोई अधिकार नहीं कि मैं किसी को ऐसी जगह से बाहर कर दूँ, जहाँ उसका अस्तित्व ही खतरे में पड़ जाए।

परंतु आप एक जिम्मेदार नेता हैं और आपको सलाह जरूर देनी चाहिए।

मैं नेता नहीं हूँ, मैं जनता दल का एक कार्यकर्ता हूँ।

क्या जनता दल जनता पार्टी की तरह बन पाएगा ?

ऐसा संभव है, और नहीं भी। जनता पार्टी खत्म हुई क्योंकि उसमें समझौते की भावना

नहीं थी। ईर्ष्या और दुश्मनी, आदमी को कहीं भी नहीं पहुँचाती।

लेकिन जनता दल के बाहर आपके चारों तरफ उपग्रहों का घेरा है, जो हमेशा आक्रमण के लिए तैयार रहते हैं और पार्टी के भीतर मतभेद उत्पन्न करते हैं।

मैं नहीं जानता कि उपग्रहों से आपका क्या अभिप्राय है। जो जनता दल पर आक्रमण करता है, बेशक वह मेरा उपग्रह नहीं है। लेकिन जब आप किसी का बुरा चाहते हैं, तो ये वापस आप ही के ऊपर आता है।

लेकिन वी. पी. सिंह ने सुब्रह्मण्यम स्वामी और शहाबुद्दीन पर कभी भी आक्रमण नहीं किया।

देखिए, मुझे इस विवाद में मत घसीटिए। मैं किसी की जोड़ी ढूँढ़ने नहीं निकला हूँ।

सुब्रह्मण्यम स्वामी आपके विरोधी हैं। उन्होंने हमेशा आप पर आरोप लगाया। जब भी मौका मिला, आपसे लड़ाई की।

वे अजीत सिंह के साथ ही जनता दल में आए थे। मैं क्या करूँ ? उनसे कहूँ कि मुझे गालियाँ देते रहें ? मेरे विचार से, यदि वे तालमेल बनाना चाहते तो मैं उनकी मदद करता। लेकिन कुछ लोग तो लड़ाई ही चाहते हैं और यह उनका अपना मामला है। पहले भी कई लोगों ने मुझे धूल में घसीटा था। मैं इन सब दिक्कतों से लड़ने की क्षमता रखता हूँ। जिस दिन मैं यह क्षमता खो बैठूँगा, मैं समाप्त हो जाऊँगा।

क्या कभी आप यह सोचते हैं कि आप जनता दल का हिस्सा नहीं होंगे ?

जो ऐसा सपना देखते हैं, उनका सपना कभी पूरा नहीं होनेवाला है।

जो मतभेद जनता दल में उभर रहा है, क्या वह इसलिए है कि किसको चुनाव के बाद कौन-सी कुर्सी मिलती है ?

यह सब सामान्य बातें हैं। शासक दल में ये संघर्ष हमेशा देखने को मिलता है।

तो क्या यह तय है कि आप अपनी पार्टी की एकता को खंडित नहीं करने जा रहे हैं ?

मुझे जनता दल से बाहर करने के लिए यह कहानी रची गई है। मैं जनता दल को तोड़ने नहीं जा रहा हूँ। यह प्रश्न अब अप्रासंगिक हो चुका है। मैं फिर से कहता हूँ कि मैं जनता दल से बाहर नहीं जा रहा हूँ।

लेकिन जनता पार्टी के उन लोगों का क्या होगा, जो अब बाहर हैं ?

मैं प्रयत्नशील हूँ कि जो बाहर चले गए हैं, वापस लौट आएँ। बशर्ते, उनकी शर्तों पर नहीं। हमें शहाबुद्दीन और रामधन को वापस लाने की कोशिश करनी चाहिए। वे भी उतने ही महत्त्वपूर्ण हैं, जितने देवगौड़ा।

लेकिन क्या आपकी पार्टी के लोग उन्हें वापस स्वीकार करेंगे ?

जो लोग यह विश्वास करते हैं कि जो व्यक्ति जनता दल के साथ नहीं हैं, वे राजीव गांधी के साथ हैं, मूर्खता करते हैं। हमें घटनाओं को इस तरह देखने की अपनी आदत बदलनी होगी। मेरा हेगड़े से एकमात्र मतभेद इस बात पर था कि मैं उन्हें लगातार कहता रहता था कि देवगौड़ा को मत निकालो। मैं अभी भी उनका मित्र हूँ। मैं चाहता था कि हेगड़े पार्टी के अध्यक्ष बनें। लेकिन मैंने उन्हें बताया था कि पार्टी अध्यक्ष बनने और मुख्यमंत्री बनने पर इन दोनों में से एक पद चुनना होगा। वे दोनों पद एक साथ नहीं पा सकते हैं।

अगर विपक्ष सत्ता में आ जाए तो आप सरकार में कौन-सी भूमिका निभाना पसंद करेंगे ?

मैं जनता दल का सच्चा व विश्वासपात्र कार्यकर्ता हूँ। मैं इस विषय में यदि कुछ कहूँगा तो लोग मुझे बाहर कर देंगे।

इंडिया टुडे, 15 अगस्त, 1989

सरकार पर किसी का विश्वास नहीं रहा

एस. रामास्वामी की बातचीत

अब तक जो कुछ हुआ, उसके बाद भी क्या आपको लगता है कि राम जन्मभूमि मुद्दे का हल आपसी बातचीत से संभव है ?

मुझे लगता है कि बातचीत द्वारा इस मसले का हल करने के अलावा और कोई रास्ता नहीं है। इन मुद्दों पर, हमें अपना साहस न खोकर धैर्य रखना चाहिए। इन स्थितियों में सिर्फ सब्र ही हमारे काम आएगा। मुझे पूरा विश्वास है कि उचित दृष्टिकोण और मैत्री की भावना द्वारा हम इस समस्या का हल ढूँढ़ सकते हैं।

क्या यह कहना ठीक होगा कि राजनीतिज्ञों ने इस संकट को और गहरा कर दिया और अब धार्मिक नेताओं की मदद ढूँढ़ रहे हैं, जो उन्हें इससे छुटकारा दिला सकें ?

मैं ऐसा नहीं कहूँगा। यह सच है कि राजनीतिज्ञों ने अपनी भूमिका बेहतर ढंग से नहीं निभाई, जिससे हम वर्तमान संकट तक पहुँच गए। यह कहना गलत है कि राजनेता अब धार्मिक नेताओं द्वारा उन्हें जमानत दिलाने की इच्छा रखते हैं। धार्मिक नेता भी इसी समाज का हिस्सा हैं, शांति और सामान्य स्थितियों को बहाल करने में उनकी मदद लेना गलत नहीं है क्योंकि अगर भावनाओं को धार्मिक आधार पर भड़काया जा सकता है, तो धार्मिक नेताओं के अनुरोध पर उन्हें शांत भी किया जा सकता है। बहुत पहले जब जातिवादी दंगे भड़के थे, मैंने उस समय की प्रधानमंत्री (इंदिरा गांधी) से अनुरोध किया था कि वे धार्मिक नेताओं की मदद लें।

क्या बोफोर्स पर कुछ स्पष्ट होगा ? सत्र में आने से पहले प्रधानमंत्री ने इसे सबके सामने लाने के लिए 15 दिनों की अवधि माँगी है ?

मैं नहीं जानता, किस आधार पर समय-सीमा निश्चित की गई है। स्विट्ज़रलैंड और स्वीडन जैसे देशों में सत्ता की लगाम विदेशियों के हाथ में थी। जैसा कि आप जानते ही हैं, स्विस अर्थव्यवस्था एक विशेष अंदाज में संचालित होती है और मैं नहीं सोचता कि स्विस सरकार भारत के प्रधानमंत्री द्वारा किए गए चुनावी वादों को पूरा करने के लिए, अपने आर्थिक लाभ को संकट में डालेगी। अगर वैसी आशा थी तो मैं इसका कोई आधार नहीं देखता।

आपको ऐसा नहीं लगता कि इस मामले में प्रधानमंत्री पूरी तरह पाखंड में डूबे हुए हैं ?

किसी व्यक्ति द्वारा, जो उसकी क्षमता के भीतर नहीं है, उसका पर्दाफाश करने का दावा करना मात्र उसका पाखंड ही है। लेकिन अब मैं आपको बताना चाहूँगा कि कभी-कभी यह सब बहुत आकर्षक बन जाता है। बहुचर्चित नारे और छल दोनों राजनेताओं के हथकंडे हैं।

मंडल कमीशन रिपोर्ट के प्रति आपके क्या विचार हैं ?

मैं यह स्वीकार करता हूँ कि पिछड़े वर्गों को आरक्षण मिलना चाहिए। जब पहली बार काका कालेलकर आयोग ने आरक्षण के प्रश्न को उठाया, तो इसने थोड़े-थोड़े अंतराल पर पुनर्मूल्यांकन का प्रस्ताव भी रखा, ताकि यह देखा जा सके कि जनता को लाभ मिल रहा है या नहीं। जनसंख्या के निश्चित हिस्से का आर्थिक उन्नति के आधार पर परीक्षण होना चाहिए। समाज के दूसरे हिस्से का, जो पहले बहुत संपन्न रहा हो, उनके दरिद्र होने की प्रक्रिया को भी ध्यान में रखना होगा। आज की परिस्थिति में आरक्षण पर सामाजिक और आर्थिक विचार-विमर्श की जरूरत है।

क्या आप यह कहना चाहते हैं कि मंडल कमीशन द्वारा अपनी सूची में पिछड़े वर्गों को शामिल किया जाना, जिम्मेदारीपूर्ण कदम है ?

मैं किस तरह कहूँ कि ये जिम्मेदारीपूर्ण था या नहीं, लेकिन आयोग ने अपनी रिपोर्ट में यह स्वीकार किया है कि इसके लिए कोई वैज्ञानिक विश्लेषण नहीं किया गया है। कुछ विशिष्ट शोधी विद्वानों या लोगों से इकट्ठी की गई सूचनाओं से वे जो कुछ इकट्ठा कर सके, उन्होंने इन जातियों को निर्धारित करने में लगाया। मैं नहीं मानता कि पिछड़ापन निर्धारित करने के लिए वैज्ञानिक विश्लेषण किए जाने के पीछे उनका कोई छल है।

जिस तरह से यह सरकार श्रीलंका के मुद्दे को उठा रही है, उस पर आपके क्या विचार हैं ?

श्रीलंका के मुद्दे पर परिणाम की परवाह किए बगैर निर्णय लेने की पूर्व की सरकार ने जो जल्दबाजी की, वह एक गलत कदम था। मेरे विचार से यह बुद्धिमानीपूर्ण फैसला नहीं था। जो तंत्र पहले से मौजूद है, आप उसे धीरे-धीरे ही बदल सकते हैं। लेकिन पूर्व शासन से सिर्फ दुश्मनी की वजह से आप आज कोई निर्णय लेते हैं, तो आप समस्याओं का सामना करने को विवश हैं। ऐसा करके आप देश को भी विपत्ति में डालेंगे।

लेकिन आप क्या कर रहे हैं ? आखिर, आप इस सत्ताधारी दल का हिस्सा हैं।

यह सच है कि जब भी कोई उलझा हुआ प्रश्न होता है, मैं उस पर अपने विचार देता हूँ। लेकिन मैं अपने विचारों को सत्ताधारियों के ऊपर लाद नहीं सकता। मैं सिर्फ सलाह दे सकता हूँ, लेकिन अगर संसदीय प्रजातंत्र में मेरे प्रस्तावों को अल्पसंख्यक होने के कारण, स्वीकारा नहीं जा रहा है, तो मुझे बर्दाश्त करना ही होगा।

पर आप पूर्व सरकार के खिलाफ लड़े थे क्योंकि वह सरकार गलत दिशा की ओर मुड़ गई थी।

जब स्थितियाँ सीमा से बाहर होने लगती हैं, तब कड़े निर्णय लेने ही पड़ते हैं।

क्या अभी तक स्थितियाँ उस सीमा से बाहर नहीं गई हैं ?

बाहर चली जा सकती हैं, लेकिन निर्णय लेने की स्थिति अब तक आई है या नहीं, यह विचारणीय है।

सरकार को गिराने में कांग्रेस की मदद के लिए आपने किस तरह की रिपोर्ट तैयार की है ?

जैसा कि मैं पहले भी कह चुका हूँ, न तो मैं राजीव गांधी की मदद से वी. पी. सिंह सरकार को गिराने की कोशिश कर रहा हूँ और न ही मैं राजीव गांधी से बार-बार मिलकर मध्यस्थता की कोशिश कर रहा हूँ। इस सरकार के बारे में मेरी राय आप जानते हैं। इस सरकार ने कोई विश्वसनीय काम नहीं किया है और जिस तरह से सब कुछ चल रहा है, हम लोग शीघ्र ही बहुत बड़ी परेशानी में घिरेंगे। जनता दल और कुछ अन्य दलों को भी इस सरकार की गतिविधियों पर निगरानी रखनी होगी।

कुछ लोगों का सोचना है कि आप बेहतर स्थिति के लिए परिवर्तन की व्यवस्था कर सकते थे। आपका क्या कहना है ?

अकेले मैं कोई परिवर्तन नहीं ला सकता। अगर परिवर्तन आने को है, तो मुझे खुशी होगी।

क्या आपको अपने किए किसी राजनीतिक निर्णय का पछतावा है ?

अगर मैं कहूँ कि मुझे आज तक कोई पछतावा नहीं हुआ, तो यह बहुत गलत होगा। जीवन इतना जटिल है कि आप नहीं कह सकते कि आपने जो भी निर्णय लिए हैं, वे सभी सही हैं। लेकिन अब मुझे इस बात का संतोष है कि मैंने जितने भी निर्णय लिए हैं, उनके द्वारा मैंने किसी के विश्वास को ठेस नहीं पहुँचाई है। उलटे मुझे ही कई बार धोखा दिया गया है...।

संडे, 14 अक्तूबर, 1990

राष्ट्रीय गौरव दाँव पर लगा है

देवदत्त, अनुराग चतुर्वेदी और हरिवंश की बातचीत

चन्द्रशेखर का संघर्षशील तेवर पुनः निखर रहा है। युवा तुर्क के रूप में जिन बुनियादी सवालों को उन्होंने बड़ी प्रखरता से उठाया था, उन्हीं सवालों के इर्द-गिर्द वह सजपा की राजनीति और रणनीति तय करने की प्रक्रिया में लगे हैं। मौजूदा राजनीतिक व्याकरण के तहत चन्द्रशेखर राजनीति में अलग-थलग दिखते हैं, पर जो भी उन्हें करीब से जानते हैं, उन्हें अहसास है कि जब-जब वह अलग-थलग पड़े, और ताकतवर होकर उभरे। प्रजा सोशलिस्ट पार्टी से निष्कासन के दिन हों या आपातकाल या जनता दल में वी.पी. सिंह का आगमन, अलग-थलग करार दिए जा चुके चन्द्रशेखर हर बार मजबूत होकर उभरे। समाजवादी जनता पार्टी के गठन की पूर्व संध्या पर चन्द्रशेखर ने पत्रकार देवदत्त, पूर्व सम्पादक, 'प्वाइंट ऑफ व्यू'; अनुराग चतुर्वेदी, संपादक, 'महानगर' और हरिवंश, प्रधान संपादक, 'प्रभात खबर' ने लंबी बातचीत की। प्रस्तुत हैं बातचीत के प्रमुख अंश :

आप मानते हैं कि देश की मौजूदा स्थिति को देश के आम लोगों को समझाया या बताया जाए तो स्थिति बदल सकती है ? क्या आप स्पष्ट करना चाहेंगे कि लोगों को मौजूदा स्थिति बतलाने का वह रास्ता क्या होगा ?

देखिए, दों बाते हैं—संसदीय राजनीति का अपना एक अलग महत्त्व है, जिसे आप नजरअंदाज नहीं कर सकते हैं। पर आज संसद में जो कुछ हो रहा है, उसके प्रति लोगों का विश्वास बहुत कम हो गया है। मैं संसद की अवमानना नहीं करना चाहता। पर मैं बताना चाहूँगा कि जब तीस वर्ष पहले मैं संसद में आया था, तब संसद में कोई सवाल उठता था, तो आज की सुविधाएँ नहीं होते हुए भी, गाँव-गाँव में उनकी चर्चा होती थी। पर आज संसद में जो सवाल उठते हैं, उनके बारे में साधारण जन को कोई दिलचस्पी नहीं होती क्योंकि अधिकतर सवाल भ्रष्टाचार के बारे में आते हैं, ऐसे सवालों के बारे में उठते हैं, जिन्हें करोड़ों-अरबों का मामला होता है। जो आदमी भूख से तड़प रहा है, उसे करोड़ों-अरबों का ज्ञान नहीं होता और उसको इसमें कोई दिलचस्पी नहीं होती। संसद की अपनी सीमा हो गई है। मैं उसे छोटा करके नहीं दिखाना चाहता।

दूसरी बात : जहाँ तक आंदोलन का सवाल है, तो आंदोलन ही आजकल ऐसा शब्द हो गया है, जिसका बहुत दुरुपयोग हो रहा है। सवेरे थाने के सामने जाकर धरना देना, गिरफ्तार हो जाना, एक घंटे बाद वापस आ जाना, यह क्रांतिकारिता और आंदोलन की परिभाषा हो गई है। लेकिन मैं चाहता हूँ कि हम फिर एक बार पीछे मुड़कर देखें। गांधीजी ने 1914 में अपनी राजनीतिक गतिविधियाँ शुरू की थीं और सात वर्ष बाद 1921 में उन्होंने

एक आंदोलन चलाया। उस आंदोलन को वापस लिया तो नौ वर्षों तक इंतजार करते रहे। इन नौ वर्षों तक उन्होंने जनता में जागृति और चेतना पैदा करने का काम किया, संगठन का काम किया, चाहे वह हरिजन सेवा के नाम पर, चाहे स्वराज के नाम पर, चाहे खादी के नाम पर, चाहे गौ सेवा के नाम पर। 1930 के आंदोलन के बाद उन्होंने 1940 में व्यक्तिगत सत्याग्रह चलाया। इस बीच हुए छोटे-मोटे आंदोलनों की बात छोड़ दीजिए। फिर 1942 में करो या मरो का नारा दिया। हर आंदोलन के पीछे महात्मा गांधी 9-10 वर्षों तक जन-जागृति के और संगठन के काम करते थे।

जन-जागृति के जो काम होते थे उसमें वह जगह-जगह जाते थे। एक-एक दरवाजे पर जाकर लोगों को समझाते थे, तब बहुत सुविधाएँ नहीं थीं, फिर भी इतने बड़े देश में उन्होंने एक बड़ा काम किया।

अब हम लोगों ने उस पैमाने पर काम नहीं किया। मैंने खुद देखा है अपने अनुभवों से। जब मैंने पद-यात्रा की, उसके लिए बड़ा संगठन नहीं था। कोई मेरे साथ नहीं था, फिर भी छह महीने के दौरान गाँव-गाँव से, घरों से लोग निकलकर आए। ऐसा लगता है कि आज भी जो उनके दरवाजे पर जाएगा, लोग उसके प्रति जुड़ेंगे। होता यह है कि हम लोगों को इकट्ठा करते हैं किसी बड़े शहर में, किसी बड़ी जगह। यह जुलूस और रैली की जो राजनीति है, यह केवल अपनी शक्ति-प्रदर्शन के लिए है, जनशक्ति के संगठन के लिए नहीं। राजनीतिक पार्टियों के शक्ति-प्रदर्शन के लिए जो भी आंदोलन होगा, वह आंदोलन क्षणिक प्रभाव के लिए होगा और उससे कोई दूरगामी परिणाम नहीं निकलेंगे। जनशक्ति को संगठित करने के लिए जो आंदोलन होगा, बहुत धीरे-धीरे उसका असर होगा। क्रमिक विकास उसका होगा, लेकिन एक बार उससे जो लोग जुड़ेंगे, उसके दूरगामी परिणाम निकलेंगे। हमें इसी तरह का काम करना है।

आपने कहा कि समाजवादी जनता पार्टी का एक मुख्य कार्यक्रम जनजागरण का होगा। किन मूल्यों-मुद्दों पर आप जनजागरण करेंगे ?

देखिए, मूल्य तो पहले जैसे ही हैं! आज की परिस्थिति में गरीब, भूख, पीड़ा, प्यास जैसे सवालों पर मैं बहुत बल नहीं दे रहा हूँ। आज जो सवाल हमारे सामने खड़े हो गए हैं, वे 1914 में राष्ट्रीय आंदोलन करनेवालों के सामने थे। सवाल राष्ट्रीय गौरव का है। राष्ट्र के रूप में हम देश का गौरव रख पाएँगे या नहीं, यह मूल सवाल है। अगर हम राष्ट्र के गौरव को नहीं बचा सकते हैं, तो हम लोगों में संकल्पशक्ति नहीं जगा सकते। दबी और मरी हुई कौम कोई आंदोलन नहीं कर सकती। गरीबी से जूझते आदमी को उबारना आसान होता है, लेकिन मर्यादाविहीन आदमी को उठाना कठिन होता है। मुझे यह कहते हुए बहुत दुःख है कि आज देश को मर्यादाविहीन बनाने की कोशिश हो रही है। जब हमारे देश को चलानेवाला यह कहता है कि हम तब तक कुछ नहीं कर सकते, जब तक दूसरे मदद नहीं कर सकते तो यह हमारे लिए आर्थिक सवाल नहीं है, राजनीतिक सवाल भी नहीं है, यह राष्ट्रीय गौरव व मर्यादा का सवाल है। आज पहला, बुनियादी सवाल यह है कि हमारा राष्ट्रीय गौरव बना रहेगा या नहीं। दूसरा, आजादी के पीछे यही भावना थी कि हम अपना निर्णय स्वयं करें। जो निर्णय लेने का अधिकार है, वह मेरा है। निर्णय लेने के अधिकार समाप्त करने की जब

कोशिश होती है तो मैं समझता हूँ कि यह हमारी आजादी से समझौता है। आज नीतिगत मामलों में हमारे निर्णय नहीं होते हैं। दूसरों के होते हैं, यह धारणा न सिर्फ हमारे देश में है, बल्कि दूसरे देशों में ज्यादा हो रही है। यह धारणा किसी से छिपी हुई नहीं है। खुलेआम विदेशी ताकतें या विदेशी संगठन हमें नीतियों के बारे में मार्गदर्शन करते हैं। सुझाव देना एक बात है, पर पथ-निर्देशन करना दूसरी बात। सुझावों और दिशा-निर्देशों में अंतर है। हमें सुझाव नहीं दिए जा रहे हैं, हमें दिशा-निर्देशन मिल रहे हैं।

विषमता, भूख और गरीबी का सवाल भी अपनी जगह है, पर राष्ट्रीय गौरव का सवाल ऐसा है जिसके संदर्भ में पूरे देश की आत्मा को जगाने का काम करना है। इस काम को पूरा करने के लिए पार्टियों की परिधि का कोई मतलब नहीं है। इस मुद्दे के ऊपर जो भी सहयोग करें—चाहे वह पार्टी में हो या न हो, हमें उनका सहयोग लेना चाहिए।

भारतीय जनता पार्टी एवं राष्ट्रीय स्वयंसेवक संघ भी राष्ट्रीय गौरव की बात करते हैं, वे भी स्वराज्य की बात करते हैं, स्वदेशी की बात करते हैं। आपकी पार्टी और उनकी पार्टी के बीच इस मुद्दे में क्या फर्क है ?

दो बातों पर मूल मतभेद हैं—पहला सवाल है, राष्ट्र है क्या ? राष्ट्र सिर्फ एक भौगोलिक सीमा नहीं है। राष्ट्र एक राज्य के लोग नहीं हैं। राष्ट्र वह है जिसमें हम समूची जनशक्ति की समुच्च उपलब्धि को संस्कृति कहते हैं। किसी जाति या धर्म या समुदाय की सामूहिक उपलब्धि ही संस्कृति है। यह संस्कृति ही देश बनाती है। हमारे और भाजपा एवं आर.एस. एस. में यह अंतर है। वे राष्ट्र को सीमित करते हैं, पर राष्ट्र अतीत की जड़ों के माध्यम से एक निरंतरता की प्रक्रिया से जुड़ा रहता है। राष्ट्र किसी भी कालावधि में जड़ बनकर नहीं रहता है। अगर वह जड़ बन जाता है, तो वह पतनोन्मुखी संस्कृति कहलाती है। यह संस्कृति बचती भी नहीं है। भारतीय संस्कृति इसलिए बची रही, क्योंकि वह कभी भी जड़ नहीं हुई, न पतनोन्मुखी बनी। इस संस्कृति ने हर अच्छी चीज को अपने में समाहित किया, चाहे वह जहाँ से भी आई। भाजपा और आर.एस.एस. का यह विचार नहीं है। भाजपा, आर.एस.एस. राष्ट्र को आगे बढ़ने से पहले ही उसे मानसिक रूप से तोड़ देते हैं। मानसिक रूप से उनकी राष्ट्र की कल्पना खंडित कल्पना है। दूसरा, जब राष्ट्र के गौरव की बात होती है, तो उसे वे अलग करके सोचते हैं। धर्म और भाषा की बात होती है, तो एक बात है। अर्थनीति की बात है तो दूसरी नीति है। इसलिए जब आर्थिक नीतियाँ बनीं, तब भाजपा की प्रतिक्रिया दूसरी थी। आर.एस.एस. के कुछ लोगों की प्रतिक्रिया जरूर दूसरी थी, पर उसमें भी तात्कालिक राजनीतिक लाभ के लिए समझौता करने में उनको कोई संकोच नहीं हुआ। उन दोनों सवालों और राष्ट्र की समुच्च शक्ति को खंडित करने के सवाल पर अंतर है। आर्थिक नीतियों के सवाल पर और राष्ट्र की मर्यादा को दूसरों के हाथ गिरवी रखने के सवाल पर कोई समझौता नहीं होना चाहिए। पंजाब के सवाल पर भाजपा की अनुभूति में बहुत फर्क है। बाबरी मसजिद और रामजन्म भूमि के सवाल पर उनके और हमारे बीच अंतर है। मैं नहीं कहता कि लोग मेरी बात मान लेंगे। लेकिन अगर आप मुझसे पूछते हैं तो अंतर इतना स्पष्ट और गहरा है, जिसे आप आसानी से नहीं कह सकते कि यह मामूली अंतर है।

आप राजनीति के अलावा और क्या-क्या कदम उठाएँगे ? हम 1914 के आंदोलन के पूर्व की राजनीति के संदर्भ में यह सवाल पूछ रहे हैं।

हम तुलना करें तो देखेंगे कि 1914 में यह आसान था। 1992 में यह ज्यादा कठिन है। उस समय बड़े लोग थे। आज दुर्भाग्य से हम जैसे छोटे कार्यकर्ता हैं। हर व्यक्ति को अपने ही काल में, अपने ही युग में, अपनी ही सीमा में कार्य करना होता है। मैं कभी भी 1914 की जगह 1992 से तुलना करने की धृष्टता नहीं करूँगा। हमारी विवशता है कि हम 1914 में नहीं जा सकते। हम गांधी नहीं हो सकते और गांधी को इन समस्याओं का सामना नहीं करना पड़ा। हम ये समस्याएँ अपनी ही सीमाओं के बीच सुलझाने की कोशिश करेंगे। गांधीजी ने समस्याओं को सुलझाने के मूल तत्त्व बताए। मूल तत्त्व यह कि जो कोई जितनी दूर आपके साथ चलता है, साथ लेकर चलो। इसलिए राजनीति के जो मौलिक सवाल हैं, उन पर हर पार्टी के कार्यक्रम को सामने रखो और उनसे किसी प्रकार का द्वेष, घृणा या छुआछूत का भाव मत रखो। इसलिए कई बार मेरे बारे में लोगों को गलतफहमी हो जाती है। मैं कहता हूँ—चाहे आर.एस.एस. हो, बी.जेपी हो, चाहे कांग्रेस हो, चाहे जनता दल हो, चाहे कम्युनिस्ट हो—इन सभी दलों में ऐसे कई सदस्य हैं, जो इन मुद्दों और सवालों पर वही राय रखते हैं, जो राय हमारी है। अगर वे चार कदम चलते हैं, तो मैं उन्हें यह नहीं कह सकता कि आप मेरे साथ मत चलिए, क्योंकि आप दूसरी पार्टी में हैं। पार्टियों की सीमाएँ ऐसी हैं, जिनके कारण हम अपनी सीमाओं और शक्तियों को अनावश्यक रूप से बिखेर रहे हैं। कार्यक्रम और चुनाव के सवाल के ऊपर मतभेद हो सकते हैं, लेकिन कुछ महत्त्वपूर्ण सवालों पर सहमति बनानी जरूरी है। आतंकवाद को आप गोली से दबा सकते हैं, लेकिन असंतोष को गोली से नहीं दबा सकते। असंतोष की दवा है समझा-बुझाकर कोई ऐसी राह निकालना, जिस पर हम सभी को एक साथ चलने के लिए तैयार कर सकें। इसलिए असंतोष को मिटाने के लिए सभी से बातचीत करना बहुत जरूरी है। इसमें जो भी मदद करे, उसे साथ लेना चाहिए। राजनीतिक पार्टियाँ और नेता अगर इसमें नहीं आते, तो देश की जनता जिसमें एक बहुत बड़ा समूह देश के बारे में सोचता है, जिनकी संख्या कम नहीं हैं, उन्हें हम तैयार कर सकें, तो एक नई राजनीतिक शक्ति उभर सकती है। वह शक्ति पार्टी की परिधि से अलग होगी।

आप एक स्तर पर राष्ट्रीय सर्वानुमति के पक्षधर हैं, दूसरी ओर आप देश की जनता से सीधे जुड़ना चाहते हैं। आपकी राजनीति क्या है ?

हमारा कहना है कि वर्तमान राजनीतिक तत्त्व जो हमारी बातों से सहमत हैं, उन्हें साथ लेने में कोई बुराई नहीं, लेकिन संगठन के घेरे के अंदर उनसे बहुत अपेक्षा करना कठिन है। जो लोग जनसमूह के अंदर हैं, उन्हें भी मैं उसी तरह लेता हूँ। एक छिपी हुई ताकत के वे भी प्रतीक हैं। किसी पार्टी में चले जाने से उनकी ताकत कम नहीं हो जाती है। हमारा उनसे कोई दुराव नहीं है। लेकिन हम उन्हें एक नई शक्ति का प्रादुर्भाव करनेवाला नहीं मानते हैं। हमें यह सोचकर चलना शुरू करना चाहिए। इस सोच पर जो भी साथ आए, उसे साथ लेना चाहिए। हम पार्टियों से निवेदन करें कि आप साथ आइए। निवेदन के पहले हमें काम शुरू करना चाहिए। जो साथ आए ठीक, अन्यथा किसी से दुराव नहीं। कबीर ने कहा है :

कबिरा खड़ा बजार में, माँगे सबकी खैर,
ना काहू से दोस्ती, ना काहू से बैर।

हमारा कहना है कि शुरू करो। जो लोग आएँ, साथ चलें। नए लोग जुड़ेंगे।

पिछले पंद्रह वर्षों के दौरान आपकी राजनीति से मध्य वर्ग, बुद्धिजीवी, संचार-माध्यम के लोग जुड़े हैं। उन्हें आपकी कई बातें समझ में नहीं आती हैं। आपने इस मध्य वर्ग की प्रतिक्रिया को तरजीह क्यों नहीं दी ? नई पार्टी में क्या इस वर्ग को आप जोड़ने की कोशिश करेंगे ?

किसी भी राजतांत्रिक देश में, संसदीय जनतंत्र के नाम पर आप पार्टी बनाएँ तो उसमें विकृतियाँ नहीं आएँगी, यह कहना असंभव है। कभी-कभी राजनीति और देश के सामने ऐसे सवाल आ जाते हैं, जब गली बहुत सँकरी हो जाती है। जब तक खुला मैदान है, उसमें किसी को साथ लेकर आप कुछ भी कर सकते हैं, जब विकल्प बहुत सीमित हो जाते हैं, तो व्यक्तियों के समायोजित करने की शक्ति भी कम हो जाती है। एक बहुत पतली पगडंडी पर चलना हो तो, बगल में दो आदमियों को लेकर नहीं चला जा सकता। हिंदुस्तान की राजनीति इतनी सँकरी गली से गुजर रही है कि इसमें किसी भी उस व्यक्ति या समूह के साथ चलकर आप बहुत दूर तक सही दृष्टि नहीं दे सकते, जो आदमी इस राजनीति के संकट को या राजनीति के कम होते दायरे को समझने के लिए तैयार नहीं है। इसलिए परिस्थितियों के अनुसार व्यक्ति बदलने को तैयार होता है। हमने पिछले दिनों में जो किया, उसके बारे में मैं आपको बताना चाहूँगा। जैसे राजीव गांधी का सवाल है, मुझे उनके बारे में कोई गलतफहमी नहीं थी। राजीव गांधी के विरुद्ध मैंने कभी एक शब्द नहीं कहा है, लेकिन उनकी राजनीति के पक्ष में कभी एक शब्द नहीं कहा। मैं समझता हूँ कि उन्होंने जो कुछ भी किया, उसका देश पर बहुत बुरा असर हुआ। आर्थिक-राजनीतिक सवालों पर। लेकिन मेरा मानना था कि उस समय देश एक भारी उथल-पुथल से गुजर रहा था। इस दौर में हिंसा की प्रवृत्तियाँ और बढ़तीं, तो देश में बिखराव की ताकतों को और बल मिलता। संभव है, बिखराव और जल्दी एवं नजदीक आ जाता। इसी आधार पर मैंने राजीव गांधी से कहा कि हमें तात्कालिक रूप से इस बिखराव को रोकना चाहिए, ताकि हम आगे के लिए कुछ सोचें। मैं इसके लिए किसी को दोषी नहीं मानता। मध्य वर्ग को मेरे कांग्रेस से जुड़ जाने के बारे में जो शंका हुई, वह ठीक है, लेकिन तब मुझमें यह आत्मविश्वास था कि मैं इस बिखराव को रोक सकता हूँ। इस बात के लिए कोई और तर्क नहीं है। कांग्रेस के नेताओं को भी लगा, अब यह व्यक्ति फँस गया है। सत्ता के नजदीक आ गया है। अब यहाँ से जल्दी जाएगा नहीं। इससे हम जो चाहें करा सकते हैं। मेरी संकल्प शक्ति इस बात से बढ़ी है कि मैं कहीं भी जाकर वैसे ही वापस आ सकता हूँ।

दास कबीर जतन से ओढ़े
जस की तस धर दीन्हीं चंदरिया।

व्यक्तिगत राग-द्वेष या व्यक्तिगत स्वाभिमान का सवाल नहीं है। मैं समझता हूँ कि प्रधानमंत्री के पद पर कोई सौदागरी नहीं हो सकती। किस तरह प्रधानमंत्री बना, यह दूसरी बात है। प्रधानमंत्री बनने के बाद जो बातें, मैं सही नहीं समझने लगूँ, तो मैं कैसे प्रधानमंत्री

के पद पर रह सकता था ? इसलिए पहले जब मैंने यह देखा कि यह काम नहीं हो सकता, तो मैंने पद छोड़ दिया। मुझे इस बात का जरूर संतोष है कि चार महीनों में हमने जलते हुए देश की राजनीति पर ठंडा पानी डालने का काम किया। आज राजनीति में हरदम मान-अपमान की परिस्थिति को झेलने के लिए तैयार रहना चाहिए। मैं तो बहुत छोटा आदमी हूँ। मैंने देखा है कि जयप्रकाशजी जब नागालैंड और कश्मीर के बारे में बातें कहीं तो उन्हें गालियाँ दी गईं, गांधीजी को लोगों ने गोली तक मार दी।

पार्टी संगठन के लिए आप लोगों की क्या नई योजनाएँ हैं ?

देवीलालजी 3-4 महीने तक घूमते रहे। इस दौरान उन्होंने दो बातें ऐसी कहीं, जो बहुत महत्त्वपूर्ण हैं। उन्होंने कहा कि ऐसी पार्टी बनाएँ जिसके विधानसभा और संसद का टिकट देते समय निर्वाचन क्षेत्र के मतदाताओं या वहाँ के पार्टी कार्यकर्ताओं या संगठन की जो सिफारिशें हों, उसी सिफारिश पर उम्मीदवार खड़ा करें। यह एक मौलिक बात है। अगर हिंदुस्तान की राजनीति में इस तरह की पेशकश की जाए तो बहुत स्वस्थ परंपरा बनेगी। संगठन मजबूत होगा। दूसरी बात, देवीलालजी मूर्तरूप में अच्छे ढंग से स्पष्ट नहीं कह पाए—वह बात जयप्रकाशजी ने भी कही थी कि उम्मीदवार को वापस बुलाने का अधिकार होना चाहिए। अब वह होगा कि नहीं होगा, लेकिन एक तरह अंकुश लगाने की बात हो सके, बड़ी बात होगी। जिस तरह से छोटी पार्टियों को तोड़ने के लिए दल-बदल विधेयक का इस्तेमाल किया गया है, उससे लगता है कि इस विधेयक को पारित करते समय जो उसकी संतुति की गई थी, वह गलत थी। सिर्फ मधुलिमये ने इस विधेयक की प्रासंगिकता के सवाल पर प्रश्न उठाए थे, लेकिन हम लोगों ने तब उन्हें अनदेखा कर दिया। इस सवाल पर सोचने की जरूरत थी। मैं कहता हूँ कि पार्टी संगठन के बारे में उन्मुख होकर छोटे-छोटे आदमी को जगाने की जरूरत है, अगर नई पार्टी बनती है, तो उसमें छोटे-से-छोटे स्तर के इकाइयों को निर्णय करने में कुछ न कुछ अधिकार होने चाहिए। इसी आधार पर पार्टी को चलाने की कोशिश की जानी चाहिए।

अब तक आपके विपक्ष के नेता के रूप में ख्याति रही है, क्या यह पार्टी विपक्षी एकता के लिए सक्रिय रहेगी ?

यह पार्टी बने या न बने, विपक्ष में भी इस समय एक तरह की ऊहापोह है। जिस तरह का आपसी विग्रह है, उसमें विपक्षी पार्टियों का कल क्या होगा, मैं कह नहीं सकता। विपक्ष की इस पार्टी के लोग उधर जाने से या इधर के लोगों के इधर आने से राजनीति पर कोई बड़ा असर नहीं पड़ रहा है। आज जो चुनौतियाँ हैं, उनको नज़रअंदाज नहीं करना चाहिए। इन संभावनाओं को स्वीकार करके संगठन को बढ़ाने की कोशिश करनी होगी, लेकिन चुनौतियों के मुकाबले के लिए संगठन को तैयार करना होगा, ताकि संगठन और चुनौतियाँ एक दूसरे के पूरक बन सकें।

विपक्षी टूट नीतिगत है या व्यक्तिगत दुराग्रह के कारण टूट हुई है ?

देखिए, नीतिगत राजनीति का सवाल बिलकुल पीछे छूट गया। यह विपक्ष की बात नहीं

है, सारी राजनीतिक पार्टियों की बात है। जो लोग नीतियों का सवाल उठाते हैं, उनमें दो तरह की पार्टी है—एक तो कम्युनिस्ट पार्टी और दूसरी भाजपा। भाजपा की जो नीतियाँ हैं, वे राजनीतिक नीतियाँ नहीं हैं। वह अपनी तरह की नीतियाँ हैं, जिसके बारे में मैंने अभी कहा; जिससे राजनीति, जो संसदीय जनतंत्र की राजनीति है, वह बहुत आगे नहीं बढ़ी। जो साम्यवादी पार्टियाँ हैं, उनके ऊपर एक बहुत बड़ा मानसिक कुप्रभाव पड़ा है। सोवियत यूनियन और पूरे यूरोप में जो कुछ हुआ, उससे उनका भी मनोबल टूटा जरा टूटा है। दूसरी पार्टियों में कुछ लोग तो अच्छे हैं, नीतियों पर चलनेवाले हैं, लेकिन उनकी पार्टियों जैसे दूसरे लोग हैं, उनके बारे में कोई गलतफहमी मुझको नहीं थी कि पार्टी की नीतियों से उनका दूर का कोई संबंध नहीं है। नीतियों का नारा राजनीतिक सफलता के लिए वे लगाते हैं, नीतियों पर चलने के लिए वे राजनीति नहीं करते हैं।

आपको राजनीति में एकला चलो का रास्ता कहाँ ले जाएगा ?

हम ऐसा समझते हैं कि देश में आनेवाली जो चुनौतियाँ हैं, उन चुनौतियों को (जो मेरा अनुमान है, गलत भी हो सकती हैं) हम स्वीकार करें, हमारे साथी इस पार्टी को उस रूप में चलाने की कोशिश करें, तो स्थिति बदल सकती है। हम लोगों को एकला चलने की जरूरत नहीं होगी। मेरा यह अनुमान है। अब इसका हमसे कारण पूछिएगा और तर्क ढूँढ़िएगा, तो मेरे पास नहीं है। जिस तरह मैं यह समझता था कि अगर मेरे हाथ में हुकूमत आए, तो मैं देश में थोड़ी तब्दीली कर दूँगा, जिससे शांति हो जाएगी, उसी तरह मैं समझता हूँ कि अगर यह पार्टी बन गई तो यह पार्टी अकेले या एकाकी नहीं रहेगी। क्योंकि एक बात आप याद रखिए, यह थोड़ी ऐतिहासिक बात है, भीड़ ने कभी बदलाव नहीं किया। बदलाव तब होता है, जब आदमी एकाकी हो जाता है। अगर वह अपनी सोच को नहीं बदल देता है, और अपने संकल्प से नहीं मुकरता है, जब अपने को बिलकुल अकेला महसूस करने लगता है तभी वह जनता का अगुवा हो जाता है। गांधी जिस समय आए थे हिंदुस्तान की राजनीति में—एकाकी थे। वे सारी कांग्रेस पर हावी हो गए। जयप्रकाशजी ने जब 1975 का आंदोलन चलाया (आप जानते हैं कि आंदोलन के 6 महीने पहले उनकी मीटिंग में 20 लोग आते थे), उसके पहले वह अलग-थलग ही थे। राजनीतिक दृष्टि से और व्याख्याकारों और पर्यवेक्षकों की दृष्टि से हाशिए पर थे, 1975 में वहाँ पहुँचे। व्यक्ति उतना महत्त्वपूर्ण नहीं होता। जो भावनाएँ, जन-आकांक्षाएँ और जनता की अपनी बेबसी होती है, वह निर्णायक होती है। जनता की बेबसी की राजनीति से अगर आदमी मन से जुड़ा हुआ है तो यह बेबसी उसको एक दिन अहसास करा देती है कि वह एकाकी नहीं है। वह करोड़ों की भावनाओं की अभिव्यक्ति करने का एक हथियार मात्र है। राजनीति को हरदम लोगों के जोड़ने-घटाने से नहीं देखना चाहिए।

गांधीजी ने कई कार्यक्रम दिए, क्या आप कार्यक्रमों की व्याख्या करेंगे ?

एक बात आप याद रखिए, गांधीजी ने जब कहा था, तो केवल संभावनाओं की बात कर रहे थे, क्योंकि उस समय हम कल्पना कर सकते थे। निर्णय का अधिकार हमारा नहीं था। हम कोई आर्थिक या सामाजिक या राजनीतिक सवालों पर केवल संघर्ष का निर्णय ले

सकते थे। रचना का कोई निर्णय नहीं ले सकते थे। आज वे परिस्थितियाँ बदली हुई हैं। इसलिए हम लोगों को जनता के उस संदेह से, जिस संदेह का शिकार वह वर्षों से रही है, उसका सामना करना पड़ रहा है। इस समय अगर मैं कोई बात कहूँ तो उस बात पर स्वाभाविक रूप से संभव है कि लोग मेरी बात अभी नहीं माने। लेकिन मैं अनुभव से कह सकता हूँ कि जनता उनसे अपेक्षा करती है कि वे तात्कालिक रूप से उनकी समस्याओं का हल करें। लेकिन यदि सही रूप से आप जनता को यह विश्वास दिलाते कि आप उनके लिए सोच रहे हैं, तो उसके मन में यह भावना पैदा होगी कि हम उनके लिए कुछ करें। यह बात मैं अपने अनुभव से कह रहा हूँ। जब मैं पदयात्रा कर रहा था, तब हमारे पास कुछ लेने-देने को नहीं था। उस समय जनता पार्टी की हालत करीब-करीब वही थी जो आज हमारी पार्टी की है। लेकिन फिर भी लाखों लोगों ने हमें सहयोग दिया, यही सबसे बड़ी बात है। कोई भी देश बनता है, जनशक्ति के ऊपर क्योंकि श्रम ही सबसे बड़ी संपदा है। हमारे देश में जनता की बहुत बड़ी शक्ति है। इसे श्रमशक्ति कहते हैं। इसी श्रमशक्ति के बारे में गांधीजी ने कहा था कि इसका आदर करो और श्रमशक्ति का धरती पर आदर करो। मैं इस विषय के विस्तार में नहीं जाऊँगा। पर आज भी चार करोड़ पढ़े-लिखे युवक सड़कों पर घूम रहे हैं और चालीस करोड़ बिना पढ़े-लिखे हैं। इसके लिए हमारे पास साधन भी नहीं हैं। हमें यह कहना चाहिए कि यह देश का काम है। अगर आजादी की लड़ाई के दिनों में लोग बिना पैसे के अपने घर को बर्बाद करके भी काम कर सकते थे, तो आजादी के दिनों में उन्हें कम से कम सहयोग दें तो वे और काम करेंगे। हमारी सरकार जब थी तो योजना आयोग ने एक प्रयोग किया। उस प्रयोग के बाद 21 यूनिवर्सिटियों के वाइस चांसलरों ने आकर कहा कि हमारे लड़के और प्रोफेसर गाँवों में जाकर साक्षरता का काम तीन महीने तक किया। हमने उसी समय जो अंतरिम बजट था, उसमें कहा कि एक करोड़ लोगों को नौकरी देंगे, बंजर जमीनों को हम आबाद बनाएँगे, दूसरा कोई रास्ता नहीं है सिवाय इसके कि हम अपने लोगों की शक्ति पर निर्भर करें। अगर हम उनको यह साबित कर दें कि इसके लिए हमारे पास साधन हैं तो उनका अपूर्व सहयोग मिलेगा। हाँ, यह बात जरूर है कि यह करना होगा तो कहीं न कहीं परिग्रह की बात या आत्मनियंत्रण या संयम की बात है, वह बात करनी पड़ेगी। अबाध प्रतियोगिता और मानव संवेदनशीलता का कोई समन्वय नहीं है। आजादी का मतलब यह नहीं है कि कोई तो करोड़ों रुपया इकट्ठा करे और कोई भूखा मरे। हम अपनी भारतीय अस्मिता को भुलाते जा रहे हैं। इस अस्मिता को जगाने की आवश्यकता है। गरीब को हमें कहना पड़ेगा कि तुममें शक्ति है, अमीर को कहना पड़ेगा कि तुम जो लाभ कमाते हो, उसके साथ-साथ तुममें संवेदनशीलता भी आनी चाहिए। बार-बार ये कहा जाता है कि हमने भी तो अमरीका और विश्व बैंक से ऋण लिया। लेकिन ऋण लेने और भीख माँगने में अंतर है। हमारा देश साधनविहीन नहीं है, लेकिन हम लोग साधनों का संचयन नहीं करते हैं और दूसरे साधनों का सही उपयोग नहीं करते हैं। राजनीति जब तक तुलनात्मक रूप से साधन सम्पन्न लोगों की होगी, तब तक हम उसकी विकृतियों को दूर नहीं कर सकते।

क्या समाजवादी जनता पार्टी को समाप्त कर आप एक नई पार्टी बना रहे हैं ?

अगर समाजवादी जनता पार्टी 1977 की जनता पार्टी की उत्तराधिकारी है, तो सजपा का

वह स्वरूप हमें मान्य है। 1977 में जनसंघ तक ने भी संपूर्ण क्रांति के सिद्धांतों को स्वीकार किया था, उस समय धर्म और जाति की बात नहीं उठाई गई थी। उस समय आरक्षण की जगह जाति-तोड़ो आंदोलन था। इतने कम समय में हम बहुत दूर पहुँच गए हैं। इन सर्वानुमति के नाम पर कई समझौते हो रहे हैं। लेकिन व्यक्तियों से समझौता एक अलग बात है और शक्तियों से समझौता दूसरी बात। व्यक्ति चाहे कहीं भी हो, उपयोगी हो सकता है। लेकिन राजनीतिक और सामाजिक शक्तियाँ, जो पराभव और मनुष्य को तोड़ती हैं, इससे समझौते करने से लाभ नहीं होता। लेकिन उससे भी जब हम लाभ लेने की कोशिश करते हैं तब मामला गड़बड़ा जाता है।

लोकतंत्र की जो संस्थाएँ बिगड़ गई हैं, उन्हें सुधारने के लिए आपके क्या सुझाव हैं ?

संस्थाओं को सुधारने के लिए कानून और संविधान में बदलाव से ज्यादा सोच में बदलाव की आवश्यकता है। संसदीय जनतंत्र में मर्यादाओं का पालन जरूरी है। भ्रष्टाचार के सवाल पर यदि प्रधानमंत्री किसी को छोड़ता है, तो वह उतना ही बड़ा अपराधी होता है जितना कि किसी को जान-बूझकर फँसानेवाला। जहाँ प्रधानमंत्री मर्यादाओं का उल्लंघन करने लगता है, वहाँ कई संस्थाएँ नष्ट हो जाती हैं।

संघीय ढाँचे के बारे में आपकी पार्टी की क्या राय है ?

राज्य को जितनी ताकत दी जा सके, उतनी दी जानी चाहिए। पर यह स्वायत्तता देते समय हमारे देश की परिस्थिति का भान होना भी जरूरी है। अगर राज्यों को संपूर्ण रूप से वित्तीय अधिकार दे दिए गए, तो लेह और लद्दाख का क्या होगा ? उत्तर-पूर्वी राज्यों का क्या होगा ? क्या होगा जैसलमेर और बाड़मेर का ? क्या होगा बार्डर-लाइन का ? हमारे संविधान में एक संतुलन बनाने की कोशिश की गई। जहाँ राज्यों को ज्यादा अधिकार मिलेंगे, वहाँ राष्ट्र के प्रति उनके कर्त्तव्य भी ज्यादा होंगे। यह एकतरफा यातायात नहीं हो सकता। राज्यों के साथ केंद्र को भी अधिकार रहना चाहिए। प्राकृतिक विपदाओं के समय में राज्यों को एक दूसरे की मदद करनी चाहिए। केंद्र के अधीन अधिकारों के केंद्रीकरण से ज्यादा भयावह प्रान्तों का पिछड़ापन है। इसलिए केंद्र और राज्यों के संबंध में समन्वय जरूरी है। राज्यों के अधिकार जब माँगे जाते हैं, तो उसकी कोई सीमाएँ नहीं होतीं। पर हमें देश में संघीय व्यवस्था के अधिकारों का निर्धारण करते समय भौगोलिक आधारों का भी ध्यान रखना होगा। अगर यह होगा तो विषम परिस्थितियों में रहनेवाले भारतीय नागरिकों की मदद होगी।

क्या राज्यों के पुनर्गठन की जरूरत है ?

हाँ, जरूरत है। जयप्रकाशजी 1977 में भी छोटे राज्यों की बात करते थे। पर हमें हर बात के समय का बोध होना जरूरी है। 1975 में भाषायी आधारों पर प्रांतों की स्थापना हुई, तब देश में बड़े नेताओं की उपस्थिति के बाद भारी नुकसान हुआ। क्या आज हम पुनः राज्यों के पुनर्गठन की बात करें ? इस तरह की चुनौती आज के माहौल में क्या संभव है ? हमें नागरिकों को सच्चाइयाँ बतानी चाहिए, क्योंकि अन्त में फल तो भोगना पड़ेगा। जल्दबाजी में राज्यों के पुनर्गठन की जरूरत नहीं है। राज्यों को पुनर्गठन आर्थिक रूप से राज्यों के लिए

संभव हो, यह कोशिश होनी चाहिए। ऐतिहासिक और सांस्कृतिक रूप से क्षेत्रीय एका हो, यह भी जरूरी है। वित्तीय समस्याएँ खड़ी नहीं होनी चाहिए। इसे विशेषज्ञों की राय लेकर हल किया जाना चाहिए।

आपने उल्लेख किया जैसलमेर-बाड़मेर, बोडोलैंड आदि का तो केंद्र-राज्य संबंधों के बीच आप ऐसे इलाकों के सवाल कहाँ रखेंगे ?

सामूहिक राय के अनुसार केंद्र के हाथ में कुछ विशेष अधिकार होने चाहिए। मसलन पिछड़े क्षेत्रों का सवाल है, प्राकृतिक विपदा का सवाल है। एक तथ्य बताऊँ, हमारे यहाँ एक राष्ट्रीय विपदा कोष है। एक जमाने में लोगों ने कहा कि इस फंड को सभी राज्यों में बाँट दिया जाए। अब प्राकृतिक विपदा एक साथ हर जगह तो आएगी नहीं। अगर उत्तर प्रदेश को राष्ट्रीय विपदा फंड मिल गया और उड़ीसा में प्राकृतिक विपदा आ गई तो उड़ीसा सवाल उठाता है कि केंद्र और पैसा दे। उधर यू.पी. के पास प्राकृतिक विपदा फंड पड़ा रहता है और इस तरह ऐसी स्थिति हो जाती है कि जहाँ प्राकृतिक विपदा नहीं है, वहाँ तो पैसा है। सचमुच जहाँ प्राकृतिक विपदा पड़ा है वहाँ के लिए पैसा नहीं है। जो लोग राज्यों का अधिकार माँगते हैं, वे कोई सीमा तय नहीं करते, जैसे सड़क का मामला है—उत्तर प्रदेश, बिहार में जितने पैसे में एक किलोमीटर सड़क बनेगी, उतने में नागालैंड में सौ मीटर सड़क बनेगी। कहीं न कहीं अपने देश में जो अनोखी समस्याएँ हैं, इनका भी समाधान होना चाहिए। इस कारण मैं मानता हूँ कि संघीय ढाँचे में राज्यों के पास बहुत अधिकार होने चाहिए। पर आम राय के अनुसार एक बेहतर संवेदनशील संतुलन कायम होना चाहिए, ताकि पिछड़े-वंचित इलाकों की समस्याएँ हल हों, उन्हें भुगतना न पड़े।

पिछले दिनों 'यंग इंडियन' के अंक पलट रहा था, उसमें तत्कालीन भ्रष्टाचार, पार्टियों के वैचारिक स्खलन, कांग्रेस में भाजपा समर्थक खेमे के खिलाफ आपने बड़ा तीव्र वैचारिक संघर्ष चलाया। उसी समय आपकी छवि एक संघर्षशील नेता की बनी। आज स्थिति उससे बुरी है, आप इन सवालों पर क्या सोचते हैं ?

देखिए, उस समय सी.पी.आई. की जो भूमिका थी, अब नहीं है। अब मैं पुराने दिनों की याद दिलाऊँ, तो जब कांग्रेस टूटी और श्रीमती इंदिरा गांधी सत्ता में आईं, तब कुछ ऐसे लोग थे जो सोचते थे कि राज-सत्ता के सहारे क्रांति की जा सकती है। उसमें कुछ हमारे मित्र भी थे, जो श्रीमती इंदिरा गांधी को यह आइडिया (विचार) देते रहते थे। उसी की एक श्रृंखला थी, जयप्रकाश नारायण के खिलाफ श्रीमती गांधी के दिमाग में बराबर बातें भरने की। मैं हमेशा यह मानता रहा हूँ कि समाज में ऐसी कोई क्रांति नहीं होती। समाज को बदलने का यह तरीका नहीं है। मैं समझता हूँ कि न अब सी.पी.आई. की भूमिका वह भूमिका रह गई है और न वह राजनीतिक परिस्थितियाँ हैं, लेकिन कांग्रेस के अंदर आज भी वैचारिक विवाद अगर नहीं होगा, तो चाहे हम कुछ भी करें, हमारे-आपकी दृष्टि में भले ही कांग्रेस जितनी कमजोर दिखाई दे, पर देश में बदलाव लाना मुश्किल है। मैं आज भी मानता हूँ कि कांग्रेस के समझदार लोगों को आज की परिस्थितियों के अनुरूप जो सवाल है, उनके अनुरूप वैचारिक विवाद करना चाहिए—बिना किसी व्यक्तिगत आक्षेप

के। मैं यह काम नहीं कर सकता। यह कांग्रेस के लोगों को ही करना होगा।

मेरा आशय सी.पी.आई. के खिलाफ वैचारिक संघर्ष से नहीं था, बल्कि विचार-शून्यता के दौर में वैचारिक मुद्दों को उठाने से इसका तात्पर्य था। आज जब कहीं भी विचारों-मुद्दों पर बहस नहीं हो रही है, तब आपकी क्या योजना है ?

देखिए, वह सब अब मैं अलग से ही कर सकता हूँ। बड़ा अंतर हो जाता है। किसी भी सत्तारूढ़ दल में अगर सिद्धांतों की बात चलाई जाए, तो उससे लोगों और मीडिया के बीच बहुत प्रमुखता मिलती है। अब मैं वह नहीं कर सकता। मैं कहता हूँ कि कांग्रेस के अंदर अगर वैचारिक विवाद चले, तो पूरे देश की राजनीति में इसका असर होगा। देखिए मेरा पहला बयान। 1954-55 में अखबार में छपा। चलापति राव ने छापा था नेशनल हेराल्ड में। आज 1992 है। इस बीच आज तक मैंने अपने किसी बयान का खंडन नहीं किया। कभी-कभी थोड़ा-बहुत गलत भी छपा, तो ठीक है। मैंने अपनी बात नहीं बदली है, स्थितियाँ मेरी बदल गई हैं। राजनीति भी बदल गई है। यह मान रहा हूँ। उस समय मैं कांग्रेस पार्टी में था। कोई बात कहता था, तो वह सीधा सत्ता को चुनौती होती थी। आज मेरी बात सत्ता के लिए चुनौती नहीं है, व्यक्तिगत है। तब मैं जब कोई बात करता था, तो वह मेरी अकेली या व्यक्तिगत नहीं थी, बल्कि उसके प्रभाव कांग्रेस में दिखते थे। आज मेरी बातों का असर कांग्रेस में होगा या नहीं, मैं यह नहीं जानता।

कांग्रेस देश में पतन का पर्याय बन गई है, भ्रष्टाचार, राजनीतिक दृष्टिहीनता के मोर्चे पर एक खास कांग्रेस संस्कृति विकसित हुई है। अब यह कांग्रेस संस्कृति कांग्रेस, भाजपा, जनता दल, सब में उसी रूप में उपस्थित है। आपकी राय क्या है ?

मैं आपसे सहमत नहीं हूँ कि कांग्रेस ही पतन का पर्याय बन गई है। दूसरी पार्टियों में (मैं किसी का नाम नहीं लूँगा) यह पतन कांग्रेस से ज्यादा है। कांग्रेस सत्ता में है, तो उस पर आरोप लगाना आसान है। दूसरी पार्टियाँ जो खुद को क्रांति का अग्रदूत मानती हैं, उनकी क्या स्थिति है ? देखिए, राजनीतिक भ्रष्टाचार और पैसों के भ्रष्टाचार में बड़ा अंतर है। राजनीतिक भ्रष्टाचार पैसों के भ्रष्टाचार से ज्यादा खतरनाक और आपराधिक काम है। पैसों के भ्रष्टाचार में आदमी थोड़ा पैसा चुरा लेता है। राजनीतिक भ्रष्टाचार करनेवाला आदमी देश की मान्यताओं, राष्ट्र की नैतिकता को, राजनीति की धारा को बिलकुल उलटी दिशा में बहा देते हैं, जिनसे करोड़ों आर्थिक अपराध निकलते हैं। इस संदर्भ में कांग्रेस पार्टी ने लाजवाब काम किया है। आर्थिक उदारता के नाम पर शेयर-घोटाला का मूल मर्म यही है। ऐसे लोग दूसरी पार्टियों में भी हैं, जिन्होंने अपने पुण्य कार्य से देश को धरातल में ले जाने का काम किया है। मैं ऐसा मानता हूँ कि हर ऐसे समय में हर ऐसी बात से हमें घबरा नहीं जाना चाहिए, क्योंकि किसी भी राष्ट्र-समाज के सामने कभी-कभी ऐसा समय आता है। जब लगता है कि कोई सुननेवाला नहीं है, उसी समय अकेले अपनी आवाज उठानेवाले व्यक्ति की जरूरत होती है। वह जरूरत आज की राजनीति में है।

आंदोलन से निकले लोग इतनी जल्दी कैसे भ्रष्ट हो गए ?

उन्होंने न अपनी सीमा तय की थी और न अपनी मंजिल तय की थी। उनको जेपी के व्यक्तित्व का सहारा मिल गया था। सहारे से जैसे कोई एक तिनका समुद्र की लहरों के साथ ऊपर उठ जाती है और जब लहरें नीचे गिर जाती हैं, तब वह चीजें वहीं रह जाती हैं। इस आंदोलन के साथ भी ऐसा ही हुआ। आंदोलन चला कुल डेढ़ या दो वर्ष। उसमें कोई आठ महीने या नौ महीने जेल में रहा। जेल में भी उन्हें वे यातनाएँ नहीं दी गईं, जिनकी हम बड़ी चर्चा करते हैं। आठ माह जेल रहने के बाद जब वे बाहर निकले तो उन्होंने समझा, हमने सरदार भगत सिंह, सुखदेव और बिसमिल से भी बड़ी कुर्बानी की है। सबसे पहले हिंदुस्तान की राजनीति में 1977 में ऐसा हुआ कि 6 माह जेल में रहनेवाला व्यक्ति तुरंत विधायक हो गया, मंत्री हो गया, तो उसकी आकांक्षाएँ अब कहीं रुकतीं ही नहीं। इसलिए उस आंदोलन से निकले बहुत सारे लोग अब यह मानने को तैयार नहीं हैं कि उन्होंने कोई शुरुआत की थी। वह तो अपने अंतिम लक्ष्य पर पहुँच गए हैं। जयप्रकाश नारायण 1946 में जेल से छूटे। 1946 से लेकर 1952 तक जेपी हर साल अपने गाँव सिताब दियारा में दो-तीन दिन रहते थे। मैं भी रहता था। इस विषय पर आगे सोचने की जरूरत है। पर 1974 के आंदोलन के लड़कों से बात कीजिए, वह तत्काल बता देंगे कि जात कैसे टूटेगी। क्रांति कैसे होगी। मैं सतब्ध रह जाता हूँ कि उनका दिमाग इतना स्पष्ट है। वैसे आजकल के युवा कुछ ज्यादा ही बुद्धिमान हो गए हैं। इसलिए जितनी जल्दी आदमी को सफलता मिलती है, वह वहाँ से नीचे उतरता ही नहीं। राजनीति ऐसी चीज है जिसमें जल्दी मिली हुई सफलता उतनी ही जल्दी चली जाती है। उसके लिए मन तैयार नहीं होता। फिर विक्षोभ होता है और विक्षोभ से पैदा हुई राजनीति पतन की ओर ही ले जाती है।

मौजूदा राजनीतिक, सांस्कृतिक स्थिति का आपने वास्तविक खाका बड़े ही स्पष्ट रूप से सामने रखा, पर इसके खिलाफ आपके पास क्या कार्यक्रम है ?

देखिए, एक तो बड़ी सुविधा यह है कि लोगों की दृष्टि में इस पार्टी (सजपा) को जल्द पावर (सत्ता) मिलनेवाला नहीं है। इस कारण वैसे लोग तो कम ही आएँगे। कुछ हम लोग कोशिश भी करेंगे। वैसे लोग आएँगे जिनमें थोड़ा आत्म-नियंत्रण भी होगा। ऐसे कार्यक्रम अपनाएँगे जो नीचे के आदमी से जुड़े हों। इस आधार पर हम अगर पार्टी संगठित करें और नीचे स्तर से संगठन को बनाने की कोशिश करें, तो एक नई चीज होगी।

कांग्रेस संस्कृति के संबंध में आपकी राय क्या है ?

किस कांग्रेस की संस्कृति ? 1970 तक कांग्रेस में एक मर्यादा थी। आप सोचें तो पाएँगे कि 1971-72 की कांग्रेस कार्यसमिति का एक भी सदस्य कहीं भी आज राजनीति में नहीं है। एक शंकरदयालजी थे, जो अब राष्ट्रपति हो गए हैं। आप खुद सोच लीजिए कि हम कहाँ पहुँच गए हैं ? मेरे लिए इस पर टिप्पणी करना उनके (कांग्रेस) साथ भी अन्याय होगा, क्योंकि मैं उन्हें जानता ही नहीं।

जो परिवर्तन की राजनीति का सपना देखते हैं, उनमें से अनेक लोग चर्चा करते हैं कि मौजूदा सड़ांध के खिलाफ आप 1974 जैसा आंदोलन आरंभ करें, तो कोई बड़ी बात हो सकती है ?

मैं यह नहीं जानता कि मैं यह कर सकता हूँ कि नहीं। पर यह कह सकता हूँ कि स्थिति ऐसी है कि लोग थोड़े दिनों में इस ऊब से कोई न कोई रास्ता निकालेंगे। हो सकता है कि एक बार फिर समाज में उफान आए। अगर उसे कोई सही राह नहीं दी गई तो उसके दुष्परिणाम भी सामने आएँगे। मैं यह बात जरूर मानता हूँ कि आज की राजनीति जिस सड़ांध-यथास्थिति में फँसी है, उसमें बदलाव आएगा। हम समाजवादी जनता पार्टी में बहुत विनम्रता के साथ काम करेंगे, हम कोई बड़ा दावा नहीं करते।

31 अक्टूबर, 1992

अयोध्या विवाद के हल में गतिरोध क्यों ?

राम बहादुर राय और कुमार आनंद की बातचीत

अयोध्या विवाद को सुलझाने की सबसे सार्थक कोशिश चन्द्रशेखर ने अपने प्रधानमंत्री-काल में की थी। यह एक ऐसा तथ्य है, जिसे मौजूदा प्रधानमंत्री पीवी नरसिंह राव से लेकर विपक्ष के नेता लालकृष्ण आडवाणी तक ने सार्वजनिक रूप से स्वीकार किया है। उनका यह भी मानना रहा है कि अगर चन्द्रशेखर को थोड़ा वक्त और मिल गया होता तो साढ़े तीन सौ सालों से धधक रहा यह ज्वालामुखी सौहार्द की झील में बदल चुका होता। पर ऐसा नहीं हुआ। आज अयोध्या विवाद का आसुरी धुआँ देश के विवेक पर छाने के लिए फिर से उठता नजर आ रहा है। विवाद को हल करने की सरकारी कोशिशों की कामयाबी संदिग्ध लगने लगी है। आखिर चन्द्रशेखर ने किस तरह समाधान का रास्ता साफ किया था ? वे कौन-से कारण थे कि सफलता हाथ से फिसल गई ? अब क्या करना चाहिए ?—इन प्रश्नों के संदर्भ में चन्द्रशेखर से राम बहादुर राय और कुमार आनन्द की बातचीत :

अयोध्या विवाद से जुड़े ज्यादातर लोगों का मानना है कि समाजवादी जनता पार्टी के अध्यक्ष चन्द्रशेखर अपने प्रधानमंत्री काल में समाधान के करीब पहुँच चुके थे। आज पूरी सरकार साँसें रोककर जिस प्रयास में लगी है—यानी विवाद को सुप्रीम कोर्ट में रेफर करने की तैयारी में—वह वे करीब-करीब कर चुके थे। 'तैयारी क्या, एक तरह से निश्चित ही था'—चन्द्रशेखर ने कहा। पर उनकी सरकार तब कांग्रेस की कृपा पर थी। तब कांग्रेस के सर्वोच्च नेता राजीव गांधी ने चन्द्रशेखर से रुकने के लिए कहा। इस रुकने के बाद चन्द्रशेखर को ठहरने का वक्त नहीं मिला। थोड़े दिन बाद ही उनकी सरकार चली गई, वरना यह दुस्वप्न सदा के लिए शांत हो गया होता।

राजीव गांधी ने आपको क्यों रोका था ? चन्द्रशेखर ने कहा—'कुछ सलाह-मशवरा करना चाहते थे, इसलिए मुझे थोड़े दिन रुकने के लिए जरूर कहा था।' उसके बाद सरकार चली गई ? जवाब था—'जी हाँ !'

क्या आप संविधान के अनुच्छेद 143 के तहत सुप्रीम कोर्ट में रेफर करने पर सोच रहे थे ?

बहस थी उस पर। उसके ब्यौरे को छोड़िए। उस समय न्यायवेत्ताओं की दो राय थी। कुछ कहते थे कि सलाह के लिए भेजा जाए। कुछ का कहना था कि ऐसे रूप में भेजा जाए कि सलाह का पालन अनिवार्य हो जाए। उस समय कांग्रेस पार्टी के नेता ने इस बहस को आगे बढ़ाने की कोशिश की थी।

यानी अंतिम निर्णय नहीं हुआ था ?

अंतिम निर्णय तो हो गया था, पर हम सर्वोच्च न्यायालय में भेज नहीं पाए थे।

पर आपने दो राय बताई...

यह बौद्धिक बहस थी—चाहे सलाहकार की स्थिति में सलाह हो या निर्णय। अभी सुप्रीम कोर्ट ने निर्णय दिया था, उसका पालन नहीं हुआ। निर्णय का पालन सर्वोच्च न्यायालय तो नहीं कराएगा। वह तो सरकार ही कराएगी। सर्वोच्च न्यायालय की सलाह को भी क्रियान्वित करने की जिम्मेदारी सरकार पर है। मैं मानता था कि इसको क्रियान्वित करने की क्षमता सरकार में है। अगर उस समय यह हो जाता तो यह क्रियान्वित हो जाता।

आपके समय के प्रयासों और वर्तमान सरकार की कोशिशों में आप क्या बुनियादी अंतर पाते हैं ?

उस समय जो बातचीत होती थी, बातचीत के मुद्दे पर कोई सार्वजनिक विवाद नहीं हुआ। किसी ने यह नहीं कहा कि हमने यह कहा था, प्रधानमंत्री ने दूसरी बात कह दी। इस बार जो भी बात होती है, उसके दूसरे दिन उसका खंडन आ जाता है। किसी न किसी कारण या तो सरकार के लोग मौन रह जाते हैं, या फिर दूसरे पक्ष के। यह परिस्थिति उस समय नहीं थी। उस समय जो कहा जाता था, वह सर्वमान्य था। ऐसे मामलों के समाधान में आस्था का प्रश्न बड़ा अहम हो जाता है।

आज भाजपा और विश्व हिंदू परिषद् का जो रुख है, उस समय क्या था ?

यह कहना बड़ा मुश्किल है। आज कोई मेरी बात का खंडन कर दे तो मेरे पास तो दस्तावेजी प्रमाण नहीं है। विश्व हिंदू परिषद, भारतीय जनता पार्टी और बाबरी मसजिद एक्शन कमेटी का रुख सहयोगपूर्ण था।

पिछले दिनों प्रधानमंत्री ने राजधानी के हिंदी और अंग्रेजी अखबारों के संपादकों से बातचीत में कहा था कि अगर चन्द्रशेखरजी को थोड़ा समय और मिल जाता तो विवाद हल हो जाता। मैं 19 अगस्त को उनके साथ बलिया यह समझने के लिए गया था कि उन्होंने हल की कोशिश कैसे शुरू की थी। क्या आपको लगता है कि आपने जहाँ से छोड़ा था, प्रधानमंत्री ने वहीं से इसे शुरू किया है ?

संदर्भ सारा बदल गया है। मैंने प्रधानमंत्री से भी कहा था कि इतिहास की पुनरावृत्ति संभव नहीं होती। आज माहौल बदला हुआ है। यदि मैं कहूँ कि प्रधानमंत्री वहीं से शुरू कर सकते थे तो यह अनुचित होगा। बातचीत का रास्ता उस समय शुरू हुआ था तो सबने एक-दूसरे के खिलाफ बातें बंद कर दी थीं। धार्मिक नेताओं सहित सभी सहयोग करने को तैयार थे। उस समय अंतर्राष्ट्रीय ताकतें दिलचस्पी ले रही थीं तो वह दिलचस्पी, सहयोग के लिए थी। आज समाचारपत्रों में रोज एक-दूसरे के खिलाफ वक्तव्य आ रहे हैं। बाहरी देशों में इस बारे में प्रस्ताव पास हो रहे हैं।

प्रधानमंत्री को क्या करना चाहिए ?

मैं नहीं जानता कि जिन लोगों से बात कर रहे हैं, उनका रुख क्या है। पिछले दो-तीन दिनों में यह कहा गया कि इस मामले को सर्वोच्च न्यायालय में भेजने के बारे में करीब-करीब आम सहमति हो गई थी। लेकिन कुछ कठिनाइयाँ पैदा हो गईं। लेकिन आज (शुक्रवार) जो वक्तव्य भाजपा नेता आडवाणी साहब का देखने को मिला, उससे तो लगता है कि यह धारणा वास्तविकता पर आधारित नहीं थी। जब तक संबंधित पक्षों को प्रधानमंत्री से वार्ता की आधिकारिक जानकारी नहीं मिलती, तब तक नहीं कह सकता कि बात कहाँ से शुरू करनी चाहिए।

आपकी प्रधानमंत्री से बात हुई थी। क्या उसमें आपको आधिकारिक जानकारी नहीं मिल पाई ?

मुझे बातचीत में जो जानकारी मिली, मैं इतना ही उत्तर दे सकता हूँ कि जो मैंने आज समाचारपत्रों में देखा; उससे और उसमें कोई तालमेल नजर नहीं आता।

प्रधानमंत्री से बातचीत के बाद आपको क्या लगा कि 6 दिसंबर से पहले कोई रास्ता निकल पाएगा ?

जितनी बातें हमारी प्रधानमंत्री से होती हैं, लगता है कि हमारी और उनकी राय एक है। लेकिन उसके परिणाम दूसरे होते हैं। दो-तीन बार हमारी वार्ता हुई हमारी और प्रधानमंत्री की किसी बिंदु पर असहमति नहीं थी, मैं ऐसी परिस्थिति में कैसे बताऊँ कि परिणाम क्या निकलेगा।

तितरफा बातचीत टूटने के पीछे आप कारसेवा के ऐलान को मानते हैं या सरकार के दूरंदेशी के अभाव को ?

सरकार पर मैं कोई आक्षेप नहीं लगाता, पर कारसेवा के ऐलान का असर तो लोगों के मन पर पड़ा। लेकिन समय रहते इस मामले पर कुछ कदम उठाया जाना चाहिए था। अदूरंदेशी में नहीं कह रहा हूँ। शायद सरकार को अपेक्षा के मुताबिक सहयोग नहीं मिला होगा।

धर्मसंसद ने पहले ही दिन 6 दिसंबर को कारसेवा का ऐलान कर दिया। इसी धर्मसंसद से प्रधानमंत्री ने तीन या चार महीने का समय माँगा था। पहले ही दिन ऐसा होने के लिए जिम्मेदार कौन है ?

धर्मसंसद को इस तरह का ऐलान नहीं करना चाहिए था। मैं नहीं समझ पाया हूँ कि यह तीसरी पार्टी धर्मसंसद कहाँ से आ गई ? पहले विश्व हिंदू परिषद्, राष्ट्रीय स्वयंसेवक संघ और बजरंग दल था। दूसरी ओर बाबरी मसजिद एक्शन कमेटी और पर्सनल ला बोर्ड था। ये कुछ परिधियाँ बनी हुई थीं, जिनसे सलाह हो रही थी। प्रधानमंत्री को बात करते समय ध्यान रखना चाहिए था, जो बातें हो रही हैं, उसे परिभाषित करते समय दूसरी तरह की बातें नहीं हों। बात होने के बाद पाँच-सात लोगों का वक्तव्य आया कि प्रधानमंत्री ने यह कहा।

प्रधानमंत्री के कार्यालय ने उसके बारे में कोई आपत्ति भी नहीं उठाई, तो उससे समस्याएँ और पेचीदा हो ही जाती हैं।

यानी धर्मसंसद का मंच बनकर आया और प्रधानमंत्री ने उसे एक तरह से मान्यता दी, क्योंकि उन्होंने भाजपा और विहिप की जगह इन साधुओं से समय माँगा।

इसका जवाब तो वे ही देंगे।

क्या साधुओं से बात करना गलत था ?

हर पेचीदे सवाल पर सरकार को हर व्यक्ति से बात करने को तैयार रहना चाहिए। साधुओं से बात तो मैंने भी की थी। बात करना गलत नहीं है। बात की परिधि क्या है, बात करनेवाले लोगों की विश्वसनीयता क्या थी, प्रधानमंत्री ने जो कहा उस पर तरह-तरह की टिप्पणियाँ किन परिस्थितियों में हुईं, इनकी जानकारी मुझे नहीं है। यह प्रक्रिया जरूर दुखद है, जिससे समस्या उलझने का माहौल बना।

अयोध्या-विवाद अभी जिस मोड़ पर है, वहाँ से समाधान का रास्ता किस ओर जाता है ?

समाधान का रास्ता पहले जितना पेचीदा था, अब उससे ज्यादा पेचीदा है। हमारी मनोवृत्तियाँ और संकीर्ण होती जा रही हैं। हमारे विकल्प जितने कम होते जा रहे हैं, हमारी मनोभावना उतनी ही सक्रिय होती जा रही है। इसलिए भयावह स्थिति दिखाई पड़ती है। इसलिए आज जो पक्ष इसमें लगे हुए हैं, उनको अधिक उदारता दिखानी होगी।

अगर अटकी गाड़ी को आगे बढ़ाना हो, तो ?

इस मामले के दायरे को नहीं बढ़ाना चाहिए। बातों के खंडन का अवसर नहीं हो। दो अर्थोंवाली बात नहीं हो।

इन हालात में हल क्या है ?

उस समय जो लोगों का मानस था, वही फिर बनाएँ। इसके अलावा कोई रास्ता नहीं है।

मानस कैसे बन सकता है ?

मैं नहीं मानता कि देश में लोग जड़ता की ओर जा रहे हैं और उसके मन में कुंठा है। अगर समझाया जाए कि हम इस सीमा से परे नहीं जा सकते तो सब लोग मानने को तैयार हो जाएँगे।

क्या यह हल हो सकता है कि अयोध्या को एक समय का अपवाद मान लिया जाए और मुसलमानों से अपील की जाए ?

आप कह रहे हैं, वह भी हो सकता है। हल बहुत हो सकते हैं। पर उसकी पहल कौन करेगा ? पहल करनेवाले दो ही लोग हैं। या तो सरकार पहल करे और लोगों को इस रास्ते

पर लाए या जो बहुमत में लोग हैं, वे पहल करें और लोगों को मनवाएँ। इसमें समझाने-बुझाने का रास्ता अपनाना होगा। बल-प्रयोग का रास्ता सही परिणाम नहीं देगा।

यह जो उपासना-स्थल कानून बना, अगर उसे अयोध्या-विवाद के साथ जोड़ा जाता तो हल में मदद मिलती ?

क्यों पास किया गया, किसलिए किया गया, यह मैं तो नहीं जानता। पास हो गया तो मैंने जानने की कोशिश की। तो कोई बात नहीं पाया कि इसका मतलब क्या है। जल्दी में कुछ पास करना शुरू कर दिया गया। सिद्धांत रूप में मैं बताऊँ—दुनिया का कोई बड़ा काम चालाकी से नहीं हुआ है। संसार की हर समस्या सीधी-सीधी बात करने, साफगोई से हल होती है। कितनी भी कटु बात हो, कहने के लिए मन की तैयारी होनी चाहिए। जरूरत पड़े तो कितना ही कटु निर्णय हो, उसे लेने के लिए मन में विश्वास होना चाहिए कि किसी लगाव में नहीं, किसी दबाव में नहीं, हम परिस्थिति विशेष में समस्या विशेष को हल करने का एक ही रास्ता समझते हैं। अधिक से अधिक लोगों से सलाह, लेकिन अंतिम निर्णय करने की क्षमता। यही सबसे बड़ा गुरु मंत्र है, जिससे आप बड़ी से बड़ी समस्या का हल ढूँढ़ सकते हैं।

पिछले दिनों अली मियाँ से आपकी भेंट हुई थी। यह माना जाता था कि अली मियाँ सबसे उदार मुस्लिम धार्मिक नेताओं में से हैं। उनका आज रुख क्या है ?

अली मियाँ से सबसे पहले 1977-78 में जनता पार्टी सरकार के समय मिलने गया था। बीच के 14-15 वर्षों में कोई मुलाकात नहीं हुई। बीच में मैं एक दिन के लिए लखनऊ गया था। लोगों ने कहा कि अली मियाँजी ने मिलने की इच्छा जाहिर की है। मैंने उन्हें फोन पर कहा कि मैं उनके यहाँ जाऊँगा। मैं उनसे मिला। पहले जब मैं मिला था, तब वे केवल धर्म की बातें करते थे। इस समय उनकी बातों से मुझे लगा कि वे अब ऐसा समझते हैं कि राजनीति उस स्तर पर पहुँच गई है कि धार्मिक मामलों में अब पहले जैसी आजादी नहीं रह गई है। इसलिए उनके मन में एक तरह की आशंका, क्षोभ और दुख दिखाई पड़ा।

यानी अयोध्या-विवाद में अब धर्म और राजनीति मिल गई है ?

धर्म और राजनीति जब तक शामिल थी, तब तक मुझे कोई परेशानी नहीं थी। पर अयोध्या-विवाद जब लोगों की भावनाओं को टटोलने लगता है या उनको कुरेदने लगता है तो खतरनाक मामला हो जाता है। जो मामला लोगों के दिल में यह दहशत पैदा करे कि यह उनकी इज्जत के साथ, उनकी भावनाओं के साथ, उनकी धार्मिक स्वतंत्रता के साथ खिलवाड़ कर रहा है तो उसके परिणाम बड़े भयावह होते हैं। मेरी समझ में मामला वहाँ तक पहुँच गया है।

कौन-से लोग या ऐसी कौन सी ताकतें हैं जो नहीं चाहतीं कि इस विवाद का कोई समाधान निकले ?

आपने ऐसा प्रश्न किया है, जिसका उत्तर तुरंत देने में मुझे बहुत कठिनाई होगी। ताकतें

एक ही हैं। जो ताकतें इस देश में से सर्वसाधारण का आत्मविश्वास तोड़ना चाहती हैं, जो ताकतें चाहती हैं कि देश को एक होकर अपनी समस्याओं को हल नहीं करें—वे ही ताकतें कभी धर्म के नाम पर, कभी आर्थिक नीतियों के नाम पर, कभी जाति के नाम पर, कभी दूसरे सवालों पर।

उनकी पहचान कराना चाहेंगे ?

उनकी पहचान कठिन नहीं है। हम उनकी पहचान करके उनको इंगित कर सकते हैं या नहीं, सवाल यह है। हम बहुत जल्दी पलटा खा जाते हैं। जैसे आर्थिक नीतियाँ जो आज चल रही हैं, उसका आरंभ तब हुआ था, जब हम जनता दल की सरकार चला रहे थे। मैं उस पार्टी में था। मैंने कहा कि गलत हो रहा है। उस समय वह रुक गया। पर उस समय जो इसको चला रहे थे, वही आज जोरों से विरोध कर रहे हैं और देश की जनता उसको भूले हुए है। आप रोज उनको मुख्य पृष्ठों पर छाप रहे हैं। ऐसे अनेक उदाहरण दिए जा सकते हैं।

लालकृष्ण आडवाणी ने कहा है कि 2.77 एकड़ में कारसेवा की इजाजत दे दी जाए। वे और आर.एस.एस., विहिप के नेता कहते हैं कि इस पर काम पूरा होने में दो-तीन साल का समय लग सकता है। तब तक वे विवादित ढाँचे को नहीं छुएँगे। इस अवधि में विवाद का हल ढूँढ़ा जा सकता है ?

यह बात तब हो सकती थी, जिस समय आपसी विश्वास न टूटा हो। आपसी विश्वास टूट जाता है तो दो वर्षों तक एक पूरे समाज के वर्ग पर आशंका की तलवार लटकाए रखना उचित नहीं होगा। उससे परिस्थितियाँ और बिगड़ेंगी। समाधान मिलने की बजाय, समाधान जटिल होगा। जो कुछ करना हो, उसे महीने, दो महीने, चार महीने बैठकर हमको तय कर लेना है।

अगर 6 दिसंबर को कारसेवा होती है और कल्याण सिंह सरकार को बर्खास्त करने का विकल्प सामने आता है, ऐसे में आपकी सोच क्या है ?

मैं तो नहीं चाहता कि ऐसी नौबत आए। ये जो सरकार को बर्खास्त करनेवाले फैसले हैं, ये निर्णय तो केंद्र सरकार को ही लेने होंगे। मैं अनावश्यक रूप से इस नए विवाद को नहीं उठाना चाहता। मुझसे उस समय पूछा था, नाम नहीं लूँगा, एक बड़े भारी पत्रकार, प्रकांड पंडित ने पूछा—आप होते तो क्या करते ? मैंने कहा—अगर मैं प्रधानमंत्री होता तो यह कोशिश जरूर करता कि मैं कोई गलत सलाह किसी को नहीं दूँ, लेकिन मैं इस निर्णय पर पहुँच जाऊँ कि सलाह राष्ट्रहित में आवश्यक है और मुख्यमंत्री को यह सलाह मुझे देनी चाहिए और वह सलाह संविधान के तहत उचित हो। अगर वह मुख्यमंत्री उस सलाह को नहीं माने, एक दिन, दो दिन, तो तीसरे दिन मैं उसको मुख्यमंत्री नहीं रहने देता। मैं यही करता। लेकिन यह निर्भर करता है कि परिस्थितियाँ क्या हैं ? उनके बारे में प्रधानमंत्री का आकलन क्या है ? मुख्यमंत्री से उनके रिश्ते क्या हैं ? कितना उन पर विश्वास है कि आज नहीं मानेंगे तो कल मानेंगे, परसों मान जाएँगे ?

मैं आज दावे के साथ कहता हूँ कि मैंने किसी सरकार को किसी के कहने पर नहीं हटाया। यह नहीं कहता कि लोगों ने कहा नहीं। लाखों ने कहा। दबाव डाले। मैंने कहा, सरकारें ऐसी नहीं हटाई जातीं। मैंने संबंधित मुख्यमंत्रियों से कहा कि कृपा होगी, आप यह काम करो। एक बार, दो बार, जब तीसरी बार नहीं माने तो मैंने कहा कि मुझे दुख के साथ कहना पड़ता है कि मैं इस परिस्थिति को स्वीकार नहीं कर सकता। दिक्कत यह है कि सब लोग संतुष्ट हैं और असंतोष बढ़ता जा रहा है। हर वार्ता से ऐसा लगता है कि असंतोष का दायरा बदला जा रहा है। यही एक अजीब स्थिति है।

इस विवाद की जड़ आप कहाँ मानते हैं–इतिहास में या इतिहास को गलत ढंग से देखने में ?

कुछ चीजें तो इतिहास में हैं, जिनको भुलाया नहीं जा सकता। दूर के इतिहास की तो मैं बात नहीं करता। मैं बहुत विवादास्पद बातें नहीं कहना चाहता, जो मेरे विचार हैं। जिस दिन भारत धर्म के नाम पर बँटा, उस दिन कटुता साधारण लोगों के मन में आई। लेकिन जो लोग देश चलाना चाहते हैं, वे पुराने इतिहास को कुरेदते नहीं फिरते, नया इतिहास बनाने की कोशिश करते हैं। यह नहीं कहना चाहिए कि पुरानी कटुता का असर नहीं है। पुरानी कटुता का असर जनसाधारण में हो सकता है, पर जनप्रतिनिधि को इससे प्रभावित नहीं होना चाहिए।

अयोध्या-विवाद इतिहास को सुधारने की कोशिश है या विकृत करने की ?

इतिहास सुधरता कभी नहीं है। इतिहास को नया रूप दिया जाता है। नया इतिहास बनाया जाता है। पुराने इतिहास को आप सुधार नहीं सकते। जब आदमी अतीत को सुधारने की कोशिश करता है तो भविष्य नहीं बन सकता। अतीत से सबक लें ताकि वर्तमान की व्याख्या कर नया भविष्य बना सकें। अतीत को जो सुधारने की कोशिश करता है, वह न तो वर्तमान को समझ पाता है, न भविष्य के लिए कल्पना कर पाता है। अतीत में जो शुभ है, जो कल्याणकारी है, उसको ग्रहण करना चाहिए। जो अप्रिय, अशुभ, अकल्याणकारी है, उसको इतिहास में विस्मृत हो जाने देना चाहिए।

जनसत्ता, 17 नवंबर, 1992

नई चुनौतियों का सामना करेगी जनता

राम बहादुर राय की बातचीत

पूर्व प्रधानमंत्री चन्द्रशेखर राष्ट्रीय सवालों पर दलगत राजनीति और चुनावी नफा-नुकसान से ऊपर उठकर बेबाकी से बोलते रहे हैं। अपनी इस बेबाकी का उन्हें राजनीतिक जीवन में खामियाजा भी भुगतना पड़ा है। मुद्दा इमर्जेंसी का रहा हो, पंजाब का, राम जन्मभूमि-बाबरी मसजिद का या मंडल का—चन्द्रशेखर की राय सबसे अलग और लीक से हटकर रही है। इमर्जेंसी में कांग्रेस में रहते हुए भी वे जेपी के साथ रहे तो स्वदेशी पर राष्ट्रीय स्वयंसेवक संघ का समर्थन करने में उन्हें तनिक भी संकोच नहीं हुआ। वे भाजपा के धर्म के राजनीतिक इस्तेमाल को जितना खतरनाक मानते हैं, कांशीराम और मुलायमसिंह यादव की जातीय राजनीति से भी उतने ही चिंतित हैं। सामाजिक-राजनीतिक महत्त्व के विभिन्न विषयों पर पिछले दिनों उनसे हुई बातचीत :

चुनाव से पहले आपने आगाह किया कि देश को कांग्रेस और भारतीय जनता पार्टी दोनों से खतरा है, जीते चाहे कोई भी। आपकी नजर में अब क्या हालत है ? क्या कोई तीसरा खतरा भी दिखाई दे रहा है ?

इन चुनाव-नतीजों से दो तरह के संकेत मिले हैं—एक तो भाजपा से जो खतरा उजागर हो पाया था, वह कुछ पीछे हटा है। लेकिन खतरा टला नहीं है। उत्तर प्रदेश में भाजपा की हार को ज्यादा महत्त्वपूर्ण माना जा रहा है, लेकिन जिन संकुचित नारों के जरिए वह सत्ता में आई थी, उसे हराकर चुनाव जीतनेवालों ने और भी संकुचित नारे लगाए। धर्म का सहारा लेकर सत्ता में आना जितना खतरनाक है, जातिवाद को बढ़ावा देना उससे कम नहीं। संकीर्णता राजनीति को हमेशा अंधी खोह की ओर ले जाती है। मैं यह नहीं चाहता कि स्थिति भयावह हो लेकिन शुरुआती संकेतों से तो यही लगता है कि स्थिति खतरनाक मोड़ लेती जा रही है। एक बात और कि अगर जगह-जगह क्षेत्रीय राजनीतिक पार्टियाँ सत्ता में आएँगी तो देश की एकता को खतरा हो सकता है। मैं यह तो मानता हूँ कि संघीय प्रणाली में क्षेत्रीय पार्टियाँ सत्ता में आएँ लेकिन उनकी चुनौतियों के सामने केंद्र सरकार के अनिर्णय की जो स्थिति है, वह सबसे ज्यादा चिंताजनक है। और इन चुनावों से जहाँ यह बात साफ हुई है कि क्षेत्रीय पार्टियों की ताकत बढ़ेगी, वहीं यह भी साफ है कि केंद्र की वर्तमान सरकार किसी भी विषम परिस्थितियों में स्पष्ट निर्णय नहीं कर सकती। देश चलाने और सरकार चलाने में बड़ा फर्क है। आज के प्रधानमंत्री सरकार चलाने में तो माहिर हैं, लेकिन देश चलाने के लिए निर्णय और निश्चय की क्षमता का तो उनमें स्पष्ट अभाव दिखता है।

अगर कांग्रेस टूटती है तो भी वही खतरा है जो क्षेत्रीय दलों के उभरने से। मैं कांग्रेस

का समर्थक नहीं हूँ, लेकिन यदि कांग्रेस बिखरती है और इस बिखराव को वह सँभाल नहीं पाई तो राष्ट्रीय स्तर पर इसका सीधा फायदा भाजपा को होगा। यह बात जरूर है कि भाजपा से खतरा थोड़ी देर से आएगा, क्योंकि भारत जैसे विविधतावाले देश की राष्ट्रीय एकता को बचाए रखना भाजपा के बूते के बाहर होगा। फिर धर्मांधता का सहारा लेकर सत्ता हासिल करनेवाली पार्टी तानाशाही से नहीं बच सकती। और इस देश को तानाशाही के जरिए चला पाना नामुमकिन है। ऐसा न तो अतीत में हुआ है, न हो पाने की उम्मीद है।

तीसरी ताकत...मैंने कोशिश की। लेकिन जो लोग एकता के लिए उतावले थे, वही पैर पीछे घसीटने लगे। इससे एक बात और साफ है कि हम राजनीति को तात्कालिक सफलता मानते हैं। राजनीति एक दूरगामी साधना है। ऐसी साधना, जिसमें व्यक्ति कई बार असफल होकर भी आनेवाली पीढ़ियों के लिए नया संदेश और शक्ति दे जाता है। लेकिन आज के नेता इसे कोरा आदर्श मानते हैं। और कहते हैं कि जीवन में असफल और पस्त हिम्मत लोग ही ऐसी बात करते हैं। इन चुनाव-नतीजों से यह भी साफ है कि बहुत-से नेता एक झटके से ही बिखर जाते हैं। कल तक जो लोग नया इतिहास बनाने का दावा करते घूम रहे थे, वे आज ताश के महल के समान बिखर रहे हैं। और अगर इतनी भी ताकत न हो कि विरोध में भी टिके रह सकें तो इतिहास बनाने की बात तो दूर, राजनीति का एक शुरुआती कदम भी नहीं उठा सकेंगे।

उत्तर प्रदेश के चुनाव-नतीजों से यदि जातिवाद को हटा दें तो मतदान निचले तबके के लोगों की बड़े पैमाने पर भागीदारी क्या भारतीय लोकतंत्र को मजबूती नहीं देगी ?

अगर ऐसा हो सके तो हमें भी प्रसन्नता होगी, लेकिन उत्तर प्रदेश में हाल की कुछ घटनाओं से ऐसा कहीं संभव नहीं दिखता। निचले तबके के लोगों को इकट्ठा करने के लिए जिन नारों का सहारा लिया गया, उनकी प्रक्रिया में ऊँचे तबके के लोगों की इस उठती हुई आवाज को अगर जातीय संघर्ष की शक्ल दी गई तो गरीब ही पिसेगा। ध्यान देने की बात यह है कि गरीबों को उठाने के लिए कैसे नारों का सहारा लिया गया और किस तरह से भावनाएँ भड़काई गईं। भावनाएँ अगर अमीरी-गरीबी के आधार पर न उठकर जातीय विद्वेष के आधार पर उठाई जाएँ तो इसे आर्थिक लड़ाई में बदल पाना बहुत मुश्किल होता है। हम जिस दिशा में कोशिश करते हैं, उसी दिशा में सफलता भी मिलती है। क्रांति की बात अलग है। मेरा मानना है कि हम लोग संसदीय लोकतंत्र प्रणाली के परिप्रेक्ष्य में ही इन समस्याओं को देख रहे हैं, इसीलिए हमें यह खतरा दिखाई पड़ता है। भावनाओं को उभार देना आसान है लेकिन उन्हें रचनात्मक दिशा में बदल पाना बहुत कठिन है। यह पिछले सैकड़ों वर्षों की राजनीति के अनुभव से स्पष्ट है।

पिछले पचास वर्षों में मध्यम वर्ग का जो चरित्र रहा है, यानी जिस किस्म के लोग सत्ता में आते रहे हैं, उसे क्या आप वादों के पूरा न होने की बजह मानते हैं ?

हम जिस तरह का समाज बनाएँगे, उसी तरह के व्यक्तित्व उभरकर हमारे सामाजिक, राजनीतिक और आर्थिक जीवन में आएँगे। इसलिए महत्त्व इस बात का है कि हम कैसा समाज बनाना चाहते हैं ? विभिन्न क्षेत्रों के जो नेता हैं, वे उन्हीं संकीर्ण परिधियों से घिरे

हुए हैं जिन्हें हमने अपने चारों तरफ फैला रखा है। इसमें शुरुआत भी कहीं से करनी होगी। और मेरा मानना है कि शुरुआत वहाँ से की जाए जहाँ से भारत के भविष्य को बनाने के बारे में निर्णय लिए जाते हैं।

हमारे देश की दो बहुत बड़ी खूबियाँ हैं—एक यह कि यहाँ के लोगों में 'जड़ता' नहीं है। धार्मिक मामलों और रूढ़ियों को छोड़ दें तो समाज को बनाने के बारे में उनमें बहुत लचीलापन है। अगर उन्हें देश का भला-बुरा समझाया जाए तो थोड़ी-बहुत हिचक के बाद वे बातों को स्वीकार कर लेते हैं, अगर समझानेवाला खुद के जीवन में उन बातों के चरितार्थ कर ले। इसीलिए देखें कि साधु-संतों को हजारों चेले मिल जाते हैं। उनमें कुछ लोग गड़बड़ भी होंगे, लेकिन यह देश की बहुत बड़ी ताकत है। हजारों वर्षों से परंपरा है। और इस ताकत को सही दिशा में लगाकर देश का बहुत भला कर सकते हैं। दूसरी खूबी यह कि हमारे यहाँ बहुत कम में संतोष करने की परंपरा है। हमारे यहाँ का मजदूर जितनी कम कीमत पर ज्यादा मेहनत करने को तैयार रहता है, उतना किसी दूसरे देश में नहीं। उन्हें यह समझने की जरूरत है कि उनकी मेहनत में आनेवाला उनका या उनके बच्चों का जीवन सुखी होगा। लेकिन हम ये दोनों ही काम नहीं कर पाए। न तो लोगों के सामने अपना उदाहरण पेश कर सके और न ही देश की अंतर्निहित शक्ति को सही दिशा में लगा सके।

संक्रमणकाल में परिवर्तन की अगुवाई करनेवाले लोग दूरगामी नतीजों की परवाह नहीं करते और क्या आप देश की मौजूदा स्थिति को संक्रमणकाल नहीं मानते ?

मैं मानता हूँ कि यह संक्रमणकाल है। यह भी मानता हूँ कि कुछ लोग इतिहास को एक खास दिशा में ले जाने की कोशिश कर रहे हैं, वह स्थायी नहीं है। लेकिन आज हम अपने को अकेला रखकर कुछ नहीं तय कर सकते, क्योंकि दुनिया बहुत जटिल हो गई है और दूसरे देश हमारे राजनीतिक चरित्र को प्रभावित करने की कोशिश कर रहे हैं। इस मामले में श्रीमती इंदिरा गांधी की याद आती है। आप जानते हैं कि मैंने उनकी नीतियों को बहुत आलोचना की है, लेकिन दो बातों के लिए उनकी प्रशंसा की जानी चाहिए। एक तो उन्होंने देश की राजनीति में दूसरे देशों की दखल एकदम बर्दाश्त नहीं की। केंद्र की ताकत को कमजोर नहीं होने दिया। पिछले ढाई साल में यह साफ हो गया है कि वर्तमान प्रधानमंत्री नरसिंह राव इन दोनों ही मोर्चों पर नाकाम रहे हैं। और यह भी साफ हो गया है कि जिस देश की राजनीति में विदेशी ताकतों की दखलंदाजी बढ़ी है, उसे टूटने से कोई बचा नहीं पाया। सोवियत संघ का विघटन हुए बहुत दिन नहीं हुए। वहाँ केवल सत्ता नहीं बिखरी, लोगों की प्रतिष्ठा, गौरव और आत्मसम्मान भी नहीं बचा।

क्या आपका मतलब यह है कि क्षेत्रीय राजनीति के जरिए विदेशी दखलंदाजी बढ़ेगी और यह देश के विघटन का औजार बनेगी ?

विदेशी हस्तक्षेप बढ़ाने के लिए क्षेत्रीय राजनीति को बढ़ावा देना आवश्यक होता है। यह सब अचानक नहीं हुआ है। पिछले कुछ वर्षों में इन प्रवृत्तियों को बढ़ावा दिया गया। तरह-तरह से इन प्रवृत्तियों को पनपने दिया गया। फिर जहाँ तमाम तरह की विविधताएँ हों—एक तरफ वैभव में विलास करते लोग, दूसरी तरफ अभाव की जिंदगी जीता समाज हो,

वहाँ एक ही नारे से समाज को एक रख पाना मुश्किल है। और ऐसे मौके पर केंद्र सरकार की भूमिका महत्त्वपूर्ण हो जाती है। हमारा संविधान यह सब सोच-समझकर बनाया गया।

क्षेत्रीय ताकतों को बढ़ावा देने की जो कोशिशें पिछले वर्षों में हुईं, वे किसी से छिपी नहीं हैं। भारत सरकार के बहुत-से लोग इसे अच्छी तरह जानते थे। राजीव गांधी सरकार में गृहमंत्री रहे बूटा सिंह ने गृहमंत्री की हैसियत से बहुत-सी बातें मुझे बताई थीं। वे बिना उनकी अनुमति के मैं आप लोगों को नहीं बता सकता। लेकिन उस समय भी मैंने इसलिए नहीं कहा कि केंद्र सरकार कमजोर होगी और उन्हीं तत्त्वों को बढ़ावा मिलेगा जो इस तरह की प्रवृत्तियों को महत्त्व दे रहे हैं।

वस्तुस्थिति यह है कि हमारे यहाँ लोकतांत्रिक मूल्यों का खुला समाज है। इसमें सामाजिक असमानता कायम है। हमने दुनिया के लिए हर प्रकार के दरवाजे खोल दिए हैं। इसमें दुनिया की तमाम ताकतों को हमारे घरेलू मामलों में हस्तक्षेप का अवसर मिल सकता है। वे ताकतें हमारे देशवासियों की आकांक्षाओं को भड़काकर उसका शोषण कर सकती है। ऐसे भयंकर लक्षण नजर आ रहे हैं। लोकतंत्र की जिस शैशवावस्था में हम हैं, उसमें दुनिया का कोई देश बाहरी हस्तक्षेप के लिए इस तरह खुला नहीं रह रहा है। आप भारतीय समाज की अंतर्निहित शक्तियों की बात कर रहे हैं। क्या इन खबरों का सामना करने के लिए हमारे समाज में प्रतिरोधी शक्तियाँ उभरेंगी ?

मैं पिछले दिनों कई विश्वविद्यालयों में गया। मैं अनुभव करता हूँ कि युवक जागरूक हैं। वह देश की समस्याओं को समझता है। उसमें संकटपूर्ण परिस्थिति को समझने और उसे सुलझाने का साहस है। मैंने उसमें बहुत ठीक संवेदना देखी है। लेकिन दुर्भाग्य से असली मुद्दों को फोकस में नहीं लाया जाता। इन मुद्दों पर न हम लोगों तक पहुँच रहे हैं और न ही उनके स्तर पर कोई बातचीत चल रही है। संसद या मीडिया में भी इन असली सवालों पर विचार नहीं किया जाता। ये वे मंच हैं, जहाँ से युवाओं को, सांसदों को प्रशिक्षित किया जा सकता है। मुझे इस बात का भरोसा है कि एक वक्त आएगा जब लोग इतिहास के खतरनाक परिणाम भाँपेंगे और विरोध करने को उठ खड़े होंगे। आज की परिस्थितियाँ कोई 1920 जैसी निराशाजनक नहीं हैं, जब गांधी भारतीय राजनीति के फलक पर छाए थे। उस निराशाजनक परिस्थिति में भी एक नई ताकत उभरी, जो देश के सम्मान और गरिमा की रक्षा के लिए उठ खड़ी हुई। जब लोग महसूस करेंगे कि राष्ट्र का सम्मान और गौरव खतरे में हैं तो बड़ी प्रतिक्रिया होगी। लोग चुप नहीं रहेंगे। जाति और धर्म के बंधन तब अपने-आप किनारे हो जाएँगे। केवल यही एक आशा है। इस प्रक्रिया को तेज और परिणामदायक बनाया जा सकता है। जरूरत कोशिश करने की है। कोशिश हो तो विरोध की प्रक्रिया थोड़े ही समय में शुरू हो जाएगी और लोग भारतीय राजनीति में चल रही अवसरवादी प्रवृत्ति के खिलाफ आवाज उठाने लगेंगे।

इसकी कोई समय-सीमा देखते हैं ?

यह काम लोगों की अंतर्निहित शक्ति से होना है। इसलिए कोई भी नहीं कह सकता कि ऐसा होने में कितना समय लगेगा। उदाहरण के लिए 1975 को देखिए। जब देश में आपातकाल लगा, तो देश में भी और बाहर भी लोगों ने यह कहा कि भारत में अब जनतंत्र

का हमेशा के लिए खात्मा कर दिया गया है। '77 में चुनाव घोषित हुए। तब आपातकाल लगा हुआ था। उस समय बहुत-से नेता जेल में थे। दो-तीन लोगों को छोड़ दें तो सब यही सोचते थे कि चुनाव में भाग न लिया जाए। लोग इंदिरा गांधी के खिलाफ खड़े नहीं होंगे। मुक्त और निष्पक्ष चुनाव नहीं होगा। जनसंघ, समाजवादियों और दूसरे लोगों ने इसके लिए प्रस्ताव भी पारित किए और खुले बयान भी दिए। मैं श्रेय नहीं लेना चाहता पर मेरे और मोरारजी देसाई जैसे दो-तीन लोग ही थे जो मानते थे कि नहीं, लोग खड़े हो जाएँगे। जब चुनाव घोषित हुए तो हफ्ते-भर के भीतर ही लोगों की प्रतिक्रिया सामने आ गई—एक हफ्ते के वक्त में। तो संकट जितना गंभीर होगा, लोगों की प्रतिक्रिया भी उतनी तेज, त्वरित और शक्तिशाली होगी। एक समय आएगा जब लोग कहेंगे कि वे नारों की राजनीति से चालित नहीं होंगे। वे खुद मूल मुद्दों की राजनीति का आग्रह करेंगे।

आपने ठीक कहा कि आपातकाल से लोगों की गरिमा को ठेस लगी थी। लोगों के उठ खड़े होने का यह भी एक कारण था, पर जातिवादी नारों में निचलों के आत्मसम्मान की भूख छिपी हुई है। सत्ता में आने की कोशिश उनके आत्मसम्मान की अभिव्यक्ति है। वह किन कारणों से इन बात को मानेगा कि आत्मसम्मान की उनकी भूख को कुछ लोग जातिवादी नारों से अपने लिए भुना रहे हैं ?

यह बहुत नाजुक सवाल है। देश की जाति-व्यवस्था बहुत जटिल है। कोई जाति या कुछ जातियाँ लोगों को सत्ता में आत्मसम्मान का नारा देकर सबको एजकुट नहीं कर सकतीं, क्योंकि देखें तो उत्तर प्रदेश में सपा-बसपा की सरकार के आने के बाद पिछले कुछ हफ्तों में जो संघर्ष हुए हैं, वे ऊँची और छोटी जातियों के बीच नहीं हुए हैं। पिछड़ी जातियों और दलितों के बीच में हुए है। जातिवादी नारों के आधार पर सबको इकट्ठा करने की सोच में कई छेद हैं।

आप उस संघर्ष की बात कह रहे हैं जो लोगों की रोजमर्रा की जिंदगी में है। चुनावी राजनीति उनके लिए जाति-भावना की अभिव्यक्ति करने का मौका देती है। क्या रोजमर्रा के अंतर्विरोध राजनीतिक प्रतिध्वनि पा सकते हैं ?

थोड़ी उदारता से देखें। लोग जाति के नारों से नहीं चले। इस तरह से वोट उन्होंने हताशा में दिया। चुनाव-मैदान में जो दूसरी ताकतें थीं, जरा उन्हें भी सामने रखिए। एक ओर भाजपा थी, जिसने एक से एक सांप्रदायिक नारे उछाल रखे थे। जिस पार्टी में, जनता दल में मैं था, उसे भी देखें। हमने भी वही एकपक्षीय नारे दिए। सामाजिक न्याय को ही उछालकर रखा गया। उद्योगनीति, अर्थनीति, बेरोजगारी, देश की दिशा—किसी भी मूल मुद्दे को फोकस नहीं किया गया। तो अवसरवादी राजनीति में प्रतिस्पर्धा होगी तो लोग ज्यादा तेज नारों की ओर झुकेंगे। मैंने भाजपा के अपने कुछ दोस्तों से भी कहा था कि यदि वे धर्म के आधार पर लोगों को बाँटने का नारा दे सकते हैं तो कई क्षेत्रों में और कुछ वक्त के लिए जातिवादी नारे धर्म के नारों से ज्यादा असरदार साबित होंगे। चुनाव में तो हर कोई एक-दूसरे से नारे लगाने में प्रतिस्पर्धा कर रहा था। ऐसे में गरीब लोगों के पास वही रास्ता था कि वे प्रतिस्पर्धा में तेज नारे को चुनें।

ऐसी प्रतिस्पर्धा में आदमी की जंतु भावना फूटी ?

इस बार राजनीतिक अवसरवाद पर, जंतु भावना पर वोट दिया गया। मैं नहीं कहूँगा कि मैंने कोई पहल की। पर अशिक्षा, बेरोजगारी, लोगों की भूख इन नारों से नहीं दूर होगी। सोचना होगा कि एक दलित होकर यदि आप जीवन के सारे सुख भोग रहे हैं, आर्थिक संपन्नता के चरम पर हैं और दूसरी ओर कोई सवर्ण भूखा मर रहा है, तो सुविधा और लाभ किसे मिले ? सारे सुख भोगते होने पर आपको असमान नहीं कहा जा सकता।

आपने एक बार कहा था, नौजवान, राष्ट्रीय स्वयंसेवक संघ (आर.एस.एस.) और नौकरशाही से देश उम्मीद कर सकता है। इसके बारे में अब आपका क्या खयाल है ?

सबसे पहले नौकरशाही को लेते हैं। मेरी धारणा पहले से ही साफ है। 1971 में यूगोस्लाविया का एक प्रोफेसर मिलने आया। उसने देश की नौकरशाही के बारे में पूछा। मैंने कहा कि हमारे देश की नौकरशाही दुनिया के सभी देशों से सर्वोत्तम है। वह चौंक पड़ा, लेकिन उसने भी यह बात महसूस की। उसने कहा कि बाँग्लादेश की सीमा से एक करोड़ शरणार्थी देश में आए और इतने लोग वापस गए। यह सब सिर्फ छह हफ्ते में अफसरों ने बड़ी कुशलता और सफलता से कर दिखाया। वह वहाँ से होकर लौटा था। लेकिन उसने मुझसे कहा कि नौकरशाही के बारे में कोई दूसरा राजनेता ऐसी बातें नहीं बोलता। मेरे भी छह महीने सरकार में रहने के दौरान ऐसा कोई अनुभव नहीं आया कि इन लोगों ने कोई अड़ंगा लगाया हो, क्योंकि एक-दो लोग तो गड़बड़ करनेवाले सब जगह होते हैं। लेकिन उनसे राय लेने के पहले दो बातें जरूरी हैं। एक तो उन्हें यह अहसास दिलाना होगा कि वे जो कह रहे हैं, उसके लिए दोषी नहीं ठहराया जाएगा और दूसरा उनसे पूछी बातों पर पहले से फैसला नहीं कर लिया गया है। उन्हें यह भी विश्वास दिलाना होगा कि अगर उनकी राय अस्वीकार भी कर दी गई तो उसे उनका अपराध नहीं समझा जाएगा। इन बातों पर ध्यान दिया जाए तो हमारे देश से अच्छी नौकरशाही मिलना संभव नहीं है। कई कठिन परिस्थितियों में नौकरशाही ने जिस ढंग से काम किया, उस पर मुझे तो अभिमान होता है।

जहाँ तक युवा शक्ति की बात है, तमाम लोग कहते हैं कि आजादी मिलने के बाद नौजवानों में देशप्रेम और कुर्बानी की क्षमता नहीं रही। नौजवान विलासिता की तरफ बढ़ रहा है। वह संकट की घड़ी में आदर्श के नाम पर चल नहीं सकता। लेकिन मेरा मानना अलग है। 1947 से 1993 के काल खंड को देखें तो आदर्शों के नाम पर जितने नौजवान इस दौरान कुर्बान हुए हैं, उतने आजादी की लड़ाई में भी नहीं। उनकी बातों से, उनके दृष्टिकोण से हम भले न सहमत हों, उनका रास्ता भले ही अलग हो, लेकिन इसका मतलब यह नहीं कि उनकी अंतर्निहित क्षमता कम हो गई है। नक्सलवादी आंदोलन में कितने लोग मारे गए ? पंजाब और कश्मीर में कितने लोग मारे गए ? उनमें कुछ ऐसे भी होंगे जो दूसरों के बहकावे में आ गए होंगे। लेकिन यह बात भी समझानी चाहिए कि वे दूसरों के लिए मर रहे हैं। इसके लिए मुझे कोई कितना भी भला-बुरा कहे लेकिन उनके भीतर की भावना और ऊर्जा को कैसे नकारा जा सकता है ?

आर.एस.एस. का जो सोचने का तरीका है, उसके मैं बिलकुल खिलाफ हूँ, लेकिन कुछ मामलों पर उनकी जो पुरातन सोच है, जैसे राष्ट्रीयता और स्वदेशी के सवाल पर, वे पीछे नहीं

हटेंगे। हालाँकि राष्ट्रीयता की उनकी व्याख्या से मैं सहमत नहीं हूँ। लेकिन देश के लिए कभी कुछ करना पड़े तो पीछे नहीं हटेंगे। उनमें एक तबका ऐसा भी है जिसके लिए राजनीति में एमपी, एमएलए होना कोई मायने नहीं रखता। जैसे आजादी की लड़ाई में एक वर्ग ऐसा भी था जो जिंदगी भर खादी ही बेचता रहा या गो-सेवा में, हरिजन उद्धार में ही लगा रहा। उसी तरह आर.एस.एस. में एक तबका ऐसा है जो इन सवालों पर हमेशा आवाज बुलंद करता रहेगा। आर.एस.एस. की मैंने बड़ी आलोचना की है। उसमें बहुत-सी बुराइयाँ हैं लेकिन हमारे समाज में जहाँ भी शक्ति है उसे हम अस्वीकार नहीं करते। एक संकट के दौर से गुजर रहे, हमारे समाज को बचाने के लिए हम राष्ट्र की पूरी शक्ति का उपयोग नहीं कर रहे। इसीलिए मैं कहता हूँ, आर.एस.एस. के लोग ही आनेवाले समय में भाजपा के लिए मुसीबत बन जाएँगे। आडवाणी या अटल बिहारी वाजपेयीजी आज की आर्थिक नीतियों का खुला समर्थन कर सकते हैं, लेकिन स्वदेशी के मामले पर आर.एस.एस. की नीतियों की वजह से ही मुरली मनोहर जोशी जैसा आदमी भी उन्हें चुप कर सकता है। जिस उल्लास के साथ आडवाणीजी ने अमेरिका में घूम-घूमकर आर्थिक नीतियों का समर्थन किया था, जिस उत्साह के साथ अटलजी ने कहा था कि नरसिंह राव हट जाएँ, वे हुकूमत में आएँगे तो इसी तरह की नीतियाँ चलती रहेंगी और आर.एस.एस. के लोग जिस तरह की नीतियों का घूम-घूमकर प्रचार कर रहे हैं—चाहे बाला साहब देवरस कह रहे हों, चाहे संकेत पाकर मुरली मनोहर जोशी कह रहे हों, या आर.एस.एस. का एक-एक स्वयंसेवक गाँव-गाँव में घूमकर दीवारों पर स्वदेशी के समर्थन में नारे लिख रहा हो—आर.एस.एस. के दूसरे पहलुओं के असहमत होने के बावजूद स्वदेशी भावना को जागृत करने के लिए एक-एक आदमी तक पहुँचने की बात आप नजरअंदाज नहीं कर सकते। और अगर आप इसे नजरअंदाज करते हैं तो सही मायने में देश की शक्ति का उपयोग नहीं कर सकते। जनतंत्र का एक ही आधार है। और किसी भी राष्ट्रीय आंदोलन के लिए जरूरी है कि जिससे जितनी शक्ति मिल सके, उसे उतनी ली जाए। हमको मंजिल तक पहुँचना है तो यह जरूरी नहीं है कि हर आदमी मंजिल तक पहुँच जाएगा, लेकिन जो जितने कदम चल सकता है, उसे साथ लेकर चला जाए—यह बात चाहे मार्क्स ने कही हो, चाहे लेनिन ने या महात्मा गांधी ने। गांधीजी बड़े आदर्शवादी व्यक्ति थे। लेकिन आप यह नहीं कह सकते कि उनके साथ चलनेवालों में शराब पीनेवाले या मांस खानेवाले लोग नहीं थे। आप यह भी नहीं कह सकते कि गांधीजी यह नहीं जानते थे कि उनकी जमात में तमाम ऐसे लोग थे जो अबाध गति से झूठ भी बोलते हैं। लेकिन फिर भी जिससे जितना काम मिला, जितनी शक्ति मिली, गांधी ने उसका उतना उपयोग किया। लेकिन प्रवृत्तियों से उन्होंने कभी समझौता नहीं किया। आर.एस.एस. की दूसरी प्रवृत्तियों से समझौता न करें, लेकिन उनकी जो क्षमता है, हमें उसका उपयोग करना चाहिए।

ऐसा लगता है कि नौकरशाही, युवा और आर.एस.एस., तीनों खुद को असहाय महसूस कर रहे हैं। क्या इन तीनों के शुभ का देश के बदलाव के लिए अब भी उपयोग हो सकता है ?

नहीं, मैं यह तो नहीं मानता कि वे खुद को असहाय महसूस कर रहे हैं। लेकिन यह बात मेरे और आपके जैसे उन्हें भी महसूस हो रही है कि उनकी बात लोग नहीं सुन रहे

हैं। और इससे घबराने की जरूरत नहीं है, क्योंकि हर संक्रमण के दौर में ऐसा होता है। कठिनाइयाँ जब एक सीमा से ज्यादा हो जाती हैं तो उसी में से रास्ता भी निकल आता है। जैसे कहा गया है, दर्द का हद से गुजर जाना दवा हो जाता है। एक और अजीब बात है। हमारे यहाँ एक दूसरे से राजनीतिक मतभेद होने पर लोग आपसी संबंध भी नहीं रखना चाहते। मैं नहीं मानता कि मैं दूध का धुला हूँ, लेकिन आपसी दुराग्रहों की वजह से किसी को अपमानित करना राजनीति का अंग मैंने कभी नहीं माना और अपनी मान्यताओं पर मैंने कभी समझौता नहीं किया। इसलिए मैं जितनी दूर चल सकता था, साथ लेकर चलने की कोशिश की। यह भी बता दूँ कि 1977 में कुछ लोगों ने आर.एस.एस. को कठघरे में खड़ा करने की कोशिश नहीं की होती तो आर.एस.एस. वह आर.एस.एस. नहीं होता जो आज है। लेकिन कुछ लोगों ने उसे कठघरे में खड़ा करने की कोशिश की। थोड़े कामयाब भी हुए। वे नेता, जो आर.एस.एस. को कठघरे में खड़ा करना चाहते थे और आर.एस.एस. के नेता—दोनों ही अपनी कही गई बातों से पीछे हट गए और इसी वजह से जो 'शुभ' शक्तियाँ हैं, उनमें तालमेल बिठाकर राजनीति को सही दिशा देने में मैं भी पूरी तरह असमर्थ रहा।

लोगों ने 1977 के सत्ता-परिवर्तन से वैसी ही उम्मीद लगाई थी, जैसी 1947 के परिवर्तन से। यह भी माना गया था कि सत्ता-परिवर्तन अंततः व्यवस्था-परिवर्तन का माध्यम बनेगा। लेकिन जनता पार्टी के शासन के दौरान पार्टी चलाने से लेकर सरकार चलाने तक ऐसा कुछ नहीं हो पाया, इसी निराशा ने मौजूदा संक्रमण को जन्म दिया। अब अगर कोई अवसर मिला तो क्या उन विफलताओं से सबक लेंगे ?

हमारे कुछ अनुभव ऐसे हैं, जिनको सार्वजनिक तौर पर बताना मेरे लिए बड़ा कठिन है। इसके लिए उन लोगों के बारे में बात करनी होगी जो उस समय सरकार चला रहे थे। वह एक बहुत दुखद प्रसंग है। आप लोग जो जानते हैं, उतना काफी नहीं है। हुआ क्या, 1975-77 यानी आपातकाल में संघर्ष का काल बहुत छोटा था। लोग 18 महीने जेल में रहे। और बाद में जो भी मैदान में गया, चुनाव जीतकर आया। जीतकर सिर्फ एमपी-एमएलए नहीं, मंत्री भी बन गए। न उसने संघर्ष को समझा, न समाज और न ही समस्याओं की पेचीदगी को। उसने आंदोलन की मंजिल, जिसकी आप बात कर रहे हैं, को भी नहीं समझा था।

आंदोलन के पहले हमने जयप्रकाशजी को एक बात कही, लोगों के विचारों को देखते हुए आप अगर सोच रहे हों कि लोग आंदोलन करेंगे, इंदिरा गांधी आपको जेल भेज देंगी, जगह-जगह सभाएँ होंगी, लोकसभा और राज्यसभा में हंगामा मचेगा, विधानसभाओं में शोर मचेगा और जनमत तैयार होगा, तो यह नहीं होगा। आपकी आवाज बन्द कर दी जाएगी। संपूर्ण क्रांति के नारे के पीछे चलनेवाले आज जो विरोधी पक्ष के लोग हैं, उनमें से अधिकांश को संपूर्ण क्रांति की कल्पना से कोई मतलब नहीं है। उस क्रांति की भावना से उनका कोई लगाव नहीं है। ये लोग आपके सहारे सत्ता तक पहुँचना चाहते हैं, इसमें वे लोग भले ही सफल हो जाएँ, आपको निराशा ही हाथ लगेगी। और यह बात मैंने जयप्रकाशजी से अकेले में नहीं, दस लोगों के बीच में कही थी।

मैंने जयप्रकाशजी और इंदिराजी को चिट्ठियाँ भी लिखी थीं। इंदिराजी को लिखा कि कम्युनिस्ट नेता आपका जयप्रकाश से टकराव कराने की जो कोशिश कर रहे हैं, वह पिछले

दरवाजे से सत्ता में आने की उनकी साजिश मात्र है। आप और जयप्रकाश नारायण का टकराव देश के लिए घातक है। जयप्रकाश सत्ता के लिए नहीं लड़ रहे हैं, इसलिए सत्ता की ताकत से उन्हें दबाया नहीं जा सकता। और जयप्रकाश अकेले भी अगर मरने को तैयार हो जाएँगे तो आप अपनी सत्ता को नहीं बचा पाएँगी। इसलिए इस लड़ाई को बंद कीजिए। आपकी राजशक्ति और जयप्रकाश की नैतिक शक्ति से देश को संकट से उबारा जा सकता है। जयप्रकाशजी को मैंने दूसरा पत्र लिखा कि आपके साथ के लोगों को सत्ता चाहिए, उन्हें संपूर्ण क्रांति नहीं चाहिए। इसलिए इंदिरा गांधी को समझाइए।

मेरी बात लोगों ने नहीं सुनी। और आज वे दोनों नहीं हैं, तब मैं कह रहा हूँ। इसमें मुझे थोड़ी कामयाबी भी मिली। वह भी सिर्फ इतनी कि इंदिराजी ने जयप्रकाशजी को चिट्ठी लिखी। लेकिन दोनों के साथ के लोगों ने तनाव बढ़ाया, क्योंकि इन लोगों का नेतृत्व इसी बात पर निर्भर करता था कि इंदिराजी और जयप्रकाशजी लड़ते रहें। बाद में आपातकाल लगा और मैं भी जेल गया। दूसरी दिक्कत और है। आप दो दर्जन भी ऐसे नौजवानों के नाम नहीं बता सकते जो आंदोलन की धारणाओं को लेकर चले थे। मुझे याद है, 18 महीने के बाद विद्यार्थी-आंदोलन से आए 52 नौजवानों ने टिकट के लिए आवेदन किया था।

उनमें से 45-48 लोगों को मैंने भी कर्पूरी ठाकुर से कहकर टिकट दिलवाया था। इसमें कई लोग चुनाव जीते और मंत्री भी बने। सरकार बनने के तुरंत बाद जनता पार्टी के अध्यक्ष की हैसियत से पटना गया। वहाँ रात को एक बैठक हुई। वहाँ भाषण में किसी ने कहा कि सही लोगों का प्रतिनिधित्व सरकार में नहीं हो पाया है। आधे घंटे के बाद मैंने कहा कि मैं 1962 में सांसद बना था और 15 साल में उपमंत्री भी नहीं बन पाया। मैंने कहा कि मंत्री बनने और बनाने की कला मुझमें नहीं है, यह बात किसी और से जानिए। और उस दिन मुझे बड़ी निराशा हुई। एक लड़का, जो कॉलेज से जेल गया और 18 महीने बाद एमपी, एमएलए हो गया, वह तुरंत मंत्री भी बनना चाहता है। वह त्याग, बलिदान, कुर्बानी, संपूर्ण क्रांति और जयप्रकाश नारायण—सबको भूल गया है। इस आंदोलन की यह बहुत बड़ी कमजोरी थी, यह स्वीकार करना चाहिए।

दूसरे, वहाँ (जनता पार्टी में) कोई ऐसा नहीं था जो अपने को दूसरे के बराबर समझे। सब अपने को एक दूसरे से ऊपर समझते थे। मोरारजी भाई के बारे में कुछ कहना व्यर्थ है। चरण सिंह के बारे में कहना व्यर्थ है। जनसंघ के लोग शक्तिपुंज बनकर आए ही थे। सोशलिस्ट लोगों की आदर्शवादिता उनके सिर पर चढ़ी हुई थी, तो फिर क्या किया जा सकता था ? उन घटनाओं को जब मैं याद करता हूँ तो आश्चर्य होता है कि सरकार आखिर 28 महीने चल कैसे गई ? और इन्हीं अनुभवों के आधार पर मैं कहता हूँ कि आज की परिस्थिति में भारत जैसे देश में सरकार चलाना बहुत हिम्मत और स्पष्ट विचारों की माँग करता है। उसमें हमेशा इस बात के लिए तैयार रहना होगा कि हो सकता है, कल ही सरकार से बाहर जाना पड़े ! आज की जैसी सरकार चलानी हो तो अलग बात है।

लेकिन उस आंदोलन की एक बहुत बड़ी उपलब्धि थी। वह यह कि दुनिया यह मान चुकी थी कि भारत में जनतंत्र मर गया है, जो दोबारा पनप नहीं सकता। ऐसी स्थिति में दोबारा जनतंत्र लौटना इस आंदोलन की सबसे बड़ी उपलब्धि माना जा सकता है। 18 महीने की इमर्जेंसी ने भारत में फिर से लोकतंत्र ला दिया, यह कोई छोटी उपलब्धि नहीं है। और

जयप्रकाशजी से मैंने कहा था कि अब आप किसी को कोई सलाह मत दीजिए। जिंदगी के अंत में आपने करीब-करीब वही सब पा लिया है, जो गांधीजी ने पाया था। इसलिए अब आप खुद को इससे अलग कर लीजिए। मैंने कहा, सरदार पटेल और पंडित नेहरू ने गांधीजी को अस्वीकार कर दिया था, आज के नेता आपको स्वीकार नहीं करेंगे। और आपका स्वास्थ्य भी ठीक नहीं है।

उस आंदोलन की अगली कतार के दर्जनों ऐसे लोग हैं जो किसी पार्टी का टिकट माँगने किसी नेता के पास नहीं गए। वे संपूर्ण क्रांति या समग्र क्रांति के प्रति वचनबद्ध रहे फिर भी यह हकीकत है कि जनता पार्टी की सरकार बनने के बाद वह धारा रुक गई। आप इसके लिए किसको जिम्मेदार मानते हैं ?

देखिए, दो बाते हैं—एक तो जनता पार्टी की सरकार की वजह से हुआ, यह बात छोड़ दीजिए। संपूर्ण क्रांति की भावना के पीछे जो ऊहापोह थी, वह इसकी सबसे बड़ी वजह है। और हमसे सब लोग कहते हैं कि गांधी का, जयप्रकाश का रोल अदा कीजिए और मैं कहता हूँ कि इससे सहमत नहीं हूँ तो लोग समझते हैं कि मैं सत्ता के पीछे दौड़ लगा रहा हूँ। लेकिन मैं राजनीतिशास्त्र का विद्यार्थी रहा हूँ और कई बार जयप्रकाशजी से इस विषय पर खुलकर चर्चा भी की। पक्षविहीन राजनीति मेरी समझ में नहीं आती। वे समाज-सुधारक हो सकते हैं, राजनीतिक कार्यकर्ता नहीं हो सकते। और आपने नौजवानों की बात ठीक कही। ऐसा नहीं है कि वे लोग तुरंत निराश हो गए। ऐसे नौजवानों ने बहुत दिनों तक काम भी किया, लेकिन एक सीमा के बाद उन्हें रुक जाना पड़ा। जयप्रकाशजी का ही उदाहरण ले लीजिए। वे दलगत राजनीति के बड़े विरोधी थे लेकिन जब सरकार बदलना था तो उन्हें उन्हीं पक्षों पर निर्भर होना पड़ा, जिनका वे कड़ा विरोध करते थे। इसलिए इस आंदोलन की यह बहुत बड़ी कमजोरी थी कि हमने निषेधात्मक बातें तो कह दीं लेकिन सकारात्मक पहलू को लोगों के सामने स्पष्ट नहीं कर पाए। इस आंदोलन में ऐसे कई लड़के थे जो समझदार थे। लेकिन वहाँ से वे कहाँ जाएँ ? उनमें कई तो ऐसे भी थे जो बारह-बारह साल तक भूखे रहकर काम करते रहे। मैंने तो ऐसे लोगों से संपर्क किया। लेकिन एक सीमा के बाद वे रुक गए। इसीलिए कि उन्हें सिखा दिया गया कि पक्ष की राजनीति मत करो। अगर वे लोग रहते और आज भी लगें तो कोई नई राजनीति शुरू हो सकती है। आप पूछते हैं कि इतनी बड़ी ताकत है लेकिन नए लड़के आ नहीं रहे हैं, आ भी रहे हैं तो संपर्क नहीं है और पुराने लड़कों को हमने सिखा दिया कि पक्ष की राजनीति बुरी चीज है, लेकिन राजनीति तो इन्हीं के जरिए चलेगी। गंदा घर है तो किसी न किसी को तो गंदगी साफ करनी पड़ेगी। बाहर खड़े होकर कहते रहें कि गंदा है, गंदा है तो इससे घर तो साफ नहीं होगा !

संपूर्ण क्रांति आंदोलन के दो दशक पूरे होने को हैं। इस आंदोलन के बारे में अब आपका क्या मूल्यांकन है ?

इस आंदोलन को समझने के पहले जेपी को समझना जरूरी है और जेपी को समझने में बहुत-से लोगों ने बड़ी भूल की है। उनके व्यक्तित्व के दो पहलू थे—विचारों के क्षेत्र में हमेशा वे अन्वेषक की भाँति काम करते थे, इसीलिए उन्होंने विचारों में हमेशा परिवर्तन

किया। मार्क्स से चलकर विनोबा भावे और संपूर्ण क्रांति तक आने में कई बार जेपी को विचार बदलने पड़े। इसलिए कई लोगों ने तो यह भी कहा कि यह ढुलमुल नीति है। जहाँ वे समझते थे कि विचार की परिधि सीमित नहीं है, विचारों का कोई अंत नहीं है, परिस्थितियों के अनुसार हमें हमेशा विचारों में परिवर्तन करके नई खोज करनी चाहिए, वही संकल्पशक्ति उनमें बड़ी बेजोड़ थी। क्रिया क्षेत्र में उनका निर्णय अटूट था। जैसे 1942 में 'करो या मरो' का नारा दिया गया तो जहाँ कांग्रेस के तमाम नेताओं ने गांधीजी के इस नारे को मात्र एक नारा माना, वहीं जेपी ने इसे अपने जीवन में उतार लिया। हजारीबाग जेल की चारदीवारी फाँदना 'करो या मरो' के उस नारे को अपने जीवन में चरितार्थ करना था। मैंने एक लेख में लिखा था कि जयप्रकाशजी विचारों के क्षेत्र में परिवर्तित हो सकते हैं लेकिन जब संघर्ष में आएँगे तो उनको दुनिया की कोई ताकत हिला नहीं सकती। इसीलिए सत्ता के लोग उनको सही मायने में समझ नहीं पाए। जयप्रकाशजी का आंदोलन इन्हीं दो बातों पर निर्भर करता था। विचारों के क्षेत्र में एक उथल-पुथल मची रही। संपूर्ण क्रांति पर उन्होंने लोगों से बात भी की और लिखा भी। यह उनकी चिरंतन सोच का नतीजा था जिसको वे तार्किक परिणाम तक नहीं पहुँचा सके। उनका स्वास्थ्य ठीक न होना भी इसका एक प्रमुख कारण है। लेकिन आंदोलन को बड़ी तेजी से उन्होंने आगे बढ़ा दिया। एक तो परिस्थितियाँ थीं, दूसरे उनका व्यक्तित्व। इसलिए बीस, पचास या सौ साल बाद भी कोई इस आंदोलन का मूल्यांकन करेगा तो सोचेगा कि विचारों में हमेशा नई खोज को अंगीकार करने को तैयार रहना चाहिए। अपने आचरण और संकल्पशक्ति से, निर्णयात्मक दृष्टिकोण से काम करने में हमें कोई हिचक नहीं होनी चाहिए। इसीलिए जयप्रकाशजी का यह आंदोलन अनूठा आंदोलन था। और अगर इमर्जेंसी छह महीने या साल-भर और लगी रहती तो शायद उसके ज्यादा तार्किक परिणाम सामने आते।

1977 में प्रधानमंत्री चुनने में जेपी की एक प्रमुख भूमिका थी। क्या आप महसूस करते हैं कि उन्होंने गलत व्यक्ति को प्रधानमंत्री चुना ?

पूर्व प्रधानमंत्री मोरारजी देसाई हमारे बुजुर्ग हैं, मैं उनके बारे में क्या कह सकता हूँ ! मैंने अपने विचार उस समय बदल दिए थे। आपको याद होगा कि मुझे भी मंत्री बनने को कहा गया था। जब मैं नहीं बना तो जयप्रकाशजी ने मुझसे सवाल पूछा कि क्या बात है ? मैंने उनसे कहा कि आप मेरे विचार जानते हैं। मैं उस मंत्रिमंडल का सदस्य नहीं बन सकता। और यह कहना गलत है कि मैं मंत्रिमंडल में जाऊँगा और वहाँ से प्रधानमंत्री को सुधारूँगा, क्योंकि संसदीय जनतंत्र में मंत्री रहना प्रधानमंत्री की इच्छा पर निर्भर करता है। अगर आप प्रधानमंत्री से इस हद तक सहमत नहीं हैं कि आप उसके साथ सरकार चला सकें तो ऐसे मंत्रिमंडल में शामिल होना न तो नैतिकता है, न ईमानदारी।

इसलिए आज एक और बात बता दूँ। लोग कहते हैं कि चन्द्रशेखर केवल प्रधानमंत्री की कुर्सी पर नजर लगाए हुए थे, इसलिए मंत्री नहीं बने। यह सच नहीं है। मैं यह मानता हूँ कि सरकार में गए और उसे बदले बिना समाज को बदलना मुश्किल है। मैं मानता हूँ कि जिसके विचारों से मेरी कोई सहमति नहीं है, उसके मंत्रिमंडल में मुझे क्यों शामिल होना चाहिए। एक के बाद एक, चाहे इंदिरा गांधी हों, मोरारजी भाई हों या विश्वनाथ प्रतापजी हों,

जो लोग प्रधानमंत्री बने, किसी के भी विचारों से मेरा इतना साम्य नहीं था कि मैं उनके साथ काम कर सकूँ और मैं यह बिलकुल नहीं मानता कि जिसके मंत्रिमंडल में जाएँ उसी की जड़ खोदने की कोशिश करें। इसलिए अगर कोई मंत्री यह कहता है कि वह गया था किसी की सरकार को सुधारने के लिए, मैं उसकी बात मानने को तैयार नहीं हूँ। संसदीय जनतंत्र में यह नामुमकिन है। इसीलिए मैं किसी के मंत्रिमंडल में नहीं गया तो न इसमें कोई त्याग की बात थी, न कुर्बानी की और न ही मैंने सपने में भी सोचा था कि ऐसा करने से प्रधानमंत्री बन जाऊँगा। छह महीने के लिए बन गया, वह अलग बात है।

आर.एस.एस., नौकरशाही और युवा पीढ़ी के सामाजिक, आर्थिक और राजनीतिक चरित्र को देखते हुए क्या संभावनाएँ दिखती हैं ?

इन तीनों ताकतों के अलग-अलग संगठन हैं। आर.एस.एस. और नौकरशाही का तो संगठन है ही, नौजवान भी छोटे रूप में ही सही, संगठित हैं। और यही तीन ताकतें नहीं हैं, किसानों और मजदूरों की भी अपनी ताकत है। पीड़ा से उपजा उनका भी छोटा-मोटा संगठन है। इन ताकतों से अलग-अलग संभावनाएँ निकलती हैं। सबसे पहले नौकरशाही को लें तो इनकी सबसे बड़ी खूबी यह है कि इनमें समस्याओं को समझने की शक्ति है। वे दुनिया के अनुभव से अपने को जोड़ सकते हैं। सामान्यतया वे अपने देश की मर्यादाओं को समझते भी हैं। ये तीनों बातें उनमें बड़ी आशा जगाती हैं। लेकिन कुछ कमजोर पहलू भी है। जब वे नौकरी में आते हैं तो उनमें सेवा की बड़ी ललक रहती है। लेकिन धीरे-धीरे पदोन्नति और दूसरी सुविधाओं की लालच में उनकी जी-हजूरी की प्रवृत्ति बढ़ती जाती है और अच्छा-बुरा जानते हुए भी वे सच नहीं बोल पाते। इसलिए अगर उनका ठीक ढंग से इस्तेमाल करना है तो राजनीतिक नेताओं की तरफ से उन्हें यह भरोसा दिलाना होगा कि कोई भी राय देने पर उसे लागू भले न किया जाए, इससे उनकी नौकरी पर कोई असर नहीं डाला जाएगा। यह बड़ा मुश्किल है। राजनीतिकों में इस प्रवृत्ति का अभाव है। उन्हें हम अपने हिसाब से चलाना चाहते हैं। उनके कर्त्तव्यों को भी अपनी इच्छा से पालन नहीं करने देते। अगर हम खुद को नियंत्रित कर सकें, तो वे भी नियंत्रित होंगे। यह बात साफ है कि जितना तेजी से राजनीतिकों में बदलाव आएगा उसका असर नौकरशाही पर भी पड़ेगा। वे भी बदलेंगे। और जब राजनीतिज्ञों के चरित्र का बड़े पैमाने का पतन हुआ है तो नौकरशाही पर भी इसका असर स्वाभाविक है।

त्रिलोक सिंह बहुत अच्छे नौकरशाह थे, दिन-रात काम करते थे। क्या त्रिलोक सिंह का मॉडल लागू करके नौकरशाही को सुधारा जा सकता है ? आपने कहा कि राजनीतिक दबाव कम करके नौकरशाही को सुधारा जा सकता है, क्या फ्रांस जैसा कोई मॉडल यहाँ चल सकता है ?

पहली बात तो यह कि फ्रांस में इस तरह की नौकरशाही बनने में बड़ा समय लगा। फिर भारत और फ्रांस में बड़ा फर्क है। हमारी जैसी विसंगतियाँ और विविधताएँ उनके समाज में नहीं हैं। दूसरी बात, त्रिलोक सिंह हों या एलपी सिंह, उनका स्तर ऊँचा था। और उस समय सारी कमजोरियों के बावजूद राजनीतिक नेतृत्व का भी स्तर बहुत ऊँचा था। एक तरफ

सरदार पटेल, मौलाना आजाद, पंडित नेहरू, केशवदेव मालवीय थे। मोरारजी भाई को भी मैं इसी श्रेणी में मानता हूँ। लालबहादुर शास्त्री ने मंत्रिमंडल की छवि बचाने के लिए क्या नहीं किया ! दूसरी तरफ कुछ हफ्ते पहले के, इस सरकार के रवैए को ले लीजिए। उस समय से आज के नेतृत्व की तुलना करने का कोई मतलब नहीं है। वह जमाना ही दूसरा था।

नौकरशाही में आज भी बहुत अच्छे लोग हैं। लेकिन दबाव की वजह से वे फाइलों पर अपनी असली टिप्पणी दर्ज नहीं कर पाते। और बदलाव की उम्मीद सिर्फ नौकरशाही से नहीं करनी चाहिए। जब चारों तरफ गिरावट आई है, कुएँ में ही भाँग पड़ी है तो नौकरशाही कैसे अछूती रह सकती है ? इसलिए बदलाव की कोशिश हर स्तर पर करनी होगी। बदलाव की जरूरत अगर ऊपर के लोगों ने नहीं महसूस की तो असर जल्दी नहीं होगा। अर्थव्यवस्था के अंतर्राष्ट्रीयकरण के साथ-साथ, नौकरशाहों का दुनिया भर के लोगों से संबंध हो रहा है। लेकिन जिन लोगों से उनका संबंध हो रहा है, उनमें से ज्यादातर हमारे देश की समस्याओं से अनभिज्ञ हैं। कुछ अपवादों को छोड़ दें, तो मैं नहीं मानता कि जो लोग विदेशी बहुराष्ट्रीय कंपनियों या दूसरी अंतर्राष्ट्रीय संस्थाओं में काम कर रहे हैं, उनका दृष्टिकोण हमारे देश की समस्याओं से ठीक ढंग से जुड़ा है। जिस दृष्टिकोण से आज की समस्याओं को देखने की जरूरत है, वे नहीं देखते। इसका बुरा असर पड़ेगा। क्योंकि पहले हम कहते थे, हम अपनी क्षमता के अनुसार परिस्थितियों के अनुरूप सादगी और मितव्ययिता के आधार पर श्रम की प्रतिष्ठा करते हुए समाज को आगे बढ़ाएँगे। आज नारा बिलकुल बदल गया है। दुनिया तेजी से बद्रल रही है। हम सुविधाओं की दौड़ में भाग रहे हैं। मानसिकता बदलने का काम वहाँ से हो रहा है, जहाँ एक छोटे-से समूह को सारी सुविधाएँ मिल जाएँगी। यह कहा जाता है कि उदारीकरण में सबको आजादी मिल जाएगी, लेकिन वास्तव में यह होगा कि जो अमीर है, उनको धन बटोरने की आजादी मिल जाएगी। जो भूखों मर रहे हैं, उन्हें तड़प-तड़पकर भूखों मरने की आजादी मिल जाएगी। नौकरशाही इन बदलावों से अछूती रह जाएगी, यह मानना गलत है। इसलिए मैं मानता हूँ कि जो लोग अंतर्राष्ट्रीय संस्थाओं से जुड़े हैं, उनका देश की समस्याओं से, यहाँ के पिछड़ेपन से और यहाँ के लोगों की गरीबी से कुछ लेना-देना नहीं है। इसलिए हमारे यहाँ नीतियों के निर्धारण की विकृतियाँ पैदा हो रही हैं।

इससे तो यह धारणा बनती है कि नौकरशाही सिर्फ तीन फीसदी लोगों (अभिजात वर्ग) के लिए ही काम कर रही है ? बाकी 97 फीसदी लोगों को उसे कोई चिंता नहीं है ?

नौकरशाही कोई नेतृत्व नहीं दे सकती। यह तो वह करती है जो हम कहते हैं। नौकरशाही तो केवल उन कामों को संपादित करती है जो हम उन्हें सौंपते हैं। इसलिए उन पर नेतृत्व की जिम्मेदारी का मतलब है कि हम अपनी जिम्मेदारियों से भाग रहे हैं।

जो राजनीतिक संस्कृति पनप रही है, जिसके खतरे से आपने आगाह किया है, उसे मानसिक स्तर पर बदलने के तरीके तो आपने बताए, लेकिन राजनीतिक स्तर पर इसे बदलने के क्या तरीके हैं ?

नौकरशाही से जुड़ने के बाद लोगों का दायरा बन जाता है। कर्त्तव्यों का पालन जैसे भी हो पाता है, करने की कोशिश करते हैं। वह किसी की व्यक्तिगत कमजोरी नहीं है, पूरे वर्ग

की कमजोरी है। लेकिन भविष्य की कल्पना के लिए कुर्बानी देने की नौकरशाही की अपनी सीमा है। उससे आगे वे नहीं बढ़ सकते।

युवकों में एक तो लंबे समय तक चुनौतियों का सामना करने के लिए मन की तैयारी होती है। यह उनकी विवशता है। उनके लिए केवल कल की जिंदगी महत्त्वपूर्ण नहीं है। लंबे दौर की जिंदगी महत्त्वपूर्ण है। तात्कालिक लाभ के लिए आज का प्रतिष्ठाप्राप्त राजनीतिज्ञ काम करके संतुष्ट हो जाएगा, लेकिन भविष्य को समझनेवाला युवक भविष्य को स्थिर और उपादेय बनाने के लिए कुर्बानी देने से पीछे नहीं रहता। ऐसे युवकों की संख्या देश में कम नहीं है। पिछले 46-47 वर्षों में बहुत-से युवकों ने कुर्बानी दी है। उन पर आज भी भरोसा किया जा सकता है। कोई भी समाज जल्दी टूटता नहीं। फिर भारत का समाज तो टूटना बहुत कठिन है। यह बात पिछले पाँच हजार वर्षों के इतिहास से साफ है। राम, कृष्ण के जमाने की बात छोड़ दें, तो भी जो इतिहास साफ तौर पर हमारे सामने है, उससे यह स्पष्ट है कि हमारा समाज टूट नहीं सकता। थोड़ा-बहुत उतार-चढ़ाव आ सकता है।

तीसरी बात राष्ट्रीय स्वयंसेवक संघ की। उसकी भी कुछ मान्यताएँ हैं। उनके सकारात्मक पहलुओं को नजरअंदाज नहीं किया जा सकता। मैंने भी शुरू से ही संघ को समझाने की बड़ी कोशिश की। उन्हें समझाया जाता है कि पद की इच्छा न करो, रोज-रोज की राजनीति में मत पड़ो। उनमें अंधाधुंध होड़ नहीं है कि जल्दी-जल्दी काम करके एमपी, एमएलए हो जाएँ। मेरा मानना है कि लंबे दौर की लड़ाई में टिके रहने के लिए आत्मनियंत्रण का यह तरीका अच्छा है। इसलिए उन लोगों से समाज के लिए कुछ करने की उम्मीद करना गलत नहीं है। उनकी दूसरी खास बात है कि अतीत के प्रति उनके गौरव की भावना है। कोई भी देश अगर अतीत की उपलब्धियों का अभिमान नहीं करता तो अपना सुंदरतम भविष्य नहीं बना सकता। हमारे पाँच हजार साल के इतिहास में कई बुराइयाँ भी आईं। लेकिन उनके कई-कई शुभ पहलू भी हैं। उनको नकारना नहीं चाहिए। मानव के प्रति अतीत से हमारा जो दृष्टिकोण था, उसका कहीं न कहीं असर इन लोगों पर भी पड़ा है। जैसे स्वदेशी का सवाल है, मैं नहीं मानता कि स्वदेशी और स्वावलंबन को जितना राजनीतिक दृष्टिकोण से भाजपा देख रही है, उसी दृष्टिकोण से आर.एस.एस. भी देख रहा होगा। इसलिए दोनों की मानसिकता में यह अंतर साफ दिखाई पड़ता है। आर.एस.एस. के लोगों के नित्य काम करने के तरीके से अनुशासन की बात जुड़ती है। सकारात्मक तौर पर इस अनुशासन का फायदा भी है और निषेधात्मक तौर पर नुकसान। उनके अनुशासन को सकारात्मक तौर पर इस्तेमाल करके, राष्ट्र-निर्माण में लंबे दौर के लिए उन्हें लगा सकते हैं। इसलिए उनकी इस ताकत को नजरअंदाज नहीं करना चाहिए।

संघवालों के कुछ निषेधात्मक पहलू भी हैं। मुझे पता नहीं कि उसका आधार क्या है, लेकिन वह हमारे पारंपरिक मानवतावादी दृष्टिकोण से मेल नहीं खाता। धर्म की जो संकीर्ण परिभाषा भाजपा दे रही है, वह गलत है। एक बार मैंने संसद में कहा था कि हिंदू होने का मुझे गर्व है, क्योंकि यह अकेला धर्म है जिसने दूसरे धर्मों की निंदा नहीं की। हमनें इन्सानियत को सही दिशा देनेवाले हर पहलू को अंगीकार किया। एक तरफ हमने ईश्वर को मानना जरूरी समझा, तो दूसरी तरफ ईश्वर को न माननेवाले गौतमबुद्ध को ही ईश्वर मानकर पूजा की। चार्वाक की भी हमारे यहाँ ऋषि मानकर पूजा की गई जबकि वे हिंदू

धर्म की उस समय की मान्यताओं के खिलाफ थे। आपको याद होगा सती का सवाल। लोगों की अजीबोगरीब सोच थी। एक तो सती-प्रथा औरतों को जबर्दस्ती जलाने की थी, दूसरे; खुद की प्रेरणा से जलने की। मैं नहीं कहता कि खुद की प्रेरणा से सती होना उचित है। लेकिन अगर अंग्रेजों के हाथ में पड़ने से बचने के लिए चन्द्रशेखर आजाद खुद गोली मार लें तो हम उनकी पूजा करते हैं, उसी तरह दूसरे हाथ में पड़ने से पहले पद्‌मिनी जल जाए, तो हम उसकी निंदा कैसे करेंगे ? जौहर और सती-प्रथा में बड़ा फर्क है। हिंदू धर्म ने सती-प्रथा का समर्थन कभी नहीं किया लेकिन जो सही मायने में खुद सती हो गई, उसकी पूजा भी की। उतनी ही जोर से हमने उस औरत की पूजा की जो अच्छा पुत्र पैदा करती है। इसलिए हिंदू धर्म सती के साथ पाँच कन्याओं की भी पूजा करता है यानी हिंदू धर्म संकल्पों की पूजा करता है। समाज के हित के लिए खुद को बलिदान करने की शक्ति की हम पूजा करते हैं। दुख इस बात का है कि हिंदू धर्म के इस उदारवादी रूप को सामने नहीं लाया जाता। मैं नहीं जानता कि आर.एस.एस. के संस्थापक की क्या राय थी। लेकिन आज उसके प्रवक्ताओं की दूसरे धर्म को हेय दृष्टि से देखने की बात सबसे बड़ी कमजोरी है। राष्ट्रीय मसलों पर बाला साहब देवरस और आडवाणीजी के विचारों में भी बड़ा फर्क दिखाई देता है। संघ की यह कमजोरी ही उसकी बेड़ियाँ हैं। इसी वजह से एक बहुत बड़ा तबका संघ को शक की नजरों से देखता है। उनके प्रति शंका के इस माहौल से एक तो संघ की कार्यक्षमता कम होती है, दूसरे एक राष्ट्रीय शक्ति के रूप में उभरने की उसकी भावनाएँ कम हो जाती हैं।

जब आर.एस.एस. राष्ट्रवाद की बात करता है तो वह हिंदू धर्म की आध्यात्मिक दिशा से भिन्न हो जाता है।

हिंदुत्व की इतनी व्यापक व्याख्या की गई है, उसके मानवतावादी स्वरूप को जितने विस्तृत रूप से समाज के सामने रखा गया है, उसे बदलने में संघ कभी कामयाब नहीं हो सकता। तात्कालिक रूप से विकृति आ सकती है, लेकिन हिंदुत्व का मानवतावादी दृष्टिकोण बदलने की क्षमता आर.एस.एस. में नहीं है। एक बार मैंने आडवाणीजी से भी कहा था कि आप कभी याज्ञवल्क्य से ऊपर उठनेवाले नहीं हैं। विश्व हिंदुत्व की कल्पना सबसे पहले भारत में आई। इससे पहले दुनिया में और कहीं नहीं थी। हमीं ने यह भी कहा कि ईश्वर एक है, उस तक पहुँचने के रास्ते अलग हैं। हमने मांस-मछली खाना पाप माना, लेकिन मांस-मछली और पंच मकारों पर बैठकर भगवान को पानेवालों की भी पूजा की। इस देश में अगर तुकाराम की, मध्वाचार्य रामानुज और ज्ञानेश्वर की पूजा होती है, तो किनाराम की भी पूजा करनेवाले लोग हैं। इसलिए हिंदू धर्म को सम्यक् तरीके से समझने की जरूरत है। मानव स्वभाव इतना विस्मृत और अलग-अलग है कि सभी को एक ढर्रे पर नहीं चलाया जा सकता। यह बात हमारे यहाँ के लोगों ने बहुत पहले समझ ली थी। परहित के लिए जीवन हमारे यहाँ धर्म माना गया। तुलसी की धर्म की व्याख्या, 'परहित सरिस धर्म नहिं भाई' हमारी धर्म की व्याख्या का निचोड़ है। धर्म की नई व्याख्या करनेवालों को यह समझ लेना चाहिए।

आर.एस.एस. ने यह समझाने की कोशिश की है कि धर्म-समाज का हिस्सा है। आपका कहना है कि आर.एस.एस. और हिंदुत्व की विचारधारा ने धर्म को राज्य से जोड़ने की कोशिश की है ताकि राष्ट्र और राजनीतिक प्रणाली सब कुछ धर्म के जरिए तय किए जाएँ। क्या आर.एस.एस. की राष्ट्र और धर्म की व्याख्या विकृत है ?

आर.एस.एस. के लोग हमेशा कहते रहे हैं कि सीधा राजनीति से उनका कोई लेना-देना नहीं है। हम उसके इसी पहलू के आधार पर ये बातें कर रहे हैं। फिर हम उस पहलू पर बात कर रहे हैं जो शुभ का संकेत देता है। राजनीतिक स्तर पर हमने संघ का बड़ा विरोध भी किया है। फिर दुनिया में कोई ऐसा आदमी नहीं है जो पूरी तरह से दानव या देव हो। देवत्व और दानवता का प्रतिशत कुछ कम, कुछ ज्यादा सभी में है। हम तो समाज के हर आदमी और हर वर्ग के शुभ को सँजोना चाहते हैं, जो बुरे दिनों में काम आ सके।

आर.एस.एस. की जो अयोध्या की परिणति है...

अयोध्या आर.एस.एस. की परिणति नहीं है। वह तो एक अनिर्णय और ढुलमुल सरकार की मानसिकता की परिणति है। दूसरे, धर्म भगवान तक पहुँचने का रास्ता है। धर्म को मानने या बरतने का हमको पूरा अधिकार है। लेकिन जब यह राजनीति को प्रभावित करता है तो खतरनाक हो जाता है। इसलिए राज्य की कल्पना हुई। राज्य की कल्पना मनुष्य के सहयोग की भावना और उसकी विवशता का नतीजा है। लेकिन हम यही अपेक्षा करते हैं कि कोई दूसरे के मामले में ठेस पहुँचाए तो राज्य का दखल करना कर्तव्य है। सिर्फ दंड देने की बात नहीं, अगर लोगों को यह पता होता कि राज्य अपना कर्तव्य पूरा करने को संकल्पबद्ध है तो भी अयोध्या में विध्वंस नहीं होता। मैं सरकार में था तो किसी ने हमारी राजसत्ता को चुनौती नहीं दी। अयोध्या में छह दिसंबर को जो कुछ हुआ, उसके लिए मैं सरकार को जिम्मेदार मानता हूँ। मैंने प्रधानमंत्री से भी यही कहा था। बाबरी मसजिद ढहाना रोकने में सरकार ने जिम्मेदारी नहीं निभाई।

यह व्यवस्था का संकट था या...

संकट व्यवस्था का नहीं, अनिर्णय का था। हम अगर व्यवस्था का संकट मान लेंगे तो बड़ी मुसीबत हो सकती है, क्योंकि यही मुसीबत सीमाओं पर भी हो सकती है। इसलिए पूरी तरह से नेतृत्व जिम्मेदार था।

उस समय किस तरह की कार्रवाई हो सकती थी ? अगर गोली चलाई जाती तो खून-खराबा होता...

जब ऐसा संकट आ जाए तो गोली तो चलानी ही पड़ती है। सरकार सेना और सुरक्षा पर अरबों रुपए क्या फूल-माला पहनाने के लिए खर्च करती है ? गोली चलाना मजबूरी है, लेकिन समय आ जाए तो उसे न चलाना कायरता के साथ-साथ समाज के प्रति गैरजिम्मेदारी भी है।

लोकतंत्र में राजसत्ता रक्षात्मक है। जब उसे अयोध्या जैसे आंदोलन पर चलाया जाए तो क्या उसकी सीमाएँ नहीं हैं ?

रक्षात्मक होना चाहिए। लेकिन नहीं हुआ। और कई बार हम रक्षात्मक काम नहीं कर पाते। हमारी सरकार के समय तो गोली चलाने की नौबत नहीं आई।

क्या रक्षात्मक उपाय में यह नहीं आता कि पाँच लाख लोगों को आने न दिया जाता ?

हाँ, उन्हें आने देना गलत था। इसलिए जब दिल्ली में प्रदर्शन हो रहा था, तभी हमने रोकने की माँग की थी और जरूरत पड़ने पर गोली चलाने की भी माँग की थी। किसी भाजपाई मित्र के कहने पर मैंने कहा था कि आडवाणी को अगर निरर्थक रूप से गिरफ्तार किया जाए तो मैं उनके घर जा सकता हूँ और आडवाणी निरर्थक तनाव फैलाएँ तो उन्हें मैं ही रोक सकता हूँ।

लोकतंत्र में सरकार की सकारात्मक नीतियों को न चलाया जाए तो जो संकट पैदा होता है, उससे हिंसा की आशंका बढ़ती है।

इसलिए सकारात्मक कदम न उठानेवाली सरकार अराजकता को खुद निमंत्रण देती है। उस स्थिति में दो ही विकल्प होते हैं—या तो ऐसी शक्तियों का दमन किया जाए या समाज को टूटने दिया जाए।

आर.एस.एस. की सकारात्मक और नकारात्मक दोनों ही प्रवृत्तियाँ उसकी विचारधारा से पैदा होती हैं। आर.एस.एस. जो धर्म और राजनीति को जोड़कर ऊर्जा पैदा कर रहा है...

उस ऊर्जा से मेरा कोई मतलब नहीं है। उसे मैं ऊर्जा नहीं मानता! उनकी धर्म की उस व्याख्या तक ही नहीं जाना चाहता तो दूसरों के प्रति घृणा और द्वेष पैदा करने के काम आए। इसलिए आर.एस.एस. के विश्वव्यापी दृष्टिकोण के बारे में तो मैं बहुत नहीं जानता लेकिन हिंदुत्व का जो विश्वव्यापी दृष्टिकोण बन चुका है, उससे बड़ा दृष्टिकोण आज के समाज में किसी ने नहीं बनाया। न तो विश्व हिंदू परिषद् ने और न ही खुद को मानवतावादी कहनेवाले दुनिया के तमाम लोग वहाँ पर पहुँचे हैं। अपने अतीत की हर चीज को नकारना ही प्रगतिशीलता माननेवाले लोगों के मैं खिलाफ हूँ। यह प्रगतिशीलता नहीं, ढोंग है। इसी तरह उस अतीत को विकृत करके तात्कालिक राजनीतिक लाभ के लिए धर्म का इस्तेमाल करना, ऊर्जा पैदा करना समाज को बढ़ाना नहीं, ऊर्जा को आग बनाकर उससे समाज को जलाना है।

आपने हिंदू धर्म, राष्ट्रवाद और आत्मगौरव के साथ इन संस्थाओं की भूमिका बताई, राजनीतिक चरित्र और लोगों का मानस बदलने के लिए किस तरह के आंदोलन की जरूरत है ?

जहाँ तक आंदोलन का सवाल है, एक ही आंदोलन इस तरह का हुआ। वह था जयप्रकाश-आंदोलन। कुछ मुद्दों को लेकर विभिन्न राजनीतिक दलों के लोग एक मंच पर आए। संपूर्ण क्रांति का नारा दिया। शिक्षा, भ्रष्टाचार, रूढ़ियाँ, जातिवाद जैसे बुनियादी सवाल भी उठाए। समता का मानस बनाने की कोशिश की। उसकी कई बुराइयाँ भी थीं, पक्ष-विपक्ष

राजनीति की बात करके एक तरह से जनतंत्र को ही नकार दिया। जनतंत्र में पक्ष-विहीन राजनीति नहीं हो सकती। आंदोलन में जो अच्छे लोग जुड़े, वे पक्ष-विहीन राजनीति के हिमायती बन गए। छात्र-संघर्षवाहिनी के लोग बड़ी निष्ठा से काम करने के बावजूद ऊहापोह में पड़े रहे। एक नारे को लेकर वे चलते रहे। लेकिन यह बात उनकी समझ में नहीं आई कि पक्ष-विहीन राजनीति की चर्चा करनेवाले जयप्रकाशजी को भी आखिरकार कुछ ऐसे ही राजनीतिक दलों का समर्थन लेना पड़ा, जिन्हें वे सामाजिक परिवर्तन का घिसा-पिटा औजार मानते थे। फिर भी अगर इन लोगों को बदलाव की धारा में जोड़ना चाहें तो 'जनता पार्टी' अच्छी कोशिश थी। इस कोशिश में अनेक बाधाएँ आईं। लेकिन सबसे बड़ी दिक्कत यह थी कि सभी ने उस पार्टी को अपने अनुसार चलाने की कोशिश की। इसलिए आंदोलन में साथ रहे लोगों में भी जल्दी ही टकराव हो गया। जो लोग सत्ता में रहे, सरकार भी ठीक ही चलाई। लेकिन तनाव बढ़ाकर सारी कोशिशें नाकाम करने से लोगों के मन में तमाम संदेह पैदा हुए। आंदोलन को ठेस लगी और इतनी अच्छी प्रक्रिया सहज निष्प्रयोजन प्रयोग साबित हुई। आज सत्ता चलानेवाले तमाम लोग कहते हैं कि 'जनता पार्टी' का प्रयोग इतिहास की बहुत बड़ी भूल थी, हालाँकि आपातकाल को सही ठहराने की उनकी हिम्मत नहीं होती। जनता पार्टी की उतनी उपलब्धि तो थी ही कि मरघट में पहुँच चुके जनतंत्र को फिर से जिंदा किया जा सका। 19 महीने की लड़ाई में 85 करोड़ लोगों के मन में जनतंत्र पैदा कर देना कोई मामूली बात नहीं है। यह ऐतिहासिक ही नहीं, राजनीतिक रूप से भी बहुत बड़ी उपलब्धि थी।

युवा, आर.एस.एस. और नौकरशाही का आनेवाले समय में क्या स्वरूप होगा ?

यह इस बात पर निर्भर करेगा कि आर.एस.एस. कैसा रुख अपनाता है। दूसरा, राजनीतिक गिरावट किस हद तक जाती है। लेकिन सब कठिनाइयों के बावजूद युवकों पर मेरा भरोसा सदैव बना रहेगा। युवकों ने हर चुनौती स्वीकार की है, इसलिए उन पर भरोसा कम नहीं होगा। दुनिया में कहीं भी युवक हर समय नई ऊर्जा पैदा करता है और कोई भी समाज इसी ऊर्जा के जरिए बचाया जा सकता है। आर.एस.एस. की कार्यक्षमता और अनुशासन का इस्तेमाल अगर बाबरी मसजिद के लिए ही होता रहा तो इनकी भी रचनाशीलता कम होगी।

सेना भी बहुत बड़ा संगठन है। विघटन की प्रक्रिया में सेना की भूमिका...

सेना (अब) भी परंपराओं को बचाकर रखना चाहती है। संविधान के प्रति उसकी प्रतिबद्धता को कम करके नहीं आँका जा सकता। संविधान के प्रति वह इसे उत्तरदायित्व समझती है। दूसरे, सेना में आंचलिक या धार्मिक मतभेद नहीं उभर पाते। पंजाब की घटनाओं में कुछ लोगों ने सेना के भीतर से आवाज उठाई लेकिन उनका समूह बहुत छोटा था। सेना के लोगों में ऐसी महत्त्वाकांक्षा भी नहीं है, जिसका डर हो। अमृतसर में जो कुछ हुआ, मैं उसका विरोधी हूँ लेकिन सौंपा गया काम वह बखूबी करती है। आंचलिक मामलों में सेना को बुलाना भी कम चाहिए। यह बात मैंने राष्ट्रीय एकता परिषद की पिछली बैठक में भी कही थी। इससे देश का अनावश्यक प्रचार दुनिया-भर में होता है। तरह-तरह के आरोप भी उस पर लगते हैं।

पिछले वर्षों के दौरान सेना के रिटायर अधिकारी जिस तरह भाजपा में शामिल हो रहे हैं, यह सेना में किसी तरह सामाजिक तब्दीली का संकेत तो नहीं है ?

चाहे कोई रिटायर अधिकारी किसी पार्टी में जाए, जनतंत्र में यह स्वतंत्रता है। लेकिन जिस तरीके से भाजपा ने इसे प्रचारित किया, वह तरीका अच्छा नहीं था। इसका मतलब यह नहीं कि सेना के रिटायर अधिकारी सेना पर कोई दवाब रख सकेंगे। इसका मतलब यह भी नहीं कि सेना में रहने तक वे इस सोच के थे। सेना के अफसर बहुत कम उम्र में रिटायर हो जाते हैं। उनका दूसरा कामों में भी इस्तेमाल हो सकता है। मेरी सरकार थी तो मैंने 'रचना-वाहिनी' की कल्पना की थी। इसके तहत बेरोजगार युवकों को कुछ महीनों का प्रशिक्षण देने के लिए मैंने सेना के रिटायर अफसरों से प्रशिक्षण दिलाने का भी विचार किया था और आजकल राजनीति वही लोग करते हैं जिनके पास दूसरा काम नहीं होता, तो इन लोगों को काम में लगा दिया जाए तो वे भी पार्टियों की तरफ नहीं जाएँगे, वरना उनको खाली बैठने से ज्यादा नेतागीरी करना पसंद आता है।

ऐसा लगता है कि आप आंदोलन की परिभाषा बदल रहे हैं ?

मैं परिभाषा बदल रहा हूँ ? जनभावना को उकसाकर सरकार के सामने समस्या खड़ी कर देना आंदोलन नहीं है। जनसमस्याओं से जुड़कर, जनचेतना पैदा करके, लोगों को संगठित करके सरकार के सामने अपनी बात प्रभावशाली ढंग से रखना इसका दूसरा तरीका है। लेकिन इस दूसरे किस्म के आंदोलन के लिए कोई तात्कालिक नुस्खा नहीं है। आज तो लोग बस जिला कचहरी पर भाषण देकर अखबारों में फोटो छपा लेना ही आंदोलन समझ लेते हैं। गांधीजी को ही ले लीजिए। दो-दो आंदोलन के बीच कितनी तैयारी और परिश्रम करते थे। उनके बीच में एक दशक का समय देते थे। मैं आंदोलन की परिभाषा नहीं बदल रहा हूँ। जनांदोलन की कामयाबी के लिए जनसमर्थन जरूरी है। जनसमर्थन जनचेतना से आता है। आज जनचेतना जगाना गांधीजी के जमाने से ज्यादा मुश्किल है। गुलामी की वजह से लोग फौरन आंदोलन के लिए तैयार हो जाते थे। आज सभी वर्गों को इकट्ठा करना मुश्किल होता है। आज के आंदोलन में कहीं न कहीं अपने लोगों से ही टकराव होता है।

आपकी बातों से लगता है कि राजनीतिक नेतृत्व के जरिए मानव संसाधन का इस्तेमाल करके सामाजिक जीवन में बदलाव की कोई रणनीति...

रणनीति नहीं, आजकल मैं बड़े ऊहापोह में हूँ। एक बार ऐसा और हुआ था, तब मैंने पदयात्रा निकाली थी। पदयात्रा का सवाल मेरे मन में 1978-79 में ही आया था, जब जनता पार्टी सरकार में आपसी टकराव हो रहा था। मैंने दूसरे लोगों को भी साथ लेने की कोशिश की। जब लगा कि सबको साथ ले चल पाना मुश्किल है, तब मैंने सोचा कि लोगों से सीधे मिलना चाहिए। उस समय परिस्थितियों की वजह से ऐसा कर नहीं पाया। बात चलती रही, लेकिन मन में बनी रही। लोगों के कामकाज के तौर-तरीके में बदलाव नहीं आया। 1983 में लगा कि इंदिराजी सत्ता में आने के बाद संजय गांधी की मौत से परेशान रहीं। उनका हौसला, उल्लास पहले जैसा नहीं रहा। लगने लगा कि सब कुछ बिखर रहा है। तब मैंने लोगों से फिर अपनी इच्छा जताई। पदयात्रा के पहले सारनाथ में सम्मेलन किया था। पदयात्रा का

विचार दक्षिण से शुरू करने का था। पदयात्रा के बाद भी मैंने कुछ लोगों को प्रतिक्रिया जानने के लिए भेजा। उनमें सुधींद्र भदौरिया भी थे। पदयात्रा मैंने कर्नाटक चुनाव के नतीजे आने के पहले शुरू की। तीन-चार लोगों के साथ ही गांधी मंडल (कन्या कुमारी) से यात्रा शुरू की थी। लोगों में बड़ा उत्साह भी दीखा। वहीं से यह बात हमारे मन में बैठ गई कि इस धरती में बड़ी ताकत है। लोगों की बात लेकर उनके दरवाजे पर जाएँगे, तो वे सुनेंगे। मैं उस छह महीने दो दिन के अनुभव को भूल नहीं सकता। पदयात्रा के दौरान हमने पैसे भी माँगे। पाँच सूत्री कार्यक्रम—शुद्ध पानी, पोषण, प्राथमिक शिक्षा, प्राथमिक स्वास्थ्य और सांप्रदायिक सौहार्द। हमने यह भी तय किया कि जनमत बनाएँ। केवल सरकार के सहारे नहीं रहेंगे, हम भी कुछ करेंगे। एक तो बुनियादी अधिकारों के प्रति जनचेतना पैदा करना; दूसरे, खुद का भी उदाहरण पेश करना, इसी भावना से हमारी पदयात्रा उपजी थी। हमें लगा कि ऐसे काम किए जाएँ तो कामयाबी भी मिलती है।

सरकारी तंत्र में रहकर भी बहुत लोगों ने रचनात्मक कार्य करने की कोशिश की थी। इस तंत्र की क्या कमजोरियाँ आपको दीखती हैं ? क्या ऐसा लगता है कि तंत्र के शीर्ष पर बैठे लोगों ने हिंदुस्तान की राजनीतिक एकता को भी कायम रखने में गलतियाँ कीं ?

पुराने अनुभव की ओर ले चलना चाहूँगा। गांधीजी ने एक बार कहा था कि रचनात्मक कार्यकर्ता चाहे खादी बेच रहे हों, चाहे गो-सेवा में लगे हों, चाहे हरिजन-सेवा में लगे हों, जरूरत पड़ने पर आजादी के आंदोलन के सिपाही होंगे। इस तरह गांधीजी ने बहुत बड़ी सेना तैयार की। मेरा मानना है कि गांधीजी के अध्यवसाय से तैयार इस सेना को आजादी आने के बाद राष्ट्र-निर्माण के कार्यों में इस्तेमाल करना चाहिए था। लेकिन ऐसे लाखों कार्यकर्ता जो निर्माण के काम में लग सकते थे, उनको नौकरशाही का पुर्जा बना दिया। किसी को इंस्पेक्टर बनाया, किसी को राशन की दुकान दी, किसी को सरकारी नौकरी दे दी। मान्य व्यवस्था का अंग बनाने से वे बड़ी दिक्कत में फँस गए। न तो वे उस व्यवस्था के अंग बन पाए, न ही सीखे हुए गुणों का इस्तेमाल कर पाए। स्वयंसेवी संस्थाओं की बात करें तो उन्हें कागजों में उलझाया गया। उनमें रिटर्न तैयार करने और देशी व विदेशी संस्थाओं की मदद लेने की होड़ बढ़ती गई। बहुत कम संस्थाएँ हैं जो बिना मदद के चल रही हैं। और जब हम मान्य व्यवस्थाओं से मदद लेते हैं तो उनकी बुराइयों के खिलाफ न बोलने पर मजबूर हो जाते हैं। इस मायने में गांधीजी की फिर याद आती है। उन्होंने मान्य संस्थाओं की कोई परवाह नहीं की। सभी मान्य व्यवस्थाओं की सीमाओं को तोड़ दिया। इसलिए मैं उन्हें सही मायने में क्रांतिकारी मानता हूँ।

आप कह रहे हैं कि समाज पर सरकार हावी हो गई ?

ऐसा नहीं है। सरकार को चलाने की जिन लोगों ने कोशिश की, उनका भारत के मूल समाज से कोई संबंध नहीं था। देश को बनाने की कोशिश उन लोगों ने की जिन्होंने देश को कतई समझा ही नहीं। उनमें जवाहरलाल नेहरू भी शामिल थे। नेहरूजी की आधुनिकता इतनी सतही थी कि भारत की अपनी व्यवस्थाओं को नजरअंदाज करके, आधुनिक बनाने की उन्होंने कोशिश की। कुछ काम अच्छे भी किए। जो बड़े-बड़े उद्योग

उन्होंने पूँजीगत वस्तुओं के उत्पादन के लिए लगाए, उनकी मैं आज भी प्रशंसा करता हूँ। लेकिन देश को सही दिशा वे नहीं दे पाए। यहाँ तक कि गांधीजी की बातों को भी उन्होंने दकियानूसी माना। यह बात ऊपर से उन्होंने भले ही न कही हो, उनके मन में यह बात बैठी हुई थी। यहाँ तक कि राजेन्द्र बाबू जैसे लोग भी राष्ट्रपति भवन में पहुँचने के बाद शेरवानी पहनने को मजबूर हो गए।

राष्ट्र की समूची एकता के लिए भी क्या नेहरूजी की नीतियाँ उतनी ही कमजोर थीं ?

नहीं, उतनी कमजोर नहीं थीं। दो काम तो उन्होंने बहुत अच्छे किए। इससे कोई इनकार नहीं कर सकता। एक तो उन्होंने संसदीय जनतंत्र की संस्थाओं को मजबूत किया। इस पद्धति से सरकार चलाने में उन्होंने भरपूर राजनीतिक चेतना दिखाई। अपने विरोधियों को भी उन्होंने भरपूर सम्मान दिया। विरोधियों को आगे भले ही न बढ़ने दिया हो, उन्हें नीचे भी नहीं गिरने दिया। दूसरे, वे राष्ट्रीय आंदोलन से पैदा हुए थे, देश पर विदेशी दखल उन्होंने कतई बर्दाश्त नहीं किया। यह परंपरा इंदिरा गांधी तक चलती रही।

जब भारत को राष्ट्र-राज्य (नेशन स्टेट) बनाने की बात चल रही थी, तो क्या नेहरू जी को भारतीय राष्ट्र की सीमाओं की समझ थी ? खास कर हिमालय नीति के बारे में ?

उस मायने में दो बातें हैं—अगर उदारवादी दृष्टिकोण लें, तो वे यह नहीं चाहते थे कि भारत विस्तारवादी राष्ट्र बने। और दूसरे पहलू को लें, तो यह बहुत ही उजागर होकर सामने आया है कि उन्हें राष्ट्र की समझ नहीं थी। नेपाल के मामले में मैं कुछ नहीं कहना चाहूँगा। लेकिन तिब्बत के बारे में जो सावधानियाँ बरतनी चाहिए थीं, उन्होंने नहीं बरतीं।

किस वजह से ?

यह मैं नहीं जानता। और अगर आप सोचते हों कि फाइलों में पढ़ी हुई बातें मैं आपको बताऊँगा, तो यह नहीं बता सकता। इसके दो कारण हैं—एक तो यह है कि उस समय जो माहौल था, उसमें वे बह गए। माहौल यह था कि पंडितजी एक विश्वनेता हैं। और विश्वनेता बने रहने के लिए राष्ट्रीय स्वार्थों को उन्होंने नजरअंदाज किया।

तो क्या उसमें माओ, सुकर्णो और नेहरू में स्पर्धा की बात आती है, क्योंकि उस समय तो विश्वनेता के वही दो मायने थे ?

चीन के साथ 1962 तक हमारे संबंध बहुत मधुर थे। पंडितजी ने उस पर बहुत भरोसा किया। उस भरोसे का नतीजा अच्छा नहीं निकला। प्रतिस्पर्धा की बात लें तो नेपाल की बात समझनी होगी। दुनिया के दूसरे देश भी कुछ न कुछ करते रहते हैं। नेपाल की सत्ता में जब वीपी कोइराला आए तो दुनिया के कई देशों ने उनका वैसा ही स्वागत किया जैसा पंडित नेहरू का किया। इससे कोइराला खुद को नेहरू का प्रतिद्वंद्वी मान बैठे। दूसरी तरफ नेहरूजी को लगा कि छोटे देश का आदमी मुकाबला करने को तैयार हो गया। इन दोनों की प्रतिस्पर्धा से भारत और नेपाल के रिश्ते बिगड़े। नतीजतन नेपाल की राजनीति ऐसे खड्ड में पहुँच गई जहाँ से उबरना मुश्किल हो गया। नेपाल का हमारे लिए बड़ा महत्त्व है। चीन और भारत

के बीच नेपाल ही ऐसा देश है जिसके बारे में हम अपनी आँखें बंद नहीं रख सकते। हमें तो ऐसे मामलों में व्यापक दृष्टिकोण से सोचना चाहिए। अगर नेपाल से कोई वार्ता होती है तो मान लेने में कोई हर्ज नहीं है। उनके पास प्राकृतिक साधनों का भंडार है। नेपाल को भी मानना चाहिए कि इन साधनों का उपयोग हिंदुस्तान ही बेहतर ढंग से कर सकता है। लेकिन हम लोग आपस में कर नहीं पाते।

पाकिस्तान के साथ भी ऐसा ही है। मैं मानता हूँ कि दोनों तरफ के कुछ कट्टरपंथी लोग इस तनाव को बढ़ाते हैं। लेकिन अगर दोनों देशों को जिंदा रहना है और दुनिया की पेचीदगियों का सामना करना है तो आपसी रिश्ते कामचलाऊ ही सही, मजबूत करने होंगे। लेकिन दोनों तरफ से भूलें होती रहती हैं। अगर सोची-समझी नीतियाँ अपनाई जाएँ तो इस मैत्री को पाना असंभव नहीं है।

तो नेहरूजी ने भारत-पाकिस्तान मैत्री की नींव क्यों नहीं डाली ?

आप जानते हैं कि जब भारत एक था तो नेहरूजी के मुसलमानों से क्या रिश्ते थे ? क्या वजह थी मैं नहीं जानता। लेकिन अगर गांधी जिंदा होते तो कोई न कोई नया अध्याय शुरू किए होते। उन्होंने कहा भी था कि पाकिस्तान जाऊँगा। अगर हम कोई पहल करें तो पाकिस्तान भी पहल कर सकता है। हमारा-उनका कोई ऐसा तनाव नहीं है, जो खत्म न हो। तनाव ऐसे हैं जो हम बेवजह पैदा कर देते हैं।

भारत के भौगोलिक स्वरूप में हिमालयी प्रदेशों का जो मामला है, लगता है, उनके बारे में व्यक्तिगत दर्शन ज्यादा काम कर रहा था, योजना नहीं ?

योजनाबद्ध की बात तो दूर, जो सामान्य सावधानियाँ बरतनी थीं, वह भी नहीं बरती गईं।

दलाईलामा को आज भी शिकायत है कि तिब्बत की आजादी के लिए भारत मदद नहीं कर रहा है ? क्या इसकी शुरुआत नेहरू के ही समय में हो गई थी ? और अगर नेहरू चाहते तो क्या तिब्बत में चीन का प्रभुत्व रोका जा सकता था ?

मैं यह तो नहीं कहता कि क्या होता ? घटनाओं के बाद लोगों को ज्यादा ही अक्ल आ जाती है। भविष्य में तिब्बत को आजाद कराने के लिए भारत कोई सक्रिय कदम उठा पाएगा या उठाना चाहिए, इसके पक्ष में मैं नहीं हूँ। ब्रिटिश इंडिया और तिब्बत के बीच हुए समझौतों पर चीन के दस्तखत पहले ही करा लेने चाहिए थे। चीन इन संधियों का हर समय विरोध करता रहा और किसी भी संधि पर दस्तखत नहीं किया। अब चीन के लोग पूछते हैं कि तिब्बत पर हमारी बात कैसे मानें ? लेकिन चीन से समझौते के समय हमें कम से कम अपनी सीमाओं की बात तो करनी चाहिए थी।

भारत में अंतर्राष्ट्रीय कानून की मान्यता नहीं कराई गई ?

अंतर्राष्ट्रीय कानून की बात तो नहीं करना चाहता लेकिन अंतर्राष्ट्रीय संबंधों में जो एहतियात बरतना चाहिए था, वह हमने नहीं बरता।

इस बारे में सरदार पटेल की चेतावनी क्या सही थी ?

सरदार पटेल के व्यक्तित्व का आकलन देश के समाजवादी नहीं कर पाए। उनके सुझावों में कोई पूर्वग्रह नहीं था, ईमानदारी थी। देश की मिट्टी से जुड़े होने की ललक थी।

स्वदेशी आंदोलन के सामने क्या-क्या चुनौतियाँ दिखाई पड़ती हैं ?

बुनियादी चुनौती मानसिकता की है। वह बनती है प्रचार-माध्यमों से। पहले स्वदेशी आंदोलन चलाना आसान था, क्योंकि विदेशी मान्यताओं का प्रचार आज जैसा प्रबल नहीं था। उसमें एक तो सरकार का दृष्टिकोण भी काम करता है। प्रचार-साधनों में अखबार तो खत्म होते जा रहे हैं। केबल और टीवी पर क्या चल रहा है, आप जानते ही हैं। लेकिन करोड़ों भारतीयों की नजर तो मिट्टी से जुड़ी है। गरीबी की भी बहुत बड़ी ताकत होती है। उसे हम नजरअंदाज कर सकते हैं, गरीब नहीं। उसकी वेदना और छटपटाहट उसे बोलने के लिए मजबूर करती है। कभी-कभी वह ऐसा भी कुछ कर बैठता है जो हमें पसंद नहीं आता। जनतंत्र की सबसे बड़ी खूबी यह है कि समाज खुद को जनतंत्र का निर्माता मानता है, इसलिए उसमें आत्मविश्वास भी जाग रहा है। हम चाहें न चाहें, समाज बदल रहा है। लोग व्यवस्था के खिलाफ आवाज उठाने लगे हैं। यह आवाज जब तेज होगी तो विदेशी चमक-दमक उन्हें प्रभावित नहीं कर पाएगी। जैसा गुजरात के, कारगिल के खिलाफ हुआ, ऐसा आंदोलन दूसरी विदेशी फर्मों के साथ भी हो सकता है। संभव हुआ तो मैं भी कुछ कहूँगा। सरकार अगर चाहे कि बहुमत के बल पर वास्तविकता को दृष्टिगत करके विदेशी मान्यताओं को थोप दे, यह हमें स्वीकार नहीं होगा। सांस्कृतिक जीवन-मूल्य गरीबी में भी अक्षुण्ण रहते हैं, यह बात हमारे यहाँ बार-बार साबित हो चुकी है। दुनिया में नोबल पुरस्कार पानेवाले पैदा हो सकते हैं। लेकिन संत ज्ञानेश्वर, तुलसी, गांधी केवल भारत में पैदा हो सकते हैं। गांधी के सिवाय दुनिया का कोई ऐसा आदमी नहीं था जिसने मरने के बाद राष्ट्र की सीमाओं को तोड़ दिया हो और उसके मरने पर सारी दुनिया के झंडे झुक गए हों। इसलिए स्वदेशी का आंदोलन भले न चल सके, स्वदेशी की भावना कभी मर नहीं सकती।

सरकार ने धारणा बना दी है कि विदेशी कर्ज के बिना देश नहीं चल सकता। क्या आप जानते हैं कि अपने संसाधनों के बल पर स्वावलंबी बन सकते हैं और विदेशी कर्ज चुकाया जा सकता है ?

पिछले दिनों सरकार के एक प्रतिनिधि ने संसद में कहा कि पाँच हजार साल में मनमोहन सिंह गरीबों के लिए आशा की किरण लेकर आए हैं। उन्होंने पता नहीं कौन-सा इतिहास पढ़ा है, इतिहास को थोड़ा भी जाननेवाला यह जानता है कि भारत कितना समृद्ध था और कितने देश यहाँ व्यापार करने आते थे। व्यापार कोई गरीबी का नहीं करता, समृद्धि का ही करता है।

दूसरे देशों से भी मदद लेनी चाहिए, इसमें कोई हर्ज नहीं है। लेकिन उसके बिना हम जिंदा नहीं रह सकते, यह मानना गलत है। जो कर्ज हमने दीर्घकालिक और पूँजीगत वस्तुओं के लिए लिया, उसकी कोई मुसीबत नहीं है। जो कर्ज हमने उपभोक्ता वस्तुओं के लिए लिया, वह हमारे लिए मुसीबत है। विदेशी कर्ज का इस्तेमाल जिस काम के लिए हो रहा है, उसका

देश के 70 फीसदी लोगों से कोई मतलब नहीं है। आज जब दुनिया नीम और गोबर का इस्तेमाल करके रासायनिक उर्वरकों की कटौती कर रही है तो हम अपने बल पर स्वावलंबी हो सकते हैं। जो देश विदेशी कर्ज के लिए अपनी प्रभुसत्ता को दाँव पर लगा देता है, वह देश जीने का हकदार नहीं है।

डंकल करार ?

डंकल-प्रस्ताव पर सहमति देश को गिरवी रखने जैसी है। जैसे-जैसे हमारा निर्णय लेने का अधिकार दूसरों के हाथों में जा रहा है, हमारी प्रभुसत्ता को ग्रहण लग रहा है। केंद्र सरकार को रहने का नैतिक अधिकार उसी दिन नहीं रहा जब उसके लोगों पर तरह-तरह के आरोप लग रहे थे, और सरकार की तरफ से कोई जवाब नहीं दे रहा था। नैतिकता का सवाल खत्म होता जा रहा है। वे सरकार का बने रहना ही सबसे बड़ी उपलब्धि मानते हैं।

अगर चुनाव नतीजों को राजनीतिक जागरूकता का मापदंड माना जाए तो लगता है, पिछले पचास वर्षों में आर्थिक और विकास के मुद्दे ऐसा कर पाने में नाकाम रहे हैं ? क्या आप मानते हैं कि ऐसे मुद्दों के आधार पर जनता खड़ी होगी ?

आर्थिक मुद्दे और विकास के मुद्दे अलग-अलग हैं। विकास की बातों से जनता इसलिए नहीं जुटती, क्योंकि समाज के निचले तबके के लोगों तक उनके नतीजे पहुँच नहीं पाते। लेकिन यह कहना गलत है कि आर्थिक मुद्दों से जनता को जुटा पाना मुश्किल है। आर्थिक मुद्दों से वह जल्दी जुटती है। श्रीमती गांधी ने 'गरीबी हटाओ' नारा दिया तो एक बार तो उन्हें वह समर्थन मिला जो पंडित नेहरू को भी नहीं मिला था। लेकिन वादे करके सरकार बनाने के बाद उन्हें भूल जाते हैं। मैंने 1971 में भी यही बात कही थी। मैंने एक लेख में लिखा था कि वादे को भूलने से जनता का सिर्फ सरकार से भरोसा नहीं उठेगा, अपितु वह जनतंत्र-प्रणाली पर भी विश्वास नहीं करेगी। आज भी यही बात कह रहा हूँ कि नारे लगाकर ताकत तो हासिल कर ली लेकिन उस ताकत का उपयोग अगर लोगों की समस्याएँ सुलझाने में नहीं किया तो परिणाम भयावह होंगे। फिर यह करना इसलिए संभव नहीं है, क्योंकि उत्तेजना उभारने से लोगों की आकांक्षाएँ भी उभार पाती हैं। अगर हम जनता से कहें कि एक बार मुझे सत्ता सौंप दो, हम तुम्हारे लिए सब कुछ कर देंगे, तो संभव नहीं है। इसे बदलना होगा। सबको बताना होगा कि कठिन परिश्रम की जरूरत है। हमें गरीबों से कहना होगा कि जो कुछ तुम पैदा कर रहे हो, उसमें तुम्हारा सहभाग होगा और अमीरों से कहना होगा कि अगर अपने वैभव-विलास के साधनों का कुछ हिस्सा गरीबों की बेबसी मिटाने के लिए नहीं दिया तो नींद हराम हो जाएगी। लेकिन यह बात आज कही नहीं जा रही है। इसलिए लोगों के मन का गौरव उभारो, लेकिन देश की सामाजिक-आर्थिक जीवन की सच्चाई को नकारो नहीं। यह कह देना कि ब्राह्मण, ठाकुर, लाला, बनिया शोषक और देश को लूटनेवाले हैं, और इनको हटाने से गरीबी खत्म हो जाएगी, गलत है। यह न तो सच्चाई है, न असलियत और न ही उसके आधार पर कोई नया देश बना सकते हैं। इस आधार पर आप सरकार बना सकते हैं, देश नहीं।

क्या केंद्र सरकार को हटाने के लिए आप कोई पहल करने जा रहे हैं ?

हम अपनी बात कह चुके हैं। लेकिन हमारे पास पर्याप्त राजनीतिक समर्थन नहीं है। हमारे दूसरे मित्रों को कुछ घबराहट भी है। इसलिए हम रोज-रोज इस्तीफा माँगने के पक्ष में नहीं हैं। सरकार रहे न रहे, लोगों ने यह सरकार चुनी है, तो हम अपनी नींद क्यों खराब करें ? जो सभी लोग भुगतेंगे, वही हम भी। लेकिन एक बात साफ है कि इस रवैए में कोई शुभ संकेत हमें नहीं दिखाई दे रहा है।

जनसत्ता के 21 जनवरी से 26 जनवरी, 1994 तक के
छह अंकों में क्रमशः प्रकाशित

चन्द्रशेखर के साथ एक शाम

सुरेश शर्मा की बातचीत

तीनमूर्ति भवन से आगे चलें राष्ट्रपति भवन की ओर तो थोड़ी दूर चलने के बाद दाहिनी ओर एक पतली सड़क जाती है। इस सड़क के आखिरी छोर पर दाहिनी तरफ है—तीन साउथ एवेन्यू। पिछले कई दशकों से चन्द्रशेखर यहीं रहते रहे हैं। दिल्ली में अधिकतम समय वे यहीं रहे। प्रधानमंत्री हुए तो जरूर प्रधानमंत्री निवास में कुछ महीने रहे, लेकिन मुख्यतः वे यहीं रहे अथवा घंटे-भर की दूरी पर हरियाणा के अपने भोंडसी (भुवनेश्वरी) आश्रम में। सन् '83 की लंबी पदयात्रा के बाद चन्द्रशेखर ने यह आश्रम बनाया ताकि यहाँ रहकर राजधानी के बहुस्तरीय प्रदूषण से दूर शान्त और खुले वातावरण में चिंतन-मनन चल सके। इन दिनों उनका ज्यादातर समय विभिन्न क्षेत्रों के दौरे में जाता है या जब संसद रही तो संसद में। इन व्यस्तताओं के बाद बचा हुआ समय वे भुवनेश्वरी आश्रम में ही गुजारते हैं। चन्द्रशेखर को महानगर की भागमभाग, शोर-शराबा और बनावटीपन पसंद नहीं। ऐसे कृत्रिम माहौल से असहमति उनके किसान संस्कार की वजह से है। बलिया जिले के इब्राहिम पट्टी गाँव के 10 एकड़ जोतवाले किसान चन्द्रशेखर बिना लाग-लपेट के और दो टूक इसलिए बोलते हैं क्योंकि भारतीय किसान ऐसे ही बोलता है। विपरीत स्थितियों में दृढ़ता के साथ अपनी बात पर अड़े रहने का उनका आत्मबल भारतीय किसान का आत्मबल है। इस आत्मबल की बदौलत ही चन्द्रशेखर ने पिछली आधी सदी से अपना असहमत राजनीतिक जीवन जिया है। अपने पचास साल के राजनीतिक जीवन में चन्द्रशेखर हर उस चौराहे पर असहमति से खड़े हैं जहाँ से लोकतंत्र और भारतीय जन के विरोध में रास्ता फूटता है। चाहे बिहार आंदोलन को कुचलनेवाली इंदिरा गांधी की अलोकतांत्रिक गतिविधियाँ हों या आज नरसिंह राव का गैट समझौता, चन्द्रशेखर ने तब भी असहमति जताई थी और आज भी इस समझौते को भारत की संप्रभुता को गिरवी रखने का समर्पण मान रहे हैं तथा देश के विभिन्न भागों में इस समझौते का भंडाफोड़ कर रहे हैं।

हो सकता है कि चन्द्रशेखर के राजनीतिक विचारों से आपकी सहमति न हो लेकिन इतिहास के विभिन्न पड़ावों पर उन्होंने भारतीय जनता के हित में जो मुद्दे उठाए हैं, उन मुद्दों ने अपने समय और समाज को गहरे झकझोरा है। उनकी असहमति में हमारी भी असहमति रेखांकित हुई है। यह असहमति उनका स्थायी भाव बन गई लगती है। इसीलिए इस असहमति का तनाव हमेशा उनके चेहरे पर रहता है। लेकिन इस तनावयुक्त चेहरे के पीछे फिर उसी किसान की कोमलता भी है—'अरे ! अंतःसलिला है यह रेत... ।'

मैं तीन साउथ एवेन्यू में ही एक शाम उनसे मिलने गया। सोफे पर बैठे थे, चेहरे पर असहमति का वही परिचित तनाव ! लेकिन यह तनाव जल्दी ही तिरोहित हो गया क्योंकि

बैठक में ऊधम मचाते दो प्यारे बच्चे आ गए। पहले तो उन्होंने दौड़ लगाई फिर चन्द्रशेखरजी की गोद में बैठ गए। चन्द्रशेखरजी ने उनका परिचय दिया : 'यह है अंशुमान, मेरे भतीजे का बेटा !' फिर अंशुमान को कहीं और व्यस्त करने के लिए शशांक का पता लगाने के लिए कहा। शशांक शेखर उनका पौत्र है। लेकिन अंशुमान टल नहीं रहा था। फिर चन्द्रशेखर ने एक तरकीब निकाली : 'ये अखबार मेरे कमरे में रख आओ।' अंशुमान अखबार रखकर फिर उपस्थित ! अब चन्द्रशेखरजी को अंशुमान से असहमत होना ही पड़ा : देखो, अब हम लोगों को बातचीत करनी है, तुम उधर खेलो वरना डाँट पड़ेगी...अंशुमानजी बाबा की असहमति से डरे और दूसरे दरवाजे से बाहर निकल गए...।

अंशुमान ने चन्द्रशेखरजी को काफी सहज कर दिया था। मैंने उनसे बातचीत शुरू की। यह बातचीत कोई राजनीतिक बातचीत नहीं थी और न ही मैं एक पत्रकार की हैसियत से उनका 'साक्षात्कार' ले रहा था—तात्कालिक संदर्भों पर। मैं तो यों ही जाकर एक शाम उनके पास बैठा था कि अप्रैल '94 में वे 67 साल के हो गए, क्या इस पर उन्होंने गौर किया है ? क्या वे अब तक जिए हुए अपने जीवन से संतुष्ट हैं ?

वे कहते हैं : जहाँ से मैंने जिंदगी शुरू की और जहाँ तक मैं पहुँचा हूँ, अगर इस पर दृष्टि डालें तो मुझे गुजरे हुए जीवन से असंतोष नहीं है। व्यक्तिगत रूप से अपनी जिंदगी से मैं असंतुष्ट नहीं हूँ। जीवन के प्रारंभिक दिनों में हमने कुछ मान्यताएँ स्वीकार की थीं—समाजवाद की मान्यताएँ। उसी पर चलते रहे। कुछ जीवन-मूल्यों का प्रभाव आजादी की लड़ाई के दिनों में पड़ा। समाजवादी विचारकों ने प्रभावित किया। उनमें सबसे अधिक प्रभाव आचार्य नरेन्द्रदेव का पड़ा। जयप्रकाशजी को नजदीक से देखा। मुझे 1952 के वे दिन याद आते हैं जब आचार्य नरेन्द्रदेव के संकेत पर मेरे जीवन की धारा बदल गई। मैं उन दिनों काशी विश्वविद्यालय में राजनीतिशास्त्र में शोध कर रहा था। विषय था : 'आर्थिक परिस्थितियों का राजनीतिक सिद्धांतों पर प्रभाव।' एक दिन आचार्य नरेन्द्रदेव के पास बैठा था। उन्होंने कहा : 'चन्द्रशेखर, शोध करके क्या करोगे ? जब देश ही नहीं रहेगा तो शोध को कौन पढ़ेगा !' फिर मैं सब कुछ छोड़कर देश बनाने निकल पड़ा था। पीछे मुड़कर देखता हूँ तो कभी-कभी असंतोष भी होता है, क्योंकि आज भी बेबसी, विपन्नता तथा करोड़ों लोगों का मर्यादाविहीन जीवन प्रश्न बनकर खड़ा है...

बीसवीं सदी खत्म हो रही है। अगली सदी में यह पृथ्वी किस रूप में जा रही है ?

मैं कोई भविष्यवक्ता नहीं हूँ। संपूर्ण पृथ्वी के बारे में सोचना भी मेरी परिधि के बाहर है। वैसे विश्व में कुछ ऐसी ताकतें पैदा हो रही हैं जो भूमंडल को मुट्ठी में बाँधकर रखना चाहती हैं। हमारे यहाँ भी कुछ महानुभाव हैं जो विश्व की गतिविधियों से बेमिसाल रूप से जुड़े दिखाई पड़ते हैं। वे शायद विश्व नागरिक हैं। मैं तो भारत का नागरिक हूँ, इधर एक उलझन-सी महसूस होती है। महात्मा गांधी के नेतृत्व में लाखों के उत्सर्ग से जो कुछ हमने पाया, लगता है, वह सब देखते-देखते सिमटकर रह जाएगा या हो सकता है, समाप्त हो जाए। इसलिए आसार तो अच्छे नहीं। पर भारत की धरती में ऐसी शक्ति है जो गहरे अँधेरे में एक नया प्रकाश पैदा करने की शक्ति रखती है। इसलिए आशा बनती है कि लोग उठेंगे। भारत न केवल अतीत की गरिमा को अक्षुण्ण रखेगा बल्कि भविष्य में दुनिया को समता और

शांति तथा दूसरे मानवीय मूल्यों का संदेश भी देता रहेगा।

पिछले पाँच दशकों का देश-जीवन क्रमशः संकटमय ही होता गया है। क्या आपको लगता है कि हमारी लोकतांत्रिक पद्धति में खोट है ?

मैं यह नहीं स्वीकारता कि पिछले पाँच दशकों में देश का जीवन सिर्फ संकट से ही घिरा रहा। ढाई सौ वर्षों की दासता में हमने सब खो दिया था। आर्थिक दृष्टि से हम दूसरों पर मुनहसिर थे। लेकिन थोड़े में संतोष करने की प्रवृत्ति और बहुत कम से जीवन-यापन करने की हमारी क्षमता, अपने अतीत के गौरवमय इतिहास के प्रति आत्माभिमान की भावना—ये कुछ ऐसी शक्तियाँ थीं जिससे आजादी की लड़ाई के दिनों में बल मिला। देश आजाद हुआ। जहाँ हम एक सुई नहीं बना सकते थे, वहाँ पाँच दशकों में हमने इतनी लंबी दूरी तय कर ली। इसे भुलाना इतिहास को भुलाना होगा। नेहरू की नीतियों से बहुत-से मुद्दों पर मतभेद हो सकता है पर उनकी यह समझ सही थी कि भारत जैसा देश दुनिया के दूसरे देशों पर निर्भर नहीं रह सकता। वैसे विकास के क्रम में अनेक भूलें भी हुई होंगी। भारत आज दुनिया के विकासशील देशों में अग्रणी देश है, इस तथ्य को नकारना अपने आत्मविश्वास को खो देना है। इसी कारण बेबसी के स्वर सरकारी गलियारों में सुनाई पड़ते हैं। मैं ऐसा नहीं मानता कि स्थिति इतनी बुरी है। समस्याएँ जटिल हैं लेकिन इनका समाधान मुश्किल नहीं है। लेकिन इसके लिए यहाँ की अपार प्राकृतिक संपदा का उपयोग करने के साथ ही यहाँ के जन पर विश्वास करने की जरूरत है। लेकिन उन्हें कौन समझाए जिन पर राष्ट्र को बनाने की जिम्मेदारी है ?

क्या आपको ऐसा नहीं लगता कि '47 के सत्ता हस्तांतरण के बाद राजनीतिक दलों ने अपनी आवश्यक भूमिका नहीं निभाई है ? देश की वर्तमान स्थिति की जिम्मेदारी उन पर भी तो जाती है।

ऐसा नहीं है कि सिर्फ राजनीतिक दलों ने अपनी भूमिका नहीं निभाई है। केवल राजनीति में ही नेता नहीं होते, समाज के दूसरे नेतृत्वकारी वर्गों ने भी अपेक्षित भूमिका कहाँ निभाई है ! ऐसे राजनीतिक दलों की सीमाएँ हैं जो राजनीति को सिर्फ सत्ता-प्राप्ति का साधन मानते हैं। हम राजनीति को साधना और तपस्या मानते हैं, अगर उसमें कुछ लोग खरे नहीं उतरे तो यहाँ तक राजनीतिक दलों को आप जिम्मेदार मान सकते हैं।

शुरू से ही आप समाजवाद के पक्षधर रहे हैं। भारतीय परिस्थितियों में आप किस तरह के समाजवाद की कल्पना करते हैं ?

इस प्रश्न का उत्तर भारत के समाजवादियों ने आजादी से पहले और बाद में विस्तार से दिया है। आचार्य नरेन्द्रदेव, अच्युत पटवर्द्धन, जयप्रकाश नारायण और डॉ. राममनोहर लोहिया ने साम्यवाद के बढ़ते प्रभावों के समानांतर-समाजवाद की नई दृष्टि विकसित की जो साम्यवाद की सीमाओं से आगे थी। समाजवाद का मतलब है—स्वतंत्र और समान लोगों का समाज। सिर्फ आर्थिक विपन्नता से छुटकारा ही नहीं बल्कि ऐसी परिस्थितियों का निर्माण कि प्रत्येक अपने व्यक्तित्व का संपूर्णता में विकास कर सके। यदि एकाधिकार की प्रवृत्ति

बढ़ती गई और मानव स्वतंत्रता का हनन हुआ तो समाजवाद की मंजिल पर पहुँचना संभव नहीं होगा। समाजवाद को हासिल करने की प्रक्रिया का सबसे बड़ा सच यह है कि जब तक शोषण है तब तक मनुष्य लड़ता रहेगा। यही समाजवाद का दर्शन है।

धर्म-निरपेक्षता पर भी तो आप लगातार जोर देते रहे हैं।

भारतीय परंपरा में हमने स्वीकार किया है कि सत्य तो एक ही है लेकिन वहाँ तक पहुँचने के लिए लोग अनेक रास्तों का उपयोग करते रहे हैं। फिर विवाद क्यों ? उस एक ही मंजिल पर पहुँचने के लिए चल रहे हैं तो राह को लेकर टकराव नहीं होना चाहिए। इसलिए सब धर्मों को हमने समान आदर दिया। धर्म सत्य या ईश्वर तक पहुँचने का एक साधन है, इसे राजनीति में लाभ प्राप्त करने के लिए उपयोग करना गलत है।

प्रधानमंत्री की हैसियत से देश की बागडोर आपने सँभाली। देश की आम जनता शोषण-मुक्त और स्वाधीन जीवन जी सके इस प्रसंग में असली रुकावट कहाँ है ?

मैं बहुत थोड़े समय के लिए सरकार में रहा। उस समय संसद में मेरा बहुमत भी नहीं था। थोड़े समय के लिए ही सरकार चलाते हुए मुझे इस बात की पुष्टि हुई कि हमारे देश में संपदा की कोई कमी नहीं है। अपने देश में जितनी तरह की क्षमताएँ हैं, अगर उनका संपूर्ण उपयोग हो सके तो हम धन-धान्य से पूर्ण हो सकते हैं। अंग्रेजों ने न केवल हमारी आजादी छीनी बल्कि गाँव-गाँव में पारंपरिक शिल्पकारों का काम छिन्न-भिन्न करके उन्होंने हमारा मनोबल भी तोड़ा। इन शिल्पकारों की विद्या को पुनर्जीवन दिया जा सकता है। दूसरी मुश्किल यह है कि देश में 40 करोड़ अनपढ़ लोग हैं और चार करोड़ बेरोजगार। निरक्षरता दूर करने में बेरोजगार शक्तियाँ लगाई जा सकती हैं। अरबों एकड़ जमीन बेकार पड़ी है। यह खेती के लायक बनाई जा सकती है। देश की नौकरशाही को अगर एक स्पष्ट नेतृत्व मिले तो उनके लिए कुछ असंभव नहीं है। सेना के जवान और पुलिस के लोग कठिन से कठिन परिस्थितियों का सामना करने में सक्षम हैं। लेकिन जब उच्च पदों पर बैठे लोगों का संकल्प ही ढीला हो, तो कोई क्या कर सकता है !

गैट समझौते का हमारे राष्ट्रीय जीवन पर क्या असर पड़ेगा ?

यह जो गैट करार हुआ है, यह अंतिम शब्द नहीं है। इस करार के द्वारा विकासशील देशों के आर्थिक जीवन में विकसित देशों की शक्तियों का हस्तक्षेप स्वीकार कर लिया गया है। इस करार के द्वारा विकसित देशों को उन्मुक्त द्वार मिल गया है। कर्ज के भार से दबे विकासशील देश उनके इशारे पर चलने को विवश होंगे। अगर इसके गंभीर परिणामों से जनता को सजग-सचेत नहीं किया गया तो सब कुछ नष्ट हो जाएगा।

बातचीत लंबी हो गई थी। शाम रात में बदल चुकी थी। आँगन की तरफ से फिर बच्चों की आवाजें आईं। तीन साउथ एवेन्यू में चन्द्रशेखर का पूरा परिवार रहता है। उनका परिवार अब भी संयुक्त परिवार है। दोनों छोटे भाई कृपाशंकर सिंह और बद्रीनारायण सिंह सपरिवार साथ ही रहते हैं। सिर्फ सबसे बड़े भाई रामनगीना सिंह पुश्तैनी गाँव इब्राहिम पट्टी में रहते

हैं। चन्द्रशेखरजी के दो लड़के हैं : पंकज सिंह और नीरज शेखर। पंकज सिंह के लड़के हैं शशांक शेखर, चन्द्रशेखरजी के पौत्र... : जिन्हें ढूँढ़ने के लिए उन्होंने अंशुमान से कहा था। पत्नी द्विजा देवी धार्मिक प्रवृत्ति की हैं। इलाके से आनेवाले लोगों की मुश्किलें आसान करने के लिए सदा तत्पर। चन्द्रशेखरजी को घर पर खाना खाना है तो वे तब तक नहीं खातीं जब तक 'नेताजी' न खा लें, चाहे जितनी देर हो जाए। चन्द्रशेखर अब निरामिष हैं, लेकिन 12 साल पहले तक मुर्गा प्रिय खाद्य था। चना भी पसंद है। चाय पीते हैं, न मिले तो कोई बात नहीं। अगर भुवनेश्वरी में सुबह हुई तो अपने ही द्वारा लगाए गए फूल-पौधों-पेड़ों के बीच लंबी सैर भी करते हैं। फणीश्वरनाथ रेणु उनके प्रिय लेखक हैं, क्योंकि रेणु के पात्रों से सहज ही गहरी आत्मीयता हो जाती है। पसंद का रंग है नीला। पार्थिव नीलापन नहीं, आकाश का नीलापन जिसमें अंतहीन शांति है...।

चन्द्रशेखर को अभी रात में ही भुवनेश्वरी जाना है। वे उठ जाते हैं। विदा लेकर मैं बाहर आता हूँ। मुझे हरिहर नाथ शर्माजी से मिलाते हैं। वे चन्द्रशेखरजी के राजनीतिक और निर्वाचन क्षेत्र से जुड़े मामले देखते हैं। शर्माजी चन्द्रशेखरजी के स्वभाव और आदतों के बारे में गहरी जानकारी रखते हैं। पास ही चतुर्भुज गौतम भी हैं। वे प्रशासनिक मामले निबटाते हैं। शर्माजी की तरह ही कार्य के प्रति निरंतर समर्पित और सक्रिय। इन दोनों मित्रों से विदा लेकर मैं बाहर आता हूँ। तीन मूर्तिवाली सड़क आ जाती है। उसके किनारे-किनारे खिले हुए नीले मौसमी फूलों की कतारें हैं। चन्द्रशेखर की पसन्द का यह नीला रंग अँधेरे में एक नई ही रंगसृष्टि कर रहा है...।

मार्च, 1994

जिद और अहंकार के चलते मैंने बहुत कुछ खोया

राष्ट्रीय सहारा प्रतिनिधि की बातचीत

आपकी 'मेरी जेल डायरी' तो काफी ख्याति अर्जित कर चुकी है। उसके अतिरिक्त भी क्या आपने कुछ लेखन-कार्य किया है ?

मैंने 'जेल डायरी' के अलावा कुछ खास तो लिखा नहीं, लेकिन विद्यार्थी जीवन के दौरान कुछ कविताएँ जरूर लिखी थीं। शुरुआत इस तरह हुई—एक बार हमारे विद्यालय में कवि सम्मेलन हो रहा था और समाजवादी विचारों से प्रभावित हम कुछ युवकों ने तय किया कि 'हलवाहे' पर एक कविता तैयार करके पढ़ी जाए। यह एक सामूहिक प्रयास था और पाँच-सात लोगों ने मिलकर यह सुनिश्चित किया कि उसमें क्या-क्या हो। मेरी हिंदी थोड़ी अच्छी थी इसलिए लिखने का दायित्व मेरे ऊपर डाला गया। मैंने किसी तरह कविता लिख दी। हमारे एक साथी चेलाराम को यह कविता मंच पर पढ़नी थी। लेकिन ऐन वक्त पर चेलाराम फरार हो गए और कविता मंच पर पहुँचने से रह गई।

इसके अलावा जब मैं हाई स्कूल में था तो अपने एक अध्यापक रूपनारायण पांडे, जो अच्छे कवि भी थे, की प्रेरणा से भी मैंने कुछ कविताएँ लिखीं थीं, लेकिन बाद में वे कविताएँ इधर-उधर हो गईं और उनमें से अब कुछ भी शेष नहीं है।

राजनीतिक सक्रियता के बावजूद राजनीतिक-सामाजिक विषयों पर आपके लेख प्रकाशित होते रहे हैं। इसके लेखन की शुरुआत आपने कब की ?

जब मैंने विश्वविद्यालय छोड़कर पूरी तरह से राजनीति में सक्रिय होने का निश्चय किया तो जीवन-यापन के लिए दो विचार मन में आए। एक तो यह कि मुझे एक छोटा-सा ढाबा चलाना चाहिए, जिसमें विद्यार्थी आदि खाना खाएँगे और दूसरे कुछ लेख वगैरह लिखने का काम।

ढाबा चलाने की योजना शुरू करने के लिए एक किताब खरीदकर लाया—'*हाउ टू मैनेज ए स्माल होटल*'। लेकिन उस किताब को पलटने पर ढाबे की योजना ध्वस्त हो गई, क्योंकि उस पुस्तक में स्विट्ज़रलैंड के समुद्र तट पर एक मिलियन डॉलर खर्च करके एक होटल चलाने की बात समझाई गई थी।

इसके बाद मैंने लेखन के क्षेत्र में संभावनाएँ तलाशने की शुरुआत की। वह जमाना था 1951 का। उस समय बहुत-से विश्वविद्यालयों में विभिन्न विषयों को पढ़ाने के लिए हिंदी में पुस्तकें उपलब्ध नहीं थीं। चूँकि मैंने राजनीतिशास्त्र में एम.ए. किया था, इसलिए इस विषय की पुस्तकें लिखने का मन बनाया। एक सज्जन थे (नाम नहीं बताऊँगा) जो राजनीतिशास्त्र पर पुस्तकें लिखते थे। मैं उनके पास गया और उन्हें अपनी इच्छा बताई। उन्होंने मुझे एक

विषय दिया और उस पर लेख लिखकर लाने को कहा। दूसरे दिन मैं लेख लेकर उनके पास पहुँचा। लेख पढ़कर उन्होंने कहा कि अच्छा लिखा है और तुम अच्छी पुस्तकें लिख सकते हो। पारिश्रमिक के तौर पर उन्होंने 100-150 रुपए प्रतिमाह देने का आश्वासन भी दे दिया।

लेकिन चलते समय उन्होंने मुझसे कहा कि मेरे द्वारा लिखी पुस्तकों में बतौर लेखक मेरा नाम नहीं जाएगा, बल्कि उनका नाम जाएगा। उनसे मैंने कुछ नहीं कहा लेकिन मन ही मन यह जरूर तय कर लिया कि अब पुस्तक लेखन का काम नहीं करना है। समाजवादी होने की वजह से यह बात मेरे गले ही नहीं उतरी कि इस तरह अपना शोषण कराऊँ।

उसके बाद मैं 1953-54 में युवा सोशलिस्ट पार्टी का संयुक्त मंत्री बनकर मऊ आ गया। वहाँ पहले समाजवादियों का अखबार निकलता था—'संघर्ष'। लेकिन उस समय वह बंद था। उसे हम लोगों ने फिर से चालू किया और उसमें मैं नियमित रूप से लिखने लगा। संपादकीय के अलावा मैं एक कॉलम भी लिखता था 'चंचरीक' शीर्षक से। इसमें समसामयिक विषयों या घटनाओं पर टिप्पणियाँ रहती थीं। साथ ही मैं डायरी भी लिखा करता था।

उसके बाद जब मैं संसद में आया तो कभी-कभी यहाँ की कुछ पत्रिकाओं में लिखने लगा। दरअसल उस समय विचारों पर बहुत बहस होती थी और उसी संदर्भ में कोई कहता तो मैं लिख देता था।

1971 में मैंने 'यंग इंडियन' शुरू की और तब से लेकर 1975 तक मैं 'यंग इंडियन' में नियमित लिखता रहा। उन्हीं सब लेखों और भाषणों को संकलित करके मेरी एक पुस्तक प्रकाशित हुई थी—'डॉयनमिक्स ऑफ सोशल चेंजेज'।

'मेरी जेल डायरी' लिखने के उद्‌देश्य से नहीं लिखी गई, बल्कि समय काटने के लिए लिखी गई थी। वह इमर्जेंसी का दौर था और मुझे जेल में लंबा समय बिताना पड़ा। पहले तो मैंने जेल में पढ़ना शुरू किया और कई तरह की पुस्तकें पढ़ीं। ऊब से बचने के लिए कुछ दिनों के बाद मन में उठनेवाले विचारों को मैंने लेखनबद्ध करना शुरू कर किया। जेल में और कुछ तो करने को था नहीं, इसलिए लेखन के लिए भरपूर मौका था। धीरे-धीरे ढेर सारी अभ्यास पुस्तिकाएँ मैंने लिख डालीं। इसी बीच मेरे एक मित्र ब्रह्मानंदजी जो अब हमारे बीच नहीं हैं, जेल में मुझसे मिलने आए। उन्होंने लिखने-पढ़ने के बारे में पूछा तो मैंने उन्हें इसके बारे में बता दिया। उन्होंने लेखनी देखी और उन्हें अपने साथ ले जाने की इच्छा जताई। लेकिन उस समय जेल के भीतर बड़ी निगरानी थी इसलिए एक जेल अधिकारी की मदद से किसी तरह कई बार मैं बाहर निकाला गया।

मैं जब जेल से छूटा तब तक ब्रह्मानंदजी उसे टाइप कराकर पांडुलिपि का रूप दे चुके थे और बाद में वही 'मेरी जेल डायरी' के नाम से प्रकाशित हो गई। इसलिए मैं यह नहीं कह सकता कि मैंने गंभीरतापूर्वक कोई पुस्तक लिखने की कोशिश की थी।

लेकिन नामवर सिंह ने तो 'मेरी जेल डायरी' की काफी प्रशंसा की है...?

हाँ, नामवरजी तो प्रशंसा करते हैं। लेकिन सबसे ज्यादा प्रसन्नता मुझको तब हुई जब एक बार कवि भवानीप्रसाद मिश्र मुझसे मिले और बोले कि जेल डायरी जैसी कोई कृति हिंदी साहित्य में नहीं है और अगर मैं निर्णायक होता तो इसको साहित्य अकादमी पुरस्कार अवश्य दिलाता।

शहर की आपाधापी से दूर आपने जो आश्रमवाली यह दुनिया बसा रखी है, इसकी प्रेरणा आपको कैसे मिली ?

देखिए, इसके पीछे एक लंबा इतिहास है, और इसकी स्थापना के मूल में मेरी 'पदयात्रा' ही है। अपनी पदयात्रा के दौरान जब मैं अपने पार्टीजनों के रवैए से दुःखी हो गया तो दक्षिण के किसी गाँव में भाषण करते समय मैंने गाँववासियों से मदद करने को कहा। वहाँ किसी ने आठ आने तो किसी ने एक रुपए देकर मदद की और तत्काल लगभग ढाई सौ रुपए जुट गए। बाद में इसी तरह की मदद का सिलसिला चल पड़ा और जब मैं दिल्ली लौटा तो मेरे पास लगभग साढ़े सात लाख रुपए थे। शायद ही कोई ऐसी पार्टी थी जिसने इसमें मदद न की हो। सीपीएम से लेकर भाजपा तब सबने कुछ न कुछ योगदान दिया था। उन्हीं पैसों को मैंने ग्रामीण विकास में लगाने का निर्णय किया और तब इस तरह के आश्रम बनाने की बात तय हुई।

कहीं-कहीं पर लोगों ने बिना पैसों के और कई जगहों पर कम पैसे लेकर भी मुझे जमीन दिलाई और तब जाकर इस तरह योजना लागू हो पाई।

पढ़ने में आपकी कितनी रुचि रही है और किस तरह की पुस्तकें आपको पसंद हैं ?

पढ़ने का शौक तो मुझे काफी रहा है। यूँ कहिए कि समाजवादी राजनीति में पढ़ना भी एक जरूरी काम था। शुरू में मैंने अनेक उपन्यास और कथा-साहित्य पढ़ा। लेकिन बाद में मेरी रुचि संस्मरणात्मक साहित्य के प्रति ज्यादा हो गई। बड़े लोगों का जीवनवृत्त और उनकी संघर्ष-कथाएँ पढ़ना मुझे काफी अच्छा लगता था। अब तो पढ़ने का समय ही नहीं मिलता और जब कुछ पढ़ना मजबूरी हो जाती है, तभी पढ़ता हूँ। आपको जानकर आश्चर्य होगा कि मैं सबसे कम पढ़ता हूँ और लोग समझते हैं, मैं बहुत बड़ा पढ़ाकू हूँ।

आपने जिन पुस्तकों को पढ़ा, उसमें ज्यादा किस पुस्तक ने आपको प्रभावित किया ?

किसी एक पुस्तक का नाम मैं नहीं ले सकता। हाँ, इमर्जेंसी के दौरान मुझे कुछ पुस्तकें मिलीं जिनमें हिटलर और स्टालिन के युद्धबंदियों के संस्मरण थे, उनको पढ़ना एक अनुभव के दौर से गुजरना था। उन पुस्तकों ने मेरे मन पर गहरी छाप छोड़ी। इसके अलावा कुछ बड़े लोगों की जीवनियों, जिसमें उनकी संघर्ष-गाथाएँ हैं, ने भी मुझे बेहद प्रभावित किया।

फिर भी कोई खास पुस्तक, जिसने आपको बहुत ज्यादा प्रभावित किया हो ?

हाँ, यहाँ मैं एक पुस्तक का नाम लेना चाहूँगा, वह है शरतचन्द का 'पथ के दावेदार।' इस उपन्यास को मैंने नौवीं कक्षा में पढ़ा था लेकिन आज भी यह मेरी स्मृतियों में समाया हुआ है। सचमुच इसने मेरे मन में गहरे तक असर डाला।

इसके अलावा 'सत्यार्थ प्रकाश' ने भी मुझे प्रभावित किया, धार्मिक दृष्टि से नहीं बल्कि एक पुस्तक की विचार-सामग्री के रूप में और, अब तो मैं कुछ पढ़ता हूँ तो लगता ही नहीं कि इसमें कुछ नई बात लिखी गई है।

क्या कविताएँ भी पढ़ने का आपको शौक रहा है ?

कविताएँ मैं नहीं पढ़ता था लेकिन कवि सम्मेलनों और मुशायरों में मैं बहुत जाता था। अनेक कवियों की कविताएँ मुझको पूरी तरह से याद थीं।

उनमें आपको कौन-सी कविता अच्छी लगती थी ?

उन कविताओं में से श्याम नारायण पांडेय की 'हल्दी घाटी' मुझे सबसे ज्यादा अपील करती थी और वह पूरी तरह मुझे कंठस्थ थी।

अटलजी की कविता आपने पढ़ी है या नहीं ?

पढ़ी है..., ठीक-ठाक कविताएँ हैं उनकी। नई वाली पुस्तक अभी नहीं देखी।

लेकिन कुछ लोगों का कहना है कि अटलजी को एक सक्षम कवि नहीं माना जा सकता।

अब कोई राजनीतिक कविता कर रहा है या चित्रकारी कर रहा है, यही बड़ी बात है। मुझे समझ में नहीं आता कि हम राजनीतिक क्यों यह चाहते हैं कि हर क्षेत्र में ख्याति हम ही लूटें ? मैं यह मानता हूँ कि मानव-मस्तिष्क की क्षमता असीमित है लेकिन अगर उसको एक ही दिशा में लगाया जाए तभी उपलब्धि की संभावना बनती है। विलक्षण बुद्धि का व्यक्ति भी अनेक विधाओं में सक्रिय होने पर असफल साबित हो सकता है।

आपका राजनीति में आगमन कैसे हुआ ? क्या आपने पहले ही सोच लिया था कि राजनीतिक रूप से सक्रिय होना है ?

राजनीति में सक्रिय होने का निर्णय मैंने सोच-समझकर नहीं किया, बल्कि परिस्थितियों ने मुझे बाध्य-सा कर दिया कि मैं राजनीतिक रूप से सक्रिय हो जाऊँ। मैं ग्रामीण पृष्ठभूमि का हूँ। मेरा जन्म गाँव के एक परिवार में हुआ था। मेरा परिवार आर्थिक रूप से औरों से बेहतर था, फिर भी आवश्यकताओं को पूरा करने के लिए पर्याप्त साधन नहीं थे। इसलिए कह सकता हूँ कि मैंने ग्रामीण जीवन की बेबसी और गरीबी को बहुत करीब से देखा है। 1940 में मैं मिडल का छात्र था और उस समय 'व्यक्तिगत सत्याग्रह' जोरों पर चल रहा था। स्वाधीनता-संग्राम या व्यक्तिगत सत्याग्रह से यही बात ध्वनित होकर मेरी समझ में आती थी कि अगर अंग्रेज भारत से चले जाएँगे तो भारत से और खास कर गाँवों से गरीबी चली जाएगी। इसी प्रेरणा ने मुझे राजनीति की ओर उन्मुख कर दिया। धीरे-धीरे मैं चीजों को समझने लगा और मेरी राजनीतिक सक्रियता बढ़ती गई। इसलिए राजनीति में मेरी सक्रियता के पीछे न कोई शास्त्र है, न वेद, न कोई नेता है और न ही मेरी पढ़ाई, बल्कि जीवन की अनुभूतियों ने ही मुझे राजनीति में उतारा।

ऐसा नहीं है कि मैंने कभी नौकरी के बारे में नहीं सोचा। चूँकि परिवार का पहला लड़का था जो इतनी पढ़ाई कर रहा था इसलिए घरवालों की भी यही अपेक्षा थी कि मैं पढ़-लिखकर पैसा कमाऊँगा और घर के लिए आर्थिक सहयोग करूँगा। हाई स्कूल पास करने के बाद मुझे कचहरी में एक छोटी नौकरी मिली भी, लेकिन उम्र कम होने के कारण उसे 'ज्वाइन' करने की अनुमति नहीं मिल सकी। उसमें अगर चला गया होता तो शायद अब क्लर्क वगैरह

बनकर रिटायर भी हो गया रहता। लेकिन जब मैं थोड़ा जागरूक हुआ तब से मैंने नौकरी करने की बात कभी नहीं सोची। एक बार पी.एच.डी. करते समय अध्यापक बनने की बात जरूर मेरे मन में उठी लेकिन उस समय भी मैं दुविधा में ही था।

आप राजनीति में शीर्ष पर पहुँचे। 'प्रभातफेरी' से शुरू करके प्रधानमंत्री पद तक पहुँचने की यात्रा काफी संघर्ष भरी रही होगी ?

आप इसको प्रारब्ध कहिए या नियति या कुछ और, किंतु मैंने राजनीति में कोई कदम सोच-समझकर कभी नहीं उठाया, बल्कि परिस्थितियों ने मुझे धकेलकर वहाँ तक पहुँचा दिया। राजनीति में आगे बढ़ने के लिए मैंने कभी किसी से मदद नहीं ली। न तो आचार्य नरेन्द्र देव से मैंने कभी सहायता माँगी और न ही जयप्रकाशजी से कोई निवेदन किया। यही नहीं, मैं कभी किसी नेता से खुद मिलने भी नहीं गया। जब तक कोई बड़ा नेता खुद ही मुझसे मिलने की इच्छा नहीं प्रकट करता, मैं उसके पास नहीं जाता।

अपने इस खास तरह के व्यवहार को आप किस तरह व्याख्यायित करेंगे ?

हाँ, इसे मैं दो स्तरों पर स्पष्ट करना चाहूँगा—प्रथम तो यह कि शुरू में मेरे अंदर ग्रामीण जीवन का हीन भाव था और मैं खुद को शहरी वातावरण में रहनेवाले नेताओं से भिन्न पाता था। जब 1962 में मैं सांसद होकर दिल्ली आया तो अशोका होटल में जाते डरता था। दरअसल मुझे यह दुनिया अपरिचित लगती और यथासंभव मैं इनसे बचता भी रहता। दूसरे, इसे आप मेरे अंदर का अहंकार कह सकते हैं। अब इसे अपने मुँह से 'स्वाभिमान' कहना तो ठीक नहीं होगा। मैं अन्य लोगों के बारे में यह सोचा करता था कि मुझे उनसे क्या मतलब, वह अपने दायरे में रहें और मैं अपने दायरे में।

अपने इस स्वाभिमान के कारण आपको तो काफी दिक्कतें हुई होंगी ?

बिलकुल हुईं। जिद और अहंकार के चलते मैंने बहुत कुछ खोया और जिसे लोग राजनीतिक उपलब्धियाँ कहते हैं, वह शायद मुझे नहीं मिलीं और जो मिली भी वह काफी देर से। लेकिन मुझको इसका पछतावा नहीं है क्योंकि जो व्यक्ति अपने स्वाभिमान की रक्षा नहीं कर सकता, वह मानवता की भलाई क्या करेगा ? मैं इस बात का सिद्धांततः विरोधी हूँ कि देश या समाज के निर्माण के लिए किसी प्रकार का समझौता कर लिया जाए।

आपने अपने व्यक्तित्व में अहंकार की बात कही, लेकिन समाजवादी राजनीति में आपका यह व्यक्तिवाद कैसे टिक पाया ? इन दोनों में आपने किस तरह तालमेल बिठाया ?

देखिए, यह व्यक्तिवाद नहीं है। व्यक्तिवादी सिर्फ अपने व्यक्तित्व के उत्थान को लेकर चिंता करते हैं, लेकिन जिनमें स्वाभिमान होता है, वह दूसरों के स्वाभिमान की रक्षा करना भी जानते हैं।

मेरा मानना है कि जिसमें समाजवाद के प्रति थोड़ी भी आस्था होगी, वह दूसरों के विचारों का आदर जरूर करेगा। इसलिए मुझे व्यक्तिवादी कहना उचित नहीं है। मेरे बारे में अनेक गलत धारणाएँ प्रचलित हैं कि मैं प्रधानमंत्री से नीचे का पद नहीं चाहता, इसलिए कभी

मंत्रिमंडल में नहीं आता, आदि-आदि, जबकि सच्चाई यह है कि संसदीय लोकतंत्र में मेरी आस्था है, इस बिना पर मैं मानता हूँ कि मंत्रिमंडल में उसी व्यक्ति को रहना चाहिए जो प्रधानमंत्री से पूरी तरह सहमत हो। मेरे सामने जब भी ऐसे अवसर आए तो कोई भी प्रधानमंत्री ऐसा नहीं था जिससे मैं पूरी तरह सहमत हो सकूँ, और उस स्थिति में उनके मंत्रिमंडल में शामिल होकर मैं उनको धोखा नहीं देना चाहता था।

जिन राजनीतिक लोगों से आपका 'इंटरएक्शन' रहा है या जिन नेताओं से आपके रिश्ते बने, क्या आप उनके बारे में संक्षिप्त टिप्पणी करना चाहेंगे ?

अपने राजनीतिक जीवन में मुझे जो नेता मिले उनमें सिर्फ एक ही व्यक्तित्व ऐसा था जिसका मेरे ऊपर ज्यादा प्रभाव पड़ा और वे थे आचार्य नरेन्द्र देव। उनको देखकर ऐसा लगता था कि वे कोई 'अतिमानव' हैं और उनके जैसा बन पाना संभव नहीं है। उनके अलावा कोई भी ऐसा व्यक्ति नहीं मिला जिसको मैं बहुत महत्त्वपूर्ण मानूँ। इसलिए राजनीतिकों के बारे में मैं कोई टिप्पणी नहीं करना चाहूँगा क्योंकि बहुत कम लोगों के बारे में मेरी राय अच्छी है।

अभी आपने संक्षिप्त टिप्पणी की बात कही, इसके जवाब में कहना चाहूँगा कि एक नेता और व्यक्ति के रूप में अटलजी मुझे बेहद पसंद हैं, उनके प्रति मेरे मन में काफी सम्मान है। वे काफी भावुक और संवेदनशील व्यक्ति हैं। वे सही बात कहने में चूकते नहीं, लेकिन उस पर अमल करने के लिए किसी से टकराव मोल लेने का साहस भी उनमें नहीं है। उनके अलावा ऐसा कोई नहीं है जिसका नाम लिया जा सके।

राजनीतिक जीवन में आपका जिनसे साबका रहा, उन लोगों के बारे में भी तो कुछ बोलिए !

हाँ, इस बारे में कुछ कह सकता हूँ। जयप्रकाशजी जैसा सरल और ममत्व-भरा व्यक्तित्व मैंने कम देखा है। वे इतने मृदु स्वभाव के थे कि किसी की आलोचना तो वे कर ही नहीं सकते थे। लेकिन उनके व्यक्तित्व की सबसे बड़ी खामी थी कि वे अपनी आलोचना सह भी नहीं सकते थे। उनका राजनीति से दूर रहने का यही कारण भी था। लेकिन निर्णय लेने के मामले में उन जैसा दृढ़निश्चयी व्यक्ति मैंने नहीं देखा। यहाँ यह कहने में संकोच नहीं है कि डॉ. लोहिया में सादगी थी और वे बेहद सामान्य जीवन भी जी सकते थे। नए-नए विचार उनके जेहन में उठते रहते थे। लेकिन उनमें संवेदनशीलता कम थी। वे जिससे रुष्ट हो जाते, उसकी किसी के भी सामने भर्त्सना कर डालते थे।

इंदिराजी गरीबों की पीड़ा को समझती थीं और देश की स्थिति बदलना भी चाहती थीं। लेकिन उनके चारों ओर जो लोग होते थे, वे उनके निर्णयों को प्रभावित करते रहते थे। इंदिराजी की खामी यह थी कि सत्ता से दूर रहने का साहस उनमें नहीं था बल्कि 'सत्ता' उनकी कमजोरी बन गई थी। निश्चित रूप से राजीव गांधी देश को आगे ले जाना चाहते थे लेकिन इसके लिए उन्होंने जो आधार चुने, वे बेहद कमजोर साबित हुए।

सिंह की अभिव्यक्ति और आचरण में काफी फर्क है। वे राजनीति में जो कहते हैं, वह करते नहीं। उनके नारे लोगों को लुभाने के लिए होते हैं लेकिन देश को किसी अच्छी दिशा

में ले जाने में सक्षम नहीं।

नरसिंह राव व्यवहारकुशल हैं। वे चीजों को समझते हैं लेकिन निर्णय लेने का खतरा वे नहीं उठाना चाहते। इसीलिए वे अपनी सोची हुई बातें भी अमल में नहीं ला पाते, यह उनकी बहुत बड़ी कमजोरी है।

यदि संजय गांधी का जिक्र करूँ, तो जैसा कि मैंने उसे देखा, वह एक खास तरह का दृष्टिकोण रखता था और उसके क्रियान्वयन के लिए वह किसी भी स्तर तक जा सकता था। समझ का अभाव उसमें भले रहा हो किंतु निर्णय लेने की उसमें गजब की क्षमता थी। उसमें कर गुजरने का माद्दा था और यदि मौका मिलता तो शायद वह देश को सही दिशा में ले जा सकता था।

मुलायम सिंह ने समाजवादी आंदोलन से राजनीति शुरू की। गरीबी में जीवन शुरू करने के कारण उनके मन में गरीबों के प्रति पीड़ा है। लेकिन उनकी खामी यह है कि अपने सीमित दायरे को ही वे पूरी दुनिया मान बैठे हैं। उनकी राजनीति से देश का कोई भला नहीं होनेवाला। कांशीरामजी का व्यक्तित्व एकांगी है, अन्यथा उनमें लोगों को आकर्षित करने की क्षमता है।

लालू में संघर्ष करने की गजब की क्षमता है और उनकी मौजूदा विशिष्ट पहचान की वजह भी यही है, किंतु बदलते परिवेश में वे कुछ नया सीखने के लिए तैयार नहीं हैं।

क्या आप फिल्में देखने का शौक रखते हैं ?

देखिए, जिस माहौल से मैं आया हूँ, उसमें फिल्में देखना 'लग्जरी' माना जाता था। आपको विश्वास नहीं होगा कि जब मैं बी.ए. में पढ़ता था तब भी मैंने फिल्में नहीं देखीं। इसकी वजह यह नहीं थी कि फिल्में देखने की इच्छा नहीं होती थी, दरअसल इस काम के लिए मेरे पास पैसे नहीं होते थे। वैसे भी मैंने बहुत कम फिल्में देखी हैं। इधर के वर्षों में तो बिलकुल नहीं। हाँ, 1977 में एक बार थिएटर में जाकर मैंने फिल्म देखी थी। उस फिल्म का नाम तो याद नहीं है, किंतु उसके बाद 1980 में पूर्ण सूर्यग्रहण के दिन जब घर से बाहर निकलने की मनाही थी तब टीवी पर मैंने एक फिल्म देखी थी लेकिन वह फिल्म भी याद नहीं है।

हालाँकि आपने कम फिल्में देखी हैं, फिर भी क्या आप बता पाएँगे कि आपके पसंदीदा नायक और नायिका कौन थे ?

मैंने नायक और नायिकाओं पर तो कभी ध्यान नहीं दिया लेकिन उस जमाने में सुरैया की काफी चर्चा थी और मेरे दिमाग में तभी से यह बैठ गया कि सुरैया ही सबसे बेहतर अभिनेत्री है। नायकों में पृथ्वीराज कपूर से लेकर देवानन्द तक की चर्चा थी। लेकिन इन नामों के अलावा मुझे किसी और का नाम याद नहीं है।

किस फिल्म ने आपको सर्वाधिक प्रभावित किया ?

'टेन कमांडमेंट्स' मैंने देखी थी जो काफी अच्छी लगी। हिंदी में एक फिल्म 'प्यासा' मुझे बहुत अच्छी लगी थी।

क्या आपने कभी किसी से प्रेम किया ?

हाँ भई, आपसे...उनसे...। सबके प्रति मेरे मन में प्रेम है।

मेरा मतलब था, कभी किसी लड़की से...?

अब अगर किया भी होगा तो आपको बताने से खतरा ही खतरा है, क्योंकि इस रहस्योद्घाटन से मेरा तो कुछ नहीं होनेवाला लेकिन दूसरे पक्ष का बहुत कुछ बिगड़ सकता है।

परंपरा और संस्कृति के प्रति आपके मन में काफी मोह है। ऐसी स्थिति में सामाजिक परिवर्तन के प्रति आपका क्या नजरिया है ?

देखिए, व्यक्ति की तरह हर राष्ट्र का एक व्यक्तित्व होता है। जिस तरह व्यक्ति अपने मूल से कटकर विकसित नहीं हो सकता, उसी तरह राष्ट्र भी अपने अतीत से कटकर आगे नहीं बढ़ सकता। हमारी परंपरा और संस्कृति का इतिहास पाँच हजार वर्ष पुराना है। मैं यह नहीं कहता कि इसमें विकृतियाँ नहीं आई होंगी लेकिन जब भी विकृतियाँ आईं, कोई न कोई सुधारक पैदा जरूर हुआ। यह रूढ़िवाद भी नहीं है क्योंकि जब भी कोई नए विचार आए, उन्हें स्वीकार किया गया। यहाँ तक कि चार्वाक् को यहाँ ऋषि माना गया।

मेरा मानना है कि सामाजिक परिवर्तन होना चाहिए लेकिन अगर अतीत के कल्याणकारी पक्ष को याद करके वर्तमान का ढाँचा तय किया जाए तभी समन्वित ढंग से विकास की ओर बढ़ा जा सकता है।

आपका प्रिय शौक क्या है ?

बचपन से ही मेरी रुचि बागवानी में रही है। पेड़-पौधे लगाना ही मेरा प्रिय शौक है।

ईश्वर पर आपकी आस्था है...?

मैं यह नहीं कहता कि ईश्वर में मेरी बड़ी आस्था है लेकिन पहले जो अनास्था थी, वह अब नहीं रही। किंतु जब आस्था नहीं थी, तब भी अगर कभी मैं मंदिर में जाता तो सारे कर्मकांड करता था। इसके पीछे मेरा यही तर्क रहता कि जो आस्थावादी हैं, उनको चोट पहुँचाने का मुझे कोई हक नहीं।

आपकी महत्त्वाकांक्षा क्या थी...?

कोई खास नहीं...क्योंकि मैं निराश नहीं होना चाहता था।

आपको मूलतः राजनेता माना जाए या...?

कुछ भी मानिए, उससे क्या फर्क पड़ता है ! वैसे भी काल के अनंत प्रवाह में किसी एक व्यक्ति की क्या अहमियत हो सकती है ? बड़े से बड़ा व्यक्तित्व भी इतिहास में 'कॉमा' या 'सेमीकॉलन' से ज्यादा हैसियत नहीं रखता।

राष्ट्रीय सहारा, 16 दिसंबर, 1995

राजनीति को जज्बाती सवालों से जोड़ दिया गया

अरविंद कुमार सिंह की बातचीत

ग्यारहवीं लोकसभा चुनाव में आपको कैसी तस्वीर बनती दीख रही है ? क्या मौजूदा परिस्थितियाँ अस्थिरतावाली लग रही हैं ?

यह पहला चुनाव है जिसमें हवा अनिश्चितता की दीख रही है। इस समय जनता ही नहीं, राजनीतिक दलों और नेताओं में भी यह अनिश्चितता घर कर गई है कि जाने क्या परिणाम आएँगे। स्थिरता बनी रहेगी या नहीं, या मिली-जुली सरकार बनेगी। पर मिली-जुली सरकार के लिए भी इस समय माहौल नहीं है। राजनीतिक दलों में संवादहीनता की स्थिति है। अस्थिरता और संवादहीनता से लोकतंत्र को गंभीर खतरा नजर आ रहा है।

इस परिस्थिति के लिए आप किसे जिम्मेदार मानते हैं ?

बहुत-सी बातें जिम्मेदार हैं। राजनीति को हमने उसके सही धरातल से हटाकर जज्बाती सवालों से जोड़ दिया। अब गिरावट बहुत आ गई है। एक-दूसरे पर आरोप और छींटाकशी, विरोधियों को कलंकित करने का षड्यंत्र करना जैसी प्रवृत्तियों का बढ़ते जाना चिंताजनक है। अगर राजनीतिक लोग ही ऐसा करने लगे, तो इन चीजों को समाज में भी बढ़ावा मिलेगा। मीडिया में भी ये बातें बढ़ रही हैं। इन प्रवृत्तियों से पैदा हो रही स्थितियाँ काफी भयावह हो सकती हैं। जहाँ तक अनिश्चितता का सवाल है, उस ओर भी देखना जरूरी है। पिछले कुछ दिनों से ऐसे मुद्दे उठाए जा रहे हैं जिनका जन-जीवन की वास्तविकता से कोई संबंध नहीं है। ऐसे में लोगों में असंतोष बढ़ रहा है तथा अविश्वास का माहौल बनता जा रहा है। ऐसे में समस्याओं को सुलझाने की प्रवृत्ति न हो तो इसकी भयावह परिणति हो सकती है। ध्यान देने की बात है कि पहली बार ऐसी परिस्थितियाँ पैदा हुई हैं, जिनमें बाहरी ताकतें भी हस्तक्षेप की स्थिति में हैं। बाहर की पूँजी अपने साथ समस्याएँ लाती है। पूरी दुनिया में ऐसे अनुभव देखे गए हैं तो भारत में अपवाद होगा, कहना कठिन जान पड़ता है।

ऐसे दौर में तो अस्थिरता और भी बढ़नी है जब विपक्ष बिखरा हो। 1977 और 1989 की जनता सरकारें जिस तेजी से टूट गईं, उससे क्या आपको नहीं लगता कि जनता में विपक्ष की साख गिरी है ?

सन् 1977 की जनता पार्टी सरकार के बारे में मेरा ऐसा मानना नहीं है। 1977 में जब जनता पार्टी की सरकार बनी, तो देश तानाशाही के कगार पर खड़ा था। यह सरकार लोकतंत्र की पुनर्स्थापना के लिए बनी थी, और यह वादा उसने पूरा भी किया। जनता पार्टी सरकार को समर्थन भी जनतंत्र की बहाली के लिए मिला था। उस समय बहुत-से मुद्दों पर पार्टी

के लोगों की राय अलग-अलग थी। लेकिन जहाँ तक 1989 में जनता दल सरकार बनने की बात है, वह तो केवल भ्रष्टाचार के मुद्दे पर सरकार बनाना व उसे चलाना शुभ लक्षण नहीं है। ऐसे मुद्दों को आगे लाने का मतलब यही है कि हम वास्तविक मुद्दों से लोगों का ध्यान हटाना चाहते हैं। मैं भ्रष्टाचार को एक मुद्दा मानता हूँ, लेकिन ऐसे मामलों में जाँच और निपटारा आसानी से किया जा सकता है। मौलिक सवालों के साथ ऐसा नहीं है और इनकी अनदेखी की जा रही है।

इस समय चुनावों में जो सवाल उठाए जा रहे हैं, उन्हें आप किस रूप में लेते हैं ?

बुनियादी सवाल उठ कहाँ रहे हैं ? आर्थिक रूप से मोहक सवाल उठा देने से तो बुनियादी समस्याएँ हल नहीं होंगी। ऐसे सवाल आज किनारे किए जा रहे हैं। ये भारत की सरकार चलानेवाले लोग (कांग्रेस पार्टी) चुनाव के समय आज अपनी पाँच साल की उपलब्धियों का बखान कर रहे हैं। विपक्ष की राजनीति का भी ऐसा ही हाल है। जब राजनीति ऐसे दौर पर पहुँच जाए, तो उसे क्या कहेंगे ? हम यह भी भूल रहे हैं कि आज देश की मर्यादा, प्रतिष्ठा दाँव पर लगी है। हवाला मामले को ही लें तो पता चलेगा कि इसे जिस ढंग से उठाया गया है, उससे देश की बाहर क्या छवि बनी होगी ? हम यह भी भूल गए कि जो कह रहे हैं, कर रहे हैं, उससे कहीं देश की मर्यादा और प्रतिष्ठा को ठेस तो नहीं लग रही है ? क्या भारत बेईमानों का देश है ? आज भी भारत में 80-85 प्रतिशत से ज्यादा लोग कड़ी मेहनत और ईमानदारी से अपनी रोटी कमाते हैं। कुछ लोग जो गड़बड़ करते हैं, उनके खिलाफ कार्रवाई की जा सकती है, लेकिन कुछ भ्रष्ट लोगों के चलते पूरे देश को भ्रष्ट करार देने की प्रवृत्ति आत्मघाती है।

क्या हवाला कांड जैसे मुद्दे राजनीतिक लाभ के निमित्त उठे हैं ?

हवाला कांड को जिस तरह से उठाया गया है तथा इसकी जैसी चर्चा हुई है, उसके अच्छे परिणाम नहीं निकलनेवाले हैं। अगर हवाला में शामिल लोग न्यायपालिका में निर्दोष साबित हो जाते हैं, तो क्या उनके सार्वजनिक जीवन में हुई क्षति की भरपाई हो सकेगी ? हवाला कांड की परिणति क्या हो रही है ? चर्चित जैन डायरी को लेकर जाँच एजेंसियाँ अब यह कह रही हैं कि इसकी न्यायालय में गवाही की मान्यता नहीं है। डायरी में लिखे संक्षिप्त नाम उससे मिलते-जुलते किसी के हो सकते हैं। उसमें दर्ज रकम के साथ भी ऐसा ही हो सकता है, लेकिन इसकी आड़ में राजनीति करना तथा बुनियादी सवालों को किनारे करके मामला गरमाने के लिए नेताओं को टिकट से वंचित करना और अन्य कई बातें आखिर क्या इंगित करती हैं ?

ऐसे मामलों में लोकतांत्रिक संस्थाओं की साख भी गिरी है क्या ?

संसदीय जनतंत्र में न्यायपालिका तथा विधायिका को संसद के माध्यम से व्यापक अधिकार दिए गए हैं। अब अगर संसदीय प्रणाली पर भी सवाल उठ जाए, तो किसी की मर्यादा सुरक्षित नहीं रह सकती है। कार्यपालिका में मामले लटके रह जाते हैं, तो लोग न्यायपालिका में जाते हैं। मैं न्यायपालिका के निर्णयों पर कोई टिप्पणी नहीं कर रहा, पर

मानता हूँ कि हमने अगर संसदीय जनतंत्र की मर्यादा को बचाए नहीं रखा तो कौन सुरक्षित रह सकेगा ? संसदीय जनतंत्र मौलिक मान्यताओं पर आधारित है। हम कल एक बात कहें और आज दूसरी तो विश्वसनीयता घटेगी ही।

आपने टाडा मामले में बंदी कल्पनाथ राय और हवाला आरोपी माधव राव सिंधिया को चुनाव में खुला समर्थन दिया है। इसे आप कैसे उचित ठहराते हैं ?

ये दोनों ही नेता इस सरकार में मंत्री रहे हैं। कल्पनाथ राय तो 4 साल तक मंत्री बने रहे, जबकि सिंधिया दो बार रहे। वह वरिष्ठ मंत्री रहे हैं। उनसे जुड़े अगर मामले थे, तो सरकार को उस बारे में पता होना चाहिए था। प्रधानमंत्री को इनसे पहले ही त्याग-पत्र देने के लिए कह देना था। आज सरकार यह कह रही है कि उसे पता ही नहीं था। सरकार को ऐसे मामलों का संज्ञान अखबारों से हो तो यह स्वस्थ जनतंत्र की परंपरा नहीं है।

कल्पनाथ राय का जहाँ तक सवाल है, उन पर देशद्रोही होने के आरोप लगे हैं, सबूत क्या है ? यह उनके साथ अन्याय है। माधव राव सिंधिया के साथ भी ऐसा ही है। ऐसे आरोप लगाने की राजनीति से भला नहीं होनेवाला है। राजनीतिज्ञों की यह ओछी प्रवृत्ति है। मैं तो कल्पनाथ राय को किसी कीमत पर देशद्रोही नहीं मान सकता। दोनों नेताओं का मामला जब तक अदालत में है, तब तक मैं उन्हें निर्दोष मानता हूँ और इसी नाते समर्थन दे रहा हूँ।

आपकी पार्टी इस चुनाव में मुख्य रूप से कौन-से मुद्दे उठा रही है ?

दो बातें प्रमुख हैं—पहली, हमारी एक विरासत है। व्यक्ति की तरह राष्ट्र का भी अलग व्यक्तित्व है। हमारा व्यक्तित्व 5000 साल के इतिहास में बना है। तभी स्वावलंबन और स्वदेशी के सहारे विकास के मार्ग पर जाने की योजना बनी थी। पहले हम अग्रणी थे, अमीर देशों में गिने जाते थे। यह विकास कुटीर ग्रामीण उद्योगों के बल पर टिका था। आज भी इसे किनारे करके विकास की बात सोचना बेमानी है। हमारे पास इतनी बड़ी जनशक्ति है मगर उसका सही मायने में इस्तेमाल नहीं किया गया। यदि और उपेक्षा की गई तो असंतोष और पनपेगा। ऐसे ही, भारत में सादगी और मितव्ययिता पर जोर था, आज भी उसकी जरूरत है। दूसरी बात राष्ट्रीय सहमति की है। राजनीतिक मतभेद से भी संवादहीनता नहीं होनी चाहिए। ऐसी हालत में राष्ट्रीय समस्याओं का हल नहीं सोचा जा सकता है और इससे समाज में तनाव के साथ उसके टूटने का खतरा भी बढ़ जाता है।

हाल में देश में सांप्रदायिक और जातीय आधारवाली पार्टियाँ तेजी से बढ़ी हैं। इसके पीछे क्या कारण समझ में आता है ?

जब राजनीति को लोगों की मौलिक समस्याओं से हटाकर उनमें किए गए वादे पूरे नहीं होंगे और जनता को लगेगा कि उनकी बुनियादी जरूरतों पर राज्य का ध्यान नहीं है, तो ऐसे में वे अतीत की ओर देखेंगे। अतीत जाति-धर्म पर आधारित है, इस ओर बढ़ता झुकाव निराशा का प्रतीक है। इसे सही रूप में देखना चाहिए।

इस बीच में उत्तराखंड और अन्यत्र अलग राज्य बनाने को लेकर आंदोलन चल रहे हैं। वहाँ

बढ़ते असंतोष को किस रूप में लेते हैं ?

1956 में योजना आयोग ने इस दिशा में पहल की थी। क्षेत्रीय असंतुलन अच्छी बात नहीं है। कुछ इलाके विकसित हैं तथा कुछ अविकसित। बहुत ज्यादा विषमता चिंता का विषय है और यह लोगों में दुराव भी पैदा करती है। इससे तनाव भी पैदा होता है। भारतीय संविधान ने बेहद पिछड़े इलाकों में असंतुलन मिटाने के लिए आंचलिक योजना बनाकर विकास पर जोर दिया था, लेकिन उस दिशा में ठोस पहल नहीं हो सकी। अगर ऐसी स्थितियाँ बनी रहेंगी और कुछ इलाकों को उपेक्षित रखा जाएगा, तो लोगों में केवल आक्रोश ही नहीं, तरह-तरह की विकृतियाँ भी पैदा होंगी।

आपने गैट समझौते की मुखालफत की थी। यह समझौता लागू हो गया है। क्या इसके दुष्परिणाम आपको दिखने लगे हैं ?

मैंने गैट के संदर्भ में जो बातें कही थीं, वे सभी सही साबित होती जा रही हैं। अब अगर किसी भी सरकार को, कोई भी सरकार आए, अगर उसे भारत को लोकतांत्रिक देश बनाए रखना है तो गैट की शर्तों में संशोधन करना होगा। इस सरकार ने गैट की जो शर्तें मान ली हैं, उससे देश के लोकतांत्रिक ढाँचे पर असर जरूर पड़ेगा।

आपकी सरकार के दौरान किए गए निर्णयों की मौजूदा सरकार आलोचना कर रही है। आरोप यह लगाया जा रहा है कि आपने सोना गिरवी रखकर देश की मर्यादा गिरवी रख दी ?

सरकार को मेरे कार्यकाल तथा अपने काल में आर्थिक हालत का स्वयं विश्लेषण करना चाहिए। हमारी सरकार ने विश्व बैंक या अंतर्राष्ट्रीय मुद्रा कोष से कोई कर्ज नहीं लिया। हमने तो उसी कर्ज की समय से भरपाई की जो कांग्रेस सरकार ने 21वीं सदी में भारत को ले जाने के लिए लिया था। मेरी सरकार आई तो उस समय 2400 करोड़ रुपए कर्ज देने थे। उस दौरान इसकी व्यवस्था की गई, लेकिन 300 करोड़ रुपए का बचा कर्ज उस समय तत्काल चुकाना था जब मेरी कामचलाऊ सरकार थी और कांग्रेसी हल्ला मचा रहे थे कि हमें किसी को गैस कनेक्शन तक देने का अधिकार नहीं है। ऐसी स्थिति में हमें सोना गिरवी रखना पड़ा। अपनी सरकार के दौरान लिए गए इस निर्णय की जिम्मेदारी से मैं अपने को अलग नहीं मानता।

लेकिन एक बात मैं स्पष्ट कर देना चाहता हूँ कि देश को जरूरत पड़ी तो सोना गिरवी रखा जाता है। सोना देश की मर्यादा नहीं है। कठिन समय में अपने मान की रक्षा के लिए हमारे गाँव की औरतें या और लोग सोना गिरवी रखते हैं, लेकिन तब वे क्या अपना मान-सम्मान गिरवी रख देते हैं ? सरकार टीवी पर रोज यह प्रचार कर रही है, जो अनर्गल है। मेरे समय में एक डालर की कीमत 12.5 रुपए थी। आज 36 रुपए है। महँगाई का अनुमान आप स्वयं कर लें। गलत प्रचारों से लोगों को कुछ समय के लिए गुमराह किया जा सकता है, लेकिन क्या सच को झूठ बनाया जा सकता है ?

चुनाव-सुधारों के बारे में आपकी क्या राय है ?

सुधार तब तक संभव नहीं, जब तक हमारी राजनीतिक सोच में परिवर्तन नहीं होता। कानून बनाकर चुनाव सुधार कर लेना संभव नहीं है।

'अमर उजाला' में प्रकाशित

समस्याओं के समाधान का विज्ञान है राजनीति

कृपाशंकर चौबे की बातचीत

आपने एक कार्यक्रम में कहा था कि आप अकेले पड़ गए हैं, किस संदर्भ में यह कहा था, खुलासा करेंगे?

मैंने अकेले पड़ने की बात नहीं कही थी। पता नहीं, अखबारों में यह कैसे छपा? दरअसल जब मुझे सर्वश्रेष्ठ सांसद का सम्मान मिला था, तो उस मौके पर मैंने कहा था कि सन् बासठ में मैं पहली बार सांसद बनकर आया था तो उस समय संसद में भूख, गरीबी, बेबसी को दूर करने के उपायों पर चर्चा होती थी। आज धर्म और जाति पर चर्चा होती है। ऐसे वातावरण में मैं खुद को अकेला महसूस करता हूँ। अभी हाल में एक दूसरे कार्यक्रम में मुझे बुलाया गया तो फिर उसी बात की चर्चा की थी कि मुझे ऐसे कार्यक्रमों में क्यों बुलाया जाता है, जिनके विचारों से मेरी सहमति नहीं। ऐसे कार्यक्रमों में मैं अकेला पड़ जाता हूँ। जिन विचारों में मेरी दिलचस्पी नहीं, उनमें अपना समय क्यों बर्बाद किया जाए, यह कहा था।

आज गरीबी, शोषण, बेरोजगारी के मुद्दे राजनीति में क्यों अप्रासंगिक हो गए हैं?

इसलिए क्योंकि राजनीति तात्कालिक लाभ कमाने का नुस्खा बन गई है। आज राजनीति साधना नहीं, साधन बन गई है, सत्ता तक पहुँचने का।

अशिक्षा, बेरोजगारी, गरीबी के अभिशाप से लोगों को कैसे मुक्ति दिलाई जा सकती है?

इन अभिशापों से दो ही तरह से मुक्ति दिलाई जा सकती है। एक तो हमारे पास जो साधन व संसाधन हैं, उनका हम सदुपयोग करें। आज देश में चार करोड़ से अधिक पढ़े-लिखे युवक-युवतियाँ बेरोजगार हैं और 40 करोड़ लोग अशिक्षित हैं। ये पढ़े-लिखे लोग 40 करोड़ अशिक्षित लोगों को साक्षर बनाने के काम में लगाए जाएँ तो साक्षरता अभियान सुगमता से चलाया जा सकता है। आजादी की लड़ाई के दिनों में गांधीजी हर साक्षर को एक निरक्षर को साक्षर बनाने की प्रेरणा देते थे। आज ये हो गया है कि सब कुछ आश्वासन पर चल रहा है। सारी समस्याओं का हल, चाहे गरीबी की समस्या हो, या बेरोजगारी की, सरकारी तंत्र से संभव नहीं है। दूसरा उपाय यह है कि जो सुविधा संपन्न लोग हैं, उन्हें गरीब लोगों के लिए अपनी कुछ सुविधाएँ खर्च करनी होंगी। बुनियादी कठिनाइयाँ दूर करने का यही उपाय है। यदि हर काम सरकारी तंत्र और सरकारी योजनाओं पर छोड़ा गया तो हालत ज्यों की त्यों बनी रहेगी।

जीवन और समाज को कैसे बेहतर बनाया जाए, इसके लिए आपके पास क्या कोई सपना है?

नया समाज बनाने के लिए नया मानस बनाना होगा। लोगों की मानसिकता बदलने

से नया मानस बनेगा। नए समाज की परिकल्पना बहुत पहले गांधीजी ने की थी। नया समाज बनने पर ही मनुष्य में दूसरे शोषित, उपेक्षित मानव के प्रति ममत्व की भावना जगेगी। दूसरे की पीड़ा कम करने की कोशिश से मनुष्य में करुणा पैदा होती है। बेबस लोगों की मदद और सहयोग करने का वही मंत्र था, जिसने आजादी की लड़ाई में लोगों को तन-मन-धन से कूद पड़ने की प्रेरणा दी। गांधीजी के कहने पर असंख्य लोग जेल गए। कइयों ने गोली खाई। अशिक्षा दूर करने के अभियान में लोग जुटे। तो उसी देश का नौजवान उसी देश के लोगों के हित के काम में आज क्यों नहीं लग सकता? उसी दिशा में नौजवानों और लोगों को लगाने से ही समाज और जीवन बेहतर होगा।

मौजूदा राजनीतिक परिदृश्य में इसकी कितनी गुंजाइश है?

आज का राजनीतिक परिवेश जटिल है। हम रास्ते से भटक गए। राजनीति लोगों की समस्याओं के समाधान का विज्ञान है। आज हम बुनियादी समस्याओं के बारे में चिंता नहीं करते। इससे राजनीति को उपयोग में लाने की क्षमता समाप्त हो जाती है। आज नए सिरे से लोगों की पीड़ा बताने के लिए पुरानी मान्यताओं की बातें की जा रही हैं। इन्हीं नारों पर आज की राजनीति चल रही है, जिसने तमाम विकृतियों को जन्म दिया है।

आज इस कदर अनिश्चितता है कि कोई भी अनुमान लगाना कठिन है। हाल के चुनाव नतीजों ने अनिश्चितता की यह स्थिति पैदा की है। पहले की राजनीति में समस्याओं के समाधान का प्रयास किया जाता था। आज की राजनीति को समस्याओं से कोई सरोकार नहीं रह गया है। वह लोगों के जज्बात से खेल रही है। यह प्रवृत्ति पहले से ही धीरे-धीरे पनप रही थी। इसके भयंकर परिणामों की आशंका थी ही। 1971 की बात है। 'गरीबी हटाओ' का इंदिराजी का नारा एक अर्थपूर्ण नारा था। उसमें सही राजनीतिक संकल्प था, पर वह नारा ही बनकर रह गया और जो जनसमर्थन मिला, लोगों की भावनाओं के साथ खिलवाड़ किया गया, उससे राजनीति को गहरी ठेस पहुँची। बिखराव आया। फिर वे राजनीतिक शक्तियाँ उभरीं, जिनके विरुद्ध भारत के जनमानस ने विद्रोह किया था। राजनीति में जो ढंग अपनाया गया, उससे असंतोष बढ़ता गया। सिर्फ राजनीतिकों को ही नहीं, सारे के सारे राजनीतिक तंत्र को अविश्वसनीय मान लिया गया। आतंक और अराजकता घर करने लगी। एक समय था, जब राजनीति में काम करने वाले, सुधार करने वाले और लोगों को शिक्षित करने वाले लोग थे। वे संवेदनशील भी थे। बाद में राजशक्ति दमन के सहारे चलने लगी। इससे हालत और बिगड़ी।

भविष्य में कोई आशा नहीं दिखाई पड़े तो लोग अतीत की ओर देखने लगते हैं। इसी तरह राजनीति में धर्म और राजनीति के नारे दिए गए। मौजूदा राजनीतिक परिदृश्य में उनकी विशेष भूमिका है। धर्म के नारे देने वालों ने नहीं सोचा कि क्षणिक और सीमित तौर पर धर्म का, फिर जाति का उन्माद फैलाने पर उसमें से निकल पाना मुश्किल होगा।

कई क्षेत्रों में अलग राज्यों के आंदोलन चल रहे हैं। उन पर आपकी प्रतिक्रिया क्या है?

क्षेत्रीय स्तर पर बहुत-से आंदोलन चल रहे हैं। उनमें बहुत की उचित माँगें हैं। अनेक हिस्सों में आर्थिक दृष्टि से पिछड़ापन है। कुछ इलाके समृद्ध हों और कुछ बिलकुल पिछड़े

हों, तो सामाजिक तनाव पैदा होगा ही। जब योजना आयोग बना था, तो पंडित जवाहरलाल नेहरू ने भी पिछड़ेपन की बात को ध्यान में रखा था। संविधान में भी पिछड़े इलाकों के लिए विकास परिषद बनाने और उसे सीधे धन देकर पिछड़ापन दूर करने की व्यवस्था है। स्वाधीनता के पचास वर्षों में भी जो इलाके उपेक्षित रहे, वहाँ के पीड़ित लोगों में रोष स्वाभाविक है। भारत जैसे विशाल देश में कुछ नए राज्य बन जाएँ तो नुकसान नहीं है पर उनसे और जटिल सवाल पैदा हो जाएँगे। यह समय अलग राज्य की घोषणा करने का नहीं है। नए राज्य की घोषणा से लगता है, वे परिस्थितियों की जटिलता को समझने में असमर्थ हैं।

न्यायपालिका की बढ़ती सक्रियता कई बार कार्यपालिका और विधायिका को परेशानी में डालती है। क्या इससे जनतंत्र के लिए खतरा पैदा हो सकता है?

न्यायपालिका, कार्यपालिका और विधायिका राज्य के अंग हैं। एक दूसरे के क्षेत्र में ये दखल देंगे तो ये व्यवस्था ठीक ढंग से नहीं चल पाएगी। हर चीज का हल न्यायपालिका के जिम्मे ठीक नहीं। तीनों अंगों को अपनी सीमा में ही निर्णय लेना चाहिए। न्यायपालिका की ज्यादा सक्रियता या उसके कुछ निर्णय खुद कार्यपालिका और विधायिका को परेशानी में डाल सकते हैं, पर मैं नहीं समझता कि इससे जनतंत्र को कोई खतरा है।

साहित्य और राजनीति में क्या संबंध होना चाहिए? लोगों को राजनीतिक रूप से चेतन करने में साहित्य की क्या भूमिका हो सकती है?

साहित्य सही अर्थों में राजनीति का प्रेरणा स्रोत है। बड़े राजनीतिक परिवर्तनों में साहित्यकारों की बड़ी भारी भूमिका रही है। जहाँ कहीं क्रांतियाँ हुईं, लोक कलाकारों का उनमें बड़ा हाथ था, क्योंकि वे जनभावनाओं के अनुरूप राजनीति को प्रेरित करने में सहयोग कर रहे थे। आजादी की लड़ाई के दिनों में मैथिलीशरण गुप्त, सोहनलाल द्विवेदी, बाबू राव विष्णु पराड़कर, कमलापति त्रिपाठी और पीछे जाएँ तो बाल गंगाधर तिलक, सुब्रमण्यम भारती की लेखनी प्रेरणा का काम करती रही। अपनी रचनाओं से सारे देश के एक सिरे से दूसरे सिरे तक साहित्यकारों, कलाकारों ने राष्ट्रीय आंदोलन को शक्ति दी। सारे संसार में राजनीतिक गतिविधियों को प्रभावित करने में साहित्यिकों की बड़ी भूमिका रही है। सही साहित्य वह है जो जन-भावनाओं को अभिव्यक्त करे और सही राजनीति वह है जो जन-भावनाओं के अनुरूप समाज के निर्माण का काम करे। इसलिए स्वाभाविक रूप से साहित्य और राजनीति एक दूजे को प्रभावित करते हैं।

साहित्यकार नए समाज के निर्माण की कल्पना करता है। कवि उज्ज्वल भविष्य की कल्पना करता है। वह कल्पना समाज की स्थापना में राजनीतिकों के लिए सूझ और प्रेरणा का काम कर सकती है।

'भारतीय राजनीति के फक्कड़ कबीर : चन्द्रशेखर' पुस्तक, 1999 से

●●●